The Intermediate Spanish market increasingly demands interactive and engaging online instructional materials that align with the goals of the course. **54%** of the participants surveyed said they would use an interactive e-book and felt that it would enhance the learning experience of their students.

> **The Digital Edition of *Punto y aparte: Expanded Edition* contains presentation and practice, including embedded audio, video, and voice recording so that students can easily complete their paired communicative exercises online. A robust gradebook makes this the ideal course management system for both students and instructors.**

58% of Intermediate Spanish instructors consider a high-quality video program to be an essential element of the Intermediate Spanish course.

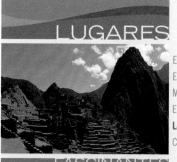

LUGARES

ESPAÑA
EL CARIBE
MÉXICO
EL CONO SUR
LA REGIÓN ANDINA
CENTROAMÉRICA

FASCINANTES

> **McGraw-Hill, using footage provided by BBC Motion Gallery, has produced a stunning video that enhances the cultural content of the program by bringing to life all of the places featured in the Lugares fascinantes readings in *Punto y aparte: Expanded Edition*.**

If you would like to participate in any of the McGraw-Hill research initiatives, please contact us at **www.mhhe.com/faculty-research.**

Punto y aparte

Expanded Edition

Spanish in Review • Moving Toward Fluency

Sharon W. Foerster
University of Texas at Austin (retired)

Anne Lambright
Trinity College

Mc Graw Hill

Connect
Learn
Succeed™

Dedication
This book is dedicated to our bilingual children:
Shaanti, Jonathan, Corazón, Isis, Paloma, Guillermo Bey II, and Maya.

Published by McGraw-Hill, an imprint of The McGraw-Hill Companies, Inc., 1221 Avenue of the Americas, New York, NY 10020. Copyright © 2011. All rights reserved. No part of this publication may be reproduced or distributed in any form or by any means, or stored in a database or retrieval system, without the prior written consent of The McGraw-Hill Companies, Inc., including, but not limited to, in any network or other electronic storage or transmission, or broadcast for distance learning.

This book is printed on acid-free paper.

2 3 4 5 6 7 8 9 0 VNH/VNH 1 5 4 3 2 1

Student Edition
ISBN: 978-0-07-338538-9
MHID: 0-07-338538-7

Instructor's Edition (not for resale)
ISBN: 978-0-07-739445-5
MHID: 0-07-739445-3

Vice President, Editorial: *Michael Ryan*
Editorial Director: *William R. Glass*
Publisher: *Katie Stevens*
Senior Sponsoring Editor: *Katherine K. Crouch*
Director of Development: *Scott Tinetti*
Developmental Editor: *Jennifer Kirk*
Executive Marketing Manager: *Hector Alvero*
Faculty Development Manager: *Jorge Arbujas*
Editorial Coordinator: *Erin Blaze*
Senior Production Editor: *Mel Valentín*

Manuscript Editor: *Cici Teter*
Designers: *Andrei Pasternak and Jenny El-Shamy*
Illustrator: *Rémy Simard*
Photo Research Coordinator: *Nora Agbayani*
Photo Researcher: *Kim Adams*
Buyer II: *Louis Swaim*
Media Project Manager: *Thomas Brierly*
Composition: *10/12 Palatino by Aptara®, Inc.*
Printing: *45# New Era Matte by RR Donnelley*
Cover Image: *© Thorsten/fotolia*

Credits: The credits section for this book begins on page C-1 and is considered an extension of the copyright page.

Library of Congress Cataloging-in-Publication Data
Foerster, Sharon.
   Punto y aparte: expanded edition: Spanish in review, moving toward fluency / Sharon Foerster, Anne Lambright.—Expanded ed.
       p. cm.
   Spanish and English.
   Includes bibliographical references and index.
   ISBN-13: 978-0-07-338538-9 (alk. paper)
   ISBN-10: 0-07-338538-7 (alk. paper)
   1. Spanish language—Textbooks for foreign speakers—English.   I. Lambright, Anne.   II. Title.
   PC4129.E5F64 2010
   468.2'421–dc22

                                                                                        2010031710

The Internet addresses listed in the text were accurate at the time of publication. The inclusion of a Web site does not indicate an endorsement by the authors or McGraw-Hill, and McGraw-Hill does not guarantee the accuracy of the information presented at these sites.

Contents

Punto y aparte: Expanded Edition

Are your students simply learning **about** *Spanish or are they learning to* **use** *it?*

This question is fundamental to a key objective of the intermediate Spanish course: to help students improve their communication skills in Spanish. After relatively quick progress through the lower levels of proficiency, students are commonly faced with the phenomenon of the "second-year plateau." They often become frustrated and lose the motivation to continue beyond the intermediate level.

Punto y aparte: Expanded Edition places communicative goals at the forefront of the course so that students are encouraged to look at grammar in a different way. While second-year students need to continue refining their knowledge of grammatical rules, learning to use those functions in real life in a variety of communicative scenarios is equally important. Grammar becomes the tool that allows students to express themselves with increasing fluency and accuracy.

By focusing on seven core communicative functions and the grammatical structures that support them, *Punto y aparte: Expanded Edition* helps students develop the ability and confidence to communicate and to think critically about language and culture. Since this is not the typical linear march through grammar one structure at a time, students are able to begin using language in a more authentic and natural way. As the title suggests, *Punto y aparte: Expanded Edition* puts students on a successful path from simple phrases to more extensive discourse.

Built on the successful foundation of *Punto y aparte*, the best-selling brief intermediate-level text, the *Expanded Edition* offers more grammar practice, expanded vocabulary, and a greater variety of cul-

tural contexts, providing ample material for one-year intermediate courses, while maintaining the flexibility to be used in shorter courses as well. Because students come to intermediate Spanish with disparate levels of language learning experience and proficiency, more challenging grammar receives less focus in the first half of the program, allowing instructors to tailor the program to their course depending on student level.

Addressing Course Challenges with the *Expanded Edition*

Challenge: "Students learn a grammar concept one week, but by the time we get to the next chapter, they've forgotten it already."

Solution: *Punto y aparte: Expanded Edition* continually draws students' attention to seven communicative functions via marginal icons that appear continuously throughout every section of the book.

 Descripción

 Comparación

 Narración en el pasado

 Reacciones y recomendaciones

 Hablar de los gustos

 Hacer hipótesis

 Hablar del futuro

Each chapter highlights a separate communicative function and explicitly links it with the grammatical structures that support that function. From the very beginning, all seven communicative functions are recycled constantly and often used simultaneously, as they are in natural language production. For example, after reading an anecdote in the past tense, a natural follow-up would be offering advice, thus the communicative value of the subjunctive becomes obvious.

> See page 36, **Actividad C** for an example of the successive use of the communicative functions.

Challenge: "Our students come from such a wide variety of backgrounds that some have been exposed to lots of language, while others haven't."

Solution: The seven communicative functions are called out with icons throughout the activities, so you can easily tailor your course to match the level of your students. In the first half of the book, there is less focus on the more challenging grammar points, and the activities with more challenging grammar are made optional for professors who choose to skip them.

> See page 24, **questions 5** and **6** for an example of an optional activity

Challenge: "Most books either have too much or too little material for my course. I just can't find a book that fits my program."

Solution: *Punto y aparte: Expanded Edition* is broken down into manageable sections, making it easy to pick and choose the topics that are most interesting to you and your students, no matter how many contact hours you have. This also provides the opportunity to mix things up throughout the course, giving you and your students a more diverse range of topics. Suggested syllabi for different course types are available in the *Instructor's Manual.*

> Suggested syllabi are available in CENTRO and on the *Online Learning Center*

Challenge: "I want my students to be able to really communicate in Spanish, not just regurgitate information that's written on the page."

Solution: The activities in *Punto y aparte: Expanded Edition* require that students use language in meaningful contexts, such as expressing feelings, opinions, and offering speculations. They also use multiple communicative functions simultaneously (such as description and narrating in the past), which is closer to the real-life scenarios in which they will use their language skills.

> See the **Actividad** on page 46 for an example of the simultaneous use of communicative functions

Guided Tour of *Punto y aparte: Expanded Edition*

Each **chapter opener** includes a photo highlighting the geographical region and chapter theme as well as a list of supplements where the students can further study the material studied in the chapter.

PARTE A

PARTE B

The **Parte A** and **Parte B openers** include a piece of fine art or a photograph, discussion questions that instructors can use as an advance organizer to move students into the chapter themes, and bulleted points listing the communicative functions, central themes, and country or region of focus for the chapter.

The **La historia** section presents a dialogue between some of the five friends. Following the dialogue are activities designed to introduce students to the themes presented in the dialogue and in the rest of **Parte A**.

La entrevista presents an interview that touches on the themes that will be presented in **Parte B**. Following the interview are activities designed to introduce students to the themes they will explore more in depth in the rest of the chapter.

The **Vocabulario del tema** sections begin with a list of vocabulary items followed by a variety of communicative activities. **Para conversar mejor** boxes provide useful idiomatic expressions. **Nota cultural** boxes (in **Parte A**) highlight aspects of Spanish-speaking cultures and are followed by conversation questions.

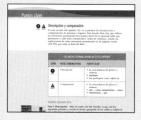

The **Puntos clave** section in **Parte A** highlights at least one of the seven communicative functions and offers a short review of the grammatical structures that support each function. In **Parte B**, this section highlights more of the communicative goals, not just the one or two stressed in **Parte A**. A brief **Prueba diagnóstica** allows students to check their command of the pertinent grammatical structures.

The **Lugares fascinantes** section in **Parte A** contains readings that present points of interest in the chapter's country or region of focus. **¡Viaje conmigo a… !** invites students to watch video footage of the places featured in the **Lugares fascinantes** readings before doing the follow-up activities to those readings.

The **Rincón cultural** section contains three parts. **Un artista hispano** profiles a Hispanic artist from the region of focus. **La música…** presents an introduction to the featured musical genre and provides activities to accompany the *Estampillas musicales* music CD. Finally, **Un momento histórico** presents a historic event that has implications today in the region of focus.

¡A escribir! is the main composition section of each chapter and is divided into three sections: a brainstorming activity, a guided composition, and a dialogue in which students comment on each others' compositions.

Each **Lectura** has been selected to address the chapter theme. Consciousness-raising icons next to each reading highlight specific strategies. **Vocabulario**, **Visualizar**, and **Verificar** icons call students' attention to information that will assist in their comprehension of the reading.

In the **Hablando del tema** section, students converse, debate, and offer reactions to questions and situations based on chapter themes. Students practice higher-level speaking skills in preparation for **Parte B**.

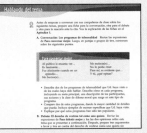

In the chapter-culminating **Yo experto/a** section, students choose a person, place, or cultural theme that they wish to learn more about and then present their findings in either oral or written form.

Explicación gramatical

Explanations of the grammar structures associated with each communicative function can be found in the green pages near the end of the main text. A colored tabbing system provides easy reference. **¡A practicar!** exercises offer additional practice of the grammar points; the answers to all those exercises are provided in **Apéndice 1**. Explanations of additional grammatical structures can be found in the **Referencia de gramática** section at the end of the green pages (pp. 310-355).

Supplements

As a full-service publisher of quality educational products, McGraw-Hill does much more than just sell textbooks. We create and publish an extensive array of print and digital supplements to support instruction on your campus. Orders of new (versus used) textbooks help us defray the cost of developing such supplements, which is substantial. Please consult your local McGraw-Hill representative to learn about the availability of the following supplements that accompany *Punto y aparte: Expanded Edition.*

For Students and Instructors

- The *Manual que acompaña Punto y aparte: Expanded Edition* is a workbook/laboratory manual that contains a variety of exercises and activities that students can use to practice the seven communicative functions with all of the four skills: reading, writing, listening, and speaking.
- McGraw-Hill has partnered with Quia™, the leading developer of online tools for foreign language instruction and learning, to create CENTRO (**www.mhcentro.com**). CENTRO is a comprehensive learning-management system that allows you to manage your course with robust communications tools, record-keeping that can be imported to Blackboard and other CMS platforms, integration of instructor resources such as the *Instructor's Manual* and the *Testing Program,* as well as the ability to customize or add your own content.
- *Punto y aparte: Expanded Edition* is available in CENTRO as a fully interactive eBook with a real-time voice chat feature, integrated audio and video, an integrated gradebook, and many other resources that make this a truly innovative online system for the teaching and learning of Spanish. The *Punto y aparte: Expanded Edition* eBook seamlessly integrates all the cultural multimedia content, including the video footage of the **Lugares fascinantes** video program and the songs in **La música... .**
- CENTRO is also home to the online *Manual*. This digital version of the printed *Manual* is easy for students to use and ideal for instructors who want to manage students' coursework online. Identical in practice to the print version, the online *Manual* contains the full Audio Program. It also provides students with automatic feedback and scoring of their work.
- With footage provided by BBC Motion Gallery, the **Lugares fascinantes** cultural videos are presented as video blogs made by two traveling videographers who are sharing their travel experiences with friends and family. The video is available online in CENTRO and Instructors may request a complimentary DVD.
- The *Estampillas musicales* CD, written and recorded for use with this program, corresponds to the **La música...** section of each chapter. The CD contains six songs, one from each of the six Spanish-speaking regions featured in *Punto y aparte: Expanded Edition.* The songs are available on CENTRO, and the CD is available for purchase by students. Instructors may request a complimentary copy.
- The Student Edition of the *Online Learning Center* (**www.mhhe.com/pyaexpanded**) provides students with a wealth of activities created especially for use with *Punto y aparte: Expanded Edition.* It includes additional vocabulary and grammar practice quizzes, cultural activities, the complete Audio Program to accompany the *Manual*, the Textbook Audio recordings (**La historia** dialogues and active vocabulary lists), and the Spanish Grammar Tutorials.

For Instructors Only

Punto y aparte: Expanded Edition comes with extensive and high quality instructor resources.

- The annotated Instructor's Edition of *Punto y aparte: Expanded Edition* provides notes that offer extensive pre-text activities, teaching hints, and suggestions for using and expanding materials, as well as references to the supplementary activities in the Instructor's Manual and the Testing Program.
- Instructors have password-protected access on the Instructor Edition of the Online Learning Center and on CENTRO to instructor resources such as the *Instructor's Manual*, the *Testing Program,* the *Audioscript*, and the **Lugares fascinantes** *Videoscript*. For password information, please contact your local McGraw-Hill sales representative.
  - The *Instructor's Manual* is an invaluable resource, containing various syllabi in addition to detailed teaching suggestions and tips for each section of each chapter. Each chapter also provides seven to ten ready-made supplementary activities.
  - The *Testing Program* provides multiple tests and quizzes for each chapter, as well as midterm exams and oral interviews.
  - The *Audioscript* and *Videoscript* are transcripts of all recorded materials in the Audio Program and the new **Lugares fascinantes** video program.
- Instructors may request a complimentary copy of the **Lugares fascinantes** video program on DVD and of the *Estampillas musicales* CD.

Other Available Materials

- *Lecturas literarias: Moving Toward Linguistic and Cultural Fluency Through Literature* is a reader designed to accompany *Punto y aparte: Expanded Edition*. For those who want to offer an even stronger reading component at the intermediate level, it provides additional readings for each chapter, along with pre- and post-reading and writing activities.
- CourseSmart is a new way to buy eText books. At CourseSmart you can save up to 50% off the cost of a print textbook, reduce your impact on the environment, and gain access to powerful web tools for learning. CourseSmart has the largest selection of eTextbooks available anywhere, offering thousands of the most commonly adopted textbooks from a wide variety of higher education publishers. CourseSmart eTextbooks are available in one standard online reader with full text search, notes and highlighting, and email tools for sharing notes between classmates. For further details, contact your sales representative or go to **www.coursesmart.com.**

Acknowledgments

We are extremely grateful to be publishing *Punto y aparte: Expanded Edition* and would like to thank our friends and colleagues who have aided us in myriad ways since the first days of the program, especially our colleagues at Middlebury College, Juan Camacho, Perla Gamboa, Esther Hernández, Margarita Muñoz and Lena Santillana, and also Ana Raffo for her assistance in art selection. We thank the many instructors who have participated in reviews or completed surveys of this text and of *Punto y aparte*, and although we hope they are pleased with this edition, the appearance of their name does not necessarily constitute and endorsement of the program or its methodology.

Robert Colvin
Brigham Young University, Idaho

Sixto Torres
Metropolitan State College of Denver

Teresa Lee
Miracosta College

Joyce Lider
North Idaho College

Chyi Chung
Northwestern University

Inés Warnock
Portland State University

José Osorio
Queensborough Community College, CUNY

Karen Sommerville
Rochester College

Bonnie Brunt
Spokane Falls Community College

Isabel Castro
Towson University

Christina Czajkoski
United States Military Academy

Anastacia Kohl
William Maisch
University of North Carolina, Chapel Hill

Rosa Toledo
University of Tennessee

María Eugenia Trillo
Western New Mexico University

The authors would also like to express our immense gratitude for the following individuals and institutions for their time and professionalism in helping us with the look of the five friends: Joel Blake (Javier), Fidel J. Jr. (Diego), Lindsay Long (Laura), Adam Pérez (Sergio), Natalia Peschiera (Sara); Elena Jurado of Café Qué Tal (San Francisco) and Mía González of Encantada Gallery (San Francisco). Special thanks are due to Jill Braaten for taking the excellent photos of these actors and locations.

It is always a pleasure to work with an organization that values teamwork above all; thus, many thanks are owed to the people at McGraw-Hill who worked behind the scenes on *Punto y aparte: Expanded Edition*. Katherine Crouch, our sponsoring editor, was instrumental in shaping the revision plan for this edition. It was a pleasure to work with Jenni Kirk as our development editor, who enthusiastically guided us through the revision process. In addition, we are very appreciative of Misha Maclaird for her excellent work on the **Lugares fascinantes** videos. We would also like to thank the rest of the editorial team at McGraw-Hill, especially Scott Tinetti and Erin Blaze for helping guide this edition along the path from manuscript to publication. Many thanks are due to the production team at McGraw-Hill, especially Mel Valentín, Nora Agbayani, and Louis Swaim, as well as our designer, Andrei Pasternak, for the wonderful cover and interior design. We would like to thank Hector Alvero (Executive Marketing Manager), Jorge Arbujas (Faculty Development Manager), and the entire McGraw-Hill sales staff for their continuing efforts in promoting and making the *Punto y aparte* program such a success. Finally, a very special thanks goes to Frank for being a source of unending support and encouragement on every level, to Guillermo for believing in us and for putting in many hours of overtime, and to our parents, who taught us the value of hard work.

To the Student

Welcome to *Punto y aparte: Expanded Edition,* a unique and exciting intermediate Spanish program! The goal of this course is to help you acquire the ability to use your Spanish by focusing on seven major communicative functions (**metas comunicativas**): describing, comparing, narrating in the past, reacting and recommending, talking about likes and dislikes, hypothesizing, and talking about the future.

This focus is supported by constant recycling of the grammatical structures (**puntos clave**) needed to accurately and successfully perform those functions. To facilitate your growing abilities to communicate effectively in Spanish, icons are used to remind you with which function you are working. For example, when you see the 🅓 next to an activity, you know that you are working with *description* and that, in order to describe well, you must keep in mind the rules for gender/number agreement, the uses of **ser** and **estar,** and perhaps the use of past participles as adjectives. (See the inside back cover for a full display of the icons, the communicative functions, and the **puntos clave** that accompany the functions.)

Another goal is for you to become a paragraph maker in Spanish. (In fact, the Spanish expression **punto y aparte** is used to indicate the beginning of a new paragraph!) You will achieve greater cohesion in your speaking and writing abilities by including transition words and sentence connectors as you move toward fluency in Spanish. (See the list of common connectors and transition words in **Apéndice 2.**)

A third goal is for you to increase your vocabulary by using new words and by acquiring strategies that will help you understand unfamiliar terms. We suggest that you study the vocabulary in the thematic groups in which they are presented rather than as isolated words. The vocabulary is recycled throughout the text so that you will not forget what you studied in **Capítulo 1** by the time you reach **Capítulo 6.**

Another goal is to help you enjoy reading in Spanish. *Punto y aparte: Expanded Edition* concentrates on three reading strategies that we refer to as "the three V's".

A VOCABULARIO icon alerts you to make strategic decisions about new vocabulary, such as deciphering the word based on context, relating it to words you *do* know, looking it up, or ignoring it altogether.

VISUALIZAR icons remind you to picture the people, places, things, and situations described at that point.

Finally, a VERIFICAR icon and a short set of questions, encourage you to monitor your comprehension up to that point. The goal of these strategies is to help you get the overall gist of the passage.

It is important to understand how this course differs from previous courses you may have taken. As you move toward fluency in Spanish, you should progress from being a list maker to a paragraph maker, from memorizing isolated words to learning and using groups of thematically related words, and from studying grammar structures in a vacuum to studying grammar as a support for expressing the seven communicative functions that serve as the core of the *Punto y aparte: Expanded Edition* methodology.

Finally, you should also attain an understanding and appreciation of Hispanic cultures through the rich **Rincón cultural** sections and through the lives of the five characters (**los cinco amigos**) who appear throughout *Punto y aparte: Expanded Edition* in their daily lives and interactions at the Ruta Maya café in Austin, Texas. The five friends are Sara Carrillo Jiménez, a Spanish graduate student; Javier Mercado Quevedo, a Puerto Rican journalist who works at Ruta Maya; Laura Taylor, an American graduate student of Pharmacy and Health Administration and Sara's roommate; Diego Ponce Flores, a Mexican shop owner; and Sergio Wilson Flores, a Mexican-American concert promoter and Diego's cousin.

Above all, we hope that you enjoy this course and that you find yourself moving toward fluency in Spanish!

¡Buena suerte!

About the Authors

Sharon Wilson Foerster retired from the University of Texas at Austin in 2001, where she had been the Coordinator of Lower Division Courses in the Department of Spanish and Portuguese, directing the first- and second-year Spanish language program and training graduate assistant instructors. She continues to teach Spanish in the Summer Language School at Middlebury College in Vermont. She received her Ph.D. in Intercultural Communications from the University of Texas in 1981. Before joining the faculty at the University of Texas, she was Director of the Center for Cross-Cultural Study in Seville, Spain, for four years. She continues her involvement in study abroad through her work as Director of the Spanish Teaching Institute and as Academic Advisor for Academic Programs International. She is the co-author of *Lecturas literarias: Moving Toward Linguistic and Cultural Fluency Through Literature* (2007), *Metas comunicativas para maestros* (1999), *Metas comunicativas para negocios* (1998), *In viaggio: Moving Toward Fluency in Italian* (2003), *Supplementary Materials to accompany Puntos de partida,* Sixth Edition (2004), *Metas: Spanish in Review, Moving Toward Fluency* (2008), *Pause-café: Moving Toward Fluency in French* (2009), and *Pasaporte: Spanish for Advanced Beginners* (2009).

Anne Lambright is Associate Professor of Language and Culture Studies in the Hispanic Studies Program at Trinity College in Hartford, Connecticut. She earned her Ph.D. in Latin American literature from the University of Texas at Austin. Her research and teaching focus on contemporary Latin American literature, Andean literature and culture, **indigenismo,** and Latin American women's writing, topics on which she has published several articles and books. She is the author of *Creating the Hybrid Intellectual: Subject, Space and the Feminine in the Narrative of José Arguedas* (2007), and co-editor of *Unfolding the City: Women Write the City in Latin America* (2007), with Elisabeth Guerrero. In addition, she is the co-author of *Metas: Spanish in Review, Moving Toward Fluency.*

PARA EMPEZAR

Los cinco amigos

Puntos clave
- introducción a las metas comunicativas

Tema central
- los cinco amigos

Los cinco amigos: Javier, Diego, Sara, Laura y Sergio

¡Bienvenido/a a *Punto y aparte: Expanded Edition*! A lo largo de este libro de texto y en el *Manual que acompaña Punto y aparte: Expanded Edition,* Ud. va a trabajar con siete metas comunicativas en conversaciones con sus compañeros de clase, en composiciones y en ejercicios gramaticales. También, poco a poco irá conociendo, sobre todo en la sección **La historia,** a los cinco amigos que aparecen en la foto. Todos viven en Austin, Texas.

MULTIMEDIA

| 🎵 | Estampillas musicales |

| 🎥 | Viaje conmigo a... |

| CENTRO | Online *Manual*: **www.mhcentro.com** |

| www | Online Learning Center: **www.mhhe.com/pyaexpanded** |

Lea la pequeña biografía y el perfil (*profile*) personal de cada uno de los cinco amigos. Luego, conteste las preguntas que aparecen a continuación.

SARA CARRILLO JIMÉNEZ

Sara nació en un pueblo cerca de Salamanca, España. Estudió periodismo[1] en la Universidad Pontificia de Salamanca y trabajó en una emisora[2] de radio local, en la cual sólo ofrecían programas musicales. Como quería aprender otras cosas relacionadas con el mundo de las comunicaciones, cuando a Sara le hablaron de la posibilidad de estudiar en los Estados Unidos, decidió «cruzar el charco».[3] Actualmente está acabando su maestría en Radio, Televisión y Cine y trabaja en la emisora universitaria, donde hace un programa dirigido a los hispanohablantes.

Habla Sara
Rasgos[4] principales de mi carácter: Soy extrovertida, franca e impaciente.
Mi estado de ánimo en estos días: Estoy más preocupada que el semestre pasado porque quiero terminar mi tesis de maestría en mayo.
Un secreto de mi pasado: Cuando tenía 14 años, empecé a fumar.
Mis amigos me recomiendan: Que piense antes de hablar.
Lo que más me molesta: Me molesta la ropa formal.
Si pudiera invitar a dos personas a cenar: Invitaría a Paul McCartney y a Letizia Ortiz.
Cuando tenga suficiente dinero, iré a: las Islas Canarias, donde descansaré y tomaré una clase de dibujo.

[1]*journalism* [2]*station* [3]«cruzar… *"to cross the pond"* (fig.: *the Atlantic Ocean*) [4]*Traits*

Preguntas
1. ¿Por qué decidió Sara estudiar en los Estados Unidos?
2. ¿Es tímida Sara? ¿Cómo lo sabe Ud.?
3. ¿Le gustarían a Sara las fiestas elegantes? ¿Por qué sí o por qué no?

JAVIER MERCADO QUEVEDO

Javier nació en Mayagüez, Puerto Rico. Tiene un hermano que se llama Jacobo. Trabaja como mesero en el café Ruta Maya, uno de los cafés de moda del centro de la ciudad. Hace dos años que Javier sacó su licenciatura en periodismo. Ahora, hace trabajos sueltos[1] para varios periódicos hispanos de los Estados Unidos, pero su sueño es conseguir un puesto de corresponsal en Latinoamérica y pasarse la vida viajando. Mientras tanto, sin embargo, está muy contento en Austin. Es soltero y no piensa casarse muy pronto, aunque es muy romántico.

[1]hace… *he freelances*

Habla Javier

Rasgos principales de mi carácter: Soy honesto, hablador y aventurero.

Mi estado de ánimo en estos días: Estoy menos estresado que el año pasado porque ahora tengo más oportunidades periodísticas que antes.

Un secreto de mi pasado: Pasé seis semanas viajando por Venezuela con una novia, pero le dije a mi madre que estaba allá para tomar un curso universitario.

Mis amigos me recomiendan: Que tenga más paciencia con mi madre.

Lo que más me fascina: Me fascina la clientela diversa que visita Ruta Maya.

Si pudiera invitar a dos personas a cenar: Invitaría a Shakira y a Junot Díaz.

Cuando tenga suficiente dinero, iré a: México, donde trataré de entrevistar a Guillermo del Toro.

Preguntas

1. ¿Por qué cree Ud. que Javier trabaja en el café Ruta Maya?
2. ¿Qué característica tiene Javier que le servirá en su carrera de periodismo?
3. ¿Le gusta a Javier pasar mucho tiempo en casa? ¿Cómo lo sabe?

LAURA TAYLOR

Laura nació en Sacramento, California. Al estudiar español en la universidad se interesó mucho por la cultura hispana, así que, cuando se graduó, decidió ingresar en el Cuerpo de Paz.[1] Terminó[2] en Otavalo, cerca de Quito, Ecuador, donde trabajó en proyectos de salud rural. Después de dos años, regresó a los Estados Unidos para seguir un curso de posgrado en estudios latinoamericanos con énfasis en la salud rural. Después de graduarse, le gustaría trabajar en Latinoamérica.

Habla Laura

Rasgos principales de mi carácter: Soy perfeccionista, abierta y exigente.[3]

Mi estado de ánimo en estos días: Estoy más contenta que antes porque mis clases van súper bien y mi vida social es fenomenal.

Un secreto de mi pasado: Cuando tenía 12 años, leía el diario de mi hermana mayor.

Mis amigos me recomiendan: Que no trate de cambiar el mundo tan rápidamente.

Lo que más me interesa: Me interesan las culturas indígenas de los Andes.

Si pudiera invitar a dos personas a cenar: Invitaría a Michelle Obama y a Rigoberta Menchú.

Cuando tenga suficiente dinero, iré a: las Islas Galápagos en el Ecuador, donde pasaré un rato tranquilo con mi novio Manuel.

[1]Cuerpo... *Peace Corps* [2]*She ended up* [3]*demanding*

Preguntas

1. ¿Cree Ud. que Laura sacó buenas notas en sus cursos universitarios? ¿Cómo lo sabe?
2. ¿Por qué se fue al Ecuador cuando terminó sus estudios?
3. ¿Piensa quedarse en los Estados Unidos cuando termine sus estudios de posgrado?

DIEGO PONCE FLORES

Diego nació en San Julián, un pueblo de México, pero fue a Monterrey a vivir con su hermano mientras estudiaba en la Universidad Tecnológica. Se mudó a los Estados Unidos hace tres años y, poco después, con la ayuda de su primo Sergio, abrió una tienda de artesanía[1] latinoamericana que se llama Tesoros.[2] Aunque se especializó en administración de empresas,[3] siempre se ha interesado por las bellas artes. Así que su tienda resulta ser una perfecta combinación de sus dos pasiones.

Habla Diego

Rasgos principales de mi carácter: Soy ambicioso, muy cortés[4] y un poco inflexible.

Mi estado de ánimo en estos días: Estoy más nervioso que antes porque quiero abrir más tiendas, pero no sé si es el momento oportuno o no.

Un secreto de mi pasado: Cuando tenía 17 años, fui modelo de Levi's Jeans.

Mis amigos me recomiendan: Que deje de trabajar tantas horas y que sea menos serio.

Lo que más me fascina: Me fascinan las comidas exóticas.

Si pudiera invitar a dos personas a cenar: Invitaría a Bono y a Carlos Slim Helú.

Cuando tenga suficiente dinero, iré a: Perú, donde buscaré artesanías andinas para vender en Tesoros.

[1]*arts and crafts* [2]*Treasures* [3]administración... *business administration* [4]*polite*

Preguntas

1. ¿Cree Ud. que Diego nació en una ciudad industrial? ¿Por qué sí o por qué no?
2. Parece que ser dueño de Tesoros es un puesto ideal para Diego. ¿Por qué?
3. A veces Diego les parece un poco formal a sus amigos. ¿Por qué será eso?

SERGIO WILSON FLORES

Sergio nació en El Paso, Texas, pero pasó su infancia en Chihuahua, México, el estado de origen de su madre. Después, se mudó a Boston, Massachusetts, la ciudad natal de su padre. Actualmente vive en Austin con su primo, Diego, y trabaja como promotor de conjuntos musicales. De los cuatro grupos que están bajo su dirección, dos son conjuntos *tex-mex* y dos son grupos de rock. Se graduó de la universidad hace dos años, en donde se especializó en administración de empresas.

Habla Sergio
Rasgos principales de mi carácter: Soy alegre, cómico y optimista.
Mi estado de ánimo en estos días: Estoy cansado porque no duermo mucho. Escucho muchos grupos que tocan hasta muy tarde.
Un secreto de mi pasado: Tomé clases de tango para impresionar a una chica.
Mis amigos me recomiendan: Que trate de conseguir entradas a los conciertos de grupos famosos.
Lo que más me molesta: Me molesta la falta[1] de conciencia social.
Si pudiera invitar a dos personas a cenar: Invitaría a Robert Rodríguez y a Julieta Venegas.
Cuando tenga suficiente dinero, iré a: Chile, donde asistiré al gran festival de música en Viña del Mar.

[1]*lack*

Preguntas

1. Se puede describir a Sergio como una persona bicultural. ¿Por qué?
2. ¿Cree Ud. que Sergio es políticamente activo en su comunidad? ¿Cómo lo sabe?
3. ¿Es Sergio una persona solitaria?

ACTIVIDADES

A. Características e intereses de los cinco amigos

Paso 1 En grupos de cuatro, completen la siguiente tabla con la información que obtuvieron de los perfiles de los cinco amigos.

	SARA	JAVIER	LAURA	DIEGO	SERGIO
Características					
Intereses					

Paso 2 Ahora, conteste las siguientes preguntas.

1. ¿Con cuál de los cinco amigos tiene Ud. más en común en cuanto a las características de su personalidad?
2. ¿Con quién hablaría si quisiera saber algo sobre la región andina?
3. Un amigo suyo quiere abrir un negocio. ¿Con cuál de los amigos debe hablar?
4. De todos los amigos, ¿cuál es el más serio / la más seria?
5. ¿A quién no le gustaría asistir a una gala en un hotel de lujo (*luxury*)?
6. Si tuviera que estar en una isla desierta con uno de los cinco amigos, ¿con cuál preferiría estar? ¿Por qué?
7. Si estuviera en el programa *Survivor* con estos cinco amigos, ¿quién sería el primero / la primera que Ud. sacaría de la isla? ¿Por qué?
8. ¿Cuáles son tres adjetivos que lo/la describen a Ud.?
9. ¿Cuáles son tres adjetivos que describen a su mejor amigo/a?
10. ¿Cuáles son algunos de los intereses que Ud. y su mejor amigo/a tienen en común?

B. **Preguntas personales** Si Ud. pudiera hacerle algunas preguntas a cada uno de los cinco amigos, ¿qué preguntas les haría? A continuación hay una lista de palabras interrogativas que puede usar.

¿a quién?, ¿adónde?, ¿cómo?, ¿cuál(es)?, ¿cuándo?, ¿cuánto/a/os/as?, ¿de dónde?, ¿dónde?, ¿por qué?, ¿qué?, ¿quién?

1. A Sara: _____   3. A Laura: _____   5. A Sergio: _____
2. A Javier: _____   4. A Diego: _____

C. **Perfiles de sus compañeros** Entreviste a un compañero / una compañera de clase para hacerle un perfil personal, como el de los cinco amigos. Luego, escoja los dos o tres datos más interesantes sobre su compañero/a y compártalos con la clase.

Rasgos principales de su carácter:

Su estado de ánimo en estos días:

Un secreto de su pasado:

Sus amgos le recomiendan:

Lo que más le fascina/interesa/molesta:

Si pudiera invitar a dos personas a cenar:

Cuando tenga suficiente dinero, irá a:

D. **¿Quiénes son?** ¿Conoce Ud. a todas las personas famosas e importantes mencionadas en los perfiles de los amigos? En el mundo hispano hay muchas personas importantes que no necesariamente se conocen en este país.

Paso 1 Busque en el Internet los nombres de tres de las siguientes personas. Tome apuntes para luego compartir con sus compañeros de clase la información que encuentre.

1. Letizia Ortiz
2. Junot Díaz
3. Rigoberta Menchú
4. Robert Rodríguez
5. Carlos Slim Helú
6. Guillermo del Toro
7. Julieta Venegas

Paso 2 En grupos de cuatro, compartan sus apuntes y escojan a dos personas de la lista a quienes les gustaría invitar a una cena especial. Después, escojan tres temas de conversación para esa noche genial. Finalmente, compartan sus ideas con el resto de la clase.

Paso 3 Imagínese que ya se celebró la cena y que fue una noche memorable, ya sea por lo bien que salió o por lo mal que salió. Escriba un correo electrónico a su mejor amigo/a explicándole lo que pasó durante la cena.

Puntos clave*

¡Tómalo con calma!

INTRODUCCIÓN

The purpose of this section of **Para empezar** is to reintroduce you to the seven **metas comunicativas** and the **puntos clave** (the grammar points needed to express those seven communicative goals). Remember that this is a *preview* of what will be covered throughout the book. You are *not* expected to have mastered these grammar points, but you should be acquainted with most of them from your previous study of Spanish. After looking over the chart, do the diagnostic exercises on the following pages to see which points you remember well and which points you need to practice or perhaps learn for the first time.

---

*Nouns used as adjectives in Spanish (like **clave** in the phrase **puntos clave**) do not alter their gender and number to agree with the noun they are modifying. Other examples are: **fechas límite, hombres rana, mujeres político, perros guía.**

LAS SIETE METAS COMUNICATIVAS Y LOS PUNTOS CLAVE

ICONO	META COMUNICATIVA	PUNTOS CLAVE
D DESCRIBIR	Descripción	• la concordancia de género y número • **ser/estar** • los participios como adjetivos
C COMPARAR	Comparación	• la concordancia de género y número • **tan… como, tanto/a/os/as… como** • **más/menos… que**
P PASADO	Narración en el pasado	• el pretérito • el imperfecto • los tiempos perfectos • **hace… que**
REACCIONAR **R** RECOMENDAR	Reacciones y recomendaciones	• el subjuntivo en cláusulas nominales • los mandatos
G GUSTOS	Hablar de los gustos	• los verbos como **gustar** • los pronombres de complemento indirecto • el subjuntivo después de **me gusta que**
H HIPÓTESIS	Hacer hipótesis	• el pasado de subjuntivo • el condicional
F FUTURO	Hablar del futuro	• el futuro • el subjuntivo en cláusulas adverbiales

DESCRIPCIÓN: EL CAFÉ RUTA MAYA

Paso 1 Lea la siguiente descripción del café Ruta Maya. Preste atención al uso de **ser** y **estar** y a la concordancia entre los adjetivos y sustantivos.

Ojo
Antes de hacer esta sección, vea las páginas verdes (310–355) al final del libro para repasar cómo hacer descripciones en español.

El café Ruta Maya **es** una bodega[1] **renovada** que **está** en el distrito **teatral** de Austin. **Es** el lugar **preferido** de los cinco amigos y de hecho casi todas sus reuniones **son** allí. Las paredes **están decoradas** con carteles de **varios** países **hispanos.** Cada mes se exponen obras de **diferentes** artistas **chicanos.** Allí se celebran las culturas **hispanas,** con café estilo **cubano,** empanadas[2] y flanes[3] **sabrosos** y una **gran** muralla estilo **azteca.** Su clientela **es** muy **ecléctica** y los fines de semana por la noche el café siempre **está lleno.**[4] Allí la gente se reúne después de ir al

[1]*warehouse* [2]*turnovers* [3]*custard desserts* [4]*full*

Javier, trabajando en el café Ruta Maya

teatro o después de cenar para comer uno de sus **deliciosos** postres y para disfrutar de la música en vivo.[5] ¡**Es** un lugar **maravilloso**!

[5]en... *live*

Paso 2 Ahora complete el siguiente ejercicio diagnóstico para ver cómo le va con **ser** y **estar** y con la concordancia.

1. La librería favorita de Sara y Laura siempre _____ (ser / estar) llena de estudiantes de Latinoamérica porque hay muchos libros _____ (hispano) y sirven café y postres _____ (delicioso).

2. La discoteca donde se reúnen los cinco amigos para bailar los viernes por _____ (el / la) noche _____ (ser / estar) un poco cara pero muy _____ (divertido).

3. Esta noche el concierto de Los Lonely Boys _____ (ser / estar) en Stubbs y los asientos que Sergio ha conseguido para sus amigos _____ (ser / estar) _____ (fabuloso).

Paso 3 En parejas, describan su lugar favorito para estar con sus amigos. ¿Dónde está ese lugar? ¿Cómo es? ¿Qué tipo de personas suele (*usually*) reunirse allí? ¿Por qué les gusta tanto ese lugar?

For additional practice, complete the activities in the **Para empezar** section of the *Manual*. Then, fill out the **autoevaluación** to see how well you know each of the **puntos clave**.

COMPARACIÓN: DOS COMPAÑERAS DE CUARTO

Paso 1 Lea la siguiente comparación entre las dos compañeras de cuarto, Laura y Sara. Preste atención a las palabras que se usan para comparar cosas iguales (**tan... como, tanto/a/os/as... como**) y cosas desiguales (**más/menos... que**) y también a la concordancia.

Ojo

Antes de hacer esta sección, vea las páginas verdes (310–355) al final del libro para repasar cómo hacer comparaciones en español.

Laura y Sara: dos amigas bastante distintas

Aunque Laura y Sara son íntimas amigas, son muy diferentes. Laura es **más reservada que** Sara, aunque si algo le apasiona, puede ser **tan habladora como** su amiga. A las dos les encanta saber los últimos chismes[1]

[1]*gossip*

en España y Latinoamérica, por eso Sara lee **tantos blogs*** **como** Laura. Pero también las dos tienen intereses serios. Laura va a **más conferencias académicas que** Sara, pero está claro que Sara es **tan lista como** su amiga. Quizás se puede decir que Laura es **más intelectual que** Sara. Pero todos dicen que Sara es **la más creativa de** los cinco amigos: pinta, escribe poesía y siempre tiene **más de** cinco proyectos artísticos sin terminar. Lo bueno es que a Laura le gusta conversar **tanto como** a Sara, y con tantos intereses no les faltan temas fascinantes.

Paso 2 Ahora, haga comparaciones entre Laura y Sara, utilizando las indicaciones entre paréntesis.

1. Sara es _____ extrovertida _____ Laura. (+)
2. Creo que Laura debe ser _____ estudiosa _____ Sara. (=)
3. Laura tiene _____ amigos en Facebook _____ Sara (=), pero Sara escribe _____ mensajes _____ Laura. (+)
4. Laura es _____ inteligente _____ Sara (=), pero es _____ artística _____ su amiga española. (−)
5. Sara compra _____ revistas sobre los ricos y famosos _____ Laura. (=)
6. No creo que Sara y Laura pasen más _____ dos horas cada semana leyendo revistas de chismes.

Paso 3 En parejas, hagan por lo menos cuatro comparaciones entre Ud. y su mejor amigo/a.

yo / mi mejor amigo/a: atlético/a, cursos este semestre, dinero, hablar por teléfono, organizado/a, pasar tiempo en Facebook, salir, serio/a,…

> For additional practice, complete the activities in the **Para empezar** section of the *Manual*. Then, fill out the **autoevaluación** to see how well you know each of the **puntos clave**.

NARRACIÓN EN EL PASADO: SARA Y EL DÍA INOLVIDABLE

Paso 1 Lea la siguiente narración sobre un día que Sara recordará para siempre. Preste atención al uso del pretérito y el imperfecto.

Ojo

Antes de hacer esta sección, vea las páginas verdes (310–355) al final del libro para repasar cómo narrar en el pasado en español.

Cuando Sara **era** niña, siempre **visitaba** la emisora de radio donde **trabajaba** su tío. Le **fascinaba** ver cómo su tío **entrevistaba** a personas famosas. Cuando Sara **tenía** 15 años, **había** un cantante que **era** muy popular entre los jóvenes. Sus canciones **eran** muy divertidas y **tenían** mucho ritmo, así que todo el mundo **bailaba** en las discotecas al compás de[1] su música. Un día Sara **fue** a la emisora y **se encontró** con él en el estudio de grabación.[2] **¡Estaba** tan sorprendida que **se quedó** sin habla[3]! Cuando por fin **recuperó** la voz, **se acercó** a[4] él y le **dijo** con mucha timidez: «Tú eres Miguel Bosé, ¿verdad?» El chico la **miró** y **respondió**: «Sí, y tú, ¿quién eres?» Entonces Sara **se presentó** y él le **dio** dos besos. Ese **fue** uno de los días más inolvidables de su vida.

[1]al… *to the beat of* [2]de… *recording* [3]sin… *speechless* [4]se… *she approached*

---

*En algunas partes se usa el término más formal, **la bitácora** en vez de **el blog**. Otras palabras relacionadas con **el blog** son: **el blogging**, **bloguear** y **el bloguero / la bloguera**.

Sara ha trabajado en varias emisoras de radio.

Paso 2   Complete el párrafo con el pretérito o el imperfecto según el contexto.

El tío de Sara _____ (empezar) su carrera en una emisora de radio cuando _____ (tener) solamente veintidós años. _____ (Hacer) muchas entrevistas con gente famosa durante su carrera y a Sara siempre le _____ (encantar) pasar tiempo con él en su estudio. A los quince años, Sara _____ (decidir) que _____ (querer) trabajar en una emisora de radio también. En Salamanca _____ (trabajar) por dos años en una emisora de radio local y cuando _____ (llegar) a Austin, _____ (ser / estar) súper contenta cuando le _____ (dar) el trabajo en la emisora universitaria de UT.

Paso 3   Ahora, complete las siguientes oraciones para hablar de su propio pasado.

1. Cuando era niño/a, una vez yo...
2. El año pasado, mi mejor amigo/a y yo...
3. Al final del semestre pasado, mis profesores...
4. Cuando tenía 16 años, siempre...

> For additional practice, complete the activities in the **Para empezar** section of the *Manual*. Then, fill out the **autoevaluación** to see how well you know each of the **puntos clave.**

REACCIONAR
R
RECOMENDAR

REACCIONES Y RECOMENDACIONES: ¡QUÉ TALENTO TIENE DIEGO!

Paso 1   Lea el siguiente párrafo sobre Diego y su familia. Preste atención a las frases que expresan una emoción, un deseo de influir o una duda. Estas expresiones requieren el uso del subjuntivo en la segunda cláusula.

Tesoros, la tienda de Diego, ha tenido mucho éxito.[1] Ahora piensa abrir otra en Arizona o Miami, pero sus padres **quieren que abra** su nueva tienda en México. Para ellos **es triste que** su querido hijo no **viva** cerca de ellos y **tienen miedo de que se quede**[2] en los Estados Unidos para siempre. Pero es obvio que Diego es un excelente hombre de negocios[3] y sus padres **esperan que tenga** mucha suerte[4] en su trabajo. Por lo menos **están contentos de que** Diego **viaje** a México para comprar artesanías tres veces al año.

[1]*success*   [2]*se... will stay*   [3]*hombre... businessman*   [4]*luck*

Paso 2   Ahora, complete las siguientes oraciones, utilizando el subjuntivo cuando sea necesario.

1. Es bueno que Tesoros _____ (ser) una tienda popular.
2. Los padres de Diego no quieren que él _____ (vivir) en los Estados Unidos para siempre.
3. Es evidente que Diego _____ (ser) un buen hombre de negocios.
4. Sugiero que Diego _____ (ir) a México a comprar artesanías más de tres veces al año.

Diego: un hombre con suerte en los negocios

Paso 3 Nuestros padres (hijos, abuelos, amigos...) comparten algunas de nuestras opiniones, pero no están de acuerdo con todas nuestras ideas, ¿verdad? Complete las siguientes oraciones.

1. Mis padres (hijos, abuelos, amigos) siempre recomiendan que yo...

2. Sugiero que mis padres...

3. Es bueno que mis amigos (padres, hijos)...

4. Mis amigos (padres, hijos, abuelos) piensan que es horrible que yo...

> For additional practice, complete the activities in the **Para empezar** section of the *Manual*. Then, fill out the **autoevaluación** to see how well you know each of the **puntos clave**.

GUSTOS

HABLAR DE LOS GUSTOS: ¡QUÉ EXTROVERTIDO ES JAVIER!

Paso 1 Lea el siguiente párrafo sobre Javier y lo que más le interesa. Preste atención a los pronombres indirectos y la construcción especial de los verbos como **gustar.**

> Si a Ud. **le interesa** saber quién es quién y quién hace qué, debe hablar con Javier. Es que a Javier **le fascina** la clientela tan variada que visita Ruta Maya. Su formación[1] de periodista puede ser el resultado de su gran interés en conocer a la gente. Desde niño, **le interesaban** los chismes, mientras que a su hermano no **le importaban** para nada. La verdad es que **le encanta** enterarse de[2] lo que pasa en la vida privada de las personas. Lo único que **le fastidia**[3] es que los clientes interrumpan las conversaciones que tiene con sus amigos. Pero, de todas maneras, uno tiene que ganarse la vida,[4] ¿no?

[1]*training, education*   [2]*enterarse... to find out about*   [3]*le... bugs him*   [4]*ganarse... earn a living*

Ojo

Antes de hacer esta sección, vea las páginas verdes (310–355) al final del libro para repasar cómo hablar de los gustos en español.

Paso 2 Complete cada oración con el pronombre indirecto correcto y luego ponga un círculo alrededor de la forma correcta del verbo.

1. A Sara _____ (fastidia / fastidian) la ropa formal.

2. A Laura _____ (interesa / interesan) las conferencias profesionales.

3. A los cinco amigos _____ (gusta / gustan) pasar tiempo en Ruta Maya.

4. A Sergio y a Diego _____ (encanta / encantan) las fiestas familiares.

5. A Jacobo, el hermano de Javier, _____ (molestaba / molestaban) los chismes.

6. A Sara y a Laura no _____ (interesa / interesan) la música tejana.

Paso 3 Ahora, indiquen los gustos, las preferencias, las molestias, etcétera, de las siguientes personas. Pueden usar la lista de temas sugeridos en el **Paso 2** u otras ideas.

1. yo
2. mi mejor amigo/a
3. mis profesores
4. nosotros, los estudiantes de la clase

A Javier le encanta trabajar en Ruta Maya.

For additional practice, complete the activities in the **Para empezar** section of the *Manual*. Then, fill out the **autoevaluación** to see how well you know each of the **puntos clave.**

HACER HIPÓTESIS: LOS SUEÑOS DE SERGIO

Por si acaso (*Just in case*)

El condicional

If you have not had the opportunity to study the conditional in your first-year Spanish course, here is a quick explanation. To conjugate regular **-ar, -er,** and **-ir** verbs in the conditional, simply add these endings to the infinitive: **-ía, -ías, -ía, -íamos, -íais, -ían.**

> hablar: hablar**ía,** hablar**ías,** hablar**ía,** hablar**íamos,** hablar**íais,** hablar**ían**
>
> comer: comer**ía,** comer**ías,** comer**ía,** comer**íamos,** comer**íais,** comer**ían**
>
> vivir: vivir**ía,** vivir**ías,** vivir**ía,** vivir**íamos,** vivir**íais,** vivir**ían**

The following ten verbs have irregular stems, but their endings are the same as the regular verbs.

decir → **diría**	poder → **podría**	salir → **saldría**
haber → **habría**	poner → **pondría**	tener → **tendría**
hacer → **haría**	querer → **querría**	venir → **vendría**
	saber → **sabría**	

¿Qué **harías** con un millón de dólares?	*What would you do with a million dollars?*
¡Yo **vendría** a visitarte!	*I would come to visit you!*

To hypothesize, or to express what *would* happen if hypothetical situations occurred, the conditional is used in combination with the past subjunctive. For now you only need to concentrate on learning the conditional forms, but do pay attention to the past subjunctive forms that appear right after **si** (*if*) in hypothetical sentences. You will work with the past subjunctive later.

Si tuviera más dinero, **iría** a España.	*If I had more money, I would go to Spain.*
Si yo fuera a España, **visitaría** El Prado.	*If I went to Spain, I would visit the Prado (museum).*

Paso 1 Lea el siguiente párrafo sobre Sergio y lo que le gustaría hacer. Preste atención al pasado del subjuntivo y el condicional.

Aunque Sergio se siente feliz por lo general, a veces se pone a soñar con[1] las cosas que **haría** si **pudiera.** Por ejemplo, **le gustaría** mudarse a Los Ángeles, California. Allí **podría** conocer una comunidad y cultura mexicanoamericanas muy importantes. Además, quizás **tendría** más oportunidades profesionales, puesto que[2] Los Ángeles es ahora la capital del mundo de los espectáculos.[3] Si Sergio **llegara** a tener mucho éxito en su trabajo, **compraría** una casa al lado del mar. El único inconveniente

[1]se... *he starts to dream about* [2]puesto... *since* [3]mundo... *entertainment industry*

Ojo

Antes de hacer esta sección, vea las páginas verdes (310–355) al final del libro para repasar cómo hacer hipótesis en español.

de vivir en Los Ángeles **sería** que su familia le **quedaría** muy lejos. ¡Pero no **importaría**! Si **tuviera** tanto éxito, **dispondría** de[4] su propio avión para viajar entre Los Ángeles, Boston y México sin problema alguno.

[4]**dispondría...** *he would have at his disposal*

Sergio llevaría a sus amigos a Los Ángeles si pudiera.

Paso 2 Complete el siguiente párrafo con la forma apropiada de los verbos que están entre paréntesis.

Si yo fuera Sergio, _____ (mudarse) a Los Ángeles para conocer a más estrellas de cine. Para las vacaciones, _____ (ir) a todos los festivales musicales de Latinoamérica. Con suerte, _____ (conocer) a gente famosa como Juanes y Shakira. Si _____ (poder) hacerlo, los convencería de que fueran mis clientes. Si _____ (tener) influencia en el mundo de la música, ganaría mucho dinero. _____ (Ser) una vida genial.

Paso 3 Ahora, pensando en sus propios sueños, complete las siguientes oraciones con la forma apropiada de los verbos y su propia opinión. Luego, comparta sus respuestas con un compañero / una compañera.

1. Si yo pudiera trabajar en cualquier profesión, _____ (ser) _____ porque _____.
2. Si quisiera tener éxito en esa profesión, _____ (tener) que _____ porque _____.
3. Si ganara mucho dinero en esa profesión, yo _____ (viajar) a _____, donde _____ porque _____.

> For additional practice, complete the activities in the **Para empezar** section of the *Manual*. Then, fill out the **autoevaluación** to see how well you know each of the **puntos clave**.

HABLAR DEL FUTURO: LAS AVENTURAS DE LAURA

FUTURO

Por si acaso

El futuro

You have already learned to express the future by using **-ir** + **a** + *infinitive*, which is usually used to talk about the near future.

Voy a viajar a México este verano.

I'm going to travel to Mexico this summer.

If you haven't studied the future tense in your first-year Spanish course, here is a quick explanation of how to conjugate future tense verbs. Like the conditional, the future is formed by adding a set of endings to the infinitive: **-é, -ás, -á, -emos, -éis, -án.** Note that all forms have a written accent except for the **nosotros** form.

hablar: hablar**é**, hablar**ás**, hablar**á**, hablar**emos**, hablar**éis**, hablar**án**

comer: comer**é**, comer**ás**, comer**á**, comer**emos**, comer**éis**, comer**án**

vivir: vivir**é**, vivir**ás**, vivir**á**, vivir**emos**, vivir**éis**, vivir**án**

The irregular verbs in the conditional are also irregular in the future. The endings are the same as the regular verbs.

decir → **diré**	poder → **podré**	salir → **saldré**
haber → **habré**	poner → **pondré**	tener → **tendré**
hacer → **haré**	querer → **querré**	venir → **vendré**
	saber → **sabré**	

Iré a México este verano.	*I will travel to Mexico this summer.*
Haré mi tarea después de cenar.	*I will do my homework after eating dinner.*

Note that in adverbial clauses, pending future actions are expressed in the subjunctive.

Cuando **lleguemos,** iremos directamente al hotel.	*When we arrive, we'll go straight to the hotel.*
Antes de que **hagas** la tarea, llama a tu abuela.	*Before you do your homework, call your grandma.*

Ojo

Antes de hacer esta sección, vea las páginas verdes (310–355) al final del libro para repasar cómo hablar del futuro en español.

Paso 1 Lea la siguiente narración sobre las posibles aventuras de Laura en el futuro. Preste atención al uso del futuro y del subjuntivo después de ciertas cláusulas adverbiales.

Cuando Laura **termine** sus estudios de posgrado, **irá** de nuevo al Ecuador a vivir allí. **Vivirá** en Quito, donde tal vez **trabaje** con una organización internacional. En cuanto **llegue** a Quito, seguramente su novio Manuel la **recogerá** y la **llevará** a cenar. **Tendrán** mucho que decirse, ya que **habrán** pasado casi dos años sin verse. Laura no sabe cómo **irán** sus relaciones con Manuel. Como son de dos culturas distintas, los dos **tendrán** que adaptarse mucho a las actitudes, creencias y acciones del otro.

Paso 2 Complete las siguientes oraciones sobre Laura y Manuel con el futuro del verbo que está entre paréntesis.

1. El padre de Laura _____ (tratar) de convencerla de que se quede en los Estados Unidos.
2. Laura y Manuel _____ (estar) un poco nerviosos, pero muy contentos a la vez.
3. Manuel _____ (empezar) a ahorrar (*save*) dinero.
4. Manuel _____ (tener) que adaptarse a la manera de ser de Laura, o sus relaciones no _____ (durar) (*last*).

Manuel y Laura se comunican por Skype.

Paso 3 Ahora, complete estas oraciones diciendo lo que Ud. hará en las siguientes circunstancias.

1. Cuando termine mis estudios,...
2. Cuando tenga 40 (50, 60,...) años,...
3. Cuando hable mejor el español,...
4. Cuando lleguen las vacaciones,...
5. Tan pronto como pueda, yo...

For additional practice, complete the activities in the **Para empezar** section of the *Manual*. Then, fill out the **autoevaluación** to see how well you know each of the **puntos clave**.

AUTOEVALUACIÓN

¿Cómo le va con estos puntos clave? Check the box that corresponds to how well you know and can use the **puntos clave** that correspond to each of the metas comunicativas.

META COMUNICATIVA	PUNTOS CLAVE	VERY WELL	SOMEWHAT	NOT WELL
D DESCRIBIR Descripción	**ser** vs. **estar**	☐	☐	☐
	agreement	☐	☐	☐
C COMPARAR Comparación	Comparing things that are equal	☐	☐	☐
	Comparing things that are unequal	☐	☐	☐
	Comparing with numbers	☐	☐	☐
P PASADO Narración en el pasado	Preterite verb forms	☐	☐	☐
	Uses of the preterite	☐	☐	☐
	Imperfect verb forms	☐	☐	☐
	Uses of the imperfect	☐	☐	☐
REACCIONAR **R** RECOMENDAR Reacción y recomendación	Subjunctive verb forms	☐	☐	☐
	Key expressions that require subjunctive	☐	☐	☐
G GUSTOS Hablar de los gustos	indirect object pronouns	☐	☐	☐
	using **gustar**-type constructions	☐	☐	☐
H HIPÓTESIS Hacer hipótesis	Conditional verb forms	☐	☐	☐
	Past subjunctive verb forms	☐	☐	☐
	Using correct forms to hypothesize	☐	☐	☐
F FUTURO Hablar del futuro	Future verb forms	☐	☐	☐
	Adverbial clauses	☐	☐	☐
	Using correct forms to express future	☐	☐	☐
	Using subjunctive after certain adverbial phrases	☐	☐	☐

CAPÍTULO 1

Perspectivas

España

Un balcón de la Casa Batlló en Barcelona

MULTIMEDIA

🎵	Estampillas musicales
🎥	Viaje conmigo a...
CENTRO	Online *Manual:* **www.mhcentro.com**
www	Online Learning Center: **www.mhhe.com/pyaexpanded**

PARTE A

Percepciones e impresiones

Puntos clave

DESCRIBIR   COMPARAR

Temas centrales
- percepciones
- estereotipos

El Bar Estrella en el barrio de Santa Cruz (*Sevilla, España*)

En esta parte del **Capítulo 1,** Ud. va a explorar los temas de las percepciones y los estereotipos.

Preguntas para considerar

- ¿Cuáles son los factores que influyen en las primeras impresiones que Ud. forma de una persona?
- ¿Es lógico pensar que existe un norteamericano típico o un hispano típico?
- ¿De dónde viene la información que se utiliza para crear la imagen de una persona de otra región de su país o de otra cultura?
- ¿Cuál es la imagen de los hispanos que salen en los programas más populares de televisión? ¿Qué papeles desempeñan (*parts do they play*)?
- ¿Hay algo que le parezca estereotipado de España y de los españoles en el cuadro que se ve en esta página?

Las primeras impresiones

Situación: Javier y Sara hablan sobre los eventos relacionados con España que ocurren esta semana en Austin y de la diversa clientela que atrae el café Ruta Maya. Lea el diálogo y conteste las preguntas que lo siguen. **¡OJO!** Preste especial atención al uso del vocabulario nuevo que está **en negrita.***

Javier y Sara en Ruta Maya

SARA: Hay mucha marcha[1] en Ruta Maya para ser miércoles. ¿Qué pasa?

JAVIER: Hoy abre una exhibición fotográfica sobre la arquitectura de Antoni Gaudí y esta noche aquí al lado hay un espectáculo de flamenco.

SARA: Es **alucinante** que haya tanto interés en la cultura española. **Parece** que la mitad de la ciudad está aquí. Hay mucha gente que no conozco. ¿Quién es ese tipo sentado al lado de Diana? **Tiene mala pinta.**

JAVIER: ¿No lo reconoces? Es su hermano, David. Lo conociste hace dos años cuando visitaba a Diana.

SARA: ¡No puede ser! Era un chico tan **agradable** y **chistoso.** Recuerdo que nos hablaba de que quería ponerse su primer **tatuaje.**

JAVIER: Pues, es él. Llegó ayer de Barcelona.

SARA: Pues **se ve** ridículo con el **bigote** y las **patillas** y esa ropa tan **cursi.**

JAVIER: Cuidado, Sara, no debes **meter la pata** con Diana. A ella le gusta mucho el estilo de su hermano y cree que su ropa **está de moda.**

SARA: Oye, mira a esa muchacha con el pelo **rizado,** sentada sola en la esquina. ¡Qué guapa! ¿No te interesa?

JAVIER: Sara, no seas alcahueta.[2] **Las apariencias engañan.** A pesar de su aspecto de niña **dulce** y **educada,** es muy arrogante. Ha venido aquí un par de veces y apenas habla con nadie.

SARA: Bueno, ¿no será simplemente **tímida**? Es posible que **sea buena gente.** ¿No recuerdas que cuando conociste a Laura ella no **te cayó muy bien**?

JAVIER: Sí, me **parecía** un poco **presumida** y era demasiado **callada** y —tú me conoces— yo **hablo por los codos.**

SARA: ¡Por eso **nos llevamos** tan **bien** tú y yo!

[1]mucha… *lively social scene*   [2]*matchmaker*

---

*Words and phrases that are boldfaced in the dialogue appear as entries in the **Vocabulario del tema** following this section.

ACTIVIDADES

A. Detective   Busque en el diálogo ejemplos de las siguientes metas comunicativas: Descripción (D), Hablar de los gustos (G) y Narración en el pasado (P). Subraye cada palabra o frase que represente una (o una combinación) de estas metas comunicativas. Luego, escriba al margen la(s) letra(s) que corresponde(n) a cada ejemplo subrayado (D, G o P).

MODELOS: Lo <u>conociste</u> hace dos años cuando <u>visitaba</u> a Diana. (P)
<u>Era</u> un chico tan <u>agradable y chistoso</u>. (P) (D)

B. Comprensión   Conteste las siguientes preguntas, según el diálogo.

1. ¿Qué eventos relacionados con la cultura española hay en Austin esta semana?
2. ¿Qué opina Sara del aspecto físico de David?
3. ¿Por qué no le cae bien a Javier la mujer de pelo rizado?
4. ¿Está de acuerdo Sara con la impresión que Javier tiene sobre esa chica? Explique.
5. ¿Qué opinión tenía Javier de Laura cuando se conocieron por primera vez?
6. ¿Por qué se llevan bien Sara y Javier?

REACCIONAR

RECOMENDAR

C. Reacciones   Complete las siguientes oraciones, basándose en la conversación de Javier y Sara. Debe utilizar uno de los conectores de la lista a la izquierda con cada oración.

MODELO: A Javier le gusta que su clientela sea diversa porque le encanta conocer a gente diferente.

1. A Sara le sorprende que…
2. Según Sara, es ridículo que el hermano de Diana…
3. A Javier no le gusta que la chica con pelo rizado…
4. Es obvio que Sara y Javier…

Conectores

en cambio	*on the other hand*
por eso	*therefore*
porque	*because*
puesto que	*since*
sin embargo	*nevertheless*
ya que	*since*

D. Diálogo   En parejas, preparen un diálogo entre Sara y Diana en el que hablen de la apariencia de David, el hermano de Diana. Luego preséntenlo a la clase.

Vocabulario del tema

Para describir cualidades positivas o neutras*

agradable	pleasant
atrevido/a	daring
callado/a	quiet
chistoso/a	funny
culto/a	well-educated
dulce	sweet
educado/a†	polite
encantador(a)	charming
hablador(a)	talkative
llamativo/a	showy, flashy
reservado/a	reserved
sensible†	sensitive
serio/a	serious
tímido/a	shy

Para describir cualidades negativas*

bruto/a	stupid, brutish
cursi	tasteless, pretentious, corny
despistado/a	absent-minded
grosero/a	rude
pesado/a	tedious, annoying
presumido/a	conceited
raro/a†	strange
tacaño/a	stingy
testarudo/a	stubborn
tiquismiquis	picky
vago/a	lazy

Para hablar del cuerpo

el arete / el pendiente	earring
la arruga	wrinkle
la barba	beard
el bigote	moustache
la ceja	eyebrow
la cicatriz	scar

—**Piensa que soy su mamá.**

¿Cómo son estas personas? Descríbalas hasta el más mínimo detalle.

las gafas / los lentes	(eye)glasses
el lunar	beauty mark, mole
el ombligo	navel
la oreja	ear
la patilla	sideburn
la peca	freckle
el pelo	hair
canoso	gray
liso	straight
rizado	curly
teñido	dyed
el piercing	piercing
el rasgo	trait, characteristic
el rostro	face
el tatuaje	tattoo
calvo/a	bald
pelirrojo/a	red-headed

---

*These adjectives are usually used with **ser** to describe inherent characteristics. In **Capítulo 3, Parte A,** you will learn another list of adjectives that are most often used with **estar** to express emotional states or physical conditions.

†Be careful when using these words. They are false cognates.

Para hablar de las percepciones

caerle (*irreg.*) **bien/ mal (a alguien)***	to like/dislike (someone)
darse (*irreg.*) **cuenta de**	to realize
estar (*irreg.*) **de moda**[†]	to be in style
estar pasado/a de moda	to be out of style
ir (*irreg.*) **a la moda**[†]	to dress fashionably
✓**llevarse bien/ mal con**	to get along well/poorly with
parecer (parezco)	to seem, appear
parecerse a	to look like
verse (*irreg.*)[‡]	to look + *adj./adv.*

Para describir las impresiones

alucinante	incredible, impressive
degradante	degrading
deprimente	depressing
emocionante	exciting
preocupante	worrisome
repugnante	disgusting

Otras expresiones útiles

a primera vista	at first sight
las apariencias engañan	looks are deceiving
hablar por los codos[§]	to talk a lot
meter la pata	to put one's foot in one's mouth
no tener (*irreg.*) **pelos en la lengua**[§]	to speak one's mind
ser (*irreg.*) **buena/mala gente**	to be a good/bad person
tener buena/ mala pinta	to have a good/bad appearance
tener (mucha) cara	to have (a lot of) nerve

ACTIVIDADES

A. Vocabulario en contexto   En parejas, indiquen si las siguientes oraciones son ciertas o falsas. Modifiquen las oraciones falsas para que sean ciertas.

	CIERTO	FALSO
1. Una persona bien educada debe tener una educación universitaria.	☐	☐
2. A la gente tacaña no le gusta gastar mucho dinero.	☐	☐
3. Ir en canoa por el Río Amazonas es algo característico de una persona atrevida.	☐	☐
4. A los estudiantes les gustan los profesores despistados porque son muy organizados.	☐	☐
5. Es probable que una persona que no tiene pelos en la lengua meta la pata con frecuencia.	☐	☐
6. A la gente mayor le encanta ver los tatuajes que lleva la gente joven hoy en día.	☐	☐
7. Las películas de Will Ferrell son deprimentes.	☐	☐

---

*In this construction, **caer** functions like **gustar:** Mi nueva compañera de cuarto **me cae bien,** pero sus amigas **me caen mal.**

[†]**Estar de moda** is used with things, whereas **ir a la moda** is for people: Mi **compañera de cuarto** siempre **va a la moda.** Ayer se hizo cuatro **tatuajes** simplemente porque **están de moda** ahora.

[‡]**¿Cómo me veo?** *How do I look?* **Te ves bien/guapa/cansada.** *You look fine/pretty/tired.*

[§]Literally: *to talk through your elbows; not to have hair on one's tongue*

8. Una persona que usa la ropa de su compañero/a de cuarto sin pedirle permiso tiene mucha cara. ☐ ☐

9. Una persona dulce y sensible sería un maestro / una maestra excelente. ☐ ☐

10. Para mucha gente mayor, la moda de hoy es algo preocupante. ☐ ☐

11. Es fácil viajar con una persona tiquismiquis porque le gusta probar cosas diferentes. ☐ ☐

12. Es cursi combinar la ropa de etiqueta (*designer label*) con ropa pasada de moda como la que se vende en las tiendas de ropa de segunda mano. ☐ ☐

Mónica y Penélope Cruz

B. Penélope y Mónica Cruz*

Paso 1　Lea este breve comentario sobre Penélope Cruz y su hermana, Mónica, y llene los espacios en blanco con la forma apropiada de uno de los verbos de percepción.

Mónica _____[1] (verse / parecerse) bellísima en un desfile[a] de moda en Madrid. Físicamente _____[2] (parecer / parecerse a) Penélope muchísimo. De hecho, hay gente que cuando las ve juntas no puede _____[3] (verse / darse cuenta) de quién es quién. Las hermanas son muy diferentes de personalidad, pero _____[4] (caerle / llevarse) súper bien. Siempre _____[5] (estar de moda / ir a la moda) y en 2007 empezaron a trabajar como diseñadoras[b] para la tienda de moda Mango. _____[6] (Parecer / Parecerse) que todas quieren llevar el *look* de las hermanas Cruz, lo que es una buena señal[c] para la compañía Mango.

Paso 2　Hablen en grupos de tres sobre sus compañeros de clase, su profesor(a) o unas personas famosas. Hagan una oración original con las siguientes expresiones verbales.

1. parecerse a
2. verse
3. caerle bien/mal
4. llevarse bien/mal con

[a]*fashion show*　[b]*designers*　[c]*sign*

C. Preguntas personales　En parejas, háganse y contesten las siguientes preguntas, utilizando palabras o frases del **Vocabulario del tema.** Mientras Ud. escucha a su compañero/a, indique sus reacciones. Puede usar las expresiones de **Para conversar mejor** que aparecen a continuación. Luego, compartan con la clase lo que cada uno/a de Uds. averiguó (*found out*) sobre su compañero/a.

*Mónica Cruz is a professional ballet and flamenco dancer who has recently started a film career as well.

Puesto que a lo largo del libro Ud. tendrá que usar todas las metas comunicativas, verá en las actividades y los ejercicios del libro algunos iconos que lo/la ayudarán a acordarse de los puntos gramaticales que debe usar en cierta situación. Estos iconos corresponden con los que están en la lista de las metas comunicativas y los puntos clave que aparece al final del libro. Si tiene alguna duda, puede consultar rápidamente esa lista o las páginas verdes que aparecen al final del libro.

Para conversar mejor

¡Qué interesante!	
¡Qué chévere (*Carib.*) / guay (*Sp.*) / padre (*Mex.*)!	*How awesome!*
¡Qué curioso!	*How odd!*
¡Qué raro!	*How weird!*
Es igual para mí.	*It's all the same to me.*
A mí también.	*Me, too.*
(No) Estoy de acuerdo.	*I (don't) agree.*
¡Qué vergüenza!	*How embarrassing!*
¿En serio? ¿De veras?	*Really?*
¡Buena idea!	*Good idea!*

DESCRIBIR

1. ¿Cómo es Ud.? Describa su aspecto físico y su personalidad. Describa a alguien famoso que tenga una apariencia rara. Según las revistas de chismes, ¿cómo es esa persona?

COMPARAR

2. Haga una comparación entre Ud. y uno/a de sus mejores amigos/as. ¿En qué se parecen y en qué se diferencian? ¿Cómo es Ud. en comparación con sus padres? ¿Son Uds. muy parecidos o muy diferentes?

GUSTOS
REACCIONAR
R
RECOMENDAR

3. ¿Qué le gusta a Ud. de la moda de hoy y qué le molesta? ¿Por qué? ¿Le importa llevar ropa pasada de moda? ¿Por qué sí o por qué no? ¿Qué le recomienda a una persona que siempre quiere ir a la moda?

PASADO

4. Relate una situación en la que Ud. o un amigo / una amiga haya metido la pata. ¿Dónde y con quién estaba? ¿Qué hizo o dijo? ¿Cómo reaccionaron las personas a su alrededor?

OPTATIVO

HIPÓTESIS

5. Si Ud. quisiera cambiar su apariencia física para sorprender a sus padres, ¿qué haría? ¿Por qué les sorprendería?

FUTURO

6. ¿Qué hará la gente joven de la próxima generación con su apariencia que molestará a sus padres?

D. Lo cursi

Paso 1 Lea la siguiente explicación del significado y origen de la palabra **cursi.**

Como todas las lenguas, el español tiene algunas palabras que son especialmente difíciles de definir porque su significado tiene mucho de subjetivo y un fuerte arraigo[1] cultural. Tal es el caso de la palabra **cursi.**

[1]*basis, background*

Es más cursi que un cochinillo (pig) *con tirantes* (suspenders).

El Diccionario de la Real Academia Española la define de la siguiente manera:

«1. Dícese* de la persona que presume de fina y elegante sin serlo. 2. *fam.* Aplícase a lo que, con apariencia de elegancia o riqueza, es ridículo y de mal gusto.[2]

Algunas fuentes[3] confirman que **cursi** se usó por primera vez en Andalucía donde predominaba la influencia árabe en España. En árabe, la palabra *kursi* significa «persona importante».

Otra posibilidad se basa en una leyenda de unas hermanas de Cádiz llamadas Sicur. Eran famosas por su deseo de parecer muy elegantes cuando en realidad no lo eran. Vestían trajes caros pero ridículos y usaban unos modales[4] demasiado pretenciosos. Para reírse de ellas, la gente de Cádiz invirtió las sílabas de su apellido, formando la palabra **cursi.** Según la leyenda, el uso de la palabra se extendió rápidamente para referirse a todo lo que era ridículamente elegante y de mal gusto.

[2]*mal... bad taste*   [3]*sources*   [4]*manners*

Paso 2   En parejas, comenten las siguientes acciones. Indiquen si cada acción es cursi o guay y defiendan sus opiniones.

1. ponerse un vestido de flamenco para asistir a un concierto de los Gipsy Kings
2. llevar patillas
3. leerle poesía romántica a su novio/a
4. ir a un partido de baloncesto vestido completamente de ropa del color de su equipo preferido, incluso con pelo teñido de ese mismo color
5. llevar un bolso Gucci falso o un Rolex falso
6. ponerse una copia exacta de los tatuajes de Beyoncé (un ángel rezando) o de Jon Bon Jovi (una insignia de Superman y un dragón)
7. regalarle un oso de peluche (*stuffed bear*) a una chica en una primera cita
8. llegar en limosina a un concierto de Shakira

E. **Problemas repentinos**   Entre todos, revisen los siguientes problemas y hagan una lista de palabras nuevas de este capítulo que los ayuden a conversar con facilidad sobre cada problema repentino. Después, en parejas, preparen un diálogo espontáneo sobre cada problema.

1. Un(a) estudiante tiene un nuevo compañero / una nueva compañera de cuarto que le cae muy mal. Habla con la directora de residencias estudiantiles para quejarse (*complain*) de él/ella. Describe las cosas que no le gustan. La directora piensa que el/la que se queja es demasiado tiquismiquis.
2. Francisco es muy listo pero tiene una apariencia rara y quiere conseguir trabajo en una compañía conservadora. Un amigo dice lo que debe hacer para cambiar su apariencia física antes de la entrevista, pero Francisco es muy testarudo.

*This archaic positioning of the pronoun **se** after the conjugated verb is still common in dictionaries. Elsewhere in modern Spanish, the phrase **Dícese...** would be written **Se dice... .**

La manera de hablar de los demás varía mucho de cultura a cultura. En este país, la gente tiende a[1] evitar expresiones que describen de manera directa y cruda la apariencia física de una persona. Por ejemplo, en vez de decir que una persona es *fat*, tal vez se diga que es *large*. O en vez de llamarle *old* o *elderly* a alguien, se diría que es *a bit older*.

Por lo general, en la cultura española no se considera ofensivo referirse a la apariencia física de una persona sin usar eufemismos. Por el contrario, los españoles suelen hablar de manera directa, y muchas veces hasta se refieren a una característica física sobresaliente,[2] favorable o no, para describir a alguien.

Esta diferencia cultural puede causar problemas. A los norteamericanos les puede parecer que los españoles no tienen pelos en la lengua. Por otro lado, los españoles pueden pensar que los norteamericanos usan demasiados eufemismos o incluso que no son sinceros. Esas diferencias hacen que a veces un español meta la pata cuando habla con un norteamericano. Eso es precisamente lo que le pasaba a Sara cuando recién llegó a los Estados Unidos. Hablaba de manera directa, natural para ella, y la gente la veía extrañada por[3] lo que decía. Al principio, Sara no entendía por qué la gente se ofendía tanto. Laura le tuvo que explicar que, por lo general, en los Estados Unidos se suavizan[4] las observaciones sobre algunos aspectos físicos.

[1]tiende... *tends to*   [2]*distinguishing*   [3]la... *people who saw her were amazed by*   [4]*soften*

Preguntas

1. ¿Conoce Ud. a alguien que no tenga pelos en la lengua? ¿Quién es y cómo es esa persona?

2. Si alguien le preguntara si se veía bien para ir a una fiesta (o una cita, o una entrevista de trabajo) y la verdad era que se veía mal porque su ropa era inapropiada o pasada de moda, ¿qué le diría? ¿Por qué?

Actividad

H
HIPÓTESIS   Olivia, una amiga estadounidense de Sara, acaba de regresar de un programa de estudios en la Argentina. Ahora habla el español con mucha fluidez, tiene un novio argentino y pesa quince libras de más. Lea los tres comentarios que le hizo Sara a Olivia. Luego, en parejas, digan cómo responderían si fueran Olivia. Empiecen sus comentarios con: «Si yo fuera (*If I were*) Olivia, yo diría (*I would say*)... »

1. Olivia, estás más gordita. La comida argentina debe ser buenísima.

2. ¿Este muchacho de la foto es tu novio? Pues, por lo que me habías dicho, pensé que era más joven.

3. Tu español ha mejorado mucho, pero no has perdido tu acento estadounidense.

Descripción y comparación

En esta sección del capítulo, Ud. va a practicar las descripciones y comparaciones de personas y lugares. Para hacerlo bien, hay que utilizar las estructuras gramaticales (los puntos clave) de la siguiente tabla que pertenecen a cada meta comunicativa. Antes de continuar, estudie las explicaciones de estas estructuras gramaticales en las páginas verdes (310–355) que están al final del libro.

LAS METAS COMUNICATIVAS DE ESTE CAPÍTULO		
ICONO	**METAS COMUNICATIVAS**	**PUNTOS CLAVE**
D DESCRIBIR	Descripción	• la concordancia de género y número • **ser/estar** • los participios como adjetivos
C COMPARAR	Comparación	• la concordancia de género y número • **tan... como, tanto/a/os/as... como** • **más/menos... que**

PRUEBA DIAGNÓSTICA

Paso 1 Descripción   Mire el cuadro del Bar Estrella. Luego, lea los siguientes párrafos y escriba la forma apropiada de los verbos y adjetivos que están entre paréntesis, según el contexto.

La gente que frecuenta el nuevo Bar Estrella _____[1] (ser/estar) muy _____[2] (impresionado) con todo lo que ha hecho Manolo, el nuevo dueño, para renovar el antiguo Bar Flores.

Manolo y su esposa _____[3] (ser/estar) _____[4] (encantador) y han creado un ambiente perfecto para sus clientes. En primer lugar, les ofrecen una selección _____[5] (grandísimo) de licores, vinos y cervezas, y las tapas _____[6] (ser/estar) _____[7] (delicioso) y _____[8] (variado). Antes, las tapas que servían en el Bar Flores no _____[9] (ser/estar) muy buenas. Doña Pepita, la dueña anterior, ya no tenía mucho interés en mantener el bar después de la muerte _____[10] (inesperado) de su marido. Venderles el bar a Manolo y a su esposa _____[11] (ser/estar) la solución _____[12] (perfecto).

(continúa)

Hoy _____¹³ (ser/estar) viernes. _____¹⁴ (Ser/Estar) las 4:30 de la tarde y todo _____¹⁵ (ser/estar) preparado para una noche _____¹⁶ (extraordinario). Las tapas _____¹⁷ (ser/estar) listas y Mariluz ya ha llegado para practicar un poco antes de su acto. Ella _____¹⁸ (ser/estar) de Cádiz, y su estilo de baile es _____¹⁹ (típico) de su región. _____²⁰ (Ser/Estar) practicando un baile nuevo con un guitarrista _____²¹ (alemán).

Mariluz va a bailar en el Bar Estrella por una hora y luego irá con Hans al Festival de Flamenco que _____²² (ser/estar) en el Teatro Lope de Vega. Va a _____²³ (ser/estar) una noche _____²⁴ (estupendo).

Paso 2 Comparación   Ahora, complete las siguientes comparaciones según la información de los párrafos anteriores.

1. Las tapas del Bar Estrella son _____ (mejor/peor) _____ (como/que) las tapas del Bar Flores.

2. Manolo debe tener _____ (más/menos) _____ (de/que) quince tipos de licores en su bar.

3. Doña Pepita no tenía _____ (tan/tanto) ganas de seguir con el negocio _____ (como/que) Manolo.

4. Doña Pepita está _____ (tan/tanta) contenta _____ (como/que) Manolo con la venta de su bar.

5. Al nuevo bar irán _____ (más/menos) clientes _____ (de/que) antes.

6. Seguramente, el Bar Estrella es el _____ (mejor/peor) bar _____ (de/que) la zona.

ACTIVIDADES

DESCRIBIR   COMPARAR

Las siguientes actividades le darán la oportunidad de hacer descripciones y comparaciones.

A. **El botellón**   ¿Sabe Ud. qué es un botellón? El nombre viene de la palabra **botella** (*bottle*) y se ha convertido en una costumbre muy popular en España. Los jóvenes españoles compran botellas grandes de vino tinto y Coca-Cola, van a las plazas y pasan toda la noche bebiendo «kalimotxos*» hasta las 6:00 de la mañana. Los vecinos de las plazas no están contentos con esta costumbre, pero a los jóvenes les parece muy guay y bastante económica.

Paso 1   En parejas, combinen las palabras para formar siete descripciones acerca de la costumbre del botellón. Luego escriban siete oraciones completas. Cuidado con el uso de **ser** y **estar**.

borracho	furioso	raro
chistoso	grosero	repugnante
económico	lleno	ruidoso (*noisy*)
español	problemático	sucio (*dirty*)

---

*Un kalimotxo (palabra de origen vasco) es una mezcla de partes iguales de vino tinto y Coca-Cola.

ARTÍCULO DEFINIDO	SUSTANTIVO	ADJETIVO
	costumbre	
	gente	
	jóvenes	
	plazas	
	problema	
	situación	
	vecinos	

Paso 2 En parejas, contesten las siguientes preguntas.

DESCRIBIR

1. Describa la escena en la foto con el mayor número de detalles que pueda. Aplique las reglas gramaticales sobre la concordancia entre género y número.

COMPARAR

2. Haga una comparación entre un «botellón» de España y una fiesta de *fraternity* (u otro tipo de fiesta) a la que Ud. haya asistido.

GUSTOS

3. ¿Por qué cree Ud. que les gusta a los jóvenes esta costumbre española? ¿Por qué les molesta a los vecinos?

Paso 3 Escriba un blog sobre el papel del alcohol en la vida de los jóvenes en este país.

El botellón en una plaza central de Madrid

B. Las apariencias engañan ¿Cuáles son los factores que influyen en las diferentes reacciones que experimenta la gente ante las mismas personas, situaciones o cosas?

Paso 1 En parejas, observen las siguientes fotos. A primera vista, ¿qué impresión tienen Uds. de estas tres personas? Por su apariencia física, ¿qué tipo de persona es? ¿Cuál es su profesión? Recuerden utilizar el vocabulario nuevo en sus descripciones. **¡OJO!** Acuérdense de que las apariencias engañan.

1.

2.

3.

Paso 2 Ahora, en grupos de cuatro, comparen algunas de las impresiones que Uds. tienen de estas personas. Incluyan en sus comentarios una explicación de los criterios que usaron para llegar a cada conclusión.

Paso 3 Su profesor(a) les va a decir quiénes son estas personas. ¿Concuerda la verdadera identidad de cada persona con la primera impresión que tuvieron Uds. de él o ella? ¿Cuáles son los factores que influyen en las primeras impresiones de alguien? Hagan una lista de esos factores y luego presenten sus ideas a la clase.

C. Los estereotipos

Paso 1 En parejas, comenten las siguientes preguntas.

¿Qué es un estereotipo? ¿De dónde viene la información que se utiliza para crear la imagen de una persona de otra región de su país o de otra cultura?

Paso 2 Lea lo que dicen los españoles de la gente de varias regiones o comunidades autónomas de España. Luego, en parejas, escojan dos a tres adjetivos que describan a los habitantes de las siguientes regiones de los Estados Unidos, según los estereotipos que Uds. conozcan. Finalmente, usen los adjetivos para escribir tres comparaciones entre los grupos.

«Los gallegos son supersticiosos e introvertidos.»

«Los andaluces son graciosos, vagos, alegres y juerguistas (*partyers*).»

«Los aragoneses son brutos y testarudos.»

«Los catalanes son arrogantes y tacaños.»

1. los tejanos
2. los de la ciudad de Nueva York
3. los jóvenes de Orange County, California
4. los de Carolina del Sur

Paso 3 Ahora, con otra pareja, comparen los estereotipos que apuntaron y las comparaciones que hicieron en el **Paso 2.** Luego, contesten las siguientes preguntas.

1. ¿Pueden nombrar a gente de cada región (políticos, actores, deportistas, activistas, amigos, etcétera)? ¿Corresponden esas personas a los estereotipos?

2. ¿Qué adjetivos piensan Uds. que los extranjeros utilizan para describir a los norteamericanos en general? ¿Qué adjetivos utiliza la gente para describir a los hispanos en general?

3. ¿Cuál es el papel de las películas y la televisión en reforzar los estereotipos de un país o una cultura? Piensen en tres programas o películas populares. ¿Cuál es la imagen que presentan de los norteamericanos? ¿de los hispanos? ¿de otras etnias o culturas?

DESCRIBIR

D. La naturaleza humana Los programas de telerrealidad son muy populares en todo el mundo. Programas como *Big Brother, Survivor, American Idol, America's Next Top Model* y otros tienen sus contrapartidas en otros países: *El gran hermano, Supervivientes: Expedición Robinson, El aprendiz, Operación triunfo* y *Supermodelo.* Lea los comentarios de una española, Montserrat Ayala, y un norteamericano, Daniel Cifuentes, sobre este fenómeno.

Paso 1 Llene los espacios en blanco con la forma correcta de **ser** o **estar.**

MONTSERRAT

«Los programas de telerrealidad _____[1] escapistas. Nos permiten imaginar otra realidad cuando nuestra vida no _____[2] tan fascinante ni complicada. Acepto que estos programas _____[3] de moda y (yo) _____[4] de acuerdo que pueden ser inocuos.[a] Sin embargo tienen su lado negativo. Casi sin excepción estos programas humillan a sus participantes. Sí, _____[5] verdad que pueden salir con un nuevo cuerpo, una casa remodelada, su pareja ideal o un millón de dólares. Pero en el proceso tienen que revelarlo todo, desnudarse[b] emocionalmente, y a veces literalmente, ante el país entero. Pierden la dignidad ante la cámara y _____[6] francamente, degradante.»

[a]*harmless* [b]*lay themselves bare*

(*continúa*)

DANIEL

«Para mí, *Survivor* _____[7] un programa para toda la familia. Lo empecé a ver con mis hijos desde su comienzo. Los engaños,[c] las traiciones,[d] las mentiras, la manipulación _____[8] cosas que enseñan en Naturaleza Humana 101. Yo _____[9] fascinado por los dilemas alucinantes que nos presentan. Mis hijos han visto a gente de color desmentir[e] y reforzar los estereotipos, a mujeres mayores que _____[10] fuertes y hombres jóvenes que _____[11] a punto de llorar, a conductores de camiones superinteligentes y a abogados tontos. Yo _____[12] seguro de que preguntas como '¿_____[13] aceptable mentir bajo ciertas circunstancias?' y '¿_____[14] la lealtad[f] tan importante?' le han ofrecido a mi familia una oportunidad para comentar temas muy importantes sobre la vida real.»

[c]*deceptions* [d]*betrayals* [e]*contradict* [f]*loyalty*

Paso 2   Haga una lista de diez adjetivos que se usan en cada descripción. Diga a qué sustantivo se refiere cada uno.

Paso 3   ¿Cuál es su opinión sobre estos programas y sus participantes? Para los seis tipos de programas de telerrealidad, complete la frase modelo con su opinión sobre cada uno y su descripción de las personas que participan en estos programas. Luego compare sus respuestas con las de un compañero / una compañera. ¿Están de acuerdo? Expliquen.

Este tipo de programa es _____ (alucinante, degradante, deprimente, emocionante, preocupante, repugnante...). En mi opinión, los participantes son _____.

1. programas para encontrar el hombre o la mujer de sus sueños
2. programas que ponen a los participantes en gran peligro en un lugar exótico
3. programas que cambian el aspecto físico de una persona
4. programas que les dan a los participantes la oportunidad de ser cantantes famosos
5. programas que dan la oportunidad de ser una modelo famosa
6. programas que dan la oportunidad de ser un cocinero (*chef*) famoso / una cocinera famosa

Paso 4   Conteste las siguientes preguntas con un compañero / una compañera.

1. ¿Está Ud. de acuerdo con Montserrat o con Daniel? ¿Tiene una opinión completamente diferente? Explique.
2. Si Ud. pudiera participar en un programa de telerrealidad, ¿en cuál participaría? ¿Por qué? ¿Cuáles son las características que Ud. posee que le permitirían ganar en ese programa?

Paso 5   Algunos dicen que la vida privada ya no tiene importancia en nuestra sociedad. Escriba un comentario sobre la popularidad de los programas de telerrealidad, explicando por qué nos encanta enterarnos (*find out*) de la vida privada de otra gente.

España

La Casa Batlló en Barcelona

1. **Barcelona** Localizada en Cataluña, Barcelona es una ciudad bilingüe y cosmopolita con mucha marcha. Entre sí, los barceloneses hablan catalán, aunque todos dominan también el español. El corazón de la ciudad es Las Ramblas o La Rambla, un paseo muy animado repleto de músicos, vendedores de flores, estatuas humanas, espectáculos improvisados de teatro, espectáculos de títeres[1] y cafés: todo para el placer de los que pasean por esta zona vibrante. Entre los bares, las discotecas, los clubes de jazz, sus playas y sus prestigiosas universidades, los estudiantes españoles y extranjeros llevan una vida social extraordinaria en esta ciudad que nunca duerme. Destacan también en Barcelona los cocineros profesionales que han ganado mucha fama mundial por sus platos tradicionales combinados con recetas verdaderamente innovadoras. Además, no podemos olvidarnos de los artistas importantes, como Pablo Picasso, Salvador Dalí, Joan Miró y Antoni Gaudí, que han trabajado y desarrollado su talento en esta ciudad fascinante.

2. **Sevilla** Esta ciudad andaluza es famosa por su gente amable, sus fiestas fascinantes, su alucinante vida nocturna y su gran riqueza histórica y arquitectónica. En primavera la ciudad se transforma. Las calles se empapan[4] del olor de los naranjos en flor y la gente se prepara para los dos eventos culturales más importantes del año. El primero, la Semana Santa, es una celebración religiosa a la que asisten miles de personas. Durante la semana antes del Domingo de la Resurrección,[5] la gente se reúne en las calles para ver pasar las procesiones realizadas por diversas cofradías.[6] Poco después de la Pascua, da inicio la Feria de Abril, que empezó en 1847 como una feria de ganado[7] con diecinueve casetas[8] y ahora cuenta con más de mil. La Feria paraliza la ciudad durante una semana entera y la convierte en un lugar sin igual, con el desfile de caballos y enganches,[9] las casetas coloridas, la música de las

La Feria de Abril, Sevilla

sevillanas y las tradicionales corridas de toros. Sin duda, este momento del año es glorioso para la ciudad. Pero Sevilla es mucho más. Vale la pena pasear por el Barrio de Santa Cruz, antigua judería,[10] o por la calle Betis, paralela al Guadalquivir, río de suma importancia en la época del descubrimiento de América. No hay que olvidar el Parque María Luisa, sede de la Exposición de 1929, con su magnífica Plaza de España adornada con azulejos[11] hechos en el Monasterio de la Cartuja. Pasear por las calles de Sevilla es meterse en su historia, folclor y tradición.

[1]espectáculos… *puppet shows* [2]*playful* [3]*designs* [4]*se… are permeated*
[5]Domingo… *Easter Sunday* [6]*religious brotherhoods* [7]*cattle* [8]*booths*
[9]*wagons* [10]*Jewish quarter* [11]*tiles*

El Alcázar (castillo) de Toledo

3. **Toledo** Durante la época medieval, Toledo era uno de los centros intelectuales y culturales más importantes de Europa. Desde 711 hasta 1492, España estuvo bajo el control de los moros,[12] quienes establecieron en Toledo un centro donde convivían las tres grandes culturas de la región: la árabe, la cristiana y la judía.[13] La influencia de los tres grupos se nota hoy sobre todo en la arquitectura, que se mantiene muy bien preservada. Caminar por las calles de Toledo es como regresar a la Edad Media. Uno puede visitar edificios que antes eran sinagogas y mezquitas[14] y que en el siglo XVI se convirtieron en iglesias católicas sin perder por completo su carácter original. También durante la época medieval funcionaba la importantísma Escuela de Traductores, que traducía documentos en árabe, castellano y latín. Sin esta escuela, es posible que nunca hubiéramos conocido la obra de filósofos tan importantes como Aristóteles, o la de matemáticos, médicos y astrónomos fundamentales de la Grecia antigua. Hoy en día, Toledo aún ofrece al visitante la oportunidad de apreciar su historia multicultural. El Museo Sefardí, creado en 1964, tiene más de 1.200 piezas representativas de los orígenes del pueblo judío, su trayectoria histórica y su dispersión geográfica. También se puede admirar la pintura religiosa de El Greco en varios edificios e iglesias de la ciudad o visitar los baños musulmanes de Tenerías, construidos en el siglo X. No es difícil entender por qué Toledo fue la capital de España hasta 1561, cuando Felipe II la trasladó a Madrid.

El Museo Guggenheim en Bilbao

4. **Bilbao** Esta ciudad es la más importante del País Vasco,[15] la región quizás más enigmática de España. Igual que Cataluña, el País Vasco es un lugar bilingüe y bicultural. La gente habla vasco, una lengua no románica cuyos orígenes no se saben a ciencia cierta. Desde hace mucho tiempo, algunos vascos quieren que su región se separe de España y tenga autonomía. La ETA es un grupo separatista militante cuyas actividades terrorist as han resultado en tragedias nacionales. Sin embargo, hay muchos vascos que están indignados por las actividades de la ETA y se sienten orgullosos de ser españoles y vascos a la vez. Bilbao ha sido un centro comercial desde el siglo XIV, y durante el siglo XIX tuvo un papel importante en la industrialización del país. Si bien durante la Revolución Industrial Bilbao se conocía por sus fábricas de acero,[16] su construcción de buques,[17] sus plantas químicas y su contaminación, ahora en la época posindustrial, Bilbao ha recreado su imagen. En 1997 se abrió el Museo Guggenheim, una belleza arquitectónica y un centro artístico para toda Europa. Artistas e investigadores de todas partes del mundo van para estudiar en el Guggenheim y en el Museo de Bellas Artes. También la ciudad hace mucho para promover lo mejor de la cultura vasca: su lengua, literatura, arte, historia y, por supuesto, su famosa cocina,[18] «la nueva cocina vasca».

[12]*Moors* [13]*Jewish* [14]*mosques* [15]*País... Basque Country* [16]*fábricas... steel mills* [17]*ships* [18]*cuisine*

¡Viaje conmigo a España!

Gabriela y Santiago son dos videógrafos que están pasando un año viajando por el mundo hispano. Son amigos de Javier y Sara y por eso les mandan sus videoblogs. Vea el vídeo para saber lo que Gabriela les mandó sobre su viaje a España.

Video footage provided by

BBC Motion Gallery

ACTIVIDADES

A. En parejas, contesten las siguientes preguntas sobre los cuatro lugares fascinantes.

1. ¿Por qué se puede decir que Barcelona es una ciudad bicultural? ¿Qué aspectos de la ciudad le parecen cosmopolitas?

2. ¿Cuáles son algunos de los artistas importantes que han trabajado en Barcelona? ¿Ha visto Ud. algunas obras de estos artistas? ¿Dónde?

3. ¿Por qué es interesante visitar Sevilla durante la primavera? Si Ud. sólo pudiera asistir a una de las fiestas sevillanas descritas aquí, ¿a cuál iría? ¿Por qué?

4. ¿Cuáles son algunos de los lugares históricos que se deben visitar en Sevilla?

5. ¿Por qué sería Toledo interesante para una persona a quien le fascina la historia? ¿Qué contribuciones intelectuales se hicieron allí durante la Edad Media?

6. ¿Qué tiene el País Vasco en común con Cataluña? ¿Por qué algunos españoles consideran que el País Vasco es una región peligrosa?

7. ¿Cuáles son algunos de los aspectos culturales más interesantes de Bilbao?

B. Localice en el mapa de España los cuatro lugares descritos en la sección anterior. Luego, indique el interés que tienen para Ud. esos lugares. Indique su preferencia del 1 (el lugar más interesante) al 4 (el menos interesante). Luego, turnándose con un compañero / una compañera, explique por qué a Ud. le interesa más el número 1 y por qué le interesa menos el número 4. Haga por lo menos tres comparaciones entre los dos lugares cuando presente su explicación.

C. Ahora que Ud. ha leído sobre los lugares y ha visto el videoblog de Gabriela, escriba un blog sobre un viaje imaginario que Ud. haya hecho a uno de los lugares fascinantes de España. Siga el siguiente bosquejo.

Acabo de volver de España. El viaje fue _____.

Iba a ir a _____ porque…

Pero al final decidí ir a _____ porque…

Primero… Luego… Otro día…

Pero lo mejor fue que un día conocí a _____ (una persona famosa) en…

Como pueden ver, fue un viaje _____.

Si mis amigos piensan visitar España, recomiendo que…

A. Lluvia de ideas

Paso 1   Lea la siguiente opinión sobre los programas de telerrealidad, expresada por un ex concursante.

Ser concursante es muy emocionante: hay fotos de paparrazi, entrevistas para las revistas de chismes, dinero, fiestas con celebridades. La posibilidad de ser rico y famoso te afecta mucho. Salir en la tele y saborear la fama es alucinante. Pero nada está garantizado. Tienes que tener cuidado y no dejar que se te suba a la cabeza.

Paso 2   La clase entera debe hablar sobre cómo la fama puede afectar la vida de la gente desconocida que de repente se vuelve famosa. Su profesor(a) puede anotar en la pizarra algunas de las ideas sobresalientes.

B. Composición: Descripción   Imagínese que su profesor(a) o uno de los cinco amigos ha ganado uno de los siguientes programas de telerrealidad: *Survivor, The Apprentice* o *American Idol*. Su vida ha cambiado completamente. Escriba un artículo para una revista de chismes sobre la nueva vida de su profesor(a) o uno de los cinco amigos. Exagere la información para hacer el artículo más interesante. Siga el siguiente bosquejo.

1. escoger un título llamativo (por ejemplo: **Sara Carrillo y Paul McCartney en una villa privada de Ibiza** o **Nuevas tiendas de Diego Ponce conectadas con la Mafia**)

2. escribir una oración introductoria, usando por lo menos tres adjetivos para describir a la persona y el programa en el que participó

3. escribir un párrafo que describa la vida de esta persona antes de participar en la competencia de _____ (nombre del programa). (**Era... , Tenía... , Iba a... , Salía con... , Estaba...**)

4. describir su vida actual y cómo ha cambiado después de la competencia. Hable sobre sus gustos y preferencias en cuanto a la moda, sus vacaciones, la gente famosa con quien pasa tiempo ahora, etcétera.

5. revelar algo escandaloso o fascinante que haya hecho esta persona recientemente

6. hablar de sus planes para el futuro

7. escribir una conclusión

C. Diálogo   Lea el artículo de un compañero / una compañera y luego presente un diálogo espontáneo entre Ud. y la persona descrita en su artículo. Ud. es muy atrevido/a y franco/a en sus preguntas y la persona responde de una manera muy presumida y arrogante.

Hablando del tema

SÍNTESIS

Antes de empezar a conversar con sus compañeros de clase sobre los siguientes temas, prepare una ficha para la conversación, otra para el debate y otra para la reacción ante la cita. Vea la explicación de las fichas en el **Apéndice 1.**

A. Conversación: Los programas de telerrealidad   Revise las expresiones de **Para conversar mejor.** Luego, en parejas o grupos de tres, conversen sobre los siguientes puntos.

Para conversar mejor

Al público le encanta ver…	Me molesta(n)…
Es fascinante…	No lo podía creer.
Fue alucinante cuando en un episodio…	Para mí, es evidente que…
Me fascina(n)…	Y tú, ¿qué opinas?

- Describa dos de los programas de telerrealidad que Ud. haya visto o de los cuales haya oído hablar. Describa cómo es cada programa, incluyendo su meta principal, una descripción de los participantes, sus acciones y la clase de dilema moral que surge en este tipo de programa.
- Compare dos de estos programas, dando la mayor cantidad de detalles que pueda. Incluya ejemplos de escenas específicas que Ud. haya visto.
- Explique por qué estos programas han sido tan populares.

B. Debate: El derecho de vestirse tal como uno quiera   Revise las expresiones de **Para debatir mejor** y lea las dos opiniones sobre este tema que se presentan a continuación. Después, prepare tres argumentos a favor y tres en contra del derecho de vestirse como uno quiera sin que ninguna autoridad intervenga. Luego, presente sus argumentos en un debate. No sabrá cuál de los siguientes puntos de vista tendrá que defender.

Para debatir mejor

A FAVOR	EN CONTRA
Así es.	De ninguna manera.
Exacto.	Lo siento, pero…
Podría ser.	No sabes lo que dices.
Tienes razón.	Temo que estés equivocado/a.

Los reglamentos de cualquier institución (educativa o empresarial) deben reservarse el derecho de dictar cómo los estudiantes o empleados se deben vestir y llevar el pelo, y si es permitido llevar pendientes o tatuajes visibles en la escuela o en el lugar de trabajo.

Ni los tatuajes ni los pendientes ni el pelo largo o teñido afectan de manera alguna la habilidad de una persona de trabajar bien o de tener éxito en los estudios o en el trabajo. En una democracia, todos tienen el derecho de vestirse y llevar el pelo como quieran.

C. Reacción: Percepciones Revise las expresiones de **Para reaccionar mejor.** Luego, reaccione ante la cita siguiente. Añada razones que apoyen sus opiniones.

Los estadounidenses no hablan de manera directa, lo cual le da la impresión a la gente de otras culturas que los estadounidenses no son honestos ni sinceros.

Para reaccionar mejor

Creo/Opino/Supongo que…
Es bueno/malo que…
Es ridículo que…

Es posible que…
Es verdad que…
No está mal que…

El Bar Estrella en el barrio de Santa Cruz
(*Sevilla, España*)

D. Volver a considerar En esta parte del **Capítulo 1,** Ud. exploró los temas de las percepciones y los estereotipos. En parejas, contesten las siguientes preguntas. Noten cómo ha mejorado su habilidad de expresarse sobre estos temas.

- ¿Cuáles son los factores que influyen en las primeras impresiones que tienen Uds. de otra persona?
- ¿Es posible hablar de una persona norteamericana/ hispana típica?
- ¿A qué se deben los estereotipos que se atribuyen a una cultura?
- ¿Cuál es la imagen de los hispanos que salen en los programas más populares de televisión? ¿Qué papeles desempeñan?
- En el cuadro *El Bar Estrella en el barrio de Santa Cruz,* ¿hay algo que les parezca estereotipado de España y de los españoles?

E. El Bar Estrella En grupos de tres, hablen del cuadro con todos los detalles posibles, tratando de utilizar todas las metas indicadas.

DESCRIBIR

COMPARAR

REACCIONAR
RECOMENDAR

GUSTOS

PASADO

FUTURO

PARTE B

La relación entre la historia y el arte

Puntos clave

SÍNTESIS

Temas centrales
- la Guerra Civil española
- el papel del artista en la sociedad

Los fusilamientos (*executions*) del tres de mayo, *de Francisco de Goya y Lucientes, fue pintado durante la guerra de independencia contra las fuerzas de Napoleón.*

En esta parte del **Capítulo 1,** Ud. va a explorar el tema de la relación entre la historia y el arte.

Preguntas para considerar

- En su opinión, ¿sería una ventaja estudiar un semestre en España?
- ¿Ha leído Ud. alguna novela o ha visto alguna película sobre un momento importante en la historia de su país? ¿Lo/La ayudó a comprender mejor el momento histórico?
- ¿Cree que los artistas y actores de una sociedad tienen el derecho de ser más excéntricos que los demás?
- ¿Puede tener un impacto en la sociedad el arte crítico?
- La escena que se ve en el cuadro de esta página muestra los horrores de la guerra. ¿Qué emociones evoca en Ud. este cuadro?

Un curso en el extranjero

Pasar 6 semanas en España y ganar 3 créditos en Historia Española.

Vivirá la historia visitando El Prado, el Palacio Real, La Alhambra, la Catedral de Sevilla y más. Descansará en las playas de Málaga y en las montañas de la Sierra Nevada.

• **Para más información, póngase en contacto con el profesor Echeverri.** •

Foto: *Vista al Patio de los Leones, La Alhambra, Granada*

Situación: Para su programa de radio, Sara entrevista a un intelectual español sobre la relación entre la historia y el arte. Lea la entrevista y después conteste las preguntas de comprensión. No se preocupe si no entiende todas las referencias; aprenderá más en este capítulo. **¡OJO!** Preste especial atención al uso del vocabulario nuevo **en negrita.**

SARA: Hoy tenemos el placer de hablar con el profesor Manuel Echeverri, experto en historia española. El distinguido profesor nos hablará de un curso que enseñará en España durante el verano para los estudiantes de esta universidad. Profesor Echeverri, ¿nos puede hablar del papel del arte en este curso de verano?

ECHEVERRI: Pues, el curso **tendrá lugar** sobre todo en los museos de arte. A mí me interesa enseñarles a mis estudiantes cómo la historia se **refleja** en varios ambientes artísticos. Para mí, el arte español interpreta la historia de manera **única.** A veces la imagen visual, o el lenguaje simbólico, puede expresar una verdad profunda que las narrativas históricas ocultan.[1]

[1]*hide*

SARA: ¡Qué interesante! ¿Por ejemplo?

ECHEVERRI: Bueno, me fascinan las pinturas de El Greco, cuyos tonos **oscuros** reflejan los miedos y el caos político de la época barroca. También me intriga el arte de Francisco de Goya y Lucientes. Los temas **sombríos** de sus cuadros de las guerras de independencia o de su período negro enseñan bien los momentos intensos que vivía España durante la invasión napoleónica.

SARA: ¿Puede el arte **moderno** comentar la historia de la misma manera?

ECHEVERRI: Seguro. Los **hermosos** cuadros de Joaquín Sorolla nos recuerdan la vida **frívola** de la élite durante su momento. Por otro lado, *Guernica*, de Pablo Picasso, por ejemplo, me permite presentar el bombardeo de esa ciudad y otros eventos horripilantes de la Guerra Civil española que **tuvieron lugar** entre 1936 y 1939. Ese cuadro en particular demuestra el poder de la imagen visual.

SARA: Tiene que ser fascinante ir a tantos museos. ¿Llevará la clase a otros lugares?

ECHEVERRI: Pues, claro. Me gusta sorprender a los estudiantes con la gran variedad geográfica y cultural de la Península Ibérica. Visitaremos los **castillos** y **palacios antiguos** del centro de España. **Apreciaremos** la arquitectura **espléndida** de ciudades como Barcelona —con sus edificios **únicos** de Gaudí. Luego nos escaparemos de las calles **ruidosas** para explorar algunos lugares **sagrados** como la hermosa Catedral de Santiago de Compostela y no nos olvidaremos de **gozar** de las **playas soleadas** del **luminoso** Mar Mediterráneo… tanto estudio merece un buen descanso después, ¿no?

SARA: Así que, trabajo y placer. ¡El curso me parece **espléndido** y muy **divertido**! Gracias, profesor, por pasar un ratito con nosotros y hablarnos un poco de este tema tan interesante.

ACTIVIDADES

A. **Comprensión** Conteste las siguientes preguntas, según la entrevista.

1. ¿Por qué le interesa el arte al profesor Echeverri?

2. ¿Cuáles de los artistas que menciona el profesor Echevarri nos enseñan algo sobre la historia de su momento?

3. ¿En qué otro aspecto de España se va a basar el curso del profesor Echeverri?

4. ¿Está Ud. de acuerdo en que el arte interpreta bien la historia? ¿Puede dar algunos ejemplos?

B. Twitter Escriba un *Tweet* de hasta 140 carácteres sobre la idea de estudiar en España el próximo semestre.

MODELO: Ansiosa de estudiar en España. ¡No me gusta esperar tanto! (57)

C. ¿Qué opina Ud.?

Paso 1 Indique si Ud. está de acuerdo o no con las siguientes afirmaciones.

	ESTOY DE ACUERDO.	NO ESTOY DE ACUERDO.
1. El tema de las guerras civiles es fascinante.	☐	☐
2. El uso del arte en una clase de historia ayuda a los estudiantes a entender más a fondo los eventos históricos.	☐	☐
3. He estudiado la obra de Francisco de Goya y Lucientes en otras clases que he tomado.	☐	☐
4. Me gusta el arte abstracto de Pablo Picasso.	☐	☐
5. Me encanta ver películas que me hacen entender mejor un momento histórico.	☐	☐

Paso 2 Ahora, comparta sus respuestas del **Paso 1** con un compañero / una compañera. Luego, contesten las siguientes preguntas. Si Uds. tuvieran que investigar uno de los temas de los que hablaron Sara y el profesor Echeverri, ¿cuál investigarían? ¿Por qué? ¿Qué harían para buscar más información?

D. Conversación En parejas, contesten las siguientes preguntas y expliquen sus respuestas.

1. ¿Han tomado Uds. alguna clase sobre la historia de España?
2. ¿Les gustaría tomar una clase sobre las guerras civiles?
3. ¿Hay algún curso que combine el arte y la historia en su universidad?
4. ¿Han leído alguna novela o han visto alguna película sobre un momento importante en la historia de España?
5. En su opinión, ¿hay alguna película que presente una visión realista de la Segunda Guerra Mundial, de la Guerra de Vietnam o de alguna guerra más reciente?
6. ¿Ofrece su universidad cursos en el extranjero? Les interesaría participar en este tipo de programa?

Para hablar de los lugares

la arena	sand
la cabaña	cabin
el castillo	castle
el edificio	building
el mar	sea
la montaña	mountain
la ola	wave
la orilla	shore
el palacio	palace
la playa	beach
el rascacielos	skyscraper
el ruido	noise

Para describir los lugares

apreciar	to appreciate
caracterizar	to characterize
gozar de	to enjoy
pasear	to stroll
reflejar	to reflect
relajarse	to relax

reunirse	to get together, meet
tener lugar	to take place
antiguo/a	old
arenoso/a	sandy
claro/a	clear
divertido/a	enjoyable
espléndido/a	splendid
frívolo/a	frivolous
hermoso/a	lovely
luminoso/a	bright, luminous
moderno/a	modern
montañoso/a	mountainous
oscuro/a	dark
ruidoso/a	noisy
sagrado/a	sacred
soleado/a	sunny
sombrío/a	gloomy, somber
tranquilo/a	peaceful
único/a	unique
vivo/a	lively

ACTIVIDADES

A. ¿Están Uds. de acuerdo? Lea las afirmaciones en la página siguiente e indique si está de acuerdo o no. Luego, en parejas comenten por qué están de acuerdo o no con esas afirmaciones. Deben reaccionar ante las opiniones de su pareja, utilizando las expresiones de **Para conversar mejor.**

Para conversar mejor

Desde mi punto de vista…
En mi opinión… , Yo creo que…
Estoy completamente de
   acuerdo.
Me sorprende que creas eso.

No estoy de acuerdo en
   absoluto.
Pero, ¿qué dices?
¡Qué barbaridad!
Al contrario.

	ESTOY DE ACUERDO.	NO ESTOY DE ACUERDO.
1. Es mucho más divertido pasar las vacaciones en las montañas que en la playa.	☐	☐
2. Explorar los castillos y palacios antiguos de España sería tan divertido como visitar los rascacielos modernos de Nueva York.	☐	☐
3. El ambiente ruidoso de las ciudades grandes me da energía.	☐	☐
4. Pasear por la orilla del mar es tan relajante como hacer caminatas en las montañas.	☐	☐
5. Cuando me siento triste, prefiero sentarme en un lugar sombrío para reflexionar mejor.	☐	☐
6. Las celebraciones que tienen lugar en sitios sagrados son más fascinantes que las celebraciones frívolas en las ciudades grandes.	☐	☐

B. Fiestas fascinantes

Paso 1 Lea la información sobre tres fiestas fascinantes de España. Después, con un compañero / una compañera, haga las actividades.

1. **Los Sanfermines** Los Sanfermines de Pamplona, quizás la fiesta española más conocida a nivel internacional, tienen lugar durante la semana del 7 de julio. Cada día a las 8:00 de la mañana, cientos de personas se reúnen en las calles para correr delante de los toros que van a torear en la corrida de la tarde. Después de esta actividad tan peligrosa, la gente pasa el resto del día bebiendo y bailando por las calles. Sin embargo, algunas personas prefieren dormir durante el día y divertirse sin parar por la noche.

2. **Santiago de Compostela** En esta ciudad de Galicia se celebran las fiestas del apóstol Santiago, el santo patrón de España, el 25 de julio. Cada año miles de personas de todas partes del mundo van a Santiago de Compostela para visitar la tumba del apóstol. Muchos peregrinos[1] llegan por el «Camino de Santiago», que pasa por el norte de España desde la frontera francesa hasta la ciudad gallega.[2] Los peregrinos recorren cientos y hasta miles de millas a pie, en bicicleta o en coche.

3. **La Tomatina** En Buñol, una ciudad pequeña en Valencia, la gente puede disfrutar de un evento tan divertido como sorprendente. El último miércoles de agosto, entre el mediodía y la 1:00 de la tarde, miles de personas se dedican a tirarse,[3] unas a otras, toneladas de tomates. Es una fiesta relativamente nueva, ya que empezó a mediados del siglo XX, y se está haciendo cada vez más popular.

[1]*pilgrims* [2]*Galician* [3]*to throw*

Paso 2 En parejas, contesten las siguientes preguntas.

1. ¿A cuál de las fiestas deben ir las siguientes personas: una persona seria, una atrevida, otra culta y otra rara? ¿A qué fiesta no deben ir las siguientes personas: una persona despistada, una tiquismiquis, otra grosera y otra reservada? Explique.

GUSTOS

2. ¿Cuál de las fiestas le interesa más a Ud.? ¿Por qué? ¿Cuál le interesaría más a su madre, a su padre, a su profesor(a) y a su mejor amigo/a? ¿Por qué?

COMPARAR

3. Describa una fiesta típica de su ciudad, región o país. Compárela con estas fiestas españolas.

REACCIONAR

RECOMENDAR

PASADO

Paso 3 Imagínese que Ud. acaba de asistir a una de estas fiestas. Describa en su blog sus experiencias durante la fiesta. También dé recomendaciones sobre qué hacer para pasarlo bien en ese lugar.

C. Lugares especiales

DESCRIBIR   COMPARAR

Paso 1 Lea la siguiente carta escrita por el famoso pintor español Joaquín Sorolla a su esposa acerca de un lugar que había descubierto en la costa valenciana de España. Preste atención a los verbos **en negrita** y prepárese para explicar por qué se usa **ser** o **estar** en cada caso.

Paseo a orillas del mar, *de Joaquín Sorolla* (1863–1923)

Valencia, (noviembre de 1907)
Querida Clotilde: **Estoy** ya en esta playa desde las 4:00 de la tarde y he gozado mucho con el espléndido espectáculo de tanta luz y color. El día tibio[1] y agradable contribuyó, lo he desperdiciado[2] un momento viendo cosas bonitas: El agua **era** de un azul tan fino y la vibración de luz **era** una locura. He presenciado el regreso de la pesca,[3] las hermosas velas,[4] los grupos pescadores, las luces de mil colores reflejándose en el mar, la picante conversación de muchos de mis viejos modelos, me proporcionaron[5] un rato muy difícil de olvidar.

Ahora **son** las seis menos cuarto y he cogido el lápiz para transmitirte este rato de placer pasado en mi primera tarde en el puerto; ahora noche absoluta, es tan agradable como antes, pues como yo nunca he vivido en el puerto, el espectáculo me seduce, las sirenas, el ruido de la carga y descarga[6] sigue y las luces siguen reflejándose en el mar... [...]

Son las 10:30 y me voy a dormir solo... y triste, por eso, pero antes quiero decirte que la noche **es** colosal, hermosa, hay una luna espléndida, y el mar **está** más bello que durante el día, he dado un largo paseo viendo los reflejos de las luces. Hasta mañana.

[1]*mild* [2]lo... *I've wasted it (for)* [3]*fishing (season)* [4]*sails* [5]*regalaron* [6]carga... *loading and unloading*

Paso 2 Busque los adjetivos que Sorolla utilizó para describir las siguientes cosas.

la conversación   la luna   las velas
el día   la noche

Paso 3 Ahora, busque las dos comparaciones que hizo Sorolla en su carta.

Paso 4 Piense en un lugar especial que Ud. conoce. Escriba cinco adjetivos que utilizaría para describir ese lugar. Luego, mencione cuatro actividades que Ud. ha hecho allí y tres emociones que ese lugar evoca en Ud.

Paso 5 Descríbale su lugar especial a un compañero / una compañera. Su compañero/a debe tratar de visualizar ese lugar especial mientras Ud. lo describe.

Paso 6 Ahora, escriba dos frases comparando el lugar especial de su compañero/a con el de Ud.

La tragedia, *de Pablo Picasso* (1881–1973)

D. El período azul de Pablo Picasso El pintor español Pablo Picasso pintó el cuadro a la izquierda durante la misma década en que Joaquín Sorolla pintó *Paseo a orillas del mar*. Las obras que Picasso realizó durante esa década forman parte de lo que se llama su período azul.

Paso 1 En parejas, terminen las oraciones para describir la pintura de Picasso. Luego describan las emociones que evoca el cuadro en Uds.

DESCRIBIR

1. La familia está…
2. La playa es…
3. El día es…
4. La ropa que llevan es…
5. Los padres son…
6. El niño es… y hoy está…
7. La madre está tan _____ como el padre.
8. El padre es más _____ que su hijo.

Paso 2 Hagan algunas comparaciones entre el cuadro de Picasso y la pintura de Sorolla de la **Actividad C.**

COMPARAR

Paso 3 Ahora, preparen un diálogo entre las señoritas del cuadro de Sorolla y las tres personas del cuadro de Picasso. Luego, preséntenlo a la clase.

DESCRIBIR **COMPARAR**

En esta sección, Ud. va a seguir practicando las descripciones y comparaciones de personas y lugares, pero trabajará con las otras metas comunicativas también. Antes de continuar, estudie las explicaciones de las estructuras gramaticales en las páginas verdes (310–355) que están al final del libro.

PRUEBA DIAGNÓSTICA

DESCRIBIR **PASADO** **GUSTOS**

Las guerras civiles

Llene los espacios en blanco con la palabra correcta o la forma correcta de la palabra entre paréntesis. Conjugue los verbos cuando sea necesario.

Muerte de un Miliciano, *de Robert Capa*

Todas las guerras _son_ [1] (ser/estar) horribles y trágicas. Pero muchos historiadores _están_ [2] (ser/estar) de acuerdo de que las guerras civiles son las más crueles porque son guerras entre hermanos, familias y vecinos. Y muchas veces, después de _una_ [3] (un/una) crisis tan terrible _como_ [4] (que/como) una guerra civil, tarda años en borrar[a] las profundas heridas[b] en _la_ [5] (el/la) sociedad que ha sufrido esos años de conflicto armado. Después de la Guerra Civil española (1936–1939) _hubo_ [6] (haber) una terrible represión y _la_ [7] (el/la) persecución por las fuerzas fascistas de Francisco Franco de los que perdieron. Muchos dicen que la posguerra _era_ [8] (ser/estar) peor que la guerra.

Son _los_ [9] (los/las) artistas los que nos hacen recordar y aprender de las realidades _vividas_ [10] (vivido) durante los momentos más difíciles en la historia de un país. Uno de los artistas que _ha contri_ [11] (haber/contribuir) mucho a través de su arte es Robert Capa. A mucha gente de hoy día le _fascinan_ [12] (fascinar) sus fotografías de la Guerra Civil española. A este famoso fotógrafo húngaro no le _importa_ [13] (importar) estar en lugares muy _peligrosos_ [14] (peligroso) para poder sacar fotos. Capa decía que _estaba_ [15] (ser/estar) totalmente en contra de la guerra, pero le _importaba_ [16] (importar) apasionadamente sacar _estas_ [17] (este) fotos tan impactantes para mostrar los horrores de la guerra.

[a]*erase* [b]*wounds*

ACTIVIDADES

COMPARAR

A. **Dos películas buenísimas** Los cineastas también han hecho una contribución muy importante a la exploración y comprensión de esa época histórica. Va a leer reseñas de dos películas situadas durante la Guerra Civil española, que tuvo lugar entre 1936 y 1939. En esta guerra lucharon las fuerzas del gobierno (los republicanos) contra las fuerzas de Francisco Franco (los nacionalistas). Después de leer cada una, en parejas completen las oraciones cambiando las palabras subrayadas por superlativos independientes. Luego, terminen la oración, usando su imaginación.

¡Ay, Carmela!   Los protagonistas Carmela y Paulino son dos artistas de teatro que entretienen a los soldados del ejército republicano en diferentes partes de España. La acción de la película empieza cuando los dos regresan a Valencia. Desafortunadamente, en el camino se pierden y entran en una zona de los nacionalistas, donde son detenidos y encarcelados[1] en un colegio. Todo parece indicar que van a ser fusilados,[2] pero al enterarse un oficial italiano de que Paulino y Carmela son cómicos, les ofrece trabajo como actores del bando nacional en un espectáculo glorificando a Hítler y Mussolini. Carmela es una mujer testaruda y patriótica. ¿Lo hará?

1. Cuando los fascistas (nacionalistas) capturan a Carmela y Paulino, la situación parece ser muy <u>grave</u> para ellos. La situación parece ser _____ porque…

2. Cuando un teniente italiano se entera de que los dos son cómicos, en vez de fusilarlos, les pide que presenten un espectáculo glorificando a Hítler y Mussolini. Esto les presenta a los protagonistas un dilema ético muy <u>difícil</u>. Es un dilema _____ porque…

La lengua de las mariposas[3]   En su primer día de escuela, el pequeño Moncho, de 8 años, está aterrorizado por la figura imponente de su maestro don Gregorio. A pesar de su aparente personalidad autoritaria, el maestro es un libre pensador.[4] Es republicano, sensible y amable, y le enseñará a Moncho a ser noble, bueno y a tener curiosidad intelectual. Moncho pronto empieza a admirar a su maestro y todo lo que este le enseña: el amor, la bondad, la libertad, la naturaleza, la ciencia, los misterios de la lengua de las mariposas. Cuando los nacionalistas entran en el pueblo, la vida de Moncho cambia para siempre. ¿Cómo reconciliará Moncho su amor por su maestro, un republicano, y la necesidad de su familia de mostrar apoyo a las nuevas fuerzas nacionalistas que controlan el país?

[1]*jailed*   [2]*shot*   [3]*butterflies*   [4]libre… *free-thinker*

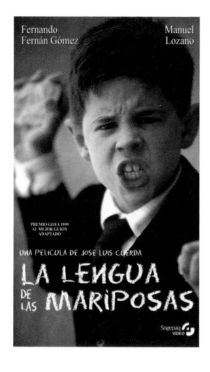

1. Todos los niños mayores le hablaban a Moncho sobre la crueldad de los maestros. El primer día de clase Moncho se orinó en los pantalones porque estaba muy <u>nervioso</u>.

   Estaba _____ porque…

2. Poco a poco don Gregorio ganó el respeto y cariño de Moncho. Un día llevó a los niños al campo donde les enseñó la lengua de las mariposas. Para Moncho, ese día fue muy <u>importante.</u>

   El viaje al campo fue _____ porque…

3. A pesar de ser muy respetado en el pueblo, don Gregorio era ateo y republicano, lo cual lo marcó como peligroso para los seguidores fascistas de Francisco Franco. En los días antes del comienzo de la Guerra Civil, todos en el pueblo tenían <u>mucho</u> miedo de ser acusados y arrestados por ser republicano.

   Todos tenían _____ miedo porque…

B. Una clase en el campo   Don Gregorio, el maestro de *La lengua de las mariposas*, era un maestro extraordinario. Usaba el bosque como salón de clase para enseñarles a sus estudiantes.

Paso 1   En parejas, miren cada dibujo. Anoten el vocabulario que van a necesitar y el tiempo verbal (pretérito o imperfecto) que van a usar en su narración.

Paso 2   Ahora escriban su narración sobre lo que pasó ese día en el bosque. No se olviden de usar conectores.

Don Gregorio les enseñaba a sus alumnos sobre las mariposas.
verbos: hacer buen tiempo, estar emocionados

Moncho sufrió un ataque de asma.
verbos: correr, no poder respirar, tener miedo

Don Gregorio lo puso en el lago para ayudarlo a respirar.
verbos: estar fría, estar asustados

En casa, la madre de Moncho los secó con toallas.
verbos: estar mojados, estar contenta, sentirse mejor

COMPARAR

C. Entre las dos películas En parejas, preparen cinco oraciones comparando las películas *¡Ay, Carmela!* y *La lengua de las mariposas,* según la información presentada en las reseñas. Utilicen **más/menos… que, tan… como, tanto/ os/a/as… como** y las siguientes palabras u otras palabras apropiadas en sus comparaciones: **el afiche** (*poster*), **el personaje fascinante, los protagonistas, la trama** (*plot*) **original, chistoso/a, deprimente, divertido/a, emocionante, sombrío/a, violento/a.** Luego, compartan sus oraciones con las de otra pareja, explicándoles el porqué de sus comparaciones.

MODELO: *¡Ay, Carmela!* parece ser una película más divertida que *La lengua de las mariposas* porque los protagonistas son cómicos.

GUSTOS

D. Los gustos cinematográficos

Paso 1 Termine las siguientes oraciones.

1. A mí me gustan las películas…

2. A mí me molestan las películas…

3. A mí me fascinan las películas con…

4. A mí me aburren las películas con/sin…

Paso 2 Ahora, en grupos de cuatro, compartan sus preferencias cinematográficas, dando ejemplos de las películas específicas que les gusten.

Rincón cultural

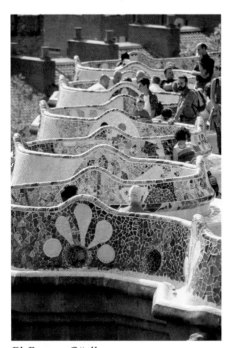

El Parque Güell

Un artista hispano
Antoni Gaudí

Antoni Gaudí (1852–1926) fue uno de los arquitectos más originales y una de las figuras más emblemáticas de Barcelona. Formó parte del modernismo catalán, un movimiento artístico asociado con el *Art Nouveau* internacional. Para Gaudí, la estructura de un edificio era sólo una parte de la arquitectura. Construir un edificio también implicaba cubrir las fachadas[1] y llenar los interiores de esculturas,[2] pinturas y muebles[3] que reflejaban una unidad íntegra.[4] Por eso, en distintos momentos de su carrera estudió pintura, escultura, diseño interior y cómo hacer muebles.

Casa Batlló y Casa Milà son dos de sus obras más famosas. Gaudí utilizó materiales tradicionales, como piedras, ladrillos[5] y azulejos de una manera totalmente original y trató de evitar completamente las líneas rectas.[6] Es conocido por su uso de mosaicos de colores vibrantes, sus extraordinarios hierros forjados[7] y sus diseños inspirados en la naturaleza y las formas animalescas. El Parque Güell es quizás la obra más creativa de

[1]*façades* [2]*sculptures* [3]*furniture* [4]*unidad… integrated whole* [5]*bricks* [6]*líneas… straight lines* [7]*hierros… wrought-iron works*

Gaudí. En este parque se puede apreciar el ingenio juguetón del arquitecto. Hay bancos coloridos en forma de serpientes de mar, una fuente con una escultura de dragón cubierta de mosaicos y una gran plaza abierta rodeada de paredes ondulados.[8]

En 1883, Gaudí, un católico devoto, se hizo cargo de la catedral la Sagrada Familia. Con la muerte inesperada del arquitecto en 1926, esta creación artística única se quedó sin terminar. Los fondos para completar la catedral vienen de donaciones privadas, y para el año 2016 por fin la acabarán. Pero áun así es uno de los iconos más importantes de esa gran ciudad catalana. Definitivamente, Barcelona debe gran parte de su carácter al genio de Antoni Gaudí.

[8]*undulating, rolling*

PREGUNTAS

DESCRIBIR

1. Gaudí es considerado uno de los arquitectos más brillantes del mundo. ¿Cuáles son los elementos que hacen sus estructuras tan originales? ¿Qué impresión tiene Ud. sobre su estilo?

HIPÓTESIS

2. ¿Cómo es el estilo de arquitectura en su recinto (*campus*) universitario? ¿Puede imaginar un edificio del estilo gaudiano allí? ¿Dónde localizaría ese edificio? ¿Cómo sería? ¿Permitiría el presidente / la presidenta de su universidad la construcción de algo tan original? Expliquen.

ACTIVIDAD

REACCIONAR

DESCRIBIR RECOMENDAR

Busque imágenes en el Internet de una de las siguientes obras de Gaudí: El Capricho de Gaudí en Comillas, el viaducto, los bancos o la entrada al Parque Güell, el interior de la Pedrera (Casa Milà), la catedral de la Sagrada Familia, la Casa Vincens. Presente la imagen más alucinante a la clase con una breve descripción. Pida reacciones de sus compañeros de clase. Utilice expresiones como **Es fascinante, impresionante, alucinante, sorprendente que...**

La música española

El flamenco «clásico» viene de la cultura gitana en el sur de España. En reuniones familiares y fiestas particulares, se reunían los gitanos andaluces para tocar guitarra, bailar y cantar canciones de temas melancólicos o dolorosos. Hoy en día sigue siendo una música muy social tocada en fiestas que empiezan a las 10:00 de la noche y terminan al día siguiente. Varios guitarristas se turnan cantando y tocando mientras que el público acompaña a los músicos y bailadores, haciendo ritmo con las palmas.[1] Hay que notar también la manera de cantar, el *cante jondo,* un canto profundo, de lamento o tristeza. Así que la voz, la guitarra, el cajón[2] y las palmas son los «instrumentos» que se asocian con el flamenco clásico.

[1]*palms of the hand*   [2]*box*

El flamenco es una forma artística apasionada

A mediados de los años 70, con la llegada de Camarón de la Isla y del guitarrista Paco de Lucía, empezó lo que se conocía como el «flamenco contemporáneo». A través de los años, el contacto con géneros diferentes ha provocado una fusión que hoy en día vemos en flamenco-blues, flamenco-chill, flamenco-pop, flamenco-rock, flamenco-jazz, flamenco-salsa, flamenco-punk y flamenco-rap. Son estilos que han captado el interés de las nuevas generaciones. La canción «Matemáticas» es un ejemplo de flamenco-pop, un género musical que combina elementos tradicionales de música flamenca con ciertos atributos de la música contemporánea que incluyen el uso de la guitarra eléctrica y temas menos dolorosos.

ACTIVIDADES

A. Antes de cantar En «Matemáticas» Ud. escuchará una historia de amor y sufrimiento que es parte del flamenco tradicional, pero también apreciará la poesía y el juego de palabras que evocan una sensibilidad más contemporánea. Al principio escuchará el sonido clásico. También, durante la mayor parte de la canción podrá apreciar las palmas, que son una parte integral de la música flamenca.

1. ¿Ha escuchado Ud. la música de los Gipsy Kings o de otro grupo de flamenco? ¿Le gusta?
2. ¿Cuáles son los instrumentos musicales que anticiparía escuchar en una canción flamenca?
3. ¿Cuál de los géneros de flamenco fusión le interesaría escuchar?
4. En una canción titulada «Matemáticas», ¿qué tipo de vocabulario habrá?

B. ¡A cantar! Escuche la canción «Matemáticas» que se puede encontrar en el CD *Estampillas musicales*.

Matemáticas

Veinte para despertar
Veinte para recordar
Veinte, te quiero decir
Veinte, vamos a subir
Otros veinte y tenemos cien
Cien maneras de vivir
Otros cien para morir
Que me porte bien o mal
Yo te quiero hasta mil
Yo te quiero hasta mil

Ah, yo te quiero hasta mil
Ah, yo te quiero hasta mil

Mil maneras de volar
Mil fronteras que cruzar
Más de mil cosas que
   aprender
Para sólo un poder
Y una vida nada más
Y las matemáticas
Nunca me dejaron en paz
Nunca me dejaron en paz

Ah, yo te quiero hasta mil
Ah, yo te quiero hasta mil

Mira cómo me tienes adentro
Tu paraíso es un infierno
Me vuelve loco y me calma
Y se me destroza el alma
Me vuelves loco
Me vuelves loco
Yo te quiero hasta mil
Me vuelves loco
Yo te quiero hasta mil
Me vuelves loco
Me vuelves loco
Yo te quiero hasta mil

Ah, yo te quiero hasta mil

C. **Después de cantar**   En parejas, contesten las siguientes preguntas.

1. ¿Pueden Uds. identificar los instrumentos musicales que se escuchan en esta canción?

2. ¿Cuáles son las palabras que expresan el sufrimiento que el amor le causa al cantante?

3. ¿Cómo es esta canción similar a una canción de los Gipsy Kings? ¿Cuáles son los elementos del flamenco-pop?

D. **¡A escuchar!**   Para apreciar más el flamenco contemporáneo, vaya a YouTube™ y escuche la música de Paco de Lucía o Camarón de la Isla. Para conocer el flamenco fusión, escuche a Bebe (flamenco-punk), Rosario Flores (flamenco-pop), Pata Negra (flamenco-blues), Chambao (flamenco-chill), Concha Buica (flamenco-africano), La Shica (flamenco-rap) o Pitingo (flamenco-gospel). Luego, con sus compañeros de clase, comparta sus impresiones sobre los artistas y las canciones que escucharon, utilizando frases como **Me gusta(n)... porque...** , **Me encanta que...** , **Es impresionante/fantástico que...** , **Me sorprende que...** y **Es evidente que...**

Un momento histórico
La Guerra Civil española

Revise el **Vocabulario útil** y lea el resumen sobre la Guerra Civil española.

Vocabulario útil

apoyar	to support	**el poder**	power
aprovechar	to take advantage	**el/la seguidor(a)**	follower
la brigada	brigade	**derechista**	right-wing
la burguesía	bourgeoisie	**fascista**	fascist
el entrenamiento	training	**izquierdista**	left-wing
la fuerza	force	**terrateniente**	land-owning
la libertad	freedom		

La Guerra Civil española (julio de 1936 a abril de 1939) fue el resultado de profundas divisiones políticas, económicas y culturales entre «las dos Españas» como las llamó el aclamado poeta Antonio Machado. Por un lado, los seguidores del gobierno del momento, conocidos como los «republicanos», eran en su mayor parte los más liberales de la sociedad: socialistas, comunistas, anarquistas y nacionalistas catalanes y vascos. Por otro lado, los «nacionalistas»,

Francisco Franco, 1937

bajo el liderazgo de Francisco Franco, representaban las fuerzas más conservadoras del país: la élite terrateniente, la burguesía y la Iglesia Católica.

Las fuerzas internacionales que participaron en la Guerra incluían las «Brigadas Internacionales», unos 40.000 idealistas norteamericanos, latinoamericanos y europeos que apoyaban a los republicanos (entre ellos se encontraban el escritor estadounidense Ernest Hemingway, el novelista británico George Orwell y el poeta peruano César Vallejo). Los republicanos también recibieron ayuda directa de la Unión Soviética. Para apoyar a los nacionalistas, tanto Hitler como Mussolini mandaron fuerzas que aprovecharon el momento como entrenamiento para la Segunda Guerra Mundial.

Al final, triunfaron los nacionalistas y Franco asumió el poder, instalando en el país una dictadura fascista que duró 36 años. Como toda guerra civil, fue una confrontación sumamente violenta y trágica. Mientras la cifra de muertos no se sabe a ciencia cierta, se estima que España perdió entre medio millón y 1 millón de habitantes.

El impacto de la Guerra Civil en la España de hoy

- Con la muerte de Franco en 1975, España pasó a ser una monarquía parlamentaria constitucional. Franco mismo nombró al rey Juan Carlos como su sucesor pensando que iba a imponer una monarquía autoritaria. Sin embargo, el Rey estableció una monarquía democrática y las primeras elecciones generales tuvieron lugar en 1977.

- La represión social extrema del gobierno de Franco cedió a una libertad de expresión alucinante. Después de tantos años de dictadura, los jóvenes españoles se rebelaron contra todo tipo de reglas y empezaron a mostrar su creatividad en nuevos estilos de vida, sin inhibiciones. Los años 80 fue un período de experimentación en el que el país pasó por una auténtica revolución social. Fue una etapa importantísima en el desarrollo de la expresión libre, pero tuvo algunas repercusiones negativas, como el aumento de casos de drogadicción, desempleo y el SIDA.

- La desaparición de la censura hizo posible la producción de películas con temas sobre el sexo libre, la homosexualidad y la transexualidad —algo totalmente prohibido bajo la dictadura. Así tenemos películas como *Jamón, jamón* y *Lucía y el sexo*. También se vio una nueva experimentación con la música rock y tecno, con grupos como Alaska y Dinamarca, Loquillo, Trogloditas y Mecano. De hecho, en la España posfranquista se abrió una libertad de expresión que hoy en día en algunos países modernos y democráticos sería inconcebible.

- La Guerra inspiró la publicación de novelas y ensayos tales como *El cuarto de atrás* de Carmen Martín Gaite, *Corazón tan blanco* de Javier Marías y *Requiem por un campesino español* de Ramón J. Sender. Muy importantes también son los libros de historia que revisan la «historia oficial» de la Guerra y los cuarenta años de la dictadura de Franco. Han salido decenas de películas sobre la época. Una de ellas, *El laberinto del fauno,* ganó tres premios Óscar en 2007. Y es imposible olvidarse del famoso cuadro de Pablo Picasso, *Guernica,* que representa los horrores de la guerra.

(continúa)

- En 2009 se conmemoró el aniversario de setenta años desde que se puso fin la Guerra Civil. A pesar de los años, su impacto todavía se siente en el país. Ahora hay esfuerzos para recordar el pasado y para ayudar a las víctimas. Por ejemplo, en 2007 el gobierno aprobó la «ley de memoria histórica». Entre otras iniciativas, la ley promueve esfuerzos para desenterrar[1] a los estimados 30.000 muertos enterrados en fosas comunes[2] a través del país. También se han quitado estatuas, cambiado nombres de calles y destruido otros símbolos de la dictadura de Franco.

[1]*exhume*   [2]*fosas… mass graves*

ACTIVIDADES

A. Comprensión   Conteste las siguientes preguntas.

1. ¿Quiénes participaron en la Guerra Civil española?
2. ¿Qué representaba cada lado?
3. ¿Cuál fue la participación internacional en ese conflicto?
4. ¿En qué aspectos se puede apreciar hoy en día el impacto de la Guerra en España?

B. Comparaciones   En grupos de tres, hagan las siguientes comparaciones. A ver qué grupo puede hacer más.

1. la Plaza Zocodóver en Toledo durante la Guerra Civil / la Plaza Zocodóver de hoy
   a. las actividades que tienen lugar en la plaza
   b. la belleza de la plaza
   c. ¿ … ?
2. la vida de un adolescente durante una dictadura conservadora / la vida de un adolescente durante una democracia liberal
   a. la ropa que se lleva
   b. las actividades que hace para pasarlo bien
   c. ¿ … ?

Esta lectura viene de una serie biográfica de la revista popular *Vanidades*, titulada «Salvador Dalí: La novela de su vida». En esta sección, la autora, Eunice Castro, narra el tiempo que Dalí pasó en la Escuela de Bellas Artes de San Fernando, en Madrid.

NOTA HISTÓRICA

Salvador Dalí fue uno de los pintores más importantes del arte moderno. Captó la atención del mundo no sólo por su genio artístico manifestado en sus cuadros, esculturas, ilustraciones de libros, escenarios y vestuario de ballet, publicidad y diseño de joyas, sino también por su personalidad provocadora, su apariencia física llamativa y su excentricidad. Dalí escribió numerosos libros en los que explica sus ideas sobre el arte. En una entrevista declaró lo siguiente:

El surrealismo soy yo. Soy el único surrealista perfecto y trabajo dentro de la gran tradición española… Tuve la certeza de que yo era el salvador del arte moderno, el único capaz de sublimar, integrar y racionalizar todas las experiencias revolucionarias de los tiempos modernos, dentro de la gran tradición clásica del realismo y el misticismo, que es la misión suprema y gloriosa de España…

Salvador Dalí

Antes de leer

A. Para comentar   Trabaje con un compañero / una compañera. Miren la foto de Dalí y comenten los siguientes temas.

1. Describan la apariencia física de Dalí en la foto. ¿Cómo influye la apariencia física del artista en cómo percibimos su personalidad? Basándose en este retrato de Dalí, describan su personalidad con muchos detalles.

2. Si vieran a una persona así caminando por la calle, ¿qué pensarían y qué harían?

3. Piensen en otras personas famosas cuya apariencia física es especialmente llamativa. ¿Qué impresión tienen Uds. de su personalidad?

4. ¿Creen Uds. que la sociedad tolera el hecho de que los artistas, actores y cantantes tienen una apariencia física rara y personalidad extravagante? ¿Por qué?

B. Acercándose al tema Lea el título de la ficha en la página siguiente y las nueve palabras y frases asociadas con el tema de la vida estudiantil de Salvador Dalí. Con un compañero / una compañera, decidan si los espacios en blanco requieren un sustantivo, un verbo o un adjetivo. Luego, completen las oraciones con la forma apropiada de las palabras de la ficha.

Un estudiante excéntrico		
la apariencia física	la falta de respeto	el payaso[1]
examinar	expulsar	meter la pata
borracho/a	llamativo/a	presumido/a

[1]clown

1. Desde joven, _____ de Dalí era algo rara con su pelo largo y sus patillas _____.

2. El día de su examen final, Dalí llevaba una chaqueta de cuadros y una gardenia enorme y olorosa. A los que lo vieron les parecía _____.

3. Antes del examen, Dalí había tomado un vaso de un licor para estar «inspirado». Así que llegó al examen _____.

4. Antes de escoger sus tres preguntas, Dalí exclamó que los profesores eran incompetentes para juzgarlo, y salió del salón. ¡Qué _____ era!

5. El director lo _____ de la Escuela para siempre por su _____ ante los profesores.

Ojo

VISUALIZAR = Al ver este icono, Ud. debe imaginarse lo que se describe lo que pasa en esa parte del relato.

VOCABULARIO = Si no sabe el significado de una palabra, piense en las palabras relacionadas, búsquela en un diccionario u olvídela por completo.

VISUALIZAR

Salvador Dalí: La novela de su vida

Ese mismo año de la muerte de doña Felipa, Dalí decidió ingresar en la Escuela de Bellas Artes de San Fernando, en Madrid. En el mes de octubre, vestidos de luto[1] por la reciente muerte de doña Felipa, su padre y su hermana lo acompañaron a Madrid, donde debía tomar el examen de ingreso en San Fernando y resolver el problema de vivienda.

Don Salvador traía una recomendación de un amigo para la Residencia de Estudiantes, adjunta a la Institución Libre de Enseñanza, una escuela elitista progresista y auténtica. Una verdadera excepción en los años 20.

En la Residencia, Dalí conocería a García Lorca, a Luis Buñuel y a otras figuras de la incipiente vanguardia artística y literaria de la época.

En esa época, el pintor era un joven apuesto,[2] de grandes ojos oscuros, alto, pero de constitución más bien frágil. Pero su estilo de arreglarse era insólito.[3] Él llevaba pelo largo y frondosas patillas hasta la comisura[4] de los labios (cosa que no estaba de moda) y le comenzaba a crecer un bigotillo de curiosos perfiles.[v]* [...]

[1]de... *in mourning* [2]*handsome* [3]*unusual* [4]comisura... *corners of his mouth*

---

*Visualizar icons refer to words and phrases that are followed by a superscripted *v*. **Vocabulario** icons in the margin refer to words and phrases that are underlined within the text.

—Dalí fue el <u>hazmerreír</u>* de todos —diría un condiscípulo. —Lo llamábamos el «señor patillas». […]

A pesar de su aspecto, Dalí fue bien acogido[5] en la Residencia de Estudiantes en cuanto descubrieron su talento pictórico. Allí la alegría, las fiestas y las bromas de los jóvenes corrían a la par que las serias tertulias[6] donde discutían sobre arte, literatura, teatro, poesía, cine y religión. […]

[5]*welcome* [6]*gatherings*

¿Quién(es)? ¿Dónde? ¿Qué pasó?

No tardó Dalí en tener problemas en San Fernando, al asumir una actitud protagónica en una protesta estudiantil, que se rebelaba[7] a admitir como catedrático[8] de la Escuela al pintor Torres García.

—Alumno Salvador Dalí, está expulsado de la Escuela por un año —lo castigó la Junta Directiva.

Sus familiares <u>se solidarizaron</u> con él, pero cuando regresó a casa se llevaron una inesperada sorpresa.

—Estás transformado —exclamó su padre al recibirlo.

Dalí parecía otra persona. Él vestía un elegante traje de corte inglés como sus compañeros de la Residencia y llevaba el cabello cortado a la moda y bien engominado.[9] Sus espectaculares patillas habían desaparecido.

Pero eso no era todo. Don Salvador pudo apreciar que su hijo

también había evolucionado pictórica e intelectualmente.[v] […]

Llegó el día de los exámenes teóricos finales del curso, programados para el 14 de junio de 1926. Dalí hizo lo inconcebible. Se presentó ante el Tribunal Académico, que ya estaba reunido en sesión pública dispuesta a examinarlo, con una llamativa chaqueta a cuadros y una enorme y

olorosa gardenia en el ojal.[10v]

—Parecía un payaso —lo criticaron todos los que lo vieron.

Dalí, que nunca bebía, antes se había tomado un vaso de licor para estar «inspirado», según él.

Eran las 12:30 minutos del día, cuando el Dr. Manuel Menéndez lo invitó a extraer tres bolas numeradas del <u>bombo</u> que contenían las lecciones que él debía explicar. De pronto, sorpresiva e irrespetuosamente, Dalí proclamó:

—¡No! Como todos los profesores de la Escuela de San Fernando son incompetentes para juzgarme, me retiro.

—¡Fuera! —rugió el director.

Así, Dalí obtuvo la expulsión definitiva de la Escuela de San Fernando.

—Estoy convencido de que mi hijo será para siempre un hombre sin oficio ni beneficio —dijo su padre, disgustado.[11]

[7]*se… refused* [8]*full professor* [9]*slicked-down* [10]*lapel* [11]*very upset*

¿Quién(es)? ¿Dónde? ¿Qué pasó?

Después de leer

A. Comprensión Conteste las siguientes preguntas, según la lectura.

1. ¿Qué acababa de pasar en su vida personal cuando Dalí entró a la Escuela de Bellas Artes?
2. ¿A quiénes conoció Dalí en la Residencia de Estudiantes? ¿Quiénes son estas personas?
3. ¿Qué pensaron los otros estudiantes de Dalí? ¿Por qué?
4. ¿Cómo era el ambiente social e intelectual de la Residencia de Estudiantes?
5. ¿Por qué fue expulsado de San Fernando la primera vez?
6. ¿Cómo había cambiado Dalí cuando regresó a casa después de esta primera expulsión?
7. ¿Cómo se presentó Dalí a sus exámenes finales?
8. ¿Qué hizo Dalí que provocó su expulsión definitiva de la Escuela de Bellas Artes?

DESCRIBIR

B. El Museo de Dalí Complete el siguiente párrafo con la forma correcta de **ser** o **estar,** según el contexto. Trate de visualizar este alucinante museo mientras lee.

El Museo de Dalí

El Museo de Dalí se encuentra en Figueras, un pueblo que _____[1] a tan sólo una hora y media de Barcelona. Vale la pena ir porque _____[2] uno de los museos más fascinantes de España. El visitante debe _____[3] preparado para vivir una experiencia única. Al llegar a Figueras, lo primero que sorprende al visitante _____[4] que el techo del edificio _____[5] decorado con más de veinte huevos blancos gigantescos. Cada cuarto del museo _____[6] lleno de una extravagante combinación de pinturas, muebles, esculturas, joyas y decoraciones surrealistas. En el interior del complejo se encuentra la tumba donde _____[7] enterrado el artista. Visitar la casa y el museo de Dalí _____[8] como entrar en otro mundo: un mundo surrealista.

Dalinal

¿Sufre usted tristeza intelectual periódica? ¿Depresión maníaca, *mediocridad congénita, imbecilidad gelatinosa,* piedras de diamante en los riñones, impotencia o frigidez? Tome **Dalinal,** la chispa artificial que logrará estimular su ánimo de nuevo.

C. Dalí News En 1945, Dalí creó su propio diario, el *Dalí News.* Junto a la información sobre las actividades del pintor, este diario contenía anuncios de productos inventados por él, como el «Dalinal».

Paso 1 Imagínese que Ud. es periodista y tiene que entrevistar a Dalí sobre su nuevo diario. Un(a) estudiante hace el papel del periodista y otro/a el del excéntrico Dalí. Juntos preparen una lista de preguntas para hacer la entrevista, y luego presenten su diálogo delante de la clase.

Paso 2 En grupos pequeños, preparen algunos testimonios sobre la efectividad de «Dalinal». Escriban un párrafo para presentar a la clase, describiendo cómo cambió su vida. Pueden empezar así: «**Dalinal**» es **alucinante. Antes tenía... , era... , sufría de... Ahora...**

D. Para discutir   En grupos pequeños, comenten las siguientes preguntas.

1. Castro dice que en la Residencia de Estudiantes, «la alegría, las fiestas y las bromas de los jóvenes corrían a la par que las serias tertulias donde discutían sobre arte, literatura, teatro, poesía, cine y religión». ¿Cómo es la vida en las residencias estudiantiles de su universidad? ¿Cómo se compara con la de la residencia de Dalí, Lorca y Buñuel?

2. Cuando Dalí regresó a casa la primera vez, su padre notó varios cambios en la apariencia física y el intelecto de su hijo. Cuando Ud. regrese a casa la próxima vez, ¿qué cambios notará su familia?

3. ¿Cuál es su reacción ante la actitud de Dalí con respecto a los profesores de la Escuela de San Fernando? ¿Ha sentido Ud. a veces algún impulso similar?

E. *Autorretrato blando con beicon frito*   El mismo Dalí definió este autorretrato como «el guante (*glove*) de mí mismo», ya que quiere ser un autorretrato antipsicológico en el que en vez de pintar el alma —es decir, lo interior—, decidió pintar únicamente lo exterior, o sea, la piel. «Como soy el más generoso de todos los pintores, me ofrezco siempre como alimento para de esta manera alimentar nuestra época de forma suculenta», declaró Dalí en 1962.

1. ¿Cuál es la impresión inmediata que tienen Uds. al ver el autorretrato de Dalí?

2. ¿Cuáles son los adjetivos que Uds. utilizarían para describir *Autorretrato blando con beicon frito*?

3. ¿Qué piensa Ud. de la explicación que nos dio Dalí sobre su autorretrato?

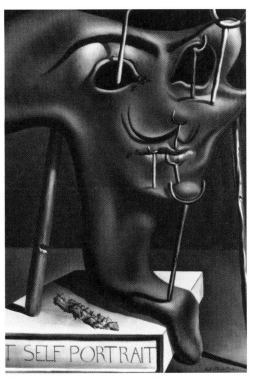

Autorretrato blando con beicon frito, *de Salvador Dalí*

Escoja una persona, un lugar o un tema cultural mencionado en este capítulo para investigar más a fondo. Debe incluir en su reportaje por lo menos cuatro de las metas comunicativas. Puede presentar su investigación en un informe escrito o hacer una presentación oral delante de la clase. Siga las indicaciones en el **Apéndice 2: Yo experto/a** como guía para su reportaje.

PERSONAS	LUGARES	TEMAS CULTURALES
Salvador Dalí	Barcelona	los árabes en Andalucía
la Duquesa de Alba	Buñol	el botellón
Francisco Franco	La Escuela de Bellas Artes	el Camino de Santiago
Antonio Gaudí	de San Fernando	el flamenco
los Gipsy Kings	Guernica	la Guerra Civil española
Francisco de Goya y Lucientes	Madrid	la pelota vasca
Dolores Ibárruri	El Museo Guggenheim	los Sanfermines
Paco de Lucía	El País Vasco	el surrealismo
Francisco de Rivera	Pamplona	la Tomatina
Joaquín Sorolla	Sevilla	las tres culturas de Toledo
Pablo Picasso	Toledo	
	Valencia	

 Ahora que Ud. ha terminado el **Capítulo 1,** complete los ejercicios correspondientes del *Online Learning Center* (**www.mhhe.com/ pyaexpanded**) para repasar el vocabulario, gramática y temas culturales de este capítulo.

CAPÍTULO 2

Conexiones

El Caribe

Samaná, República Dominicana

MULTIMEDIA

♫	Estampillas musicales
🎥	Lugares fascinantes
CENTRO	Online *Manual:* **www.mhcentro.com**
www	Online Learning Center: **www.mhhe.com/pyaexpanded**

PARTE A

Nuestras raíces

Puntos clave

P

PASADO

Temas centrales
- conexiones
- relaciones entre las generaciones
- la familia y la inmigración

Zona de enfoque
- el Caribe

Un barrio de La Habana (*Cuba*)

En esta parte del **Capítulo 2,** Ud. va a explorar el tema de los lazos (*ties*) que tiene con la familia y con el lugar donde nació o se crió (*you were raised*).

Preguntas para considerar

- ¿Cómo es Ud. en comparación con sus padres?
- ¿Es natural que haya conflictos familiares entre las generaciones?
- ¿Cómo se sentiría si tuviera que dejar su país de origen y nunca pudiera regresar?
- ¿Cómo cambian las relaciones entre personas de diferentes generaciones cuando también hay diferencias culturales?
- ¿Cómo podemos mantener las conexiones con la familia y nuestras raíces en este mundo moderno?
- ¿Cuántas generaciones se representan en el cuadro que se ve en esta página?
- ¿Es raro ver a personas de diferentes generaciones interactuando en el barrio donde Ud. vive, o es algo común?

¡La quiero mucho, pero me vuelve loco!

Situación: Hace cinco días la madre de Javier llegó de Puerto Rico para visitarlo en Austin. Javier habla con Laura sobre la visita y las **expectativas** que su madre tiene de él. Lea el diálogo y conteste las preguntas que lo siguen. **¡OJO!** Preste especial atención al uso del vocabulario nuevo que está **en negrita.**

¿Se queja Ud. de sus padres cuando está con sus amigos?

LAURA: ¿Por qué estás tan callado, Javi? Todo va bien con la visita de tu madre, ¿no?

JAVIER: Bueno, tú sabes cómo es cuando viene. **Me vuelve loco.**

LAURA: La verdad es que me parece menos **exigente** esta vez. No te **regañó** ni una vez en todo el fin de semana. Y es tan **cariñosa** como siempre.

JAVIER: Pues tienes razón. **Se portó** bien, aunque en privado me dijo varias veces que me ve más americanizado que nunca. Y no deja de **quejarse** de que mi hermano Jacobo **se haya mudado** a Seattle. Para ella es **insoportable** que sus hijos estén lejos y que pierdan sus **valores** culturales.

LAURA: Pero, ¿ha leído tus artículos sobre las familias inmigrantes y los reportajes que hiciste sobre la pintura de Nick Quijano? Casi todo lo que haces profesionalmente tiene que ver con la cultura hispana. ¿No es cierto?

JAVIER: Sí, sí. Está muy **orgullosa** de mí y siempre **alaba** mis logros, pero al mismo tiempo le gusta **quejarse** de sus hijos **rebeldes** y **egoístas.**

LAURA: Las relaciones **íntimas** son difíciles a larga distancia. Quiere que su «tribu» esté cerca de ella. Eso lo entiendo.

JAVIER: Es difícil. A mí me encanta Puerto Rico. De hecho, si no vuelvo cada seis meses lo **extraño** mucho, pero como tú sabes, mi vida aquí ha sido fenomenal. ¡Tengo tantas oportunidades!

LAURA: Estoy segura de que, en el fondo,[1] tu madre lo entiende. Habla con ella y pídele su **apoyo.**

JAVIER: Tienes razón. Debo hablar de modo más **abierto** con ella.

[1]en... *deep down*

ACTIVIDADES

A. Detective   Busque en el diálogo ejemplos de las siguientes metas comunicativas: Comparación (C), Reacciones y recomendaciones (R), Narración en el pasado (P) y Hablar de los gustos (G). Subraye cada palabra o frase que represente una (o una combinación) de estas metas comunicativas. Luego, escriba al margen la(s) letra(s) que corresponde(n) a cada ejemplo subrayado (C, R, P o G).

MODELOS: No te <u>regañó</u> ni una vez en todo el fin de semana. (P)
Para ella <u>es insoportable</u> que sus hijos <u>estén</u> lejos. (R)

B. Comprensión   Conteste las siguientes preguntas, según el diálogo.

1. ¿Cómo se ha portado la madre de Javier durante esta visita?
2. ¿Javier tiene paciencia con su madre? Explique su respuesta.
3. ¿Cómo expresa Javier su aprecio por su cultura?
4. Aunque a Javier le encanta Puerto Rico, ¿por qué no vive allí?
5. ¿Qué le aconseja Laura a Javier?

REACCIONAR
R
RECOMENDAR

C. Reacciones y recomendaciones   Complete las siguientes oraciones, basándose en la situación de Javier y utilizando un conector en cada oración.

MODELO: A la Sra. de Mercado no le gusta que sus hijos estén tan lejos, puesto que los quiere mucho.

1. A Javier no le gusta que su madre…
2. Yo recomiendo que Javier…
3. Es una lástima que el hermano de Javier…
4. Es obvio que la madre de Javier…

Conectores

además	*besides*
para que + *subjuntivo*	*so that*
por eso	*therefore*
por otro lado	*on the other hand*
puesto que	*since*
sin embargo	*nevertheless*

D. Diálogo   En parejas, preparen una conversación telefónica en la que Javier argumente que Jacobo es el que debe regresar a la isla, porque él —Jacobo— está casado y tiene hijos que deben criarse cerca de sus abuelos.

Vocabulario del tema

Para describir a los parientes*

abierto/a	open
cariñoso/a	loving
comprensivo/a	understanding
conservador(a)	conservative
decepcionado/a	disappointed
entrometido/a	meddlesome
estricto/a	strict
exigente	demanding *picky*
indulgente	lenient
involucrado/a	involved
mandón/mandona	bossy
orgulloso/a	proud
protector(a)	protective
quejón/quejona	complaining

Para describir a los niños problemáticos[†]

egoísta	selfish
ensimismado/a	~~self-centered~~ *lost in thought*
envidioso/a	envious
inquieto/a	restless
insoportable	unbearable
malcriado/a	ill-mannered
mimado/a	spoiled
rebelde	rebellious
sumiso/a	submissive
travieso/a	mischievous

Para hablar de las relaciones familiares

acostumbrarse (a)	to adjust (to)
alabar	to praise
apoyar	to support (emotionally)
castigar	to punish
compartir	to share
contar (ue) con	to count on
criar(se) (me crío)	to bring up; to be raised
cuidar (de)	to take care of
extrañar[‡]	to miss (someone/something)
heredar	to inherit

—Esta es la señora que ocupaba la cama contigua a la mía en maternidad.

COSPER

¿Por qué es chistosa esta tira cómica?

lamentar	to regret
mantener	to maintain
mudarse	to move (*residence*)
obedecer (obedezco)	to obey
pelearse	to fight
portarse	to behave
quejarse (de)	to complain (about)
regañar	to scold
volverle loco/a	to drive (someone) crazy

Para describir las relaciones familiares

disfuncional	dysfunctional
estable	stable
estrecho/a	close (*relationship between people or things*)
íntimo/a	close (*relationship between people*)
pésimo/a	awful, terrible
unido/a	close-knit

COGNADOS: la armonía, la estabilidad, la protección, la unidad

---

*Remember to use **ser** with adjectives when describing inherent characteristics and **estar** when referring to emotional or physical states.

[†]These terms can also be used to describe adults. See the **Vocabulario del tema** from **Capítulo 1** (pages 21–22) for adjectives used to describe people in more positive terms.

[‡]This verb expresses the emotion that people feel when they are far from someone or something they love. To express the same emotion in Spain, the phrase **echar de menos** is used.

Para hablar de los miembros de la familia

los antepasados	ancestors
el benjamín / la benjamina	baby of the family
el/la gemelo/a	twin
el/la hermanastro/a	stepbrother, stepsister
el/la hijo/a adoptivo/a	adopted child
el/la hijo/a único/a	only child
la madrastra	stepmother
el/la medio/a hermano/a	half brother, half sister
el padrastro	stepfather

Para hablar de las relaciones intergeneracionales

la brecha generacional	generation gap
el comportamiento	behavior
la comprensión	understanding
la desilusión	disappointment
la expectativa	expectation
el malentendido	misunderstanding
los (buenos/malos) modales	(good/bad) manners
las raíces	roots
los valores	values

ACTIVIDADES

A. **Vocabulario en contexto** En parejas, completen las siguientes oraciones con la palabra más apropiada, según el contexto. Hagan los cambios necesarios para que haya concordancia. Luego, ofrezcan su opinión o un consejo para cada situación.

1. Es posible que un hijo único se sienta _____ (inquieto / envidioso) cuando llega un nuevo hermanito. Por eso, pienso que los padres...

2. Es probable que la benjamina de una familia sea _____ (entrometido / mimado). Para que la benjamina no se porte mal, toda la familia debe...

3. Es normal que los adolescentes sean un poco _____ (rebelde / sumiso). Para mantener unas relaciones íntimas con sus hijos adolescentes, los padres deben...

4. A los niños no les gusta que sus padres los _____ (regañen / extrañen) en público. Pero a veces...

5. Una persona que se cría en un ambiente _____ (sano / estricto) durante su niñez (*childhood*) puede ser rebelde durante la adolescencia. Por eso, creo que...

6. Los padres tacaños no quieren que sus propios hijos _____ (hereden / apoyen) su dinero. Si los hijos quieren el dinero, deben...

7. Los psicólogos sugieren que los padres _____ (castiguen / apoyen) a sus hijos cuando tengan problemas morales. Si no lo hacen...

8. Muchas veces los malentendidos ocurren por falta de (*lack of*) _____ (comprensión / comportamiento) entre las generaciones. Es importante...

B. Las relaciones intergeneracionales En el dibujo se ven tres generaciones de mujeres cubanas en el porche de la casa de la abuela. En parejas, lean las descripciones de cada mujer y luego contesten las preguntas. Traten de usar los verbos nuevos de este capítulo. Compartan sus respuestas con el resto de la clase.

1. La madre es mandona. ¿Qué hace ella que le vuelve loca a su hija?
2. La abuela es indulgente. ¿Qué hace para mimar (*spoil*) a su nieta?
3. La hija está un poco ensimismada estos días. ¿Qué hace que le molesta a su madre?
4. La madre es quejona. ¿De qué se queja durante estos días en la playa?
5. La abuela es muy protectora. ¿Cuáles son las cosas que no permite que haga su nieta?

C. Preguntas personales En parejas, hagan y contesten las siguientes preguntas. Reaccione ante las respuestas de su compañero/a con las frases de **Para conversar mejor.** Después, compartan sus respuestas con el resto de la clase.

Para conversar mejor

Claro. / Por supuesto.	¡Qué bien/difícil!
¿De veras? / ¿En serio?	¡Qué horror!
(No) Estoy de acuerdo.	¡Qué malo/a eras!
No me digas. / No lo puedo creer.	¡Qué suerte!
(No) Tienes razón.	Suena bien, pero…

D DESCRIBIR

1. ¿Cuáles son las características que Ud. heredó de su madre o de su padre? ¿Qué alaban de Ud. sus padres (hijos, amigos)? ¿De qué se quejan con respecto a Ud.?

P PASADO

2. ¿Cómo era Ud. cuando tenía 5 años? ¿Y cuando tenía 15 años? ¿Qué travesuras hacía en su niñez?

(*continúa*)

3. ¿Cómo eran sus padres cuando Ud. era niño/a o adolescente? ¿Estrictos, conservadores, protectores? ¿Abiertos, indulgentes? ¿… ? ¿Son diferentes ahora que Ud. es adulto/a? Explique.

4. ¿Qué recomienda Ud. que hagan los padres divorciados para mantener sus relaciones con sus hijos? ¿Qué problemas puede haber entre hermanastros?

5. Cuando era joven, ¿vivía en el mismo lugar o se mudaba varias veces su familia? ¿Vivía cerca de sus abuelos u otros parientes? ¿Tenía mucho contacto con sus primos? ¿Tenía un(a) pariente favorito/a?

6. ¿Qué recomienda que hagan las familias modernas para mantener relaciones familiares estrechas? ¿Piensa que es importante escoger una universidad o un trabajo profesional que le permita estar cerca de sus parientes?

D. Pasado, presente, futuro: «De tal palo, tal astilla»*

Paso 1 ¿Cómo es Ud. en comparación con sus padres? Vea las siguientes características personales y marque si Ud. es más (+), menos (−), o igual (=) que su padre y su madre.

¿MÁS, MENOS O IGUAL?		
CARACTERÍSTICAS	MI PADRE	MI MADRE
ambicioso/a		
sensible		
involucrado/a en la política		
tiquismiquis		
quejón, quejona		
abierto/a		
rebelde		
religioso/a		
exigente		
conservador(a)		

*__De tal palo, tal astilla__ is a saying whose English equivalent is *Like father, like son.*

Paso 2 En grupos de cuatro, comparen sus respuestas y comenten lo siguiente:

1. ¿Es Ud. muy parecido a sus padres o muy diferente?

2. ¿Cree Ud. que las diferencias tienen que ver más con la personalidad de cada uno, con el sexo, o con el hecho de que son generaciones distintas?

3. ¿Se lleva Ud. mejor con el padre al que más se parece, o con el padre al que menos se parece? ¿En qué sentido? ¿Por qué cree Ud. que es así?

HIPÓTESIS

OPTATIVO

Paso 3 Hoy en día los avances en el campo de la genética son alucinantes. Es posible que en el futuro diseñemos a nuestros hijos. ¿Diseñaría Ud. a su hijo/a si pudiera? Explique por qué sí o por qué no. Si lo hiciera, ¿qué características tendría? ¿En qué aspectos se parecería a Ud.? ¿En qué aspectos sería diferente?

E. Problemas repentinos Entre todos, revisen los siguientes problemas y hagan una lista de las palabras nuevas de este capítulo y del **Capítulo 1** que los ayuden a conversar con facilidad sobre cada problema repentino. Después, en parejas, preparen un diálogo espontáneo sobre cada problema.

1. Ud. es maestro/a de primer grado. Está exasperado/a por el comportamiento de un estudiante, Nacho. Llama al padre / a la madre del niño para decirle que su hijo está portándose muy mal en la escuela. El padre / La madre dice que su hijo es un angelito inocente.

2. Un hijo mimado / Una hija mimada pelea con su padre/madre porque cree que su padre/madre debe darle un coche nuevo y más dinero para comprar ropa. El padre / La madre quiere que su hijo/a sea popular, pero en el fondo sabe que debe ser más estricto/a con él/ella.

NOTA CULTURAL • Nombres raros: El caso de Venezuela

Los nombres raros son comunes en algunos países latinoamericanos como, por ejemplo, en Venezuela. Al ponerle un nombre a su hijo/a, algunos padres buscan inspiración en figuras históricas internacionales; otros, en estrellas del cine o famosos deportistas; los más intrigantes, en la pura creatividad. En el registro electoral venezolano encontrará nombres como Hitler Adonys Rodríguez Crespo, Hochiminh Jesús Delgado Sierra, Dwight Eisenhower Rojas Barboza, Hiroshima Jennifer Bravo Quevedo. Otros nombres únicos son Alkaselser, Air Jordan, Batman, Yesaidú (*Yes I do*) y Yahoo. A otros venezolanos les gusta mezclar algunas letras de los nombres de sus parientes para crear uno nuevo. Por ejemplo, Raftina viene de Rafael y Robertina y Yolimar viene de Yolanda y Mario. En 2007 La Asamblea Nacional propuso una ley que prohibiría nombres raros porque un nombre ridículo o extravagante es muy dañino para la autoestima de un niño, una niña o un(a) adolescente. Pero a muchos venezolanos no les gustó que el gobierno tratara de controlar los nombres de sus hijos. Al final, el gobierno retiró la propuesta, dándoles a sus ciudadanos la libertad de ser creativos en el momento de ponerle un nombre a sus hijos.

Preguntas

1. ¿Qué le parece la creatividad de algunos venezolanos al escoger nombres para sus hijos?

2. ¿Qué le parece la idea de ser nombrado/a en honor de un lugar? ¿Le gustan los nombres como París, Dakota, Cleveland, Austin, Madison?

3. ¿Cuáles son los nombres más raros que Ud. ha escuchado? Piense, tal vez, en los nombres que las celebridades les ponen a sus hijos. ¿Por qué cree Ud. que los padres escogieron esos nombres para sus hijos?

4. ¿Por qué escogieron sus padres su nombre? ¿Sabe Ud. qué significa su nombre? ¿Le gusta su nombre?

Actividad

Imagínese que Ud. está casado/a con una persona venezolona y que van a tener un bebé. Su dilema es que la familia venezolana tiene expectativas sobre el nombre que le pondrá a su hijo/a. Todos los hermanos de su esposo/a venezolano/a les han puesto a sus hijos nombres que combinan los nombres de parientes queridos. Vea la lista que debe usar para inventar un nombre original. María, Concha, Lucía, Gabriela, Marta, Isabel, Héctor, Roberto, José, Paco, Ignacio, Fernando. Cree un nombre para una niña y uno para un niño. Luego, comparta los nombres con la clase y decidan cuál es el más bonito, el más feo y el más original.

Puntos clave

Narración en el pasado

En esta sección del capítulo, Ud. va a practicar la narración en el pasado. Para hacerlo bien, hay que utilizar las estructuras gramaticales (los puntos clave) de la siguiente tabla que pertenecen a la meta comunicativa. Antes de continuar, estudie las explicaciones de estas estructuras gramaticales en las páginas verdes (310–355) que están al final del libro.

LA META COMUNICATIVA DE ESTE CAPÍTULO		
ICONO	META COMUNICATIVA	PUNTOS CLAVE
P PASADO	Narración en el pasado	• el pretérito • el imperfecto • los tiempos perfectos • **hace... que**

PRUEBA DIAGNÓSTICA

En el cuadro verá a un niño que se llama Miguel. Lea lo que él, ya adulto, cuenta sobre una persona importante en su vida. Llene los espacios en blanco con la forma apropiada del pretérito o del imperfecto (según el contexto) de los verbos que están entre paréntesis.

Yo _____ ¹ (criarse) en un vecindario típico de La Habana, Cuba, donde todo el mundo _____ ² (conocerse). _____ ³ (Tener) amigos de todas las edades. En particular, _____ ⁴ (haber) un hombre, don Enrique Pozo, el zapatero, que _____ ⁵ (ser) el vecino favorito de todos los niños. Él siempre nos _____ ⁶ (contar) cuentos chistosos. Cuando _____ ⁷ (empezar) a asistir a la escuela primaria, don Enrique siempre _____ ⁸ (sentarse) en las escaleras frente a su tienda para saludarme después de las clases.

Un día, mientras don Enrique me _____ ⁹ (hablar) de mis clases, me _____ ¹⁰ (decir) que _____ ¹¹ (irse) a los Estados Unidos. Yo _____ ¹² (sentirse) fatal al oír de su plan. Los primeros meses lo _____ ¹³ (extrañar) muchísimo. Poco a poco _____ ¹⁴ (acostumbrarse) a vivir sin él. Pero cinco años más tarde, mi familia _____ ¹⁵ (mudarse) a Miami. ¡Adivinen con quién _____ ¹⁶ (encontrarse) mis padres y yo en un restaurante cerca de nuestra nueva casa! ¡A don Enrique! ¡_____ ¹⁷ (Ser) increíble! ¡Qué coincidencia más alucinante!

Expresiones útiles

Las siguientes expresiones le pueden servir para narrar en el pasado.

PARA CONTAR UNA HISTORIA

además, también	luego, entonces
al mismo tiempo	mientras
de vez en cuando	por eso, por lo tanto
después	por último, por fin
en cambio	primero, segundo
finalmente, al final	

PARA AÑADIR EMOCIÓN A SU HISTORIA

Te voy a contar algo increíble (estupendo, ridículo) que le pasó a…	*I'm going to tell you something incredible (wonderful, ridiculous) that happened to . . .*
Escucha lo que le sucedió a…	*Listen to what happened to . . .*
Pero eso no fue nada.	*But that was nothing.*
Ahora viene lo peor.	*Now comes the worst part.*
Se dio cuenta de* que…	*He/She realized that . . .*

---

*Realizó is never appropriate here, as realizar means *to fulfill, accomplish.*

De repente / De golpe	*Suddenly*
¡Cataplún!	*Crash!*
¡Paf!	*Bang!*

PARA REACCIONAR ANTE UNA HISTORIA

¡Bárbaro! / ¡Fenomenal!	*Fantastic! / Phenomenal!*
¡De ninguna manera!	*No way!*
¡Imagínate!	*Imagine that!*
¡Pobrecito/a!	*Poor thing!*
¡Qué chévere/guay/padre!	*Awesome!*
¡Qué lío!	*What a mess!*
¡Qué mala onda/pata!	*What a bummer!*

ACTIVIDADES

Las siguientes actividades le darán la oportunidad de narrar en el pasado. Recuerde que se suele usar el imperfecto para hacer descripciones en el pasado y para hablar de lo que hacía una persona habitualmente. En cambio, se usa el pretérito para adelantar (*advance*) el argumento de una historia.

A. Un día en un bosque lluvioso de Venezuela

Paso 1 Con un compañero / una compañera, describan en el pasado la escena representada en el dibujo. Escriban una oración por cada circunstancia, fijándose primero en el tiempo verbal que se tiene que usar.

1. para dar información de trasfondo (*background*)
   a. la fecha y la hora
   b. el clima
   c. el número de personas presentes
   d. el ambiente

2. para describir condiciones físicas y estados emocionales
   a. la apariencia de Hugo, el mesero de la cantina
   b. la apariencia de Zulema y el estado de ánimo de Rubén
   c. los sentimientos de Néstor, el guía
   d. las opiniones de los turistas sobre la excursión

3. para describir acciones completas
   a. tres acciones hechas antes de llegar a la cantina
   b. una acción cumplida en la cantina
   c. el precio de la excursión

4. para hablar de acciones habituales en el pasado
   a. las acciones habituales de Hugo antes de conseguir el trabajo en la cantina
   b. las acciones habituales del mono antes de ser el compañero de Néstor

5. para describir algo que pasaba antes de que otra acción lo interrumpió
   a. las acciones de Anabel
   b. las acciones de las otras chicas

6. para resumir un evento entero desde el principio hasta el final
   a. un resumen de la experiencia en el bosque lluvioso

Paso 2 Usando las oraciones que acaba de escribir con su compañero/a además de otras ideas, imagine que Ud. es Anabel. Escriba una entrada en su blog describiendo la noche que pasó en la cantina.

B. **Cuando era más joven** Termine las siguientes oraciones. Luego, compártalas con un compañero / una compañera, quien va a hacerle preguntas sobre cada situación. Utilice las expresiones útiles para contar lo que pasó y para reaccionar ante los cuentos de su compañero/a.

1. Cuando tenía _____ años, siempre…
2. Una vez, mientras estaba en la escuela secundaria,…
3. De pequeño/a, antes de dormir me gustaba…
4. Un día, cuando tenía _____ años,…
5. Cuando era niño/a, una persona muy importante en mi vida era…

C. Verdades y mentiras

Paso 1 Trabajando en parejas, conjuguen en el presente perfecto los verbos entre paréntesis. Luego, marque **sí** o **no** al lado de cada pregunta. **¡OJO!** Cuando responda, debe **mentir** (*lie*) en sus respuestas por lo menos **dos** veces. Después, su compañero/a tratará de adivinar (*guess*) cuándo ha mentido.

¿Alguna vez ha…

		SÍ	NO
1.	(utilizar) un documento de identidad falso?	☐	☐
2.	(estar) obsesionado/a con una persona famosa?	☐	☐
3.	(decir) una mentira gorda a sus padres?	☐	☐
4.	(salir) con alguien que haya conocido a través de un servicio del Internet?	☐	☐
5.	(heredar) dinero que no esperaba?	☐	☐
6.	(compartir) un secreto que había prometido guardar?	☐	☐
7.	(viajar) a un país de habla española?	☐	☐
8.	(portarse) de una manera insoportable enfrente de sus amigos?	☐	☐

PASADO

Paso 2 Mire las respuestas de su compañero/a. Pídale detalles sobre las respuestas que Ud. cree que son mentiras. Algunas preguntas posibles para pedir detalles son: **¿Qué pasó? ¿Cuántos años tenías? ¿Se enojaron? ¿Cómo te sentiste?**

Paso 3 Después de interrogar a su compañero/a, presente a la clase la afirmación de su compañero/a que le parezca la más interesante o atrevida. La clase decidirá si es verdad o mentira.

D. Un regalo especial Lea sobre un regalo especial que la abuela les dio a Javier y a su hermano, Jacobo, cuando cumplieron 4 años. Esta serie de acciones forma la columna (*backbone*) de la historia. Note que cada acción adelanta la narración. Trabajando con un compañero / una compañera, hagan el relato más interesante y completo añadiendo descripciones, emociones e información de trasfondo (*background*). También deben utilizar algunas de las **Expresiones útiles** (en las páginas 73–74) para conectar los eventos.

- La abuela entró al salón con un regalo muy grande para los dos.
- Javier y Jacobo corrieron hacia su abuela.
- Ella les dio el paquete.
- Quitaron (*Took off*) el papel para abrirlo.
- Descubrieron una caja de bloques de madera.
- Empezaron a jugar con los bloques inmediatamente.

E. Los hermanos se pelean En parejas, miren los siguientes dibujos. Juntos, escriban el cuento de lo que les pasó a Javier y a su hermano gemelo, Jacobo, cuando jugaban con sus bloques. Las siguientes palabras los ayudarán a añadir detalles a su cuento: gritar (*to yell*), pedir perdón, torre (*tower*), tumbar (*to knock down*).

F. Roberto Clemente, padre e hijo

Paso 1 Lea la siguiente historia de Roberto Clemente, hijo. Llene los espacios en blanco con la forma correcta del pretérito, del imperfecto o del presente perfecto del verbo entre paréntesis.

El hijo del famosísimo beisbolista puertorriqueño Roberto Clemente, _____ (seguir) los pasos de su papá, jugando en los equipos de los Philadelphia Phillies, los San Diego Padres y los Baltimore Orioles, hasta que _____ (lastimarse) la espalda,[1] poniendo fin a su carrera. _____ (Tener) una pasión por el béisbol y no _____ (querer) dejar de jugarlo, pero _____ (haber encontrar) otra pasión que _____ (consumir) su vida. _____ (Dedicarse) a continuar los sueños de su padre, quien en 1972 _____ (morir) trágicamente en un accidente de avión mientras les _____ (llevar) comida y medicinas a las víctimas de un terremoto[2] en Nicaragua. Roberto Clemente, padre, les _____ (dar) mucho dinero y tiempo a los menos afortunados. Igual que su padre, Roberto Clemente, hijo, _____ (haber usar) los deportes para ayudar a los jóvenes mediante fundaciones como La Ciudad Deportiva Roberto Clemente en Puerto Rico y la Fundación Roberto Clemente en Pittsburgh.

[1]lastimarse… *hurt his back*   [2]*earthquake*

Paso 2 ¿Cómo son semejantes el padre y el hijo? Escriba tres comparaciones de igualdad entre los dos.

OPTATIVO

Paso 3 En parejas, imagínense los consejos que le dio Roberto Clemente, padre, a su hijo cuando era pequeño. Turnándose entre los dos, tomen los papeles del padre e hijo. Haga una pequeña conversación en la que el padre le dé consejos al hijo sobre los deportes y también sobre la caridad (*charity*). El hijo responde que hará lo que pide el padre. Siga el modelo.

MODELO: PADRE: Es importante que siempre pienses en los menos afortunados.
HIJO: Sí, padre, siempre pensaré en ellos.

Expresiones útiles para dar consejos: **Es bueno que, es importante que, sugiero que, recomiendo que,...** *¿Qué forma verbal sigue estas expresiones?*

Lugares fascinantes

El Caribe

El Malecón, La Habana

1. **La Habana, Cuba** Antes de la Revolución cubana, La Habana era la ciudad más cosmopolita del Caribe. Hoy, aunque muchos de los edificios necesitan reparaciones, hay museos y monumentos de gran interés y belleza. El capitolio,[1] por ejemplo, es casi igual en estilo y tamaño al que hay en Washington, D.C. El Museo Árabe, de estilo mudéjar,[2] tiene una réplica exacta de un mercado del Oriente Medio.[3] Otros lugares fascinantes incluyen el Museo de la Revolución, el Museo de Carros Antiguos, el majestuoso Gran Teatro de La Habana —sede del famoso Ballet Nacional de Cuba y la Ópera Nacional—, el Castillo de los Tres Reyes del Morro y otras fortalezas del siglo XVI. Dado que la música es omnipresente en la isla, el Museo Nacional de Música es un lugar que uno no debe perder. Tiene una colección impresionante de tambores[4] africanos que muestra la historia y el desarrollo de la música cubana. Cuba tiene fama por su riqueza artística: hay festivales de hip-hop cubano; de música contemporánea, ballet y jazz; de nuevo cine latinoamericano y mucho más. También, por su clima tan agradable, la gente disfruta de estar

[1]*capitol building* [2]estilo de arte que combina lo cristiano con lo árabe [3]Oriente... *Middle East*
[4]*drums*

en las calles. El Malecón, una avenida marítima de siete kilómetros, es conocido como «el sofá habanero» por ser un lugar donde la gente se sienta para charlar, cantar y ver la puesta del sol. Es curioso ver por todas partes coches estadounidenses de los años 50 en muy buenas condiciones. También uno se puede mover en coco-taxis, que son motocicletas de tres ruedas en forma de coco y pintadas de amarillo. Sin lugar a dudas, La Habana tiene mucho que ofrecer.

Práctica de béisbol, San Pedro de Macorís

2. **San Pedro de Macorís, República Dominicana** Este puerto industrial se conoce sobre todo como el centro del béisbol dominicano y el lugar que produce más jugadores de béisbol profesional. El béisbol es una obsesión nacional y local, y muchos de los jugadores de San Pedro de Macorís terminan en las ligas mayores estadounidenses como por ejemplo, Sammy Sosa. Cada año, entre octubre y febrero, los aficionados al béisbol acuden[5] a la ciudad para ver los partidos de la temporada de invierno. Pero además de su fama como centro beisbolístico, San Pedro tiene mucha importancia histórica. Fue el lugar donde se instaló la primera estación telefónica del país en el siglo XIX. Además, la ciudad ha sido un centro de producción de azúcar, lo cual la convirtió en un centro de riqueza a principios del siglo XX. La producción azucarera atrajo a la zona a trabajadores de ascendencia africana, quienes han contribuido de manera profunda a la cultura, la música, la danza y las prácticas religiosas de la ciudad. Hoy en día, San Pedro está experimentando un renacimiento, con la atención que recibe por sus contribuciones al béisbol y por su industria.

El Viejo San Juan

3. **El Viejo San Juan, Puerto Rico** La ciudad más antigua del territorio estadounidense y la segunda más antigua de las Américas, el Viejo San Juan (el centro colonial que ahora forma parte de la zona metropolitana de San Juan) ofrece una fascinante mezcla de lo viejo y lo nuevo. Aquí se puede visitar fortalezas[6] españolas como El Morro y San Cristóbal; la Catedral de San Juan, donde yacen[7] los restos del conquistador Juan Ponce de León; las murallas[8] originales que protegían la ciudad y casas coloniales que datan de los siglos XVI y XVII. También se puede simplemente pasear por las calles empedradas[9] y visitar sus hermosas plazas, como el Parque de las Palomas, donde cada día se reúnen familias puertorriqueñas para dar de comer a los centenares de palomas que habitan la plaza. En cuanto a lo moderno, por la noche, el centro colonial se convierte en una zona de entretenimiento, con sus bares, clubes de salsa y teatros, frecuentados por puertorriqueños jóvenes y mayores. Además, el Viejo San Juan tiene uno de los puertos más importantes de las Américas y, junto con la zona metropolitana, es un centro burocrático, financiero y farmacéutico. Si uno se cansa de la vida urbana, puede escaparse al Yunque, un bosque lluvioso que queda a sólo 22 millas.

[5]*van*   [6]*fortresses*   [7]*lie buried*   [8]*city walls*   [9]*cobblestoned*

El teleférico de Mérida

4. **Mérida, Venezuela**   Fundada en el siglo XVI como capital del estado de Mérida y localizada entre los picos[10] más altos de los Andes venezolanos, esta ciudad tiene mucho que ofrecer para complacer[11] una variedad de gustos. La respetada Universidad de los Andes atrae a muchos estudiantes, incluso a los extranjeros. Se puede estudiar por un semestre, un año o un verano en esta bella ciudad, cuyo ambiente natural y vida cultural son tan atractivos. Mérida es un centro cultural que hospeda,[12] entre otras cosas, un festival internacional de violín cada año en el mes de enero. Para los que prefieren estar al aire libre, el estado de Mérida goza de cuatro parques nacionales, más de 400 lagunas y muchísimas cascadas. Es famoso por sus deportes de aventura, como el andinismo,[13] el esquí, el parapente,[14] la bicicleta de montaña y el *rafting* en aguas blancas. Para llegar a los puntos de partida para muchas de estas actividades, se puede experimentar otra aventura: ¡montarse en el teleférico[15] más alto y largo del mundo! Los golosos[16] no deben perder la oportunidad de visitar la heladería más famosa del mundo, la Heladería Coromoto. Desde 1991 esta heladería aparece en el *Libro Guinness de los Récords* porque ofrece 832 sabores de helado.

[10]*mountain peaks*   [11]*satisfy*   [12]*hosts*   [13]*mountain climbing*   [14]*paragliding*   [15]*cable car*   [16]*Los… Those who have a sweet tooth*

¡Viaje conmigo al Caribe!

Vea el vídeo para saber lo que Santiago les mandó a Javier y Sara sobre su Viaje al Caribe.

Video footage provided by

B B C Motion Gallery

ACTIVIDADES

A. Conteste las siguientes preguntas sobre los cuatro lugares fascinantes.

1. ¿Cuáles son los atractivos culturales de La Habana, Cuba? ¿A cuál de estos lugares le gustaría visitar y por qué?

2. ¿Cuáles son algunos de los indicios que muestran la importancia de la música en Cuba?

3. ¿Por qué le interesaría San Pedro de Macorís, República Dominicana, a un fanático de los deportes?

4. Nombre dos hechos históricos interesantes asociados con San Pedro de Macorís.

5. ¿De qué manera es el Viejo San Juan, Puerto Rico, una mezcla de lo antiguo y lo moderno? ¿Qué puede hacer si quiere pasar un rato disfrutando de la naturaleza?

6. ¿Por qué podría ser interesante estudiar un semestre en Mérida, Venezuela? ¿A quién le interesaría más, a un estudiante tiquismiquis o a un estudiante atrevido? ¿Por qué?

7. Unos de los sabores de helado que vende la Heladería Coromoto son cerveza, pasta con queso parmesano, rosas, whisky y ajo (*garlic*). ¿Le interesaría probar uno de estos sabores? ¿Normalmente cuál es su sabor de helado favorito?

B. Localice los cuatro lugares en el mapa del Caribe y póngale a cada uno un número del 1 (el más interesante) al 4 (el menos interesante) para indicar el grado de interés que Ud. tiene en visitar estos lugares. Turnándose con un compañero / una compañera, explique por qué a Ud. le interesa más el número 1 y por qué le interesa menos el número 4. Haga por lo menos tres comparaciones entre los dos lugares cuando presente su explicación.

C. Ahora que Ud. ha leído sobre los lugares y ha visto el videoblog de Santiago, imagínese que Ud. es agente de viajes. Escriba un correo electrónico al padre de la familia López Montero ofreciéndole recomendaciones para su reunión familiar en el Caribe. Hay seis personas que viajan: la abuela, el padre, la madrastra, unos gemelos de 17 años y la benjamina de 8 años. Siga el siguiente bosquejo.

GUSTOS

REACCIONAR

R
RECOMENDAR

P
PASADO

Sé que a Ud(s). le/les gusta(n)…

Por eso recomiendo que… porque…

Entiendo que Uds. necesitan…

El año pasado otro cliente fue con su familia a esta misma ciudad y les gustó mucho. Le adjunto unos comentarios que me mandó el cliente cuando regresó: «Fue un viaje maravilloso. El primer día… , Todos los días… , Una tarde… y la última noche… »

Estoy seguro/a de que…

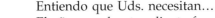

¡A escribir!

A. Lluvia de ideas

Paso 1 Lea las siguientes opiniones de Adela, una joven dominicana, y de un abuelo estadounidense.

ADELA: Veo a mis padres y mis abuelos casi todos los días. Me encanta el apoyo y la seguridad que me dan, pero a veces me siento atrapada sin la posibilidad de explorar y ver el mundo.

ABUELO: Sólo veo a mis hijos y mis nietos dos o tres veces al año porque viven lejos de nosotros. Todos tienen una carrera excelente que les gusta y tienen muchos amigos. Pero tengo poca influencia en la vida de ellos, y me siento muy frustrado y triste al no poder compartir la cultura que es mi herencia y un poco de mi sabiduría (*wisdom*) con mis nietos.

Paso 2 Ahora, entre todos en la clase preparen una lista de las ventajas de vivir cerca de su familia y otra lista de las desventajas.

B. Composición: Ventajas y desventajas Imagínese que Ud. es periodista y escriba un artículo sobre la vida familiar. Siga el bosquejo.

1. escoger un título provocativo
2. escribir una oración introductoria usando como mínimo dos adjetivos
3. describir las ventajas de convivir con la familia utilizando ejemplos específicos
4. describir las desventajas de vivir cerca de los parientes utilizando ejemplos específicos

Conectores

al contrario
en cambio
por otro lado

5. ofrecerles consejos a los que vivan cerca de su familia para independizarse, y consejos a los que vivan lejos para mantener las relaciones familiares a larga distancia

6. escribir la conclusión

C. Diálogo   Lea el ensayo de un compañero / una compañera y luego invente un diálogo entre el abuelo y Adela en el que hablen de sus frustraciones y se ofrezcan consejos.

Hablando del tema

SÍNTESIS

Antes de empezar a conversar con sus compañeros de clase sobre los temas de este capítulo, prepare una ficha para la conversación, otra para el debate y otra para la reacción ante la cita. Vea la explicación de las fichas en el **Apéndice 1.**

A. Conversación: Las familias de hoy   Revise las expresiones de **Para conversar mejor.** Luego, en parejas o grupos de tres, conversen sobre los siguientes puntos.

Para conversar mejor

En mi caso…
Fue deprimente/preocupante
    cuando…
Ha sido igual para mí.
Lo mejor es que…

Me encanta (que)…
Mi situación ha sido diferente.
Para mí, es evidente que…
Pensaba que…

- Hable sobre las ventajas y desventajas de tener padres muy involucrados en su vida. ¿Cuánta influencia deben tener los padres en las vidas de sus hijos mayores?
- ¿Cuánta influencia deben tener los hijos en las decisiones de sus padres? Por ejemplo, si un padre divorciado / una madre divorciada quiere casarse otra vez, ¿deben los hijos tener voto en la elección de pareja?
- Si los padres divorciados se casan otra vez, juntando así a dos familias, puede ser difícil para una persona acostumbrarse a la nueva situación. Haga recomendaciones para que los hermanastros y los padrastros se lleven bien.

B. Debate: Los asilos para ancianos   Revise las expresiones de **Para debatir mejor** y lea las dos opiniones sobre este tema que se presentan a continuación. Después, prepare tres argumentos a favor y tres en contra de la necesidad de que los abuelos vivan en casa con sus hijos.

Para debatir mejor

A FAVOR	EN CONTRA
Eso es.	No es siempre así.
Estoy de acuerdo.	¿Hablas en serio?
Muy bien dicho.	Lo siento, pero…
No cabe duda.	Todo lo contrario.

Los abuelos son una parte integral de la familia extendida. Por eso es importante que cuando sean muy mayores y enfermos vivan en casa con sus hijos y no en un asilo para ancianos.

En un asilo de ancianos, los mayores lo pasan mejor, con amigos de su edad, y están mejor cuidados, rodeados de médicos y enfermeros. Los asilos de ancianos modernos son excelentes lugares para pasar los últimos años.

C. Reacción: La adolescencia   Revise las expresiones de **Para reaccionar mejor.** Luego, reaccione ante la cita siguiente. Añada razones que apoyen sus opiniones.

Para reaccionar mejor

Creo/Opino/Supongo que…	Es posible que…
Es bueno/malo que…	Es verdad que…
Es difícil que…	No tiene sentido que…

Es natural y aun necesario que un(a) adolescente pase por un período rebelde para llegar a ser una persona independiente y realizada (fulfilled).

D. Volver a considerar   En esta parte del **Capítulo 2,** Ud. exploró temas que tienen que ver con los lazos familiares. En parejas, contesten las siguientes preguntas. Noten cómo ha mejorado su habilidad de expresarse sobre estos temas.

Un barrio de La Habana (*Cuba*)

- ¿Cómo es Ud. en comparación con sus padres?
- ¿Es natural que haya conflictos familiares entre las generaciones?
- ¿Cómo se sentiría si tuviera que salir de su país de origen y nunca pudiera regresar?
- ¿Cómo cambian las relaciones entre generaciones cuando también hay diferencias culturales de por medio?
- ¿Cómo podemos mantener las conexiones con la familia y nuestras raíces en este mundo moderno?
- ¿Cuántas generaciones se representan en el cuadro que se ve en esta página?
- ¿Es raro ver personas de diferentes generaciones interactuándose en el barrio donde Ud. vive? ¿o es algo común?

E. *Un barrio de La Habana*   En parejas, hablen del cuadro con todos los detalles posibles, tratando de utilizar todas las metas indicadas.

DESCRIBIR   COMPARAR   REACCIONAR RECOMENDAR   GUSTOS   PASADO   FUTURO

PARTE B

La inmigración

Puntos clave

SÍNTESIS

Temas centrales

- los retos y logros de los inmigrantes en un nuevo país
- la opresión política
- la asimilación a una nueva cultura
- los problemas entre diferentes generaciones de inmigrantes

Miles de cubanoamericanos protestan la política migratoria de los Estados Unidos (la Pequeña Habana, Miami).

En esta parte del **Capítulo 2**, Ud. va a explorar el tema de la inmigración.

Preguntas para considerar

- ¿Hay ciertas condiciones en las que Ud. emigraría de su país de origen?
- ¿Qué tradiciones tiene su familia que recuerden sus raíces?
- ¿Cuáles son algunos de los sentimientos que deben experimentar los nuevos inmigrantes?
- ¿Cómo se sentiría Ud. si nunca pudiera volver a su país de origen por razones políticas?
- ¿Qué emociones debe sentir la gente que se ve en la foto? En cuanto a la cuestión de la inmigración en este país, ¿qué cree Ud.: debe haber más o menos restricciones? Explique su respuesta.

La entrevista

La situación de los inmigrantes en un nuevo país

¿Podría Ud. dejar su país y emigrar a otro?

Situación: Para su programa de radio, Sara entrevista a Soledad Urquidi, una socióloga experta en el tema de las inmigraciones. Lea el diálogo y conteste las preguntas que lo siguen. **¡OJO!** Preste especial atención al uso del vocabulario nuevo **en negrita.**

SARA: Estamos aquí con la socióloga Soledad Urquidi, quien nos va a hablar sobre los **retos** y los **logros** de los inmigrantes a este país. La Dra. Urquidi ha entrevistado a muchos inmigrantes de varios países hispanohablantes para su último libro. ¿Qué has concluido sobre la experiencia de los inmigrantes hispanos en este país?

DRA. URQUIDI: Bueno, primero, he visto que las experiencias de los inmigrantes son, por supuesto, muy variadas, así como las razones por las cuales decidieron **emigrar.** Algunas personas vienen en busca de mejores oportunidades de trabajo. Otros **huyen** de la opresión política. Algunos aventureros simplemente salen de su país con la **esperanza** de **enriquecerse** con nuevas experiencias sociales y culturales.

SARA: Y, ¿con qué se encuentran una vez que llegan? ¿Cuáles son las dificultades que **enfrentan**? ¿Cómo se siente la mayoría de los inmigrantes?

DRA. URQUIDI: De nuevo, cada situación es diferente. Algunos quieren sentir que **pertenecen** al nuevo lugar y hacen **esfuerzos** por **asimilarse** lo más rápido posible. Otros se encuentran **aislados** y desorientados. Sienten una profunda **nostalgia** por lo que dejaron en su país de origen.

SARA: Y supongo que hay algunos que **experimentan sentimientos** ambivalentes hacia su nueva situación.

DRA. URQUIDI: Claro, la mayoría reconoce que hay **ventajas** y **desventajas** de **inmigrar** a otro país. Algunos lamentan la **pérdida** de su familia y su cultura, **se resisten a** la asimilación porque no quieren **traicionar** su pasado. Pueden sentirse **abrumados** o **confundidos** ante los cambios en su vida y el conflicto entre los diferentes valores culturales. Pero tengo que decirte que las entrevistas más **conmovedoras** han sido las que hice con los hijos adolescentes de los inmigrantes.

SARA: ¿En qué aspectos?

DRA. URQUIDI: En muchos casos los recién llegados se sienten una sensación **liberadora** estar aquí y un optimismo palpitante. Por otro lado, experimentan la misma mezcla de **tristeza, nostalgia,** curiosidad y emoción que experimentan sus padres.

SARA: Pero los jóvenes son capaces de acostumbrarse más rápidamente, ¿verdad?

DRA. URQUIDI: Sí y no. Depende de muchos factores. Espero que tus radioyentes escuchen la entrevista que hice en Latino USA sobre el proyecto *Words Have No Borders** en el que unos inmigrantes jóvenes expresaron cómo fue la experiencia de ser un nuevo inmigrante.

SARA: Suena muy interesante. Gracias, Soledad, por estar con nosotros hoy.

DRA. URQUIDI: Ha sido un placer, Sara.

ACTIVIDADES

A. Comprensión   Conteste las siguientes preguntas según la entrevista.

1. Según la Dra. Urquidi, ¿por qué emigra la gente de su país de origen?

2. ¿Cómo se asimilan los inmigrantes una vez que llegan a su nuevo país?

3. ¿Cuáles son algunos de los sentimientos que experimentan los nuevos inmigrantes? ¿Por qué se sienten así?

4. En su opinión, ¿cuáles son algunas de las ventajas y desventajas de inmigrar a otro país?

5. ¿Cómo debe ser diferente la experiencia de un adolescente / una adolescente inmigrante y la de un adulto?

B. Facebook   Escriba una entrada en Facebook como si fuera Sara, pensando en lo que la Dra. Urquidi le ha dicho sobre la inmigración.

C. ¿Qué opina Ud.?   Indique si Ud. está de acuerdo o no con las afirmaciones. Luego, comparta sus opiniones con un compañero / una compañera.

	ESTOY DE ACUERDO.	NO ESTOY DE ACUERDO.
1. La mayoría de los inmigrantes en los Estados Unidos ha llegado por medios ilegales.	☐	☐
2. La mayoría de los inmigrantes no quiere asimilarse a la nueva cultura.	☐	☐
3. Los inmigrantes prefieren estar en un lugar donde haya muchas personas de su propia cultura.	☐	☐

---

*The College Board's National Commission on Writing collaborated with the National Writing Project to publish this series of essays from high school students expressing the pain and joy of moving from one culture to another.

	ESTOY DE ACUERDO.	NO ESTOY DE ACUERDO.
4. No hay muchas personas que quieran inmigrar a Latinoamérica.	☐	☐
5. Hay ciertas condiciones en las que yo emigraría de mi país.	☐	☐

HIPÓTESIS

D. Conversación   En parejas, piensen en un lugar adonde podrían emigrar y cómo cambiaría su vida si lo hicieran.

Vocabulario del tema

Para hablar de la inmigración y del exilio

asimilarse	to assimilate
beneficiar(se)	to benefit
depender de	to depend on
emigrar	to emigrate
enfrentar	to face
enriquecer(se)	to enrich; to be enriched
experimentar	to experience
huir(se)	to flee
inmigrar	to immigrate
mantener(se) en contacto	to maintain contact
oprimir	to oppress
pertenecer	to belong
resistir(se) (a)	to resist
traicionar	to betray
conmovedor(a)	moving
desafiante	challenging
enriquecedor(a)	enriching
liberador(a)	liberating
opresivo/a	oppressive

Para hablar de los sentimientos de los recién llegados

abrumado/a	overwhelmed
aislado/a	isolated
asombrado/a	surprised
confundido/a	confused
ilusionado/a	excited
oprimido/a	oppressed
perdido/a	lost

Para hablar de las experiencias en un nuevo país

la amargura	bitterness
los antepasados	ancestors
la búsqueda	search
el deber	duty
la desventaja	disadvantage
la emoción	excitement
el esfuerzo	effort
la esperanza	hope
el legado	legacy
el logro	accomplishment
la nostalgia	nostalgia; homesickness
la pérdida	loss
el recuerdo	memory
el reto	challenge
el sentimiento	feeling
la tristeza	sadness
la ventaja	advantage

ACTIVIDADES

A. Vocabulario en contexto Lea las siguientes oraciones e indique si está de acuerdo con ellas o no. Explique sus opiniones a un compañero / una compañera.

	ESTOY DE ACUERDO.	NO ESTOY DE ACUERDO.
1. Muchas personas emigran de su país de origen para enriquecer la vida de su familia.	☐	☐
2. Es el deber de los padres inmigrantes aprender el idioma de su nuevo país y enseñárselo a sus hijos.	☐	☐
3. Es muy importante mantenerse en contacto con los parientes y amigos de su país de origen.	☐	☐
4. Si una persona inmigrante se resiste a asimilarse, le será imposible pertenecer plenamente a su nuevo país.	☐	☐
5. Si mi gobierno me oprimiera, huiría con mi familia a otro país.	☐	☐
6. Si inmigrara a otro país donde no hablara el idioma, me sentiría abrumado/a y aislado/a.	☐	☐
7. Es una ventaja para los inmigrantes hispanos establecerse en Miami porque allí hay mucha gente que habla español.	☐	☐
8. Hoy en día, hay un gran esfuerzo para reconocer el legado de los hispanos a la cultura norteamericana.	☐	☐

B. Conversación En grupos de tres, contesten las siguientes preguntas.

Para conversar mejor

¿De veras?	Nunca había pensado en eso.
En el caso de mi familia…	Puede ser.
Es/Fue deprimente/preocupante.	¡Qué fascinante!
¿Me puedes hablar de eso un poco más?	Qué interesante.
No sabía eso.	Se me ocurre que…

1. ¿De dónde son sus antepasados? ¿Cómo llegaron a este país? ¿Por qué emigraron de su país de origen?
2. ¿Cómo se mantiene en contacto con la cultura de sus antepasados? ¿Qué tradiciones conserva su familia que tienen sus raíces en su cultura?
3. ¿Cuáles son las ventajas de vivir en una sociedad multicultural? ¿y las desventajas?

Menaka con su madre y su abuela

C. Menaka, una joven dominicana

Paso 1 Menaka ofrece a los padres inmigrantes con hijos nacidos en los Estados Unidos su consejo: «Si eres de otro país, trata de entender que nosotros estamos creciendo en una nueva cultura, y nuestras reglas son diferentes.» Ahora su abuela dominicana ofrece sus consejos a Menaka. ¿Qué le diría? Escoja la palabra correcta para completar cada oración.

1. Sé que para ti es importante _____ (asimilarte, resistirte) a la cultura estadounidense. Es esencial que _____ (te mantengas en contacto / traiciones) con tus raíces.

2. Quiero que tú _____ (pertenezcas / te beneficies) de las ventajas de esta cultura, pero recomiendo que _____ (resistir / huir) las malas tentaciones.

3. Sé que crees que las reglas de tu mamá son _____ (desafiante / opresivo), pero tienes que apreciar sus _____ (esfuerzo / reto) por darte una vida mejor.

DESCRIBIR

Paso 2 Menaka le responde a su abuela, a quien respeta mucho, hablándole de sus propios sentimientos. En parejas, terminen las siguientes oraciones como si Uds. fueran Menaka. Usen el **Vocabulario del tema** cuando sea posible.

1. Abuela, me siento abrumada porque...

2. Estoy confundida porque...

3. Cuando mi madre..., me siento oprimida.

4. Sin embargo, estoy ilusionada porque...

5. Para mí,... es una ventaja, pero... puede ser una desventaja.

D. Mi abuelo

Paso 1 Llene los espacios en blanco con la palabra apropiada o la forma correcta de las palabras entre paréntesis.

Viva el fútbol, *de Heather Jarry* (1970–)

Cuando _____ (mudarse) a Boston mi abuelo se sentía muy _____ (oprimido / aislado) porque _____ (haber dejar) a sus mejores amigos en Venezuela, nuestro país de origen. Aunque _____ (ser) más fácil para mí _____ (beneficiarse / asimilarse) a nuestra nueva vida, él _____ (sentir) la _____ (tristeza / amargura) que viene con la _____ (nostalgia / pérdida) de todo lo familiar. Para los jóvenes de nuestra familia mudarnos fue _____ (liberador / opresivo) porque teníamos nuevas oportunidades en nuestro país adoptivo. Pero mi abuelo estaba _____ (abrumado / ilusionado) con tantos cambios —perdió a su familia, a sus amigos, su contexto cultural. Por eso todos los fines de semana, sin falta, yo _____ (pasar) las tardes con mi abuelo, mi padre y el novio de mi hermana mirando los partidos de fútbol por satélite para _____ (pertenecer / mantenernos en contacto) con el viejo país. Ahora _____ (las ventajas / los recuerdos) que tengo de aquellas tardes juntos me llenan de _____ (reto / nostalgia) y alegría.

PASADO

Paso 2 En grupos de tres, contesten las siguientes preguntas sobre el párrafo anterior.

1. ¿Por qué se sentía triste el abuelo? Además de lo que se menciona en el párrafo, ¿qué cosas precisas creen que el abuelo extrañaba de Venezuela?

2. ¿Por qué creen que el fútbol era importante para el abuelo? El narrador menciona que tiene buenas memorias de mirar partidos de fútbol con su abuelo. En su opinión, ¿cómo se sentía el abuelo de pasar esos momentos con su hijo y su nieto?

3. ¿Hacía Ud. algo especial con sus abuelos u otro pariente? Explique.

Puntos clave

En esta sección del capítulo, Ud. va a seguir practicando la narración en el pasado, y pero trabajará con las otras metas comunicativas también. Antes de continuar, estudie las explicaciones de las estructuras gramaticales en las páginas verdes (310–355) que están al final del libro.

PRUEBA DIAGNÓSTICA

Paso 1 Llene los espacios en blanco para completar la historia de unas hermanas dominicanas famosas. Conjugue los verbos en letra regular en el pasado, escogiendo entre **ser** y **estar** cuando sea necesario, y ponga los adjetivos en la forma correcta. Para los verbos en **negrita,** forme adjetivos usando el participio pasado, teniendo cuidado con la concordancia.

Patricia, Minerva, y María Teresa Mirabal

Patria, Dedé, Minerva y María Teresa _____ (ser/estar) cuatro hermanas que fueron _____ (**criar**) en una vida relativamente _____ (**acomodar**) durante la dictadura de Rafael Leonides Trujillo en la República Dominicana (1928–1961). La dictadura _____ (ser/estar) _____ (totalitario), _____ (opresivo) y _____ (sangriento).ª En la escuela secundaria, Patria, Minerva y María Teresa, _____ (**conocer**) como «las Mariposas», _____ (empezar) a trabajar por la resistencia _____ (clandestino). _____ (Ser/Estar) un trabajo sumamente _____ (peligroso) ya que Trujillo _____ (castigar) a sus opositores con la tortura y hasta con la muerte. De hecho, por sus actividades, las tres _____ (ser/estar) _____ (**encarcelar**)ᵇ por un tiempo en el famoso centro de tortura, «La 40». El 25 de noviembre de 1960, después de salir de «La 40», _____ (ser/estar) _____ (**asesinar**) mientras _____ (viajar) a ver a sus esposos, quienes también _____ (encontrarse) en la cárcel. _____ (**Morir**) las tres, _____ (dejar) a Dedé, quien _____ (quedarse) en el país, cuidando el legadoᶜ de sus hermanas. La historia de las Mirabal _____ (ser/estar) _____ (**contar**) por la escritora dominicana Julia Álvarez, en su novela *En el tiempo de las mariposas.*

ª*bloody* ᵇ*jailed* ᶜ*legacy*

Paso 2 En parejas, haciendo el papel de las personas indicadas, llenen el espacio en blanco con la forma apropiada de los verbos que están entre paréntesis. Después, completen las oraciones que siguen para expresar las reacciones de los que hablan.

1. Durante la escuela secundaria, las maestras de las hermanas Mirabal les decía:

   «Es importante que Uds. _____ (ser) sumisas y obedientes.

2. Sus amigos de la resistencia les decían:

   «Es necesario que Uds. nos _____ (ayudar) a esconder las armas para la revolución contra Trujillo.

(continúa)

3. Su hermana Dedé les decía:

«Tengan cuidado. Temo que Trujillo las _____ (encarcelar) otra vez.

4. Trujillo les decía:

«Cualquier acción contraria es inaceptable y les sugiero que _____ (obedecer) mis órdenes.

ACTIVIDADES

A. La inmigración y las nuevas generaciones

Paso 1 Lea esta entrevista que tiene opiniones de tres inmigrantes caribeños sobre cómo el vivir en los Estados Unidos ha afectado su vida familiar.

El entrevistador: ¿Cómo te sientes, más latinoamericano o más estadounidense? ¿Eso afecta tus relaciones con tu familia?

Yolanda Rodríguez, dominicana-americana (21 años): «Llegué aquí a los 15 años, así que vamos a decir que todavía me siento como dominicana, pero con claras influencias norteamericanas. Mis padres quieren que estudie, que tenga una carrera buena, pero como mujer también se espera que yo esté muy apegada[1] a la familia; que ayude a cuidar a mis abuelitos, por ejemplo. Veo que mis amigos estadounidenses no tienen muchas obligaciones familiares y que a ellos les importa más su vida social que su vida familiar.»

Julio Martínez, puertorriqueño (48 años): «Yo soy 100 por ciento boricua,[2] pero mi familia… no tanto. Mis hijos llevan una vida muy ocupada aquí en Nueva York y me parece que sus amigos son más importantes que su propia familia. Mis nietos no hablan ni una palabra de español y no saben nada de la historia de Puerto Rico. Me gustaría poder cantarles y leerles en mi idioma. Creo que nuestras relaciones se afectan por la distancia cultural. Ellos no me entienden.»

Ana Rosario Pozo, cubano-americana (14 años): «Nací y me crié aquí. Aunque valoro mi herencia cubana, tengo que admitir que me siento más estadounidense que cubana. Muchas veces mis padres no me entienden para nada. Quiero poder salir con mis amigas, quizás tener un novio, pero mi madre es muy estricta. Necesito más libertad que la que ella tenía en Cuba. Ella llevaba una vida muy protegida y nunca discutía[3] con sus padres. Yo la respeto, pero quiero que entienda que estoy en los Estados Unidos ahora.»

[1]*attached* [2]*Puerto Rican* [3]*argued*

Paso 2 En parejas, imagínense lo que hizo cada entrevistado/a en cada situación.

a. Yolanda le dijio a su madre que iba a la biblioteca para estudiar, pero en realidad…

b. Julio les llamó a sus nietos a su casa diciéndoles que estaba muy enfermo, pero en realidad…

c. Ana le dijo a su madre que salía con sus amigas, Brooke y Maya, pero en realidad…

Paso 3 En grupos de tres, ofrezcan un consejo a Yolanda, a Julio y a Ana utilizando las formas verbales indicadas abajo. Roten los papeles para que cada uno/a tenga la oportunidad de practicar las differentes formas verbales. Escriban sus consejos en un papel.

ESTUDIANTE A: Utilice «Debe…»
ESTUDIANTE B: Utilice «Tiene que…»
ESTUDIANTE C: Utilice «Recomiendo que…»

B. Un chico rebelde Miren los siguientes dibujos y usen su imaginación para escribir una narración de lo que pasó cuando Héctor salió de la casa sin permiso. Revisen los usos del pretérito e imperfecto antes de empezar y usen el vocabulario nuevo cuando sea posible.

C. Jack Delano

Paso 1 Lea el siguiente párrafo sobre el artista Jack Delano (1914–1997), prestando atención a los verbos subrayados. En parejas, analicen por qué se usa el pretérito / el imperfecto o el pluscamperfecto en cada caso.

Jack Delano, nacido en Ucrania, había pasado 18 años en los Estados Unidos cuando el Farm Security Administration lo contrató para fotografiar la vida en Puerto Rico en 1941. En ese momento, Puerto Rico pasaba por una época de pobreza extrema. Delano pasó varios meses sacando fotos de la Isla y su gente. Se enamoró de la Isla. Su gente era cariñosa y abierta; a pesar de la falta de trabajo y el hambre, los puertorriqueños mostraban una dignidad, alegría y bondad que Delano supo apreciar. Por eso, en 1946 regresó a Puerto Rico para quedarse definitivamente. Junto con su esposa, Irene, estableció una conexión intensa con la Isla y fue uno de los principales contribuyentes a la cultura puertorriqueña, con sus cuadros, películas, composiciones musicales y fotografías, documentando casi 50 años de vida en Puerto Rico.

Dos niñas en Utuado, Puerto Rico

Una procesión religiosa en San Juan, Puerto Rico

G
GUSTOS

Paso 2 Imagínese cómo reaccionó Jack Delano al llegar a Puerto Rico en 1941 cuando experimentó por primera vez la cultura y el espíritu de los puertorriqueños. En parejas, terminen las oraciones como si Uds. fueran Jack Delano. Usen las siguientes sugerencias o su propia imaginación.

SUGERENCIAS

las adversidades económicas	el omnipresente sentido
la dignidad	de humor
la escasez de comida	el paisaje lujoso
el espíritu alegre de	la pobreza extrema
la gente	las sonrisas de los niños

1. Me fascina(n)…
2. Me impresiona(n)…
3. Me encanta(n)…
4. Me preocupa(n)…
5. Me da(n) pena…

D
DESCRIBIR

Paso 3 En grupos de 3 ó 4, miren las fotos de Jack Delano que se encuentran en esta página y contesten las siguientes preguntas.

1. ¿Qué impresión tienen Uds. de las personas que Delano captó en sus fotos? Describa su apariencia física y su estado de ánimo.

2. ¿Por qué cree que Jack Delano se enamoró de Puerto Rico? ¿Qué le atraía de la Isla y de su gente?

3. Delano se enamoró tanto de Puerto Rico que decidió emigrar allí. ¿Ud. ha ido a un lugar o ha leído sobre un lugar que le ha atraído tanto, que le gustaría vivir allí permanentemente? ¿Cómo era el lugar? ¿Cómo era la gente? ¿Por qué se enamoró Ud. del lugar?

D. Escritores caribeños Mire la información sobre tres escritores latinos, nacidos en el Caribe, que inmigraron a los Estados Unidos con sus familias cuando eran jóvenes. Después, hagan las actividades a continuación.

	JUNOT DÍAZ	CRISTINA GARCÍA	ESMERALDA SANTIAGO
Lugar y fecha de nacimiento	Santo Domingo, República Dominicana 31 de diciembre, 1968	La Habana, Cuba 4 de julio, 1958	Santurce, Puerto Rico 17 de mayo, 1948
Inmigró a los EEUU	a la edad de 8 años, a la ciudad de Nueva York	a la edad de 2 años, a la ciudad de Nueva York	a la edad de 13 años, a la ciudad de Nueva York
Libros	1 colección de cuentos; 1 novela	4 novelas	3 memorias; 1 novela
Premios	Premio Pulitzer (2008), National Book Critics Circle Award (2007), Dayton Literary Peace Prize (2008), Sargent Sr. First Novel Prize (2007), Anisfield-Wolf Award (2008) por *The Brief and Wonderous Life of Oscar Wao*	Finalista, National Book Award (1992), Guggenheim Fellowship (1995), Whiting Writers' Award (1996), Janet Heidiger Kafka Prize (1997), Northern California Book Award (2008)	Premio Literario del Instituto de Puerto Rico (2001)
Curiosidades	A pesar de que es profesor de escritura creativa de MIT y uno de los escritores más populares hoy en día, Díaz dice que para él es muy difícil escribir. Después del éxito de su primer libro, *Drown* (1997, cuentos), le entró un bloque mental fuerte; su siguiente libro tardó 10 años en salir.	La familia de García salió de Cuba con las primeras olas de cubanos escapando la Revolución de Fidel Castro. Ya que García tenía apenas 2 años, no tiene memorias de su país natal. Dice que por eso su escritura trata mucho el tema de la memoria, igual que la historia de Cuba.	Santiago dice que los libros decoran su vida; los tiene en pilas en todas partes de su casa —la cocina, los baños, los cuartos… Cuando conduce o sale a pasear, escucha audiolibros. Afirma que lee de todo y en todos momentos.

Paso 1 Mire la información sobre cada autor y en parejas, hagan comparaciones entre los tres autores. ¿Qué pareja puede hacer más comparaciones?

Paso 2 En grupos de tres formen una lista de preguntas en el pasado que les harían a los tres autores.

Paso 3 Formen parejas entre dos personas de diferentes grupos. Un estudiante / una estudiante hará las preguntas preparadas por su grupo y el otro / la otra responderá como si fuera el autor / la autora indicada. Después, cambien para que el/la que respondió la primera vez haga las preguntas. Si no saben las respuestas a las preguntas, usen su imaginación.

Rincón cultural

La siesta, *de Nick Quijano* (*n. 1953*)

Un artista hispano
Nick Quijano

Nick Quijano nació en Nueva York en 1953 de padres puertorriqueños. Cuando tenía 14 años, su familia regresó a Puerto Rico permanentemente. Por eso, Quijano debe su formación cultural a Puerto Rico y su arte refleja una celebración del espíritu de la gente de la Isla. A causa de la situación especial de Puerto Rico, que ha sido territorio de los Estados Unidos desde 1898, la lucha entre los esfuerzos para asimilar y a la vez resistir las influencias y los valores estadounidenses ha sido parte central del arte puertorriqueño a lo largo del siglo XX. Muchos de los artistas contemporáneos están motivados por la búsqueda[1] de una identidad puertorriqueña única.

En su arte, Nick Quijano celebra con gran afecto la vida familiar y la omnipresencia de la espiritualidad en la vida cotidiana[2] de su gente. También muestra el gran componente africano que se encuentra en la Isla.

En *La siesta*, Quijano representa a su abuela materna durmiendo en un sofá. Los colores vivos y la riqueza de los detalles reflejan el sentimiento nostálgico y cariñoso que el artista tiene hacia su familia. Cada objeto tan cuidadosamente colocado[3] en la sala simboliza parte de la cultura puertorriqueña que el artista no quiere perder.

[1]*search* [2]*daily* [3]*placed*

DESCRIBIR   HIPÓTESIS

PREGUNTAS

1. ¿Cuál es la situación política que hace que la identidad puertorriqueña sea única?
2. Describa la pintura.
3. Si Nick Quijano pintara una escena familiar para Ud., ¿qué objetos le pediría que pusiera en el cuadro?

ACTIVIDAD

Los objetos que se encuentran en *La siesta* representan la conexión íntima con los miembros de la familia y también muestran la importancia de la religión en la vida cotidiana. Indique el simbolismo de los siguientes objetos y explíquele a un compañero / una compañera el porqué de su selección.

OBJETO	SÍMBOLO
1. _____ la estatua de la Virgen Milagrosa (*Miraculous*)	a. la educación
	b. la generosidad
2. _____ la taza de café	c. la espiritualidad
3. _____ el retrato del padre	d. la hospitalidad
4. _____ los lentes, el recado (*note*), la carta	e. el respeto
5. _____ el perro	

En una casa de La Habana

La música caribeña

La mayoría de la música que se conoce en los Estados Unidos como «música latina» o «salsa» es realmente un conjunto de diversos estilos musicales originarios del Caribe. Estos tipos de música provienen de la historia rica y compleja de dos tradiciones culturales que se fusionaron en el Caribe: la africana y la europea.* Cada país tiene sus propios estilos: el son y la guajira de Cuba, el merengue y la bachata de la República Dominicana o la bomba y la plena de Puerto Rico. Lo que se conoce como «salsa» es en realidad una fusión de jazz y ritmos caribeños que se originó en Nueva York, aunque hoy en día el epicentro de la salsa se encuentra en Puerto Rico. El éxito sorprendente de la película *Buena Vista Social Club* y la popularidad de la canción «Livin' la Vida Loca» de Ricky Martin despertaron el interés en la música caribeña a nivel mundial. Los instrumentos esenciales para crear los ritmos latinos incluyen las claves, las

---

*Aunque los habitantes originales del Caribe fueron, por supuesto, indígenas, por enfermedades y maltrato de los europeos, los habitantes originales casi desaparecieron. Sus formas musicales prácticamente no tuvieron ningún impacto en la música caribeña.

maracas, los bongos, los timbales, las congas, la guitarra y el bajo, entre otros. La canción «Hermanos» es una guajira. Tal vez Ud. conoce la famosa canción cubana «Guantanamera», otro ejemplo de guajira.

ACTIVIDADES

A. Antes de cantar Ud. va a escuchar «Hermanos», una canción cuyo tema tiene que ver con una hermana y un hermano cubanos, separados por el exilio de ella. Notará en la letra de la canción un refrán corto, repetido y el «pregón» que es una improvisión fuera de la estructura normal de la canción.

1. ¿Ha visto Ud. las películas *Buena Vista Social Club, Lost City, Mad Hot Ballroom* o *Los Mambo Kings*? ¿Le gustaron? Explique.

2. ¿Ha visto *Dancing with the Stars* o *So You Think You Can Dance* en la tele? Si los ha visto, ¿cuáles son los bailes latinos que bailan los competidores?

3. ¿Cuáles son los instrumentos que se espera escuchar en una canción caribeña?

4. En una canción cuyo título es «Hermanos», ¿qué tipo de vocabulario habrá?

B. ¡A cantar! Escuche la canción «Hermanos» que se puede encontrar en el CD *Estampillas musicales.*

Hermanos

La luna me está mirando
A veces me voy preguntando
Si brilla más para ti
Aquí todos te han olvidado
No es lo mismo para mí
Te quiero más que te niego
Estoy al puerto y te espero
Y que el mar que nos separa
Se haga una gota de agua

Hermanos separados
Miro un mar de soledad
Hermanos separados
Yo aquí y tú allá
Nunca te puedo olvidar

Un ojo me está mirando
Un ojo blanco y redondo
Es noche de luna llena
De estas noches que te llegan
Me cortaron una mano
Es la ausencia de un hermano
Pero siempre está presente
No aquí, pero se siente

Hermanos separados
Miro un mar de soledad
Hermanos separados
Yo aquí y tú allá
Nunca te puedo olvidar

[*Pregón*]
Yo aquí y tú allá
Hermanos separados
Yo aquí y tú allá
Que tú te fuiste, que yo
   tenía 10 años
Yo aquí y tú allá
Y cuando pienso en ti, no
   sabes lo que invento
Yo aquí y tú allá
Naufrago de tu ausencia
Yo aquí y tú allá
Ay, qué separados estamos
Yo aquí y tú allá
Y si acaso te veo, yo no lo
   creo, me da mareo
Yo aquí y tú allá
Hermanos separados,
   hermanos
Yo aquí y tú allá
Ay, no sabes lo que invento
Yo aquí y tú allá
Cuando en ti, hermana mía,
   yo pienso…

C. **Después de cantar** En parejas, contesten las siguientes preguntas sobre la canción «Hermanos».

1. ¿Pueden Uds. identificar los instrumentos que se escuchan en esta canción?

2. ¿Cuáles son las palabras de la canción que más claramente expresan la dolorosa separación de los dos hermanos?

3. ¿Qué sabemos del hermano que se fue? ¿Es mayor que el que canta? ¿Es hombre o mujer?

4. ¿Qué emociones evoca la canción? Reaccionen ante los sentimientos expresados por la canción.

5. ¿Cuáles son las palabras más pegadizas (*catchy*) de la canción?

D. **¡A escuchar!** Para apreciar la gran variedad de música caribeña que hay, vaya a YouTube™ y escuche unos de los siguientes cantantes o grupos, según sus gustos: música tradicional (Celia Cruz, Tito Puente), nueva trova cubana (Pablo Milanés, Silvio Rodríguez), reggaetón (Don Chezina, Daddy Yankee, Don Omar), rap cubano (Orishas), merengue dominicano y bachata (Juan Luis Guerra, Frank Reyes). Luego, comparta sus impresiones de los artistas y sus canciones con sus compañeros de clase utilizando frases como **Me gusta(n)... porque... , Me encanta que... , Es impresionante/fantástico que... , Me sorprende que...** y **Es evidente que...**

Un momento histórico
La Revolución cubana

Revise el **Vocabulario útil** y lea el resumen sobre la Revolución cubana.

Vocabulario útil

disminuir	to reduce	**el/la disidente**	dissident
gozar (de)	to enjoy	**el negocio**	business
otorgar	to grant		
		gratis	free
el analfabetismo	illiteracy	**sanguinario/a**	bloody

En 1959, después de casi seis años de resistencia y rebeliones, Fidel Castro y sus tropas revolucionarias tomaron control de La Habana poniendo fin a la dictadura totalitaria y sanguinaria de Fulgencio Batista. Al asumir el poder, Castro y sus seguidores, entre los que se encontraban su hermano Raúl y el legendario Ernesto «Che» Guevara, optaron por el modelo económico comunista y se aliaron con el bloque soviético. El nuevo régimen nacionalizó las tierras y negocios de dueños extranjeros, además de las propiedades de la Iglesia Católica y plantaciones y compañías de los cubanos ricos. También, implementó una serie de cambios políticos y estructurales destinados a mejorar la situación de la mayoría pobre del país. Entre esos cambios estaban

Fidel Castro, Santa Clara, Cuba

la reforma del sistema escolar nacional, la reforma agraria y la implementación de un sistema de salud para todos. También hubo esfuerzos dirigidos a eliminar las clases sociales y disminuir el prejuicio racista y sexista. Por esta razón, recibió mucho apoyo de la gente más pobre. Por otro lado, alienó a mucha gente, en particular a los que no estaban de acuerdo con los ideales marxistas y a las clases media alta y alta, quienes perdieron muchos de los beneficios que habían gozado bajo el régimen de Batista. Por eso, muchos dejaron la Isla y se mudaron a los Estados Unidos y a España. Aunque la Revolución trajo cambios positivos, sigue siendo un régimen totalitario que no tolera opiniones disidentes y que comete abusos de los derechos humanos. Por las relaciones diplomáticas tensas entre los Estados Unidos y Cuba, es difícil viajar entre los dos países. Muchos cubanos y cubano-americanos pasan años sin ver a sus familiares, aunque recientemente hemos visto relajamiento de las restricciones de visitas familiares impuestas por los Estados Unidos.

El impacto de la revolución en la Cuba de hoy

- Los cubanos gozan de un plan de salud gratis y comprensivo. A nivel internacional, se reconocen los avances médicos y la excelencia del entrenamiento de los doctores.

- Los jóvenes han beneficiado de muchos aspectos del sistema actual. La educación —incluso la universidad— es gratis para todos. Por eso, prácticamente todos los cubanos saben leer y escribir. También, ahora hay menos racismo, sexismo y clasismo que antes en el mundo profesional. Sin embargo, los problemas económicos significan que los jóvenes no tienen fácil acceso a muchos productos que disfrutan jóvenes en otras partes del mundo, como las computadoras personales, teléfonos celulares, ropa de última moda, etcétera. También, algunos jóvenes se quejan de no poder expresarse libremente y de sentirse política y artísticamente reprimidos.

- Por las dificultades económicas y la vida a menudo dura, muchos cubanos inmigran a los Estados Unidos cada año. Algunos llegan con visas que se distribuyen por lotería cada año, otros construyen «balsas», pequeños barcos hechos de cualquier material y se embarcan en las aguas peligrosas del mar hacia la costa de la Florida. Por ley, en los Estados Unidos, se le otorga el asilo político a cualquier cubano que llegue a pisar territorio estadounidense.

- En 2009, Juanes, un cantante de rock colombiano, presentó en Cuba su segundo concierto de «Paz sin fronteras» (el primero fue en la frontera entre Venezuela y Colombia). Lo acompañaron cantantes famosos del mundo hispano y nadie cobró por su presentación. Se pidió a los miembros del público que se vistieran de blanco para mostrar su apoyo a la paz mundial. Algunos grupos de cubanos inmigrantes en los Estados Unidos criticaron a Juanes por cantar en un país donde hay tanta represión política, pero Juanes se defendió, diciendo que el propósito del arte es unir a la gente y que los intercambios culturales fomentan la comprensión y compasión.

ACTIVIDADES

A. Comprensión Conteste las siguientes preguntas.

1. ¿Quiénes eran algunos de los líderes de la Revolución cubana?
2. ¿Cuáles han sido algunos de los beneficios de la Revolución?
3. ¿Cuáles son algunos de los problemas del régimen de Castro?
4. ¿Qué opina Ud. del concierto de Juanes?

B. Operación Pedro Pan

Paso 1 Lea el párrafo sobre un evento sorprendente en la historia de las relaciones entre los Estados Unidos y Cuba.

> Entre 1960–1962, más de 14.000 niños entre 3–17 años de edad, fueron enviados de Cuba a los Estados Unidos por una misión que ahora se conoce como «Operación Pedro Pan». Bajo un plan auspiciado por el gobierno estadounidense y facilitado por la Iglesia Católica en la Florida, los padres cubanos mandaron a sus hijos para protegerlos del nuevo régimen de Fidel Castro. El 50 por ciento de estos niños se unió con familias o amigos, pero el otro 50 por ciento cayó en casas de desconocidos. Los niños nunca regresaron a Cuba y algunos nunca volvieron a ver a sus propios padres.

REACCIONAR
C **R**
COMPARAR RECOMENDAR

Paso 2 Con un compañero / una compañera, imagínense que son dos padres cubanos en 1961. Han escuchado de las visas que el gobierno estadounidense está otorgando (*granting*) a niños. Su hijo tiene 5 años. El padre quiere que se vaya a Miami, la madre no. Usando las indicaciones entre paréntesis, complete el siguiente diálogo entre los dos.

PADRE: Si Pedrito va a los EEUU, tendrá _____ (+ oportunidades) aquí. Habrá _____ (− represión) en Cuba. Tendrá _____ (+ posibilidades profesionales) si se queda.

MADRE: Pero la nueva familia no le dará _____ (= amor) yo le doy. Y yo lo extrañaré _____ (=) si estuviera muerto. ¡No quiero que mi Pedrito _____ (irse)!

PADRE: Pues, yo soy el jefe de familia e insisto en que nosotros _____ (aprovechar) este momento. Es importante que nuestro hijo _____ (tener) _____ (= oportunidades) pueda.

OPTATIVO

HIPÓTESIS

Paso 3 Si Ud. viviera en un país con una situación política, económica o social difícil, ¿mandaría a sus hijos a otro país aún si Ud. no los pudiera acompañar? En conversación con otro/otra estudiante, explique su respuesta.

Esta lectura, de la profesora cubana Esther Hernández, es una reseña de la película *Habana Blues*, dirigida por Benito Zambrano, un reconocido cineasta español. Esther Hernández es actriz, directora y dramaturga (*playwright*), y ha participado en proyectos teatrales en América Latina y Europa. Salió de Cuba en el año 2001, y desde entonces vive en Los Ángeles, California, donde enseña español en Claremont McKenna College. En los veranos imparte el curso «Cultura hispánica a través del teatro y la representación» en la escuela española de Middlebury College. Desde el 2002, ha sido curadora del Festival Internacional de Teatro Latinoamericano de Los Ángeles.

Hernández trabajó por muchos años como profesora en la Facultad de Teatro y la de Cine, Radio y Televisión en La Habana, por lo que su relación con *Habana Blues* ha sido afortunada y cercana: conoce a varios de los actores y el mismo Zambrano es su buen amigo. Además, Ernesto Chao, productor y co-escritor del guión de la película, fue su estudiante. Sobre *Habana Blues*, Hernández también ha dicho, «Tiene el mérito de ser muy conmovedora y al mismo tiempo divertida, tanto para el espectador cubano como para aquel que esté interesado en la vida y la cultura de la isla. A mis estudiantes les encanta, todos los años la muestro en mis clases.»

Antes de leer

A. Para comentar Trabaje con un compañero / una compañera. Comenten los siguientes temas.

1. ¿Qué tipo de película le gusta: de acción, de horror, romántica, biográfica, musical, de ciencia ficción, animada, cómica? ¿Cuál fue la última película que vio?

2. Según el cartel y el título, ¿qué tipo de película cree Ud. que es *Habana Blues*?

3. Teniendo en cuenta la situación política en Cuba, ¿cuáles son los desafíos (*challenges*) que enfrentarían los músicos jóvenes bajo su régimen totalitario?

4. ¿Ha visto películas sobre músicos y cómo llegaron a ser famosos como por ejemplo *The Doors*, *A Hard Day's Night*, *Ray*, *Dreamgirls*, *Almost Famous*, *Buena Vista Social Club*? ¿Le gustó? ¿Le interesa saber de las vidas personales de sus grupos favoritos? Explique.

5. ¿Lee Ud. reseñas o críticas antes de ir a ver una película o cuenta con las sugerencias de sus amigos? Explique su respuesta.

6. ¿Cuáles son los elementos más importantes para que Ud. decida ver una película: el tema, la trama (*plot*), los actores, el director, la crítica que ha recibido?

B. **Acercándose al tema**   Lea el título de la ficha y las nueve palabras asociadas con la película. Con un compañero / una compañera, decida si los espacios en blanco requieren un sustantivo, un verbo o un adjetivo. Luego, escoja la palabra apropiada de la ficha para completar las oraciones.

La trama de *Habana Blues*		
el comportamiento	la grabación	el sueño
abandonar	conectar	conmover
extraordinario/a	íntimo/a	tempestuoso/a

1. Cuando comienza la película los músicos Ruy y Tito y su banda están en el estudio de _____ para preparar un disco. Se nota inmediatamente el talento y la química entre los dos _____ amigos. Las canciones que graban nos _____ y sabemos que la música cubana será uno de los protagonistas esenciales de *Habana Blues*.

2. Pronto vemos la relación _____ entre Ruy y Caridad, la madre de sus dos hijos. Ella está harta del _____ de Ruy, de sus aventuras con otras mujeres y su inhabilidad de contribuir dinero a la familia. Cuando Caridad le anuncia a Ruy que ha decidido emigrar ilegalmente de Cuba en una lancha, Ruy está desesperado.

3. También observamos las cariñosas relaciones que tiene Tito con la abuela con quien vive y con los hijos de Ruy. Vemos la importancia de las relaciones intergeneracionales y cómo la música _____ a todos.

4. Cuando dos productores españoles llegan a la isla, reconocen el talento _____ de Ruy y Tito y su banda. Pero el contrato que les ofrecen es una miseria. Vender más discos requiere que hablen mal de su país y que cambien la letra de sus canciones para hacerlas más internacionales. Los productores piden que ellos vendan sus almas y _____ para siempre su país.

5. El contrato es totalmente inaceptable para Ruy, pero Tito se desespera por salir de Cuba. Se pelean y su _____ de toda la vida de ser famosos y compartir su pasión por la música se encuentra amenazado (*threatened*).

Habana Blues, la película cubana del español Benito Zambrano, es una excelente oportunidad de «entrar» en el universo de la Cuba actual a través de uno de sus rasgos culturales más notables: la música. Zambrano vivió varios años en Cuba, y en numerosas ocasiones ha declarado que su película es un homenaje[1] al país y a las personas que conoció mientras estudiaba en la Escuela Internacional de Cine y Televisión de La Habana. Allí llegó a familiarizarse con el universo de los jóvenes creadores cubanos: sus sueños, sus temas, sus conflictos con una realidad compleja y frecuentemente hostil.

VOCABULARIO

Tito y Ruy, los músicos protagonistas de la historia, son amigos desde la infancia y luchan juntos por <u>lograr</u> su sueño: producir un disco, ser reconocidos, que su música se difunda[2] y se conozca. Un proyecto difícil, pues en Cuba abundan los buenos músicos y las posibilidades materiales de grabar[3] o producir conciertos son mínimas. Por ello, las esperanzas de un joven músico cubano están en la posibilidad de ser descubierto por algún productor extranjero y ser invitado a viajar fuera de Cuba. Tito y Ruy buscan ansiosamente esa posibilidad, y *Habana Blues* narra lo que sucede cuando la encuentran.

VISUALIZAR

La acción de la película tiene como fondo la vida cotidiana en Cuba: autos viejos, como el de Tito, que milagrosamente funcionan y se rompen con frecuencia; bicicletas que transportan a toda una familia; profesionales que deciden abandonar sus empleos y comenzar a trabajar para el turismo o el mercado negro, pues la profesión para la que han estudiado no les permite mantener económicamente a su familia; una ciudad cuyas casas, calles y edificios se desmoronan;[4] familias divididas por la emigración;

VOCABULARIO

maniobras[5] de <u>supervivencia</u> como la venta de habanos[6] o la interpretación estereotipada de música tradicional para turistas. Es así que la película revela las estrategias de los cubanos para vivir en un ambiente desfavorable y no perder su vitalidad, su energía ni sus esperanzas. Y en *Habana Blues* es posible ver cómo una de esas estrategias es la capacidad de compartir lo poco que tienen con alegría, y la disposición a no dejarse vencer[7] por las dificultades. Para lograrlo, la música, la creatividad y el sentido del humor son elementos <u>indispensables.</u>

VOCABULARIO

Los empresarios españoles llegan con la intención de producir en Madrid un disco de música cubana *underground*. Es una excelente ocasión para escuchar a varios grupos jóvenes de diferentes tendencias musicales y ver cómo ensayan[8] o se presentan ante un público reducido pero entusiasta en ámbitos urbanos impensables: un sótano,[9] una azotea,[10] la sala de una casa, el espacio entre dos edificios. La música es estupenda y contagiosa, y las letras de las canciones comunican los <u>anhelos</u> y las frustraciones de una generación que, a pesar de no tener la posibilidad de hacer planes para el futuro, se siente fuerte y llena de expectativas. Los temas musicales crean una narración paralela a la trayectoria de Ruy, Tito y Caridad, que nos permite verlos de cerca y comprenderlos mejor.

VISUALIZAR

VOCABULARIO

[1]homage [2]spread [3]to record [4]are falling down [5]maneuvers [6]cuban cigars [7]be defeated [8]rehearse [9]basement [10]terrace

Ruy

Ruy, un músico talentoso

Ruy es un joven músico convencido de que necesita crear para vivir. Cuba no es el lugar ideal para un artista como él, ya que las complicaciones de la cotidianidad lo alejan[11] de lo que más desea, que es dedicarse a su arte. Así, su matrimonio con Caridad fracasa, pues no presta suficiente atención a los problemas domésticos, sale con otras mujeres, no tiene un empleo fijo. Sin embargo, Ruy ama profundamente a sus dos pequeños hijos y siente un gran respeto por la abnegación[12] de Caridad. Aunque aparentemente es irresponsable y puede incluso parecer egoísta, la decisión final de Ruy revela un gran altruismo, así como una conmovedora capacidad de abandonar lo que más desea por amor y por dignidad.

Tito

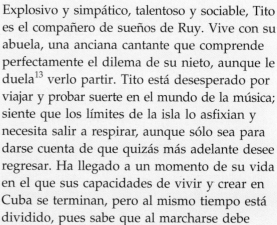

Tito, íntimo amigo de Ruy

Explosivo y simpático, talentoso y sociable, Tito es el compañero de sueños de Ruy. Vive con su abuela, una anciana cantante que comprende perfectamente el dilema de su nieto, aunque le duela[13] verlo partir. Tito está desesperado por viajar y probar suerte en el mundo de la música; siente que los límites de la isla lo asfixian y necesita salir a respirar, aunque sólo sea para darse cuenta de que quizás más adelante desee regresar. Ha llegado a un momento de su vida en el que sus capacidades de vivir y crear en Cuba se terminan, pero al mismo tiempo está dividido, pues sabe que al marcharse debe

VOCABULARIO

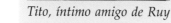

dejar atrás sus <u>afectos</u> más profundos y que sufrirá lejos de aquellos a los que ama.

Caridad

VISUALIZAR

Ruy, Caridad y sus hijos: ¿Cómo sobrevivirá la familia?

Valiente a pesar de las dificultades, bondadosa[14] a pesar de las frustraciones, desesperada y paciente al mismo tiempo, Caridad debe tomar también decisiones muy drásticas. Cuando su salario como profesora no le alcanza para mantener a sus hijos, decide renunciar a su trabajo y comenzar a fabricar artesanías para vender a los turistas. En medio de su crisis matrimonial con Ruy y de

[11]lo... *keep him*   [12]*self-sacrifice*   [13]le... *pains her*   [14]*kind*

las necesidades de la vida diaria de una familia cubana, recibe la noticia de que su madre, que hasta ese momento la ha ayudado desde los Estados Unidos, ahora necesita su ayuda. Las puertas se cierran para Caridad, que constantemente debe ayudar a otros y tratar de construir un futuro para sus hijos. Por primera vez en el cine cubano aparece entonces una escena que trágicamente se ha repetido durante años: una familia —la madre y sus dos pequeños hijos— abandona ilegalmente el país en una embarcación abarrotada[15] y precaria, mientras el padre los ve alejarse, desesperado.

* * *

Ver *Habana Blues* coloca ante los espectadores una posibilidad fascinante: muestra las luchas a las que debe enfrentarse la juventud cubana actual —la falta de reconocimiento y de ilusiones, la separación de las familias, la emigración como recurso desesperado que implica dejar atrás su cultura, su país, sus seres queridos— desde una perspectiva que permite apreciar también el carácter del cubano, la profundidad de sus relaciones humanas, sus deseos de vivir, su alegría y su música.

[15]*overflowing with people*

Después de leer

A. Comprensión   Conteste las siguientes preguntas, según la lectura.

1. ¿Por qué hizo Zambrano la película?
2. ¿Cuál es la relación entre los tres protagonistas de la película?
3. Según la reseña, ¿cuáles son dos adjetivos que describan a cada protagonista de la película?
4. En su opinión, ¿quién es el personaje más interesante de la película? ¿Por qué?
5. ¿Cuáles son los temas principales de la película? ¿Son temas universales? Explique.
6. ¿Cuáles son los problemas de la vida cubana actual que salen en la película?
7. ¿Cree que la descripción de los tres protagonistas y de la trama de la película son suficientemente convincentes para que Ud. vea esta película? ¿Por qué?

REACCIONAR
RECOMENDAR

B. Reacción y recomendación   Lea cada oración y luego en parejas reaccionen y hagan recomendaciones ante cada situación.

1. Ruy es obsesivo con las mujeres. En su escala de valores lo primero es la música, luego sus hijos y ya, después, su mujer.
2. Cuando dos productores españoles llegan a Cuba, descubren el talento de Ruy, Tito y su banda y quieren llevarlos a España. El contrato que le ofrecen es una miseria —ganarán poco dinero y tendrán que criticar su país y su cultura.

3. Caridad toma una decisión casi desesperada de salir de Cuba para Miami. Es un gran riesgo montarse en una lancha por la noche con los niños y arriesgar sus vidas.

4. Tito sabe claramente que no puede quedarse en Cuba. En sus 28 años nunca ha salido de la Isla, por eso acepta las condiciones miserables del contrato de los españoles. Pero no puede imaginar su vida personal o profesional sin Ruy.

5. Ruy se niega a vender el alma a los productores españoles a pesar de haber luchado por tanto tiempo para alcanzar sus sueños. Opta por quedarse en Cuba.

REACCIONAR

R

RECOMENDAR

C. La música en Cuba

Paso 1   Llene el siguiente párrafo con la forma correcta de los verbos que están entre paréntesis para aprender más sobre la música en la vida cotidiana de Cuba.

La música es una parte esencial de la vida cubana. A pesar de las dificultades que sufre la gente, está claro que la música _____[1] (ser) sumamente importante en sus vidas. Es impresionante que el simple acto de pasear por las calles de La Habana te _____[2] (dar) la sensación de estar en un concierto espontáneo. No es raro que un grupo de músicos _____[3] (llegar) a una plaza con sus instrumentos y que poco después todo el barrio _____[4] (estar) fuera bailando. Según el director de *Habana Blues*, la gente hasta camina por las calles con un ritmo musical. ¿Es posible que _____[5] (ser) genético? Zambrano quería captar este amor por la música en su película. Para él es importante que la gente que vea *Habana Blues* _____[6] (entender) lo esencial que es la música en la vida cotidiana de los cubanos.

Paso 2   Con un compañero / una compañera, conteste las siguientes preguntas.

1. ¿Cree Ud. que la música es una parte esencial de la vida cotidiana de la gente joven de su país? ¿En qué sentido? Explique.

2. ¿Piensa que hay un aprecio por la música de diferentes generaciones en este país? ¿Le gustan algunos músicos de la generación de sus padres? ¿Cuáles? ¿Aprecian sus padres la música de su generación?

3. Cuando ve una película, ¿presta atención a la banda sonora (*soundtrack*) que acompaña la película? ¿Ha comprado la banda sonora de alguna película? ¿Cuál? Explique por qué le gustó.

D. Para discutir   En grupos de cuatro, comenten las siguientes preguntas.

1. Los tres protagonistas tienen la opción de salir de Cuba. Cada uno toma una decisión según sus propias necesidades. ¿Por qué es tan complicada para cada uno?

2. ¿Cuál es su sueño más importante, el que más marque su identidad (i.e., ser actor, médico/a o político / mujer político, ser rico/a, viajar alrededor del mundo, hacer de voluntario/a...)? ¿Estaría Ud. dispuesto/a (*willing*) a hacer cualquier cosa por alcanzar ese sueño? ¿Como qué?

(continúa)

3. ¿Ud. ha tenido un mejor amigo / una mejor amiga con quien ha tenido un serio desacuerdo? ¿o un amigo íntimo / una amiga íntima que se ha mudado lejos? ¿Cómo afectó ese desacuerdo o esa mudanza a las relaciones entre Uds.?

4. ¿Cómo se sentiría Ud. si tuviera que irse de su lugar de origen y jamás pudiera regresar? ¿Qué haría para mantener sus conexiones con ese lugar y con la gente que se quedó allí?

5. ¿Ud. ha tenido que tomar la decisión de dejar lo familiar —su casa, su estado— y mudarse por los estudios, el trabajo o el amor?

6. ¿Qué pasará cuando las familias cubanas puedan viajar con libertad entre los Estados Unidos y Cuba?

7. ¿Les interesaría ir a Cuba? ¿Por qué sí o por qué no?

E. Una decisión difícil Dadas las relaciones diplomáticas tan difíciles entre los Estados Unidos y Cuba en el momento de su partida, Caridad sabía que si se iba de la isla era posible que nunca pudiera regresar y que sus hijos nunca volvieran a ver a su padre. A pesar de todo eso, tomó la decisión de marcharse con sus hijos.

DESCRIBIR

Escriba una carta de Caridad a Ruy, escrita un año después de su mudanza a Miami. Describa su vida en Miami. Incluya información sobre los dos hijos.

Yo experto/a

Escoja una persona, un lugar o un tema cultural mencionado en este capítulo para investigar más a fondo. Debe incluir en su reportaje por lo menos cuatro de las metas comunicativas. Puede presentar su investigación en un informe escrito o hacer una presentación oral delante de la clase. Siga las indicaciones en el **Apéndice 2: Yo experto/a** como guía para su reportaje.

PERSONAS	LUGARES	TEMAS

Fulgencio Batista
Fidel Castro
Roberto Clemente, Jr.
Jack Delano
Junot Díaz
Cristina García
las hermanas Mirabal
Nick Quijano
Esmeralda Santiago
Rafael Leonidas Trujillo
	La Habana, Cuba
	Mérida, Venezuela
	San Juan, Puerto Rico
	San Pedro de Macorís,
	   República Dominicana
	El Yunque, Puerto Rico
		las familias hispanas
		la inmigración hispana a
		   los Estados Unidos
		la música caribeña
		nombres raros
		Operación Pedro Pan
		la opresión dictatorial
		la política entre Cuba y los
		   Estados Unidos
		las relaciones
		   intergeneracionales
		la Revolución cubana

Ahora que Ud. ha terminado el **Capítulo 2,** complete los ejercicios correspondientes del *Online Learning Center* (**www.mhhe.com/ pyaexpanded**) para repasar el vocabulario, gramática y temas culturales de este capítulo.

CAPÍTULO 3

Pasiones y sentimientos
México

Una puesta del sol (sunset) *romántica, Puerto Vallarta, México*

MULTIMEDIA

| 🎵 | Estampillas musicales |

| 🎥 | Lugares fascinantes |

| CENTRO | Online *Manual:* **www.mhcentro.com** |

| www | Online Learning Center: **www.mhhe.com/pyaexpanded** |

PARTE A

¿Está equilibrada su vida?

Puntos clave

REACCIONAR

RECOMENDAR

Temas centrales
- el amor
- los sentimientos
- las pasiones

Zona de enfoque
- México

El Callejón del Beso (*Guanajuato, México*)

En esta parte del **Capítulo 3,** Ud. va a explorar los temas de las pasiones y las relaciones sentimentales.

Preguntas para considerar

- ¿Qué nos atrae de otra persona?
- ¿Qué hace que las relaciones sentimentales sean duraderas o pasajeras (*fleeting*)?
- ¿Qué emociones surgen en las relaciones humanas?
- En el cuadro que se ve en esta página, se representa el amor prohibido. Hoy en día, ¿tienen los padres una influencia fuerte en la selección de la pareja de sus hijos?

🎧 Buscando el equilibrio

Sergio le da consejos a su primo Diego.

Situación: Diego le habla a Sergio sobre una reunión emocionante que tuvo hace dos días. También le confiesa que sus **relaciones sentimentales** con su novia Cristina han sufrido recientemente por su obsesión con el trabajo. Lea el diálogo y conteste las preguntas que lo siguen. **¡OJO!** Preste especial atención al uso del vocabulario nuevo, que está **en negrita.**

SERGIO: Hombre, qué gusto verte aquí en Ruta Maya. ¿Qué me cuentas?

DIEGO: Pues estoy muy **emocionado** y tenía que compartir unas noticias con alguien. Anteayer me reuní con Lupe Flores, la nueva directora del Museo Mexic-Arte, para hablar del proyecto que propuse hace tres meses.

SERGIO: ¿Te refieres a la exhibición de pinturas y fotos de parejas mexicanas famosas?

DIEGO: Sí. Lupe está tan entusiasmada como yo con la posibilidad de montar la exhibición en febrero. Pensamos incluir a Diego Rivera y a Frida Kahlo, a La Malinche y a Hernán Cortés, y a Felipe Carrillo Puerto y a Alma Reed, entre otros. Hace años que **sueño con** este proyecto.

SERGIO: ¡Qué padre! Así que conseguiste **un compromiso** oficial de Lupe para hacerlo.

DIEGO: Pues oficial, oficial, no. Lupe quiere reunirse conmigo de nuevo.

SERGIO: Uy, primo, ¿estás seguro que es necesario reunirse tanto?

DIEGO: ¿Qué estás insinuando?

SERGIO: Nada, nada. No quiero **meterme en líos** con Cristina.

DIEGO: Espera, ¿qué pasa?

SERGIO: Es que hablé con Cristina ayer y me dijo que la **dejaste plantada** y ahora, escuchándote, creo que fue la noche en que estuviste con Lupe.

DIEGO: Sí, ya lo sé. Cristina está muy **enojada** conmigo. **Se puso rabiosa** y hasta me dijo que quería **romper conmigo.**

SERGIO: La entiendo, mano. Cristina **te quiere** mucho y **merece** mejor **trato.** Uds. son **almas gemelas** y no quiero que algún día lamentes tus decisiones por culpa de Lupita y tu trabajo.

DIEGO: Tienes toda la razón. Pero conversar con alguien tan **apasionada por el arte** como Lupe fue **genial.** Se me fue el tiempo por completo.

SERGIO: Cuidado con Lupita.

DIEGO: No, no es lo que que tú estás pensando. **Coqueteamos** un poco, pero no hay absolutamente nada entre nosotros.

SERGIO: ¿Dirías lo mismo si fuera Cristina reuniéndose con otro hombre y **dejándote plantado** a ti?

ACTIVIDADES

A. **Detective** Busque en el diálogo ejemplos de las siguientes metas comunicativas: Descripción (D), Narración en el pasado (P), Comparación (C) e Hipótesis (H). Subraye cada palabra o frase que represente una (o una combinación) de estas metas comunicativas. Luego, escriba al margen la(s) letra(s) que corresponde(n) a cada ejemplo subrayado (D, P, C o H).

MODELOS: Se puso rabiosa y hasta me dijo que quería romper conmigo. (P)
Pues estoy muy emocionado. (D)

B. **Comprensión**

1. ¿Por qué está emocionado Diego?
2. ¿Cuál es la exhibición que piensa montar?
3. ¿Por qué puede causarle problemas con Cristina este trabajo?
4. ¿Por qué piensa Sergio que lo que está haciendo Diego es peligroso?
5. ¿Está Ud. de acuerdo con Diego o con Sergio?

REACCIONAR
R
RECOMENDAR

C. **Reacciones y recomendaciones** Complete las siguientes oraciones, basándose en la situación de Diego y Cristina y utilizando en cada oración un conector de la siguiente lista.

MODELO: Es una lástima que Diego trabaje tanto porque ahora no tiene tiempo para sus amigos.

1. Qué bueno que Diego…
2. Creo que Cristina…
3. Es interesante que Sergio…
4. Dudo que Diego y Cristina…

Conectores

en cambio
para que   + *subjuntivo*
por eso
porque
sin embargo
ya que

D. **Diálogo** En parejas, preparen una conversación entre Diego y Cristina en la que hablen de lo que pasó esa noche cuando Diego la dejó plantada.

Vocabulario del tema

Para hablar de las relaciones sentimentales

abrazar	to hug
atraer (*irreg.*)	to attract
besar	to kiss
casarse (con)	to marry, get married (to)
confiar (confío) en	to trust in
coquetear	to flirt
dejar a alguien	to leave someone
dejar plantado/a	to stand (someone) up
discutir	to argue
divorciarse (de)	to get a divorce (from)
enamorarse (de)	to fall in love (with)
merecer (merezco)	to deserve
meterse en líos	to get into trouble
odiar	to hate
piropear	to compliment (romantically)*
ponerse (*irreg.*)	to become, get†
querer (*irreg.*)	to love
romper con	to break up with
salir (*irreg.*) **con**	to date
ser fiel	to be faithful
soñar (ue) con	to dream about

Verbos para influir

aconsejar	to advise
recomendar (ie)	to recommend
rogar (ue)	to beg
sugerir (ie, i)	to suggest

Para describir las relaciones sentimentales‡

dañino/a	harmful
duradero/a	lasting
exitoso/a	successful
genial	wonderful
inolvidable	unforgettable

—Mi amor . . . prométeme que nunca más volverás a ordenar en francés . . .

Describa la «noche inolvidable» de esta pareja.

pasajero/a	fleeting
tempestuoso/a	stormy

Para describir las emociones‡

alucinado/a	amazed
apasionado/a	passionate
apenado/a	pained, sad
asqueado/a	repulsed
asustado/a	frightened
avergonzado/a	embarrassed
cauteloso/a§	cautious
celoso/a	jealous
confundido/a	confused
deprimido/a	depressed
emocionado/a	excited
enfadado/a }	angry
enojado/a }	
halagado/a	flattered
harto/a (de)	fed up (with), sick (of)
nostálgico/a	nostalgic; homesick

****Piropear** and **piropo** carry a special significance in Hispanic culture. See the **Nota cultural** on page 120.

†Remember that **ponerse** is used with adjectives to communicate the English concept of *to become/get* + *adjective* when describing emotional or physical states.

Me puse nerviosa.	I became/got nervous.
Él se puso rojo.	He blushed. (*Literally:* He became/got red.)

‡Remember to use **ser** with adjectives when describing inherent characteristics and **estar** when referring to emotional or physical states.

§**Cauteloso/a** is only used with **ser.**

perdido/a	lost	el fracaso	failure
rabioso/a	furious	la media naranja	other half
satisfecho/a	satisfied	el noviazgo	courtship
		la pareja	partner; couple
		el piropo	(romantic) compliment

Más sobre las relaciones sentimentales

el alma gemela	soul mate	el resentimiento	resentment
la amistad	friendship	el riesgo	risk
el compromiso	commitment	el soltero / la soltera	single person
el equilibrio	balance	el trato	treatment

todavía no – not yet (handwritten)

ACTIVIDADES

A. ¿Está Ud. de acuerdo? Lea las siguientes opiniones. Con un compañero / una compañera, comenten por qué están de acuerdo o no con esas afirmaciones. Deben reaccionar ante las opiniones de su compañero/a.

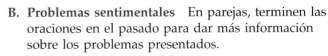

Para conversar mejor

Desde mi punto de vista…	No estoy de acuerdo en absoluto.
En mi opinión… / Yo creo que…	Pero, ¿qué dices?
Estoy completamente de acuerdo.	¡Qué barbaridad!
Me sorprende que creas eso.	Tienes toda la razón.

1. No es prudente salir con una persona que siempre coquetea con otras.
2. Es natural sentirse enojado/a si alguien lo/la deja plantado/a.
3. Es esencial hacer todo lo posible para no divorciarse nunca.
4. Una amistad entre personas sin intereses similares es imposible.
5. No es una buena idea casarse con una persona súper guapa.
6. Enamorarse de una persona de otro país es meterse en líos.
7. Las personas apasionadas con su trabajo o con otra cosa que las absorbe no hacen buenos amigos.
8. Sería genial conocer a la futura pareja a través del Internet.
9. Ser fiel a su pareja es lo más importante en una relación amorosa.

¿Por qué tendrá esta pareja problemas sentimentales?

B. Problemas sentimentales En parejas, terminen las oraciones en el pasado para dar más información sobre los problemas presentados.

1. Mi nueva relación sentimental es muy tempestuosa. La semana pasada, tres veces…
2. No tengo equilibrio en mi vida. Mi novio dice que trabajo demasiado. Por ejemplo, anteayer,…
3. Mi novio es súper guapo. Yo soy celosa y me pongo rabiosa cuando las otras mujeres lo miran. Por ejemplo, el día de mi cumpleaños…

(continúa)

4. Estoy muy enojada con mis amigos porque dicen que merezco un novio más sensible. Ellos lo odian porque una vez…

5. Estoy apenado/a porque después de un largo noviazgo, me di cuenta de que mi pareja no es mi media naranja. Lo sé porque…

6. La amistad más importante en mi vida ha sido con mi vecino, David. Nos conocimos cuando teníamos ocho años. El problema es que mi nuevo novio no cree que sea posible tener un amigo del sexo opuesto. La última vez que David me saludó con un beso, mi novio…

C. **Preguntas personales** En parejas, contesten las preguntas que están en las páginas siguientes, utilizando palabras del **Vocabulario del tema.** Mientras escucha a su compañero/a, reaccione con algunas expresiones de **Para conversar mejor.** Luego, deben compartir con la clase lo que cada uno/a averiguó sobre su compañero/a.

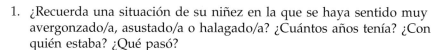

Para conversar mejor

¡Qué barbaridad!	¡Bárbaro!
¡Qué bueno!	¡Fenomenal!
¡Qué chévere/guay/padre!	¿De veras? ¿En serio?
¡Qué horror!	Sí, tienes razón.
¡Qué lío!	¿Tú crees?
¡Qué suerte!	(No) Estoy de acuerdo.
¡Qué vergüenza!	

PASADO

1. ¿Recuerda una situación de su niñez en la que se haya sentido muy avergonzado/a, asustado/a o halagado/a? ¿Cuántos años tenía? ¿Con quién estaba? ¿Qué pasó?

GUSTOS

2. ¿Qué actividades le apasionan a Ud.? ¿Cree que pasa demasiado o poco tiempo haciendo las actividades que le apasionan? Explique su opinión. ¿Ha formado amistades a través de esas actividades? Describa cómo son esas amistades.

REACCIONAR
RECOMENDAR

3. ¿Qué consejos le daría a un hombre cuya novia rompió con él a través del correo electrónico?

REACCIONAR
COMPARAR   RECOMENDAR   HIPÓTESIS

4. Haga una comparación entre el comportamiento de una pareja que tiene relaciones exitosas y una pareja que tiene relaciones dañinas. ¿Qué haría Ud. para no meterse en líos en sus propias relaciones sentimentales?

D. **¿Qué nos atrae?** Piense en su grupo de amigos íntimos. ¿Tienen todos personalidades semejantes? ¿Tienen Uds. los mismos intereses?

DESCRIBIR

Paso 1 Llene la siguiente tabla indicando con una X cuáles de los adjetivos se pueden aplicar a su propia personalidad y a la personalidad de su mejor amigo/a. Luego, indique cuáles de las actividades les interesan a Ud. y a su mejor amigo/a. Finalmente, añada algunas características y algunos intereses de Ud. y su mejor amigo/a que no aparezcan en la tabla.

CARACTERÍSTICAS			INTERESES		
ADJETIVOS	YO	MI MEJOR AMIGO/A	ACTIVIDADES	YO	MI MEJOR AMIGO/A
atrevido/a			chismear		
cómico/a			cocinar		
estudioso/a			hacer ejercicio		
fiestero/a			ir a los bares		
hablador(a)			ir de compras		
independiente			jugar videojuegos		
práctico/a			leer		
religioso/a			mirar deportes		
testarudo/a			mirar telenovelas		
tranquilo/a			tomar el sol		
¿ ?			viajar		
¿ ?			¿ ?		
¿ ?			¿ ?		

Paso 2 Ahora, calcule los resultados.

1. ¿Cuántas características tienen en común?
2. ¿Cuántos intereses comparten?
3. Comparta esta información con un compañero / una compañera de clase, explicándole por qué ha sido exitosa su amistad con su mejor amigo/a.

Paso 3 En grupos de tres, compartan los resultados y comenten las siguientes preguntas.

1. ¿Cree Ud. en la idea de que los polos opuestos se atraen?
2. ¿Pueden ser exitosas las relaciones entre personas muy diferentes?
3. En una amistad duradera, ¿qué es más importante: poseer características personales similares o compartir muchos intereses?
4. ¿De qué manera puede una pasión interferir en las relaciones interpersonales?
5. ¿Conoce Ud. a alguien que tenga una pasión que lo/ la haya alejado (*has distanced him/her*) de sus amigos o familiares?

Imagínese la siguiente situación: Varios chicos están reunidos en un lugar público, charlando.[1] De repente, ven pasar un coche descapotable,[2] último modelo, de una buena empresa[3] automovilística. Uno de los chicos exclama: «¡Vaya máquina!» Ahora tenemos una situación similar, pero esta vez los chicos ven pasar a una chica muy guapa y no pueden evitar un comentario: «¡Vaya monumento!» Estos chicos acaban de piropear a una joven atractiva.

El piropo es una forma de expresión muy hispana que los chicos usan normalmente para halagar a las chicas. Cuando los piropos son alabanzas discretas, cuando tienen gracia[4] y son inofensivos, pueden ser bien recibidos por las chicas. Por desgracia, las cosas que se dicen no siempre son un modo inocente de coqueteo. Es posible que reflejen el mal gusto y la grosería de quien las dice y, por lo tanto, pierden su validez como piropos y pasan a ser algo diferente y desagradable. Cuando esto ocurre, la reacción de la chica será de disgusto y rechazo.

A algunas mujeres hispanas les puede agradar que las piropeen por la calle, siempre que se trate de un verdadero piropo y no de una barbaridad obscena. Es indudable que hasta los piropos más simpáticos implican una coquetería «sensual», pero cuando un chico traspasa los límites permitidos ya no se trata de un sencillo piropo, sino de una agresión que nunca será bien recibida.

[1]hablando [2]*convertible* [3]compañía [4]tienen... *they're charming*

Preguntas

1. En grupos de tres, comenten la costumbre de piropear a las mujeres. ¿Son sexistas los piropos?

2. ¿Piensan que a los hombres les gustaría escuchar piropos sobre su aspecto físico mientras caminan por la calle? Expliquen.

Actividad

En grupos de tres, lean los siguientes piropos e indiquen cuál es el más cursi, el más romántico, el más poético y el más tonto.

1. Si yo fuera pintor, te haría un retrato y lo llamaría *Perfección.*

2. Quisiera ser lluvia para caerte encima.

3. ¡Tantas curvas y yo sin frenos (*brakes*)!

4. Si mi corazón volara, tu alma sería mi aeropuerto.

5. Estoy buscando diosas (*goddesses*) para una nueva religión y acabo de elegirte a ti.

6. Beyoncé es una bruja (*witch*) junto a ti.

7. Eres mi príncipe y siempre lo serás, y yo tu princesa hasta la eternidad.

8. Quisiera ser gato para vivir siete vidas a tu lado.

E. **Problemas repentinos** Entre todos, revisen los siguientes problemas y hagan una lista de las palabras nuevas de este capítulo y de los capítulos anteriores que los ayuden a conversar con facilidad sobre cada uno. Después, en parejas, preparen un diálogo espontáneo sobre cada problema repentino.

1. Un novio / Una novia mandó una tarjeta virtual (o flores virtuales) para el Día de San Valentín a través del Internet en vez de una tarjeta convencional o flores de verdad. Su pareja está furioso/a y él/ella no comprende su reacción.

2. Una persona acaba de conocer a un hombre / una mujer a través del Internet. Su mejor amigo/a es muy cauteloso/a y cree sin la menor duda que no es prudente salir con esa persona, pero la primera persona está segura de que esa persona es su media naranja.

Puntos clave

Reacciones y recomendaciones

En esta sección del capítulo, Ud. va a practicar las reacciones y recomendaciones. Para hacerlo bien, hay que utilizar las estructuras gramaticales (los puntos clave) de la siguiente tabla que pertenecen a la meta comunicativa. Antes de continuar, estudie las explicaciones de estas estructuras gramaticales en las páginas verdes (310–355) que están al final del libro.

LA META COMUNICATIVA DE ESTE CAPÍTULO		
ICONO	**META COMUNICATIVA**	**PUNTOS CLAVE**
REACCIONAR **R** RECOMENDAR	Reacciones y recomendaciones	• el subjuntivo en cláusulas nominales • los mandatos

A. El subjuntivo Las estudiantinas son grupos de jóvenes universitarios que pasean por la ciudad de noche, vestidos de trovadores medievales, cantando canciones tradicionales y serenatas románticas. La costumbre empezó en España en el siglo XIII e inmigró a las Américas. Además de ser una gran diversión, es una buena manera de ganarse un poco de dinero para los gastos de la universidad. Lea la siguiente historia sobre unos futuros tunos (*miembros de una estudiantina*) y llene los espacios en blanco con la forma apropiada de los verbos que están entre paréntesis.

Una estudiantina en Hacienda de los Santos Álamos, México

Beto y su amigo, Esteban, quieren ser músicos en una estudiantina de su universidad. Esperan que _____[1] (ser) una buena manera de ganar dinero y de conocer a muchachas. Pero la madre de Beto no quiere que él _sea_[2] (ser) parte de la estudiantina hasta el año que viene porque teme que _interese_[3] (interesarse) demasiado por la música y que no _haga_[4] (hacer) su tarea. Sus hermanos mayores fueron tunos y desean que Beto _siga_[5] (seguir) la tradición familiar. Pero su madre sabe que es muy posible que el benjamín de la familia _se meta_[6] (meterse) en líos. Los hermanos creen firmemente que Beto _puede_[7] (poder) aprender a encontrar un buen equilibrio entre sus estudios y la música. Además, ellos saben que su amigo, Esteban, es un estudiante muy serio y esperan que _ayude_[8] (ayudar) a su hermano menor a organizar su tiempo. ¡Ojalá que su madre _escuche_ (escuchar) a sus hijos mayores!

B. Los mandatos Beto y Esteban ya son tunos. Complete las siguientes oraciones con los mandatos que les da el director de la estudiantina. Como el director es también estudiante, utilice la forma informal del imperativo.

1. «Beto, _haz_ (hacer) la tarea antes de practicar con la estudiantina. No _pospongas_ (posponer) el trabajo.»

2. «Esteban y Beto, _diviértanse_ (divertirse) durante sus presentaciones pero no _____ (coquetear) tanto con las muchachas del público.»

3. «Beto, _ven_ (venir) a la plaza para tocar a las 10:00 de la noche. No _llegues_ (llegar) tarde.»

4. «Muchachos, _practiquen_ (practicar) sus instrumentos todos los días. No _se olviden_ (olvidarse) de su compromiso con la estudiantina.»

Las siguientes expresiones le pueden servir para expresar sus sentimientos y sus opiniones. ¿Cuáles de ellas requieren el subjuntivo?

PARA ALABAR

Es impresionante que…	*It's impressive/awesome that . . .*
Estoy orgulloso/a de que…	*I'm proud that . . .*
Estoy súper contento/a de que…	*I'm super-happy that . . .*
Me alegro de que…	*I'm glad that . . .*
Qué bueno que…	*How great that . . .*

PARA QUEJARSE

¡Esto es el colmo!	*This is the last straw!*
Estoy decepcionado/a de/porque…	*I'm disappointed by/because . . .*
No me gusta que…	*I don't like it that . . .*
Ya estoy harto/a (de que…)	*I'm fed up already (that) . . .*
Ya no puedo soportarlo/la más.	*I can't stand it/him/her anymore.*

PARA PEDIR PERDÓN

Lo siento mucho.	*I'm very sorry.*
Mil disculpas/perdones.	*A thousand pardons.*
Perdón, me equivoqué.	*Sorry, I made a mistake.*
Se me olvidó por completo.	*I totally forgot.*
Siento que…	*I'm sorry that . . .*

PARA ENFATIZAR UNA RESPUESTA NEGATIVA

Me importa tres narices / un pepino.	*I couldn't care less.*
¡Ni hablar!	*No way!*
Ni se te ocurra. / Ni lo pienses.	*Don't even think about it.*
¡Ni soñarlo!	*In your dreams!*

PARA REACCIONAR ANTE UNA SITUACIÓN

No es para tanto.	*It's not such a big deal.*
¡Qué cara tiene!	*What nerve he/she has!*
¡Qué chévere/guay/padre!	*How cool!*
¡Qué horror!	*How awful!*
¡Qué vergüenza!	*How embarrassing!*

ACTIVIDADES

REACCIONAR

R

RECOMENDAR

Las siguientes actividades le darán la oportunidad de practicar la expresión de reacciones y recomendaciones. Recuerde que debe usar el subjuntivo en la mayoría de los casos y a veces los mandatos.

A. Una visita a Guanajuato   Imagínese que Ud. conoce Guanajuato muy bien y unos amigos van a estudiar allí el semestre que viene. Haga comentarios sobre la ciudad completando las siguientes oraciones con la cláusula más apropiada. Luego compare sus respuestas con las de un compañero / una compañera. ¿Es posible que los dos estén correctos? Explique la razón por la cual su respuesta es correcta.

Dudo que	Espero que	Recomiendo que
Es alucinante que	Estoy seguro/a de que	Sé que
Es posible que	Me gusta que	Sugiero que
Es una lástima que	Ojalá que	Temo que

Varias personas construyen altares para el Día de los Muertos en la Universidad de Guanajuato.

1. _____ hay muchos estudiantes internacionales en Guanajuato.
2. _____ visiten el museo de la Momias y la casa natal de Diego Rivera.
3. _____ coman en el restaurante Trucha 7. El ambiente es fantástico.
4. _____ las enchiladas mineras son deliciosas y los postres también.
5. _____ haya muchos turistas durante los festivales.

6. _____ puedan escuchar la música de la estudiantina los fines de semana.

7. _____ traten de comprar entradas para el festival «El Cervantino» pronto. Es muy popular.

8. _____ puedan asistir a muchos conciertos en el Teatro Juárez.

9. _____ sea posible conseguir una habitación cerca del centro durante la celebración del Día de los Muertos.

10. _____ se enamoren de esta ciudad porque es muy romántica.

REACCIONAR
R
RECOMENDAR

B. Algunas situaciones delicadas Trabaje con un compañero / una compañera. Hagan un diálogo para las siguientes situaciones usando las expresiones útiles en la página 123. Luego, añadan su opinión sobre cada situación.

1. Dos novios discuten en una fiesta porque la novia piensa que el novio está coqueteando con otra mujer.

   EL NOVIO AVERGONZADO: Perdóname, mi amor. Siento que…

   LA NOVIA CELOSA: ¡Esto es el colmo! Estoy harta de que…

   ¿Creen Uds. que la novia debe perdonar a su novio? Expliquen.

2. Una madre se queja porque su hija y su nuevo novio se besan en público constantemente.

   LA MADRE ESTRICTA: Es preocupante que Uds.… Y estoy decepcionada porque…

   LA HIJA EGOÍSTA: No es para tanto, mamá. Me importa un pepino que…

   ¿Creen Uds. que la madre tiene una preocupación razonable? Expliquen.

3. Dos amigas discuten porque una deja plantada a la otra constantemente. Lo acaba de hacer por tercera vez este mes.

   LA AMIGA HARTA: ¡Ya no puedo soportarlo más! Me molesta que… Tienes que…

   LA AMIGA DESPISTADA: Se me olvidó por completo. Siento que… Pero espero que…

   ¿Creen Uds. que esta amistad va a durar mucho más? Expliquen.

4. Un padre y su hijo hablan de su nueva hermanastra (una niña muy habladora) y de cómo los dos se llevan bien y lo bueno que es que el hijo trate de acostumbrarse a su nueva familia.

   EL PADRE CARIÑOSO: Estoy muy orgulloso de que… y espero que…

   EL HIJO DULCE: A veces me vuelve loco porque habla por los codos, pero me alegro de que… y sé que es importante que…

   ¿Es normal que los hermanastros se llevan bien? Expliquen.

C. El Callejón del Beso

Paso 1 Hay muchas versiones de la leyenda del «Callejón del Beso», lugar de una historia romántica en la ciudad de Guanajuato, México. Trabajando en parejas, lean la siguiente versión y llenen los espacios en blanco con la forma apropiada del pretérito o del imperfecto (según el contexto) de los verbos que están entre paréntesis.

El Callejón del Beso, Guanajuato, México

Hace muchos años, en un pequeño callejón de la ciudad de Guanajuato, _____¹ (vivir) un matrimonio de dinero con su única hija, Carmen. Un día Luis, un minero pobre, _____² (ver) a Carmen en la iglesia y los dos _____³ (enamorarse). Los padres de Carmen _____⁴ (querer) que su hija se casara con un español rico y por eso _____⁵ (oponerse) definitivamente a las relaciones entre los jóvenes. Pero Luis y Carmen _____⁶ (quererse) desesperadamente y a pesar de las amenazas^a de su padre, Carmen _____⁷ (salir) al balcón de su cuarto que daba al balcón del cuarto de Luis al otro lado del callejón y así los jóvenes enamorados _____⁸ (pasar) horas hablándose.

Una noche el padre de Carmen los _____⁹ (ver) besándose desde un balcón al otro y _____¹⁰ (ponerse) tan rabioso que _____¹¹ (jurar) matar a Carmen si volvía a verla con Luis. Pero Carmen _____¹² (estar) tan enamorada de Luis que no _____¹³ (poder) soportar la separación y _____¹⁴ (volver) al balcón y a las charlas románticas. Unas semanas después, el padre de Carmen _____¹⁵ (entrar) al cuarto de su hija mientras ella _____¹⁶ (hablar) con Luis desde su balcón y en una furia _____¹⁷ (matar) a su única hija con una daga.^b Luis no _____¹⁸ (poder) vivir sin el amor de Carmen y, desesperado, _____¹⁹ (suicidarse) tirándose desde la boca de la mina donde trabajaba.

Hoy en día, según la leyenda, si dos enamorados se besan con amor en el tercer escalón^c del mismo callejón, tendrán quince años de buena fortuna. Pero si pasan sin darse un beso, tendrán siete años de mala suerte.

^a*threats* ^b*dagger* ^c*step*

Paso 2 En parejas, hagan mini-conversaciones como si fueran los protagonistas y las personas a su alrededor. Completen las oraciones para expresar sus deseos y opiniones. Usen su imaginación y el vocabulario nuevo de este capítulo cuando sea posible.

1. EL PADRE: No quiero que Luis…
   CARMEN: Pienso que…

2. LUIS: Es necesario que nosotros…
   CARMEN: Dudo que…

3. LA MADRE DE CARMEN: Temo que tu padre…
   CARMEN: Te pido que…

4. UN VECINO RICO: Estoy seguro de que…
   SU HIJA, UNA AMIGA DE CARMEN: Ojalá que…

REACCIONAR

R

RECOMENDAR

Paso 3   Para una revista de Internet dedicada a estudiantes universitarios, escriba un artículo sobre un lugar romántico o una leyenda romántica de su ciudad o su ciudad universitaria. Describa el lugar o la historia con detalle e incluya tres reacciones o recomendaciones.

P

PASADO

D. Una noche desilusionante

Paso 1   En parejas, miren los siguientes dibujos y comenten lo que les pasó a Diego y Cristina la semana pasada.

Paso 2   ¿Qué consejos le daría a Cristina el día después de que Diego la dejó plantada? En parejas, preparen un diálogo en el cual un amigo/ una amiga le da consejos y Cristina reacciona.

Lugares fascinantes

México

La Basílica de Nuestra Señora de Guanajuato

1. **Guanajuato**   Esta ciudad al norte de la capital es un lugar muy romántico donde hay algo para todos los gustos. Al entrar en la ciudad, uno cree que ha regresado en el tiempo, por la bella arquitectura colonial. Uno de los atractivos de la ciudad son las tradicionales estudiantinas: grupos de jóvenes estudiantes que se pasean por la ciudad de noche, vestidos de trovadores medievales, cantando serenatas para ganar dinero. Llevan grupos de turistas por las calles empedradas contándoles leyendas de la ciudad, como la del Callejón del Beso.[1] Otros atractivos de Guanajuato son el Museo de Diego Rivera, que está en la casa donde nació el artista, y el Teatro Juárez, considerado uno de los mejores de México. Cada año el Festival Internacional Cervantino atrae a artistas, músicos, bailarines, actores, cantantes y más de 150.000 visitantes

[1]Callejón... Véase la página 126.

de todas partes del mundo. Para las personas con gustos más macabros, hay que ver el Museo de las Momias. En Guanajuato, los cadáveres se momifican de forma natural a causa de los minerales que existen en la tierra y el agua que bebe la gente. Cuando las familias de los muertos no pueden pagar el cementerio, los cuerpos momificados se instalan en el Museo de las Momias.

El Zócalo en México, D.F.

2. **México, D.F.[2]** Esta megaciudad, con más de 20 millones de habitantes, es la capital del país y una de las ciudades más grandes del mundo. Fue construida simbólicamente encima de Tenochtitlán, la antigua capital de los aztecas, cuyas ruinas no se encontraron sino hasta el siglo XX, durante las excavaciones para la construcción del metro. El D.F., como la conocen los mexicanos, siempre ha sido el centro político y cultural del país. Es una ciudad con muchos lugares públicos para pasearse, como el Parque Alameda, el Zócalo y el Parque de Chapultepec, donde muchas familias pasan sus días libres. También están los famosos canales de Xochimilco. Hace siglos, sus canales interminables formaban una parte importante del comercio de la ciudad. Hoy en día, los canales, con sus trajineras[3] adornadas de flores, le ofrecen a todo el mundo una manera agradable de disfrutar de la naturaleza y uno de los sitios más pintorescos del Distrito Federal. Igual que muchas ciudades latinoamericanas, el D.F. es un lugar donde coexiste lo viejo con lo moderno. Hay elegantes casas coloniales, iglesias barrocas y rascacielos que sirven de testigos de la larga historia de la ciudad. Una de las joyas del D.F. es el Museo Nacional de Antropología, cuyos edificios hospedan tesoros de las culturas indígenas del país.

«El castillo», la gran pirámide de Chichén Itzá

3. **Yucatán** Muchos conocen este lugar sobre todo por sus bellas playas, como las de Cozumel y Cancún. Por las aguas cristalinas del Caribe, son lugares ideales para hacer snorkling o bucear. Sin embargo, la Península de Yucatán contiene otros tesoros importantes. Cuna[4] de la civilización maya, allí se encuentran algunas de las ruinas precolombinas más importantes del continente americano, como las de Chichén Itzá. Chichén Itzá fue un centro religioso de los mayas. El templo mayor da evidencia de los avances de los mayas en la arquitectura, las matemáticas y la astronomía. En el equinoccio de primavera (el 21 de marzo) el juego de luz solar en las crestas de la escalera norte crea la ilusión de que una serpiente desciende hacia el pie de la pirámide. Este efecto les indicaba a los mayas que era hora de sembrar[5] el maíz. En contraste, en el equinoccio de otoño (el 21 de septiembre), el ascenso de la serpiente indicaba el inicio de la cosecha.[6] Actualmente, todos los años hay grandes festivales en estas fechas para celebrar el inicio de la primavera o

[2]D.F. = Distrito Federal = *Mexico City*   [3]*decorative boats for hire*   [4]*Cradle*   [5]*sow*   [6]*harvest*

la llegada del otoño. Gente de todas partes del mundo llega para conectarse con la espiritualidad del lugar.

La Guelaguetza

4. **Oaxaca** La ciudad de Oaxaca es una de las más diversas y bellas de la República mexicana. Su impresionante Jardín Etnobiológico muestra la diversidad biológica y étnica de este estado al sur de la capital. Cerca de Oaxaca se encuentra la zona arqueológica de Monte Albán, donde los zapotecas construyeron su ciudad sagrada —aún muy bien preservada— alrededor del año 500 a.c.[7] En la ciudad de Oaxaca, la herencia de las culturas prehispánicas se nota todos los días en su cocina, su música y la alegría y colorido de sus fiestas, calles y mercados. El Zócalo es el centro de la vida oaxaqueña, con sus mercados al aire libre, sus iglesias coloniales, sus puestos llenos de tejidos y artesanías, y sus cafés y restaurantes. Entre las comidas y bebidas típicas están los chapulines[8] fritos, varios moles,[9] el mezcal y el café de olla, hervido con canela y caña de azúcar. Cada julio, durante dos semanas, esta ciudad de 200.000 habitantes se inunda con más de 50.000 personas que vienen a participar en la Guelaguetza. En esta gran fiesta relacionada con el ciclo agrícola, los indígenas de las siete regiones del estado hacen demostraciones de la música y baile de su región y hacen ofrendas de productos típicos de su tierra.

[7]«Antes de Cristo»   [8]*grasshoppers*   [9]*flavorful sauces*

¡Viaje conmigo a México!

Vea el vídeo para saber lo que Gabriela les mandó a Javier y Sara sobre su viaje a México.

Video footage provided by

B B C Motion Gallery

ACTIVIDADES

A. En parejas, contesten las siguientes preguntas sobre los cuatro lugares fascinantes.

1. ¿Por qué es Guanajuato un buen lugar para una luna de miel?
2. ¿Cuáles son algunas de las atracciones turísticas en Guanajuato?
3. ¿Por qué se considera la Ciudad de México una megaciudad?
4. ¿Qué fue Tenochtitlán y cuál fue su importancia? ¿Se puede visitar hoy en día?

(continúa)

5. ¿Por qué se considera el Museo Nacional de Antropología una de las joyas más interesantes del D.F.?

6. ¿Por qué le interesaría a un arqueólogo visitar Yucatán?

7. ¿Cuáles son dos de los lugares en Oaxaca que le interesaría visitar y dos comidas o bebidas que le gustaría probar?

8. ¿Qué es la Guelaguetza?

B. Localice los cuatro lugares fascinantes de México en el siguiente mapa y póngale a cada uno un número del 1 (el más interesante) al 4 (el menos interesante) para indicar el grado de interés que Ud. tiene en visitar estos lugares. Luego, turnándose con un compañero / una compañera, explique por qué a Ud. le interesa más el número 1 y por qué le interesa menos el número 4. Haga por lo menos tres comparaciones entre los dos lugares cuando presente su explicación.

C. Ahora que Ud. ha leído sobre los lugares y ha visto el videoblog de Gabriela, escriba un relato sobre un viaje imaginario que Ud. haya hecho con su novio/a a uno de los lugares fascinantes de México. Describa lo que hicieron y explique por qué siguen siendo pareja o por qué han roto. Siga el siguiente bosquejo.

> Nuestro viaje a _____ fue _____.
> Primero... , Luego... , Más tarde... , Finalmente... (narración en el pasado con cuatro verbos en el pretérito y cuatro en el imperfecto)
> Nos encantó / Nos encantaron...
> Durante el viaje me di cuenta de que él/ella...
> Al final de diez días juntos, decidimos que nuestra relación...
> Si una pareja piensa ir a México para su luna de miel, (no) recomiendo que... porque...

A. Lluvia de ideas En grupos pequeños, trabajen juntos para generar ideas para una historia de amor que cada uno de Uds. va a escribir como composición.

1. **¿Dónde?** Hagan una lista de cinco lugares posibles donde pueda empezar la acción de su cuento.

2. **¿Quién(es)?** Luego, hagan una lista de cinco personas que puedan formar parte del conflicto entre los amantes de su historia.

3. **¿Qué pasó?** Finalmente, hagan una lista de cinco situaciones que puedan utilizar en la trama de su historia.

B. Composición: Narración en el pasado Escoja un lugar, una persona y una trama para su historia de amor. Siga el bosquejo.

1. escoger un título intrigante

2. escribir un párrafo introductorio explicando dónde se conocieron los amantes de su historia de amor

3. describir a los amantes con muchos detalles, su apariencia física y sus sentimientos

4. explicar cómo la entrada de una tercera persona complica la vida de los amantes

5. escribir una conclusión describiendo cómo terminó la historia

C. Diálogo Lea la historia de amor de un compañero / una compañera y luego preparen Uds. un diálogo entre una de las personas de cada historia (la suya y la de su compañero/a) en el que cuenten lo que ha pasado un año después.

Hablando del tema

SÍNTESIS

Antes de empezar a conversar con sus compañeros de clase sobre los siguientes temas, prepare una ficha para la conversación, otra para el debate y otra para la reacción ante la cita.

A. Conversación: Las amistades íntimas Revise las expresiones en **Para conversar mejor.** Luego, en parejas o grupos de tres, conversen sobre los siguientes puntos.

Para conversar mejor

Al principio pensaba que…	No hay ninguna duda que…
Creo que…	Nos conocimos en….
En nuestro caso…	Es evidente que…
Fue alucinante/chistoso cuando…	Teníamos… en común.

- Describa una de sus amistades más íntimas. ¿Qué intereses comparte con su amigo/a?
- ¿Cómo se conocieron Uds.?
- Haga una comparación entre sus propias características personales y las de este amigo íntimo / esta amiga íntima.
- ¿Qué recomienda Ud. que hagan los demás para establecer y fomentar relaciones íntimas y duraderas?

B. Debate: Cómo conocer a su media naranja Revise las expresiones en **Para debatir mejor.** Después, prepare tres argumentos a favor y tres en contra del uso del Internet para conocer a su media naranja. Luego, presente sus argumentos en un debate. No sabrá qué lado tendrá que defender.

Para debatir mejor

A FAVOR	EN CONTRA
Así es.	De ninguna manera.
Exacto.	Lo siento, pero…
Podría ser.	No sabes lo que dices.
Tienes razón.	Temo que estés equivocado/a.

Hoy en día, si Ud. no quiere buscar pareja en un bar o someterse a citas a ciegas, conocer a una persona genial a través del Internet es una buena opción. Puede saber de antemano (beforehand) cómo es su aspecto físico, cuáles son sus intereses y cómo es su personalidad.

Para muchos solteros, con el ritmo de vida tan acelerado que llevan, conocer a su pareja a través de un servicio del Internet es una pérdida de tiempo. Las citas rápidas (speed dating) les dejan conocerse cara a cara y saber inmediatamente si hay química o no.

C. Reacción: Ciertas diferencias no son posibles Revise las expresiones en **Para reaccionar mejor.** Luego, reaccione ante la cita siguiente. Añada razones que apoyen sus opiniones.

Para reaccionar mejor

Creo/Opino/Supongo que…   Es poco probable que…
Es bueno/malo que…   Es posible que…
Es difícil que…   Es verdad que…

Me sería imposible casarme o tener una amistad íntima con una persona de otro partido político.

El Callejón del Beso (*Guanajuato, México*)

D. Volver a considerar En esta parte del **Capítulo 3,** Ud. exploró los temas de las pasiones y las relaciones sentimentales. En parejas, contesten las siguientes preguntas. Noten cómo ha mejorado su habilidad de expresarse sobre estos temas.

- ¿Qué nos atrae de otra persona?
- ¿Qué hace que las relaciones sentimentales sean duraderas o pasajeras?
- ¿Cuáles son las emociones que surgen en las relaciones humanas?
- En el cuadro, se representa el amor prohibido. Hoy en día, ¿es fuerte la influencia de los padres en los hijos cuando estos escogen su pareja?

SÍNTESIS

E. *El Callejón del Beso* En parejas, hablen del cuadro con todos los detalles posibles, tratando de utilizar todas las metas indicadas.

DESCRIBIR COMPARAR REACCIONAR RECOMENDAR GUSTOS PASADO FUTURO

PARTE B

La pasión en la historia y arte de México

Puntos clave

SÍNTESIS

Temas centrales
- la Revolución mexicana
- las relaciones sentimentales
- las luchas apasionadas reflejadas en el arte

Sueño de una tarde dominical en la Alameda Central, *de Diego Rivera* (1886–1957)

En esta parte del **Capítulo 3,** Ud. va a explorar el tema de la pasión en la historia y el arte de México.

Preguntas para considerar

- ¿Es importante saber algo de la historia de nuestros vecinos del sur?
- ¿Quiénes son los mexicanos famosos que Ud. ha conocido en otros cursos que ha tomado?
- ¿Ha visto algunas películas sobre México que le han dado una idea de cómo es la cultura, la historia o la gente mexicana? Explique.
- En el mural reproducido en esta página se ven reflejados muchos de los temas que le importaban a Diego Rivera. ¿Puede identificar tres de sus temas predilectos: Frida Kahlo, la gente indígena y las calaveras (esqueletos) de José Guadalupe Posada?

detenidamente

Diego: Su tienda, Tesoros

Situación: Para su programa de radio, Sara entrevista a Diego sobre su tienda, Tesoros. Lea el diálogo y conteste las preguntas que lo siguen. **¡OJO!** Preste especial atención al uso del vocabulario nuevo **en negrita**.

Un folleto de Tesoros

SARA: Cada vez que entro en Tesoros, me da la sensación de haberme transportado a México.

DIEGO: Gracias, Sara, **me halaga** que alguien como tú se sienta así en mi tienda, porque esa es la atmósfera que quiero crear aquí. **Me apasiona** compartir el arte mexicano con mis clientes estadounidenses.

SARA: Lo **alucinante** es que haya tanta historia tras cada pieza. Hay cortinas de cuentas[1] con la cara de Pancho Villa, platos que representan diversos motivos del Día de los Muertos, CDs con corridos tradicionales de la Revolución mexicana, libros, carteles y carteras con imágenes de Frida Kahlo y Diego Rivera.

DIEGO: Bueno, no debe ser tan **sorprendente** que México tenga una historia **fascinante**. Lo que sí **me impresiona** es que se refleje tanto en el arte folclórico.

SARA: Tiene que ser **gratificante** poder compartir todo esto con la comunidad.

DIEGO: Por supuesto. Pero más que nada **me enorgullece** poder trabajar con artistas y artesanos de todas partes de México. Es un país tan grande y tan diverso. **Me entristece** ver la pobreza y la explotación sufridas por muchos mexicanos. Por eso, trabajamos directamente con artesanos locales y donamos[2] parte de nuestras ganancias a diferentes proyectos en ese país.

SARA: La verdad es que es **vergonzoso** que los estadounidenses no sepan más de la cultura de sus vecinos del sur. Veo que Tesoros colaborará con el Museo Mexic-Arte para ofrecer una serie de charlas sobre la cultura mexicana. ¿Nos puedes decir cuáles son los temas?

DIEGO: Claro que sí. Empezamos con una conferencia sobre la Revolución Mexicana y su influencia en el arte. Después, habrá una exposición de los grabados políticos de José Guadalupe Posada. Finalmente, **me alegro de** poder ofrecer una semana de presentaciones de diferentes grupos musicales —a mí me encantan los corridos y la música mariachi.

[1]*beads* [2]*we donate*

SARA: ¡Qué **emocionante**! Otro evento fantástico será la serie de cine, ¿no?

DIEGO: Sí, sí, Sara, gracias por recordármela. Empezamos con una película romántica ambientada durante la Revolución mexicana, *Como agua para chocolate*, basada en la novela *bestseller* de Laura Esquivel.

SARA: ¡Qué guay! No me quiero perder ninguna.

ACTIVIDADES

A. Comprensión   Conteste las preguntas según la entrevista.

1. ¿Por qué es interesante la tienda Tesoros?
2. ¿Por qué le gusta su negocio a Diego?
3. ¿Qué hace Diego para promover la cultura mexicana?

B. Twitter   Ud. acaba de entrar en la tienda Tesoros por primera vez. Escriba un *Tweet* de hasta 140 carácteres sobre sus impresiones.

MODELO: ¡Qué tienda más interesante! Todos deben visitarla. (51)

C. ¿Qué opina Ud.?   Indique si Ud. está de acuerdo o no con las siguientes afirmaciones. Luego, comparta sus respuestas con un compañero / una compañera.

	ESTOY DE ACUERDO.	NO ESTOY DE ACUERDO.
1. Yo sé mucho del arte y de la cultura de México.	☐	☐
2. He viajado a México.	☐	☐
3. Lo más interesante de México son sus playas.	☐	☐
4. Puedo nombrar tres artistas de México.	☐	☐
5. La celebración del Día de los Muertos me parece fascinante.	☐	☐
6. Le presto atención a lo que pasa en México porque afecta a este país.	☐	☐
7. Me gustaría oír la música mariachi.	☐	☐

D. Conversación   En parejas, contesten las siguientes preguntas. Expliquen sus respuestas y apóyenlas con ejemplos concretos.

1. ¿Qué aprendieron Uds. sobre México en la escuela secundaria?
2. Además de la comida mexicana, ¿qué otras muestras de la cultura mexicana hay en su ciudad?
3. ¿Cuántas de las siguientes personas mexicanas conocen? Expliquen por qué son famosos Pancho Villa, Frida Kahlo, Vicente Fox, el subcomandante Marcos, Salma Hayek, Luis Miguel, Jorge Ramos y otros.

Vocabulario del tema

Para describir las situaciones

alucinante	amazing
confuso/a	confusing
deprimente	depressing
emocionante	exciting
gratificante	gratifying
horripilante	horrifying
impresionante	impressive
inquietante	disquieting
preocupante	worrisome
relajante	relaxing
sorprendente	surprising
vergonzoso/a	shameful

Para hablar de las emociones*

alegrarse (de)	to be/become happy
apasionarse	to be/become passionate
avergonzarse (üe)	to be/become ashamed
confundirse	to be/become confused
deprimirse	to be/become depressed
emocionarse	to be overcome with emotion
enloquecerse	to go crazy
enorgullecerse (de)	to be/become proud
entristecerse	to become sad
entusiasmarse	to become enthusiastic
halagarse	to be/become flattered
impresionarse	to be/become impressed
sorprenderse	to be/become surprised
volverse loco/a	to go crazy

ACTIVIDADES

A. ¿Cómo se siente?

Paso 1 Lea las siguientes afirmaciones y escoja la palabra entre paréntesis que mejor indique su opinión. Luego, en parejas, expliquen sus sentimientos sobre esas afirmaciones y sobre las opiniones de su pareja.

Para conversar mejor

Desde mi punto de vista...	No estoy de acuerdo en absoluto.
En mi opinión... Yo creo que...	Pero, ¿qué dices?
Estoy completamente de acuerdo.	¡Qué barbaridad!
Me sorprende que creas eso.	

---

1. Estudiar la historia de las revoluciones mundiales es (deprimente / fascinante / horripilante).

2. El hecho de que muchos estadounidenses no saben mucho de la historia ni de la cultura de México es (sorprendente / vergonzoso / preocupante).

3. Diego trata de crear una atmósfera auténtica en Tesoros con miles de piezas de arte mexicano. Para sus clientes la cantidad de artefactos, joyas, CDs y carteles debe ser (confusa / emocionante / impresionante).

(continúa)

---

*Most of these verbs in the reflexive refer to a process of *becoming* X; however, sometimes they are best expressed in English by the phrase *to be* X. These verbs can also be conjugated as verbs like **gustar,** with indirect object instead of reflexive pronouns. Compare the following examples.

Me alegro de (*I am happy*) que vayas a la fiesta. (reflexive)
Me alegra (*It makes me happy*) que vayas a la fiesta. (like **gustar**)

4. Hay hombres y mujeres de negocios que pagan muy poco por las artesanías mexicanas que venden a precios altos en los Estados Unidos. Esta práctica es (inquietante / normal / vergonzosa).

5. La cantidad de horas que algunos artesanos meten trabajando en una obra que luego tienen que vender por poco dinero es (deprimente / gratificante / sorprendente).

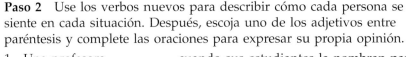

Paso 2 Use los verbos nuevos para describir cómo cada persona se siente en cada situación. Después, escoja uno de los adjetivos entre paréntesis y complete las oraciones para expresar su propia opinión.

1. Una profesora _____ cuando sus estudiantes la nombran para recibir el premio de mejor profesor. Es (lógico / bueno / emocionante) que…

2. Los novios _____ cuando sus amigos los ven besándose. Es (chistoso / sorprendente / normal) que…

3. Los padres _____ cuando sus hijos sacan notas sobresalientes. Es (fantástico / buenísimo / lógico) que…

4. Los estudiantes _____ cuando su profesor habla muy rápido. Es (malo / inquietante / mejor) que…

5. Mi abuela _____ cuando no la llamo con frecuencia. Es (vergonzoso / normal / deprimente) que…

*Sara **se enoja** cuando Laura come la última galleta. Para Sara **es frustrante que** Laura siempre **coma** sus galletas.*

B. Mis reacciones emocionantes Termine las siguientes oraciones. Luego, explique su respuesta a un compañero / una compañera.

1. Me vuelvo loco/a cuando mi compañero/a de cuarto…

2. Me deprimo cada vez que…

3. En cuanto a mi vida este semestre (trimestre), me alegro de que…

4. Me emocioné la última vez que…

5. Siempre me entristezco cuando…

6. Me confundo cuando…

C. Un viaje a México

Paso 1 Mire los siguientes adjetivos y fíjese en la diferencia entre las terminaciones **-ado/a** (del participio pasado) y **-ante** o **-ente** y en los verbos que se usan en cada caso.

ESTAR		SER	
alucinado/a	*amazed*	alucinante	*amazing*
deprimido/a	*depressed*	deprimente	*depressing*
emocionado/a	*excited*	emocionante	*exciting*
fascinado/a	*fascinated*	fascinante	*fascinating*
impresionado/a	*impressed*	impresionante	*impressive*
preocupado/a	*worried*	preocupante	*worrisome*
relajado/a	*relaxed*	relajante	*relaxing*
soprendido/a	*surprised*	sorprendente	*surprising*

Paso 2 Marisol y Sean, los dueños de Ruta Maya, están pensando hacer un viaje a México para relajarse y escaparse de las presiones del negocio. Lea la información sobre los tres lugares que consideran visitar y después complete el diálogo con el mejor adjetivo. Haga los cambios necesarios para la concordancia. **¡OJO!** A veces hay más de una respuesta posible.

¡México lindo, México fascinante, México sorprendente!

Zitácuaro, Michoacán Más de 20 millones de mariposas monarca[1] emigran a Zitácuaro cada año para pasar el invierno. Debido a la cantidad enorme de mariposas, la tierra se convierte en una alfombra[2] multicolor mientras que las ramas[3] de los árboles se inclinan bajo su peso.

La Barranca del Cobre Este cañón, localizado en el estado de Chihuahua, es más profundo que el Gran Cañón en los Estados Unidos. Hay un tren que pasa por el cañón, desde el cual los turistas pueden apreciar unas vistas espléndidas. Durante los últimos 100 kilómetros de este viaje, el tren pasa por 39 puentes[4] y 86 túneles.

La Laguna Catemaco Esta es una laguna formada por el cráter de un volcán en el estado de Veracruz. En una de las islas, en el centro de la laguna, se encuentra un grupo de monos pescadores.[5] El área también es conocida por su festival de brujos, celebrado en el mes de marzo, conocido como «marzo mágico».

¡Visítenos hoy!

---

[1]mariposas… *monarch butterflies*   [2]*carpet*   [3]*branches*   [4]*bridges*   [5]monos… *fishing monkeys*

MARISOL: Últimamente me he sentido un poco _____.[1] Necesito unas vacaciones para levantarme el ánimo.

SEAN: ¡Qué buena idea! ¿Por qué no vamos a México? Queda cerca y los precios son buenos en esta época del año.

MARISOL: ¡Sí! Mira este folleto sobre las vacaciones en México. Zitácuaro me parece un lugar _____.[2] No puedo creer que haya tantas mariposas.

SEAN: Sí, me quedé _____[3] cuando leí que podían hacer que las ramas de un árbol se inclinaran bajo su peso, pero estoy más _____[4] con la idea de ir en tren por la Barranca del Cobre.

MARISOL: Es verdad que suena _____,[5] pero estoy _____[6] porque este tipo de viaje no me parece _____[7] y necesitamos descansar.

SEAN: En ese caso otro lugar muy tranquilo es la Laguna Catemaco. Los monos pescadores en Catemaco son _____[8] y el volcán debe ser _____.[9]

MARISOL: Bueno, estoy muy _____[10] con la posibilidad de ir a México, pero busquemos más información en el Internet antes de tomar una decisión.

SEAN: Está bien. Tienes razón.

REACCIONAR

R

RECOMENDAR

Paso 3   Complete las siguientes frases de manera original, usando la información sobre los tres lugares.

1. Me parece fascinante que…
2. Es alucinante que…
3. Es sorprendente que…

Paso 4   Imagínese que Marisol y Sean ya están en México pasándolo bien en uno de los tres lugares. Escríbales una tarjeta postal a los empleados de Ruta Maya como si Ud. fuera Marisol o Sean.

D. **¿Es posible salvar este matrimonio?**

Paso 1   Mire el dibujo de una pareja que lleva muchos años de casados. Son diferentes y tienen expectativas distintas de la vida romántica. Use las claves que están a continuación para describir a la pareja. Incluya muchos detalles en su descripción. Luego, compare sus respuestas con las de un compañero / una compañera.

DESCRIBIR

GUSTOS

REACCIONAR

RECOMENDAR

1. Don Nacho es… Siempre está… Por eso…
2. Doña Fermina es… En este momento está… Es obvio que…
3. A doña Fermina le gusta(n)… Le encanta(n)… Le fastidia que…
4. A doña Fermina le molesta que su esposo… Ella prefiere que… Sin embargo…
5. Para escaparse de su realidad, doña Fermina… Es triste que… Es mejor que…

Paso 2   Trabajando en parejas, imagínense que una persona es doña Fermina y la otra es don Nacho. Un consejero matrimonial les pide que terminen las siguientes frases.

1. Me emociono cuando Nacho/Fermina…
2. Me vuelve loco/a cuando Nacho/Fermina…
3. Me confundo cuando Nacho/Fermina…

Paso 3 Después de escuchar cómo Nacho y Fermina terminaron las frases en el **Paso 2,** dos consejeros se consultan sobre el caso. En parejas, terminen el siguiente diálogo.

CONSEJERO 1: Francamente es (deprimente, vergonzoso, preocupante, inquietante) que...
CONSEJERO 2: Estoy de acuerdo. Creo que es importante que ellos...
CONSEJERO 1: Dudo que Nacho...
CONSEJERO 2: Pero estoy seguro de que Fermina...
CONSEJERO 1: Para salvar su matrimonio, tienen que...

Puntos clave

En esta sección del capítulo, Ud. va a seguir practicando la reacción y la recomendación, pero trabajará con las otras metas comunicativas también. Antes de continuar, estudie las explicaciones de las estructuras gramaticales en las páginas verdes (310–355) que están at final del libro.

PRUEBA DIAGNÓSTICA

Paso 1 Lea sobre Salma Hayek y su rol de Frida Kahlo. Llene los espacios en blanco con la forma apropiada del verbo entre paréntesis.

Hace muchos años, cuando Salma Hayek _____ (oír) hablar del proyecto de hacer una película sobre la vida de Frida Kahlo, _____ (decidir) que _____ (querer) el rol. Pero en esos años todavía _____ (ser/estar) una actriz desconocida. Los directores le dijeron:

«Es necesario que nosotros _____ (encontrar) una actriz más famosa. Queremos que _____ (ser/estar) mayor que tú. Y además, dudamos que tu aspecto físico _____ (ser/estar) apropiado para este rol.» Pero años más tarde, Salma _____ (conseguir) el rol de Frida y también _____ (participar) en la producción de la película.

Para parecerse a Frida, Salma _____ (tener) que añadir dos rasgos característicos de la pintora: cejas unidas y bigotes. Los artistas de maquillaje siempre _____ (ser/estar) preparados para convertir a un actor en otra persona. Cuando Hayek _____ (aparecer) el primer día en el estudio, todos _____ (decir), «Es alucinante que una belleza como Salma _____ (poder) convertirse en Frida.»

Hayek espera que al ver la película *Frida*, los espectadores _____ (salir) con un aprecio por la pasión, el talento excepcional y la valentía de Frida Kahlo. Ojalá que también _____ (entender) mejor la importante época histórica en la que _____ (vivir) Frida Kahlo y Diego Rivera.

ACTIVIDADES

A. Una pareja famosa   Las tempestuosas pero apasionadas relaciones sentimentales entre Diego Rivera y Frida Kahlo son ya famosísimas. Se casaron, se separaron y se casaron de nuevo, pero las aventuras amorosas de los dos imposibilitaron su felicidad absoluta. Diego mismo admitió que cuanto más amaba a Frida más quería hacerle daño. Este conflicto se refleja a menudo en los cuadros de Frida.

Diego Rivera y Frida Kahlo

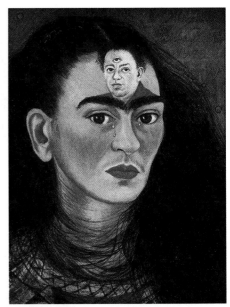

Diego y yo, de Frida Kahlo
(1907–1954)

Paso 1 Lea el artículo sobre cómo se enamoraron Diego y Frida. Haga un círculo alrededor de los verbos que están en el pretérito y subraye los que están en el imperfecto. Luego, con un compañero / una compañera, comente las razones posibles por las que se usaron esos tiempos verbales en cada caso.

¿QUÉ VIERON EL UNO EN EL OTRO? LA HISTORIA DE LA CHISPA¹ QUE INCENDIÓ ESTOS CORAZONES

La pintora mexicana Frida Kahlo se enamoró locamente del pintor Diego Rivera cuando apenas tenía 15 años. «Mi ambición es tener algún día un hijo de Diego Rivera», les dijo Frida a sus amigas. «Algún día se lo voy a hacer saber.»

Como Rivera estaba casado y tenía veinte años más que ella, Frida no llegó a conseguir su objetivo hasta siete años más tarde, cuando la voluntariosa¹ estudiante volvió a «la carga²»: fue a ver a Diego a la Escuela de Arte, lo hizo bajar de una enorme escalera desde la que trabajaba en un mural, le pidió opinión sobre sus pinturas... y el pintor se sintió muy intrigado por la atrevida chica que había sufrido un espantoso accidente y tenía una pierna destrozada, pero que tenía una cara exótica y bella y mostraba un espíritu indomable. Así fue como, ya divorciado y lleno de curiosidad por aquella mujer con quien «podía hablar de todos los temas de la Tierra», la empezó a cortejar,³ hasta que Guillermo Kahlo, el padre de Frida, decidió hablarle a Diego. «Mire, Rivera, quiero hacerle una advertencia. Mi hija Frida es una chica inteligente, pero... tiene un demonio oculto.⁴» A lo que el pintor contestó: «Yo lo sé, Sr. Kahlo, yo lo sé.» Kahlo respiró tranquilo: «Ah, qué bien Rivera, he cumplido con mi deber⁵ y ya me siento en paz habiéndole advertido.⁶» Y con esa semibendición del padre de Frida, la pareja contrajo matrimonio el 21 de agosto de 1929, sin que nunca Diego le hiciera la pregunta clave.

¹*willful*   ²*la... the task at hand*   ³*court*   ⁴*hidden*   ⁵*duty*   ⁶*warned*

Paso 2 Complete lo siguiente.

1. Después de haber visto la fotografía de Diego y Frida y el cuadro de Frida, y después de haber leído el artículo sobre los dos, describa la personalidad de Frida. Luego, haga una comparación de los atributos físicos de la pareja.

2. ¿Qué hizo Frida para que Diego se fijara en ella?

3. ¿Por qué cree Ud. que a Diego le interesó la joven artista?

4. En su opinión, ¿es posible que unas relaciones duren si un hombre tiene veinte años más que su esposa? ¿Por qué sí o por qué no?

OPTATIVO

5. Si su padre le dijera a su novio/a que Ud. es una persona encantadora pero que tiene problemas psicológicos, ¿cómo se sentiría? ¿Qué le diría a su padre?

Paso 3 Es el final del primer año de matrimonio de Diego y Frida. En parejas, la mitad de la clase completará las siguientes oraciones como si fuera Diego y la otra mitad como si fuera Frida. Después, compartan algunas de las oraciones.

1. A mí me apasiona…
2. Cada día, me alegra…
3. A mi esposo/a, le interesa…
4. A veces es preocupante que…
5. A mí me sorprende que…
6. Para nosotros es muy gratificante que…

B. Los polos opuestos

Paso 1 En parejas, imagínense que son los miembros de una de las siguientes parejas. Conversen entre sí, tratando de imponer sus ideas y ganar la discusión. Utilicen mandatos informales y expresiones como **Quiero que… , Espero que… , No me gusta que… , y Es ridículo que…** Añadan expresiones como **amor mío, cariño, mi cielo, querido/a,** etcétera. Después, su profesor(a) escogerá algunas parejas para presentar sus diálogos frente a la clase.

- Lola es una chica muy tiquismiquis. Su novio Miguel es muy atrevido. En un mercado de Oaxaca, Miguel compra chapulines (*grasshoppers*) fritos y quiere que Lola los pruebe.
- Catalina es una mujer culta y seria. Sale con Fernando por primera vez y se nota inmediatamente que él es muy chistoso y la hace reír mucho, pero a veces tiene ideas locas. Por ejemplo, Fernando quiere que los dos tomen clases de canto mariachi.
- Óscar es un chico reservado y muy cuidadoso con su dinero, hasta tacaño a veces. Su novia, Bárbara, es dulce, algo llamativa en su manera de vestirse y demasiado extravagante en cuestiones de gastar dinero. Bárbara quiere ir a un concierto de Julieta Venegas y llegar en limosina.

Paso 2 En grupos de tres, tomen turnos explicando lo que pasó en cada caso.

1. Ayer Lola probó chapulines fritos por primera vez…
2. Para sorprender a Catalina el día de su cumpleaños, Fernando compró clases privadas de canto mariachi para los dos…
3. Anoche Bárbara llegó al concierto en limosina…

C. La Malinche

Paso 1 Lea sobre la Malinche, una mujer indígena que vivió durante la época de la conquista de México. Con un compañero / una compañera, discutan por qué se usa el pretérito o imperfecto en cada caso de *letra cursiva*.

Quitlauhtique

La Malinche, *del lienzo* (linen) *de Tlaxcala*

La Malinche *fue* una de las figuras más intrigantes de la conquista de México. Malintzín, como *se llamaba* en lengua indígena, *era* una indígena que *fue* regalada al conquistador Hernán Cortés. Los españoles le *pusieron* el nombre doña Marina y Cortés le *casó* con uno de sus soldados. La Malinche *había sido* esclava de varios grupos indígenas y por eso *hablaba* múltiples idiomas del Valle de México. Por ella, los españoles *supieron* del gran imperio azteca, su emperador Moctezuma y su oro. También *fue* la amante de Cortés y juntos *tuvieron* un hijo. Por esta razón, se considera la madre simbólica del mestizaje (la mezcla de lo indígena y lo español). Pero también, muchos mexicanos la consideran una traidora (*traitor*), porque su trabajo como intérprete *facilitó* la conquista de los aztecas.

REACCIONAR

R RECOMENDAR **C** COMPARAR

Paso 2 «El malinchismo» es un término que comenzó a usarse en la segunda mitad del siglo XX cuando México empezó a modernizarse y a construir una nueva identidad nacional. Los mexicanos veían la proximidad de los Estados Unidos como una amenaza (*threat*) a su independencia política, económica y cultural. Un «malinche» era una persona que compraba productos estadounidenses o simplemente admiraba la cultura de los Estados Unidos. En la actualidad, se usa la palabra «malinchista» para referirse a «alguien que prefiere las cosas extranjeras». En ese sentido para muchos, la palabra *malinche* es todavía sinónima de «traidor».

En parejas, tomen el papel de un mexicano / una mexicana nacionalista y de un «malinchista». Túrnense en darle uno al otro un mandato informal negativo y un mandato informal afirmativo con respecto a cada tema. Añadan una comparación para reforzar su opinión. Sigan el modelo.

MODELO: Mirar telenovelas estadounidenses / mexicanas
No mires telenovelas estadounidenses, mira telenovelas mexicanas porque son más románticas que las telenovelas estadounidenses.

El nacionalista mexicano / La nacionalista mexicana

1. escuchar ópera / música mariachi
2. comer hamburguesas / enchiladas
3. poner en su casa un cuadro de Dalí / de Diego Rivera

El/La malinchista

4. comprar productos extranjeros / mexicanos
5. ver películas de Hollywood / de Alfonso Cuarón
6. hacer un viaje a Las Vegas / a Acapulco

D. *Como agua para chocolate*

Paso 1 Mire la foto y lea la reseña de esta película de México. Luego en grupos de tres, hablen de los elementos de la película que les interesen o que les aburran. ¿Les gustan las películas históricas? ¿Y las películas románticas? ¿Les interesa ver esta película? Expliquen.

Pedro y Tita

Basada en la exitosa novela de Laura Esquivel, *Como agua para chocolate* narra la vida de Tita, la menor de tres hijas, en una familia rural acomodada y tradicional, al comenzar la Revolución Mexicana. Como hija menor, a Tita le toca permanecer soltera y cuidar a su madre viuda, una mujer estricta y seca. El golpe más fuerte viene cuando Pedro, el gran amor de Tita, decide casarse con su hermana mayor, Rosaura, para así poder él vivir cerca de Tita. Tita sobrevive la desgracia, trabajando en la cocina, donde sus extraordinarias creaciones culinarias reflejan su estado emocional. Una fiesta lujosa para los ojos, esta bellísima película explora el papel tradicional de la mujer y el machismo de la sociedad tradicional mexicana, además de maneras de rebelarse en contra de aquellos. Al final, el enfoque central es el amor: ¿Cómo sobrellevará[1] Tita la traición de Pedro? ¿Encontrará el amor en algún momento?

[1]*will overcome*

Paso 2 En parejas, pongan en el pretérito o el imperfecto el verbo entre paréntesis. Después, terminen las oraciones, usando su imaginación.

1. Cuando Mamá Elena _____ (anunciar) que su hija menor no _____ (poder) casarse nunca, Tita _____ (deprimirse) porque _____ (ser/estar) enamorada de Pedro.

2. Cuando Pedro _____ (casarse) con Rosaura, Tita _____ (ponerse) triste porque _____ (sentirse) decepcionada con Pedro.

3. Rosaura y Pedro _____ (tener) un bebé y Tita lo _____ (cuidar) porque Rosaura no _____ (poder) producir leche. Tita _____ (querer) mucho al bebé porque _____ (ser/estar) el hijo de Pedro.

4. Cuando Mamá Elena _____ (empezar) a sospechar que Tita y Pedro _____ (tener) relaciones amorosas, _____ (mandar) a Pedro, Rosaura y al bebé a vivir en Tejas porque no _____ (querer) que Tita la abandonara.

5. A causa de su separación de Tita, el bebé _____ (morirse). Tita _____ (sentirse) muy mal y _____ (dejar) de hablar por muchos meses porque _____ (sentirse) profundamente apenada.

Paso 3 En parejas, den una reacción o una recomendación para cada oración.

1. Mamá Elena piensa que Tita no debe casarse nunca porque es la menor y tiene que cuidar a su madre en su vejez.

2. Pedro, el gran amor de Tita, decide casarse con su hermana mayor, Rosaura, para poder vivir cerca de Tita.

3. Tita cuida al bebé de Rosaura y Pedro porque Rosaura no puede producir leche.

4. Cuando Pedro, Rosaura y el bebé se mudan a Tejas, por su separación de Tita, el bebé se muere.

OPTATIVO

HIPÓTESIS

Paso 4 Con un compañero / una compañera, complete las oraciones.

Verbos útiles: **avergonzarse, enloquecerse, entristecerse, deprimirse, sorprenderse, volverse loco/a**

1. Si yo fuera Tita, no _____ (cuidar) a mi madre. De hecho, si yo _____ (ser) la hija menor de una familia tradicional,… porque…

2. Si _____ (ser) Rosaura, no _____ (confiar) en Pedro. Si mi hermana/o _____ (casarse) con mi novio/a,… ya que….

3. Si _____ (tener) una madre como Mamá Elena, _____ (tratar) de explicarle mi situación. Si mi madre _____ (querer) controlarme,… porque…

4. Si _____ (ser) Pedro, no me _____ (casar) con Rosaura. Si no _____ (poder) estar con la persona que amaba,… entonces…

FUTURO

Paso 5 En parejas, usen su imaginación para contestar las últimas dos preguntas de la reseña en la página 146. Escriban un párrafo sobre un futuro imaginario de Tita. Después, compartan sus historias con la clase.

Rincón cultural

Un artista hispano
José Guadalupe Posada

El artista mexicano José Guadalupe Posada nació en Aguascalientes en 1852. Desde muy pequeño le gustaba dibujar. A los 19 años hizo sus primeras caricaturas políticas para una revista local. En 1888 se marchó[1] a la capital, donde empezó a producir miles de grabados[2] que reflejaban los intereses, los miedos y la conciencia del pueblo mexicano.

Posada fue prolífico. Hizo más de 20.000 dibujos a lo largo de su vida. Gran parte de su obra artística se centra en «las calaveras[3]». En estas caricaturas, Posada capta un tema muy presente en la conciencia mexicana: la muerte. Sin embargo, sus calaveras no representan la muerte triste y solemne, sino

[1]se… se fue [2]*engravings* [3]*skulls*

Baile de las calaveras, *de José Guadalupe Posada*

Calavera Catrina *de José Guadalupe Posada*

la humanidad, la vanidad y la alegría de la vida. Creó miles de imágenes de gente humilde, políticos, revolucionarios, ricos y criminales haciendo todo tipo de actividades humanas. Posada documentó en sus grabados una gran variedad de escándalos, chismes, crímenes horribles y catástrofes naturales. A través de sus dibujos trazó una crítica social con sentido del humor. Entre sus calaveras más populares está la de *Don Chepito Marihuano*, un soltero de la clase alta, rico y ridículo. Los grabados de *Don Chepito* relatan una serie de aventuras de amor, peligro y violencia. Su comportamiento tiene que ver con su costumbre de fumar marihuana.

La calavera más famosa de Posada es la *Calavera Catrina*. Esta imagen de una mujer joven de la clase alta, con un sombrero elegante, se ha convertido en icono mexicano. Los grabados de Posada aparecieron en muchísimos periódicos: foro público donde la gente mexicana podía apreciar su arte. Por esta razón, para los muralistas Diego Rivera y José Clemente Orozco, Posada fue un precursor del movimiento nacionalista en el arte público. Diego Rivera dijo: «Analizando la obra de José Guadalupe Posada puede realizarse el análisis más completo de la vida social del pueblo de México.»

En el grabado *Baile de las calaveras*, se pueden ver todos los esqueletos coqueteando, bailando, bebiendo y cantando, replicando las mismas actividades que hacían en vida.

PREGUNTAS

1. ¿Qué tipo de arte hizo Posada? ¿Cuáles eran los temas más importantes para él?
2. ¿Qué tipo de figura usa para representar la muerte? ¿Cómo retrata esas figuras?
3. ¿Dónde publicaba su arte? ¿Por qué era bueno publicar su arte así?
4. ¿Por qué opinaba Diego Rivera que el arte de Posada es clave para realizar un análisis social del pueblo mexicano?

DESCRIBIR

ACTIVIDAD

La *Calavera Catrina* es un icono presente en muchos géneros del arte mexicano. Busque en el Internet los diferentes tipos de imágenes de calaveras que se ven durante la celebración del Día de los Muertos en México. Presente la imagen más interesante a la clase y comente las diversas expresiones artísticas que celebran en esta fiesta de los muertos.

La música mexicana

Los Tigres del Norte, tocando en Viña del Mar, Chile

¿Qué es la música mexicana? Muchas personas, al hablar de la música mexicana, piensan en los grupos de mariachis con sus trajes de charro, sombreros enormes y guitarras, trompetas y violines. Esta es ciertamente una de las formas de la música mexicana que ha penetrado en la imaginación popular estadounidense. Sin embargo, «mariachi» no se refiere a un estilo de música sino a un grupo de músicos que toca varios estilos de música de diferentes regiones de México. Cada estilo tiene su propio ritmo e instrumentos, además de su propio baile y traje típicos. También, la variedad de guitarras que se usan en la interpretación de la música mexicana es sorprendente, así como los diversos géneros musicales (la chilena, el gusto, la polka, el ranchero, el son, el huapango, el norteño) que, como joyas preciosas, forman una parte integral de la cultura mexicana. Esta cultura se ha transmitido de generación a generación porque los niños típicamente aprenden las canciones y los bailes de su región en las escuelas primarias, además de géneros musicales de otras regiones. Saber bailar o cantar piezas de la propia región es saber expresar con orgullo el amor por la tierra natal. «La Mariquita» es un tipo de canción llamado «gusto». Es música folclórica, de la gente del campo.

ACTIVIDADES

A. Antes de cantar Al principio escuchará el violín, acompañado por la guitarra y el bajo acústico. El rasgueo de la guitarra produce el ritmo que es típico de este estilo de canción. Note que el ritmo del violín es muy fluido y que, comparado con el de la guitarra, es menos rígido. Conteste las siguientes preguntas.

1. ¿Ha oído Ud. la música de algún cantante mexicano? ¿Le gustó?

2. ¿Qué tipo de vocabulario se usará en una canción romántica cuyo título es «La Mariquita» (nombre cariñoso que se le da a una mujer)?

3. ¿Conoce algunas canciones con el tema del amor no correspondido? ¿Cuáles son?

B. ¡A cantar!   Escuche la canción «La Mariquita» que se puede encontrar en el CD *Estampillas musicales.*

La Mariquita

Ay cielos, ay qué dolor
Vide[1] una garza[2] morena
Hay muertos que no hacen
   ruido
Y son mayores sus penas
                [*Se repite.*]

Ay, que le da
Que le da y vamos a ver
A ver cómo corre el agua
Vamos a verla correr
Ay, que le da
Que le da y vamos a ver
El agua que se derrama[3]
No se vuelve a recoger

Mariquita quita quita
Quítame del padecer[4]
El rato que no te veo
Loco me quiero volver
                [*Se repite.*]

Ay, soledad
soledad y vamos a ver
A ver cómo corre el agua
Vamos a verla correr
Ay, soledad
Soledad y vamos a ver
El agua que se derrama
No se vuelve a recoger

Lucero de la mañana[5]
De la mañana lucero
Si supieras, vida mía
Lo bastante que te quiero
                [*Se repite.*]

Ay, que le da
Que le da y vamos a ver
A ver cómo corre el agua
Vamos a verla correr
Ay, que le da
Que le da y vamos a ver
El agua que se derrama
No se vuelve a recoger

[1]Vi   [2]*heron*   [3]*se... is spilled*   [4]*suffering*   [5]Lucero... *Morning Star (Venus)*

C. Después de cantar   En parejas, contesten las siguientes preguntas sobre la canción «La Mariquita».

1. ¿Es la canción optimista o pesimista? ¿Qué palabras de la letra apoyan su opinión?

2. ¿Qué partes de la canción son las más pegadizas (*catchy*)?

3. ¿Escuchó unas canciones folclóricas mexicanas como «Allá en el rancho grande», o «Cielito lindo» cuando aprendía el español? ¿Hay otras que recuerda?

REACCIONAR

RECOMENDAR   GUSTOS

D. ¡A escuchar!   Para apreciar más la gran variedad de música mexicana regional, vaya a YouTube™ y escuche la música de Luis Miguel (los boleros), Los Tigres del Norte, Los Panchos, Linda Ronstadt o Lucero. Luego, para conocer la música contemporánea de México, escuche a Julieta Venegas, Paulina Rubio, Víctor García, Maná o Thalía. Luego, comparta con sus compañeros de clase sus impresiones sobre los artistas y las canciones que escuchó utilizando frases como **Me gusta(n)... porque... , Me encanta que... , Es impresionante/fantástico que... , Me sorprende que...** y **Es evidente que...**

Un momento histórico
La Revolución mexicana

Revise el **Vocabulario útil** y lea el resumen sobre la Revolución mexicana.

Emiliano Zapata

La Revolución mexicana se inició en 1910 bajo el mando de Francisco Madero y produjo líderes importantes como Pancho Villa (en el norte) y Emiliano Zapata (en el sur). Estos luchaban junto con campesinos y obreros en contra de los abusos de poder de la dictadura de Porfirio Díaz (cuya administración controló el gobierno mexicano por más de 30 años [1876–1911]). El choque entre los federales (los representantes del gobierno) y los revolucionarios (quienes tenían también conflictos internos) destrozó el país. La Constitución de 1917 fue la más radical de su época y estableció las pautas legales de la Revolución: específicamente (1) apropiación de tierras de la Iglesia Católica, (2) confirmación del derecho del estado de limitar la propiedad privada, (3) establecimiento de escuelas seculares dirigidas por el estado y (4) garantía del derecho laboral de organizar sindicatos. La violencia acabó con las elecciones de 1920 y con el nuevo gobierno de Álvaro Obregón, que realizó importantes cambios políticos, laborales, educativos y culturales.

(*continúa*)

El impacto de la revolución en el México de hoy

- La revolución resultó en un éxodo masivo de mexicanos para el suroeste de los Estados Unidos. Su llegada aumentó significantemente la población de la zona al principios del siglo XX.
- La Revolución promovió muchos adelantos en la producción cultural mexicana. Entre los más notables se cuentan la reorganización de la universidad a manos de José Vasconcelos, la construcción de más escuelas rurales y la promoción de grandes obras de arte público, tales como los famosos murales de Diego Rivera, José Clemente Orozco y David Alfaro Siqueiros. Todavía la literatura, la música y las bellas artes gozan de un gran apoyo nacional e institucional.
- Los grandes muralistas mexicanos sirvieron de inspiración a los muralistas mexicanoamericanos de Los Ángeles y otras ciudades estadounidenses.
- No fue sino hasta el gobierno de Lázaro Cárdenas (1934–1940) que los ideales de la Constitución de 1917 realmente se implementaron. Y pronto después comenzó una serie de administraciones conservadoras y a menudo corruptas. Estas administraciones se alejaron de los ideales de la Revolución.
- Con los gobiernos sucesivos a la Revolución, se consolidó el poder en un solo partido político, el cual se llegó a nombrar «Partido Revolucionario Institucional» (PRI)* en 1946. El PRI controló el gobierno mexicano hasta el año 2000 cuando Vicente Fox Quesada, el candidato del Partido Acción Nacional (PAN), fue elegido presidente. Sin embargo, los priístas[1] mantuvieron el control suficiente del Senado y de la Cámara de Diputados para impedir que Fox y los panistas[2] cumplieran con las promesas que habían hecho durante la campaña 2000.
- El Ejército Zapatista de Liberación Nacional (EZLN) formado en 1983 tomó su nombre del revolucionario mexicano Emiliano Zapata. Este grupo formado mayormente por indígenas de Chiapas se ve a sí mismo como parte de un movimiento anticapitalista y antiglobalizacionista que demanda *democracia, libertad y justicia* para los indígenas. El Subcomandante Marcos es su principal portavoz.
- En 2010, se celebró el centenario de la Revolución, con fiestas, exhibiciones, espectáculos y congresos tanto en el suroeste de los Estados Unidos como en México.

[1]*miembros del PRI*   [2]*miembros del PAN*

---

*Antes de recibir su nombre actual en 1946, el Partido Revolucionario Institucional (PRI) se conocía como el «Partido de la Revolución Mexicana» (PRM) de 1938 a 1946 y como el «Partido Nacional Revolucionario» (PNR) entre 1929 y 1938.

ACTIVIDADES

A. Comprensión   Conteste las siguientes preguntas.

1. ¿Quiénes eran algunos de los líderes de la Revolución mexicana?
2. ¿Cuáles eran algunos de los principios de la Constitución de 1917?
3. ¿Qué beneficios trajo la Revolución a la cultura nacional mexicana?
4. ¿Qué es el PRI?
5. ¿Cómo ha afectado la Revolución a la sociedad mexicana de hoy?

B. Dos propuestas para celebrar el aniversario del centenario de la Revolución mexicana

Paso 1   En grupos de tres, ofrezcan tres sugerencias para ampliar la propuesta general de los dos clubes.

- Idea preliminar del Club de Ciencia Política: Un discurso sobre el Subcomandante Marcos con la venta de su libro *Yo, Marcos*.
- Idea del Club de relaciones internacionales: Presentación de las celebraciones como el Cinco de Mayo y el Día de los Muertos en varias ciudades de los Estados Unidos.

GUSTOS

Paso 2   Miren la foto que ha escogido cada club para el cartel (*poster*) que anuncia su actividad para celebrar el centenario. Comenten por qué les gusta o no les gusta cada foto y por qué la foto les parece suficientemente llamativa para atraer a los estudiantes al evento.

El subcomandante Marcos en Chiapas

Una celebración del Cinco de Mayo

REACCIONAR

RECOMENDAR

Paso 3   Ahora con la clase entera, discutan los méritos de cada propuesta utilizando expresiones como: **Creo que… , No creo que… , Dudo que…** y **Estoy seguro/a de que…** Luego voten por la idea que sea más apropiada para su campus y los intereses de los estudiantes.

Aunque en este país se sabe poco de las relaciones románticas entre el gobernador socialista de Yucatán, Felipe Carrillo Puerto, y la periodista estadounidense, Alma Reed, su historia es fascinante.* Tiene lugar en la década de 1920, justo después de la Revolución mexicana, y su historia de amor incluye sueños utópicos, ideales políticos apasionados, descubrimientos arqueológicos, complots secretos y hasta asesinatos. En esta lectura, Arturo Ortega Morán nos da un resumen de esta trágica historia de amor, la cual inspiró una de las canciones más populares y duraderas en la historia de México, «La Peregrina». Ortega Morán es ingeniero y escritor, y contribuye a un programa de radio nacional en México, *Cápsulas de lengua*. Su interés personal en la historia de Alma Reed y Felipe Carrillo Puerto viene de la importancia de «La Peregrina» en su tradición familiar: era la canción favorita de su suegra. En una ocasión, su suegro acompañó en piano a un coro de niños que cantaba «La Peregrina» en el teatro de Bellas Artes en la Ciudad de México. Al terminar la canción, de entre el público se paró una anciana de ojos intensamente azules y con trabajo subió al escenario para darle un beso a cada uno de los niños y, al final, a su suegro. Era Alma Reed, quien, emocionada, acababa de escuchar un concierto conmovedor, quizá su último, ya que al poco tiempo murió.

Antes de leer

A. Para comentar En grupos de tres, contesten las siguientes preguntas.

1. ¿Qué políticos de este u otro país han sido defensores de los pobres? ¿Cuál era/es su visión para la gente menos afortunada o explotada?

2. ¿Se ha enamorado Ud. alguna vez de algún lugar que haya visitado, ya sea en su propio país o en el extranjero? ¿Por qué se enamoró de ese lugar?

3. ¿Conoce Ud. alguna canción cuyas letras hayan sido inspiradas por una persona real?

B. Acercándose al tema Lea el título de esta ficha y las nueve palabras asociadas con el tema del amor trágico. Con un compañero / una compañera, decida si los espacios en blanco requieren un sustantivo, un verbo o un adjetivo. Luego, complete las oraciones con la forma apropiada de las palabras de la ficha.

---

*La autobiografía de Alma Reed, *Peregrina: mi idilio socialista con Felipe Carrillo Puerto* (2007, editada por Michael K. Schuessler con prólogo de Elena Poniatowska) da al público un punto de vista más íntimo del período de la Revolución mexicana, época muy importante para la historia de México.

Una historia de amor		
la crisis	el dolor	el preparativo
dejar	divorciarse	enamorarse
apasionado/a	apenado/a	utópico/a

1. Al llegar a Yucatán, Alma conoció a Felipe y _____ de inmediato de ese hombre _____ y visionario.

2. Creció entre ellos un amor intenso. Compartían ideales similares, enmarcados por sus sueños _____ de crear un mundo más justo.

3. Pero Felipe estaba casado con hijos y su relación con Alma les causó mucho _____. Sin embargo, su amor por Alma era tan fuerte que _____ de su mujer e hizo planes para casarse con Alma.

4. Alma volvió a San Francisco para empezar los _____ para la boda, pero Felipe, mientras tanto, se encontró con una _____ política de fuertes dimensiones en Yucatán.

5. Doce días antes de la boda, Felipe fue asesinado por los enemigos del estado. Así _____ a su alma gemela destrozada y profundamente _____.

La Peregrina

Alma Reed

VOCABULARIO

VISUALIZAR

Por la tarde había llovido, y al cruzar por la barriada del suburbio de San Sebastián, la vegetación y la tierra recién *humedecidas* por el aguacero[1] exhalaban esa penetrante fragancia[v] que les es peculiar en tales casos. Alma aspiró profundamente aquel perfume, y dijo: «que bien huele[2]», y yo, por gastarle una galantería[3] le repliqué: «Sí, huele porque usted pasa. Las flores silvestres[4] se abren para perfumarla... » Carrillo Puerto dijo al punto: «Eso se lo vas a decir a Alma en una poesía.» No, le repliqué yo, se lo diré en una canción. Y en efecto, en esa misma noche hice la letra[5]

[1]*downpour* [2]*it smells* [3]*por... to be gallant toward her* [4]*wild* [5]*lyrics*

y al siguiente día vi a Ricardo Palmerín y se la entregué para que le pusiera música. Así nació «La Peregrina».

Con estas palabras narró Luis Rosado Vega, el poeta, el momento que dio origen a una de las más hermosas canciones yucatecas.

VOCABULARIO

Alma María Sullivan fue de las primeras mujeres que ejercieron el periodismo en San Francisco, California. De un breve matrimonio con Samuel Payne Reed, tomó el apellido y desde entonces fue conocida como Alma Reed. Escribía una columna llamada «Mrs. Goodfellow» en la que daba consejos legales a familias de inmigrantes ilegales que padecían[6] los abusos de aquella sociedad. En 1921, su labor periodística logró salvar la vida de un joven de 17 años condenado a muerte, de origen mexicano, llamado Simón Ruiz; de este caso resultó que las Leyes de California modificaron la manera de juzgar a los menores. La relevancia de este trabajo motivó que el presidente Álvaro Obregón la invitara a México y así, en 1922, por primera vez visitó a nuestro país, del que se enamoró profundamente.

[6]sufrían

VERIFICAR

¿Quién(es)? ¿Dónde? ¿Qué pasó?

A su regreso a San Francisco, la esperaba un ofrecimiento de trabajo del *New York Times*, el que aceptó y fue asignada para cubrir los trabajos arqueológicos en la zona maya, en Yucatán. Ahí entrevistó a Edward Thompson, el arqueólogo que tenía años excavando en la zona. Este le confesó que había sacado muchas piezas valiosas del Cenote Sagrado de Chichén Itzá y las había enviado al Museo Peabody de Harvard. Alma Reed inició una serie de reportajes denunciando este hecho y a la larga, se logró la repatriación de muchas de estas piezas.

VOCABULARIO

Felipe Carrillo Puerto

VOCABULARIO

En febrero de 1923, su camino se cruzó con el de Felipe Carrillo Puerto, gobernador de Yucatán. Personaje de fuerte personalidad e ideas socialistas, que tenía años luchando por los indígenas mayas y que se encontraba en la cúspide de su carrera. Dicen, quienes fueron testigos,[7] que fue un amor a primera vista. Durante ese año, vivieron un intenso romance que desembocó[8] en el divorcio de Carrillo Puerto y una promesa de boda que nunca se consumó. Este tiempo, vio coincidir[9] a una pareja de soñadores enamorados, a un poeta (Luis Rosado

[7]*witnesses*   [8]*culminated*   [9]*vio... saw the coming together of*

Vega) y a un músico (Ricardo Palmerín); que en una canción dejaron una eterna huella[10] de aquella historia.*

[10]*print, mark*

¿Quién(es)? ¿Dónde? ¿Qué pasó?

El 3 de enero de 1924, mientras Alma Reed hacía los preparativos para la boda en San Francisco, Carrillo Puerto moría fusilado en la ciudad de Mérida por tropas de Adolfo de la Huerta que se habían rebelado contra el presidente Álvaro Obregón. Se cuenta que, cuando era conducido al paredón,[11] sacó de uno de sus bolsos un anillo[12] y le pidió a uno de sus ejecutores que lo entregara a Pixan Halel, en maya: Alma y Caña.ᵛ

La herida en el corazón de Alma Reed nunca cerró. No obstante, siguió trabajando intensamente en lo que le gustaba… el periodismo. En 1928, conoció a José Clemente Orozco y se convirtió en su admiradora y promotora, exponiendo sus trabajos en New York. Cuentan las malas lenguas que hubo entre ellos una relación sentimental, que no llegó a mayores porque Orozco era casado y Alma nunca olvidó a Felipe. Su labor de promotora de artistas mexicanos se extendió también a David Alfaro Siqueiros. En 1961, el presidente Adolfo López Mateos reconoció el amor que Alma Reed tenía por México y le otorgó el Águila Azteca.[13]

[11]*lugar de fusilamiento*   [12]*ring*   [13]*Águila… The Order of the Aztec Eagle, the highest honor awarded by the Mexican government to a foreign national, for services given to Mexico or humankind in general*

¿Quién(es)? ¿Dónde? ¿Qué pasó?

En un día del año 1965, una anciana de mirada azul dormido, se acercó al entonces senador por Yucatán,ᵛ Carlos Loret de Mola, y le dijo: «Usted ocupará algún día la silla de Felipe, yo no lo veré como gobernador porque moriré pronto; pero quiero pedirle que cuando yo muera, me sepulten[14] en Mérida, cerca de Felipe.» Unos meses después, el 20 de noviembre de 1966, Alma Reed murió a los 77 años en la Ciudad de México, a causa de un cáncer en el estómago. Tuvo que esperar casi un año para que uno de sus viejos amigos recuperara sus cenizas[15] que habían quedado retenidas por falta de pago en las funerarias Gayosso. Fue entonces que Loret de Mola, aún sin ser gobernador, cumplió el último deseo de Alma Reed y hoy sus restos yacen en la Ciudad Blanca, muy cerca de los de Felipe Carrillo Puerto. Así respondió «La Peregrina» a esa plegaria[16] que nació cuando coincidieron: un par de soñadores enamorados, un músico y un poeta.

[14]*bury*   [15]*ashes*   [16]*prayer*

---

*Se refiere aquí a la canción «La Peregrina».
†*Pixán* significa **alma** en lenguaje maya-quiché y *Halal* significa **junco** (*reed*).

Después de leer

A. Comprensión   Conteste las siguientes preguntas sobre la nota histórica y la lectura.

1. ¿Qué hacía Alma Reed antes de ir a México? ¿Qué evento hizo que viajara a México?

2. ¿Qué hizo Alma después de entrevistar al arqueólogo Edward Thompson?

3. ¿Por qué fue Felipe Carrillo Puerto tan importante para la gente indígena yucateca?

4. ¿Cuál era la situación matrimonial de Carrillo cuando conoció a Reed?

5. ¿Qué pasó días antes de la boda de Alma y Felipe?

6. ¿Qué hizo Felipe minutos antes de ser fusilado?

7. ¿Cómo mantuvo Alma contacto con su querido México después de perder a su alma gemela?

8. ¿Qué favor quería Alma del senador Carlos Loret de Mola?

B. La famosa canción «La Peregrina»

PASADO

Paso 1   Complete el siguiente párrafo con la forma correcta del pretérito, del imperfecto o del pluscuamperfecto (según el contexto).

> Alma Reed llegó a México por primera vez en 1921. Al bajar del tren un grupo de mariachis _____[1] (estar) allí para cantar una serenata a la esposa de un diplomático mexicano que _____[2] (haber viajar) en el mismo tren con Alma. La primera canción que _____[3] (cantar) fue «Alma de mi alma». Alma _____[4] (pensar) que la canción _____[5] (ser) para ella y _____[6] (estar) tan afectada que _____[7] (empezar) a llorar. Luego _____[8] (abrazar) al representante del presidente Obregón, que _____[9] (haber venir) a recogerla. Dos años más tarde, al escuchar la historia de la reacción emotiva de Alma ante la canción «Alma de mi alma», Felipe _____[10] (querer) regalarle una canción que contara la historia de una joven de California que _____[11] (haber venir) a México para entrevistar al gobernador y cómo ellos _____[12] (haber enamorarse). Con la ayuda del poeta Luis Rosado Vega y el compositor Ricardo Palmerín _____[13] (nacer) la famosísima canción «La Peregrina».

Paso 2   En parejas, contesten las siguientes preguntas sobre la canción.

1. ¿Cómo piensa que Alma se sintió cuando se dio cuenta de que la canción no era para ella?

2. ¿Cómo se sentiría si alguien escribiera una canción dedicada a Ud. y luego esta canción se convirtiera en una canción popular a nivel nacional?

C. Para discutir

1. El padre de Alma le contaba cuentos sobre sus viajes a México. Estos cuentos despertaron en la niña un profundo interés en México y su gente. ¿Recuerda Ud. algunas historias de su infancia que todavía tengan un impacto en su vida? ¿Le contaron sus padres o abuelos

---

La Peregrina

letra de Luis Rosado Vega

Cuando dejes mis palmeras y mi tierra, Peregrina del semblante encantador: No te olvides, no te olvides de mi tierra, no te olvides, no te olvides de mi amor.

cuentos de otros lugares o personas que hayan hecho que Ud. quisiera aprender más sobre otras culturas o viajar a otros países?

2. Algunas personas se sienten atraídas por personas de otras culturas. Otros creen que las diferencias culturales tienen un impacto negativo en las relaciones. ¿Cuál es su opinión? ¿Se casaría Ud. o saldría con una persona de otra cultura? En su opinión, ¿se aceptan las relaciones interétnicas o interculturales en su comunidad?

3. Los editores de Alma Reed le pidieron que fuera a México para entrevistar al gobernador socialista de Yucatán, al que le decían «la copia tropical de Abraham Lincoln». ¿Qué dos o tres preguntas habrá preparado Reed para hacerle a Felipe Carrillo antes de conocerlo?

4. Hoy en día, en este país la palabra «socialista» evoca pánico para mucha gente. ¿Por qué cree Ud. que esta palabra está tan cargada de connotaciones negativas?

Las tumbas de Alma Reed y Felipe Carrillo Puerto (en el fondo)

D. Reacciones   En parejas, imagínense que son mexicanos/as que viven durante la epoca de Alma Reed y Felipe Carrillo Puerto. Lean las siguientes oraciones y reaccionen ante cada una con una expresión como **Es triste que… , Es increíble que… , Es bueno que…** Explique su reacción a cada una.

REACCIONAR

R

RECOMENDAR

1. Alma defiende a jóvenes mexicanos en los Estados Unidos y, en particular, a uno que es acusado falsamente de asesinato.

2. Como el nuevo gobernador de Yucatán, Felipe Carrillo Puerto da su primer discurso al público en la lengua maya.

3. Aunque Felipe está casado con otra mujer, Alma y Felipe son almas gemelas. Están verdaderamente enamorados y comparten los mismos ideales y sueños utópicos.

4. Un momento antes de ser fusilado, el gobernante yucateco llama a uno de sus ejecutores, pone en sus manos un anillo y le dice: «Entrégaselo a *Pixán Halal*.»[1]

E. El telegrama   Alma estaba ensayando para su boda en el Hotel Fairmont de San Francisco, con su vestido de novia y azahares (*orange blossoms*) tras las orejas, cuando de repente le pasaron un telegrama que acababa de llegar al hotel donde vivía. El telegrama decía: «Felipe Carrillo Puerto Asesinado.»

Paso 1   En parejas, escriban cuatro o cinco oraciones describiendo lo que pasó cuando Alma leyó el telegrama.

Paso 2   Escríbanle a Alma una breve nota de pésame (*condolence*).

Palabras útiles: **afectado/a, el dolor, el sentimiento, la tristeza**

Escoja una persona o un tema cultural mencionado en este capítulo para investigar más a fondo. Debe incluir en su reportaje por lo menos cuatro de las metas comunicativas. Puede presentar su investigación en un informe escrito o hacer una presentación oral delante de la clase. Siga las indicaciones en el **Apéndice 2: Yo experto/a** como guía para su reportaje.

PERSONAS	LUGARES	TEMAS
Lázaro Cárdenas	el Callejón del Beso	el EZLN
Porfirio Díaz	Chichén Itzá	el fútbol: una pasión
Laura Esquivel	Guanajuato	el malinchismo
Vicente Fox	México, D. F.	los muralistas
Frida Kahlo	Monte Albán	la música mexicana
Francisco Madera	Oaxaca	los partidos políticos en
la Malinche	Yucatán	México (PRI, PAN,
el subcomandante Marcos		PRD,...)
José Guadalupe Posada		la Revolución mexicana
Diego Rivera		
Pancho Villa		
Emiliano Zapata		

Ahora que Ud. ha terminado el **Capítulo 3,** complete los ejercicios correspondientes del *Online Learning Center* (**www.mhhe.com/ pyaexpanded**) para repasar el vocabulario, gramática y temas culturales de este capítulo.

PARA REPASAR

Los cinco amigos

Puntos clave
- repaso de las metas comunicativas

Tema central
- los cinco amigos

Zona de enfoque
- el café Ruta Maya en Austin, Texas

Los cinco amigos: Javier, Diego, Laura, Sara y Sergio

El propósito de esta sección intermediaria es volver a presentarle a los cinco amigos y repasar las estructuras gramaticales (**los puntos clave**) que se usan para expresar las siete metas comunicativas.

DESCRIPCIÓN

ICONO	META COMUNICATIVA	PUNTOS CLAVE
D DESCRIBIR	Descripción	• la concordancia de género y número • **ser/estar** • los participios como adjetivos

Diego en su tienda, Tesoros

Diego es ambicioso

Paso 1 Lea el siguiente párrafo sobre Diego. Preste atención a los usos de **ser** y **estar** (**en negrita**) y al número y género de los adjetivos (*en letra cursiva*).

Diego Ponce **es** un *buen* hombre de negocios. Hace dos años que abrió una tienda *maravillosa* en Austin que se llama «Tesoros». **Está** en el centro de la ciudad, cerca del capitolio. *Esta* tienda **está** *llena* de *lindas* artesanías de Latinoamérica. Diego **está** muy *contento* con el éxito de Tesoros, y por eso **está** pensando abrir *otra* tienda con un *pequeño* cibercafé en Santa Fe, Nuevo México. Busca un local que **sea** bastante *grande* para poner *muchas* artesanías y el *pequeño* café también. Necesita un local de precio *razonable*, porque al principio va a **ser** *difícil* mantener dos locales. **Está** *seguro* de que no hay *ningún* local *barato* en el centro *comercial*, pero espera encontrar el local *ideal* con la ayuda de sus contactos en Nuevo México. De hecho, a las 2:00 tiene una reunión con uno de esos contactos, y **es** la 1:30. Pero la reunión **es** en el restaurante que **está** al lado de Tesoros. Llegará a tiempo.

Paso 2 Ahora, llene los espacios en blanco con **ser** o **estar,** según el contexto. ¡**OJO**! A veces tendrá que utilizar el pretérito o el imperfecto.

1. Diego Ponce _____ muy animado hoy porque todo va muy bien en su tienda, Tesoros. Hace dos años, cuando abrió la tienda, _____ muy nervioso porque no sabía si iba a tener éxito o no.

2. Su amigo, Juan José Lugo _____ de Nuevo México y _____ ayudando a Diego a encontrar allí un local para abrir otra tienda. En marzo encontró un local en un centro comercial, pero _____ demasiado caro.

3. Ayer Diego tuvo una reunión con un amigo de Juan José, Francisco González. La reunión _____ en un restaurante que _____ cerca de Tesoros. Diego _____ entusiasmado porque Juan José le dijo que ese hombre _____ dispuesto (*willing*) a venderle un local ideal a buen precio.

Paso 3 En parejas, describan una tienda que conocen para comprar cosas únicas de otros países. ¿Dónde está ese lugar? ¿Cómo es? ¿Qué tipo de artículos se venden? ¿Por qué les gusta ese lugar?

COMPARACIÓN

ICONO	META COMUNICATIVA	PUNTOS CLAVE
C COMPARAR	Comparación	• la concordancia de género y número • **tan… como, tanto/a/os/as… como** • **más/menos… que**

Javier y su hermano Jacobo

¿Quién come mejor, Javier o Jacobo?

Paso 1 Lea el siguiente párrafo sobre Javier y su hermano, Jacobo. Preste atención a las comparaciones **en negrita**.

Según los parientes de los hermanos, Javier es **tan encantador como** Jacobo, pero Jacobo es **más mimado que** Javier porque Jacobo vive en Puerto Rico cerca de su madre. A Javier le encanta **comer tanto como** a Jacobo, pero Jacobo **come mejor que** su hermano. Es que Jacobo y su esposa comen **más de** cuatro veces a la semana en casa de la madre de Javier. Su madre tiene **tantas recetas exquisitas como** Julia Child y sus platos siempre son sabrosísimos. El arroz con pollo de su madre es **el mejor de** toda la Isla. La esposa de Jacobo no tiene **tanto tiempo como** su suegra para cocinar comidas complicadas. Por su trabajo, está **más ocupada que** la Sra. de Mercado. Como es de imaginar, su esposa está **tan contenta como** Jacobo de poder gozar del talento de su suegra.

Paso 2 Ahora, haga comparaciones entre Javier y Jacobo y sus parientes, utilizando las palabras sugeridas y las indicaciones entre paréntesis. Explique el porqué de su comparación.

MODELO: la esposa de Jacobo / la Sra. de Mercado: ocupado (+) →
La esposa de Jacobo está más ocupada que la Sra. de Mercado porque la Sra. de Mercado sólo trabaja 15 horas a la semana.

1. Javier / Jacobo: mimado (−)
2. la Sra. de Mercado / la esposa de Jacobo: cocinar (+)
3. la esposa de Jacobo / la Sra. de Mercado: tiempo libre (−)
4. el arroz con pollo de la Sra. Mercado / el arroz con pollo de todas las vecinas: bueno (+)
5. la esposa de Jacobo / Jacobo: contento (=)
6. Javier / Jacobo: disfrutar las comidas especiales de su madre (=)

Paso 3 En parejas, hagan por lo menos cuatro comparaciones entre cada uno de Uds. y un pariente. Utilicen comparaciones de igualdad y de desigualdad.

NARRACIÓN EN EL PASADO

ICONO	META COMUNICATIVA	PUNTOS CLAVE
P PASADO	Narración en el pasado	• el pretérito • el imperfecto • los tiempos perfectos • **hace… que**

Laura mira fotos de su tiempo en Ecuador.

Laura y Manuel

Paso 1 Lea el siguiente párrafo sobre las relaciones sentimentales entre Laura y Manuel. Preste atención al uso del pretérito (**en negrita**) y del imperfecto (*en letra cursiva*).

Después de graduarse de la universidad, Laura **se mudó** al Ecuador para trabajar en el Cuerpo de Paz. Cuando **llegó,** *estaba* un poco nerviosa, pero muy pronto se **acostumbró** a la vida andina. Un día mientras *trabajaba,* **vio** en el pasillo a un hombre muy guapo hablando con la directora de la clínica. Esa tarde Laura y Manuel **se conocieron** en una reunión y poco tiempo después **empezaron** a salir juntos. Los dos **pasaron** muchos fines de semana con los padres de Manuel en San Rafael. La casa allí *era* muy linda, *tenía* jardines con rosas y muchas frutas exóticas. Laura *se sentía* tan a gusto con la familia de Manuel que casi *parecía* que *estaba* con su propia familia. Todo *estaba* bien hasta que **terminó** su contrato con el Cuerpo de Paz. Laura **tuvo** que volver a los Estados Unidos y Manuel **tuvo** que continuar su trabajo en el gobierno. Ha sido muy difícil para Laura y Manuel mantener estas relaciones sentimentales a larga distancia. Pero esperan verse pronto.

Paso 2 Contesten las siguientes preguntas sobre Laura y Manuel.

1. ¿Por qué _____ (iba/fue) Laura al Ecuador?
2. ¿Cómo _____ (se sentía/se sintió) cuando llegó?
3. ¿_____ (Fue/Era) amor a primera vista cuando Laura _____ (conocía/conoció) a Manuel?
4. ¿Por qué _____ (estaba/estuvo) Laura tan contenta cuando _____ (iba/fue) a San Rafael con Manuel?
5. ¿Por qué no _____ (se mudó/se mudaba) Manuel a los Estados Unidos?

Paso 3 Ahora, termine las siguientes oraciones. Luego, compártalas con un compañero / una compañera.

1. Cuando empecé a estudiar en esta universidad,... (descripción de sus sentimientos)
2. Cuando era niño/a, mi mejor amigo/a... (descripción de él/ella)
3. Una vez, cuando estaba de vacaciones,... (acción completa)
4. Esta mañana, después de levantarme,... (serie de acciones)

REACCIONES Y RECOMENDACIONES

ICONO	META COMUNICATIVA	PUNTOS CLAVE
REACCIONAR **R** RECOMENDAR	Reacciones y recomendaciones	• el subjuntivo en cláusulas nominales • los mandatos

Cristina y Diego

Las relaciones entre Cristina y Diego

Paso 1 Lea el siguiente párrafo sobre Diego y Cristina. Preste atención al uso del subjuntivo (**en negrita**) después de ciertas expresiones (*en letra cursiva*).

Marta, la hermana de Cristina, dice que *es increíble que* su hermana y Diego **sigan** saliendo juntos. Aunque *es obvio que* Diego y Cristina se quieren mucho, Diego dedica demasiado tiempo a su trabajo. A Cristina *le gusta que* Diego **haya tenido** éxito en su trabajo, pero no *le gusta que* él **pase** muchas noches y los fines de semana en la tienda. Marta *sugiere que* Cristina **salga** con otros chicos y **hable** con los amigos de Diego para ver si ellos pueden *convencerlo de que* no **trabaje** tanto. *No es bueno que* Marta se **meta** tanto en la vida privada de su hermana. A Cristina *no quiere que* Marta le **haga** tantas sugerencias.

Paso 2 Ahora, termine las siguientes oraciones, basándose en el párrafo del **Paso 1** y utilizando el subjuntivo cuando sea necesario.

1. Es triste que Diego...
2. Es evidente que su trabajo...
3. La hermana de Cristina recomienda que...
4. Es importante que Cristina y Diego...

Paso 3 En parejas, háganles dos sugerencias a Diego y dos a Cristina para resolver sus problemas sentimentales.

ICONO	META COMUNICATIVA	PUNTOS CLAVE
GUSTOS	Hablar de los gustos	• los verbos como **gustar** • los pronombres de complemento indirecto • el subjuntivo después de **me gusta que**

A Sara le encanta el arte

Paso 1   Lea el siguiente párrafo sobre el interés de Sara en el arte mexicano. Preste atención a los usos de los verbos como **gustar** (**en negrita**).

A Sara siempre **le ha encantado** el arte. Ahora que vive en Austin, Texas, ha tenido la oportunidad de conocer el arte de México. A ella **le gusta** que haya muchas exposiciones de arte mexicano en los museos de Austin y **le fascinan** las artesanías mexicanas que Diego tiene en su tienda. **Le interesan** los grabados[1] de José Guadalupe Posada y **le fascina** la vida de Frida Kahlo. Hace un año y medio, la jefa de la emisora de radio donde trabaja Sara quería información sobre la nueva exposición del arte de Posada. Por eso mandó a Sara a entrevistar a la directora del Museo MexicArte. Las calaveras de este artista **le encantan** a Sara, y su jefa lo sabía. La entrevista salió en el programa de NPR,[2] *Latino USA,* y **les gustó** mucho a todos. ¿Y a Ud., **le interesa** el arte mexicano?

[1]*engravings*   [2]*National Public Radio*

Paso 2   En parejas, rellenen el espacio en blanco con el pronombre apropiado y después escoja el verbo correcto entre paréntesis.

1. A Sara _____ (gusta/gustan) los grabados de Posada.
2. A los aficionados al arte mexicano _____ (fascina/fascinan) la vida de Frida Kahlo y Diego Rivera.
3. A nosotros _____ (interesaría/interesarían) las artesanías mexicanas que se venden en Tesoros.
4. A la jefa de Sara _____ (molesta/molestan) hablar en público, pero a Sara _____ (encanta/encantan) las entrevistas en vivo.
5. Al público _____ (fascina/fascinan) las calaveras de Posada.

Paso 3   Ahora, indiquen los gustos, las preferencias, las molestias, etcétera, de las siguientes personas en cuanto al arte. Usen un verbo diferente en cada oración. Pueden usar los verbos de la lista del **Paso 2** u otros verbos que se conjugan como **gustar.**

1. a mí
2. a mi mejor amigo/a
3. a mis profesores
4. a nosotros, los estudiantes

Sara con la directora del Museo MexicArte

ICONO	META COMUNICATIVA	PUNTOS CLAVE
 **H** HIPÓTESIS	Hacer hipótesis	• el pasado de subjuntivo • el condicional

Pista caliente

El condicional

The conditional is easy to form, simply add the following endings to the infinitive:

-ía   -íamos
-ías   -íais   } **hablaría, comería, viviría**
-ía   -ían

Remember to use the past subjunctive in the *if clause* (**si supiera...** , **si pudiera...**) and the conditional to describe what the subject would hypothetically do (**estaría furioso, llamaría a la policía**).

Si viviera en Austin, **pasaría** mucho tiempo en Ruta Maya.   *If I lived in Austin, I would spend a lot of time at Ruta Maya.*

Javier sirve a algunos amigos en Ruta Maya.

Lo que haría Javier si pudiera

Paso 1 Lea el siguiente párrafo sobre los sueños de Javier. Preste atención al uso del pasado de subjuntivo (**en negrita**) y del condicional (*en letra cursiva*).

Aunque Javier se siente feliz en Austin, a veces se pone a soñar con los lugares donde *pasaría* tiempo si **pudiera.** Por ejemplo, le *gustaría* comprar un terreno[1] en Puerto Rico cerca de la finca de sus padres. De esta manera *podría* pasar los meses de diciembre y junio con la familia. Su madre *estaría* muy contenta y *dejaría* de presionarlo tanto. Ella siempre ha querido que todos sus hijos vivan cerca de ella. Pero si Javier **se quedara** en Puerto Rico todo el año, *tendría* menos oportunidades en su profesión. Por eso *sería* ideal mantener su apartamento en Austin y si **llegara** a ser rico y famoso, *compraría* un condominio en Venezuela también. Si **tuviera** un montón de dinero, *invitaría* a toda su familia y a sus amigos a pasar largas temporadas con él.

[1]*plot of land*

Paso 2   Complete el siguiente párrafo con la forma apropiada del pasado de subjuntivo o del condicional de los verbos entre paréntesis.

Si Javier _____[1] (tener) mucho dinero _____[2] (dejar) de trabajar en Ruta Maya y _____[3] (dedicarse) a escribir. Si _____[4] (poder), _____[5] (escribir) una novela que le interesa escribir desde hace mucho tiempo. Si la novella _____[6] (ser) muy popular y si _____[7] (llegar) a tener gran éxito, Javier _____[8] (firmar) un contrato con un agente importante y _____[9] (poder) conocer a otros escritores famosos.

Paso 3   Ahora, termine las siguientes oraciones sobre sus propios sueños. Luego, compártalas con el resto de la clase.

1. Si yo pudiera conocer a cualquier persona famosa, me _____ (gustar) conocer a… porque…

2. Si yo pudiera ir a cualquier lugar exótico del mundo, _____ (ir) a… porque…

HABLAR DEL FUTURO

ICONO	META COMUNICATIVA	PUNTOS CLAVE
F FUTURO	Hablar del futuro	• el futuro • el subjuntivo en cláusulas adverbiales

Pista caliente

El futuro

The future tense is easy to form, simply add the following endings to the infinitive:

-é	-emos	
-ás	-éis	**hablaré, comeré, viviré**
-á	-án	

Be aware of the use of subjunctive in many of the clauses that introduce future events.

Cuando Francisco **vaya** a Ruta Maya, le **ayudará** a Sergio.

When Francisco goes to Ruta Maya, he'll help Sergio.

Sergio lo **llamará** tan pronto como **lleguen** los carteles.

Sergio will call him as soon as the posters arrive.

Los planes para Ruta Maya

Paso 1   Lea el párrafo en la página siguiente sobre algunos de los planes que tiene Sergio para Ruta Maya en preparación para un congreso que pronto tendrá lugar en Austin. Preste atención al uso del futuro (**en negrita**) y del presente de subjuntivo (*en letra cursiva*).

Con la ayuda de Laura y Javier

Dos semanas antes del congreso **pondremos** unos nuevos cuadros pintados por los niños de Chiapas. Estos cuadros **llegarán** a fines de marzo. Cuando *lleguen* los cuadros, Javier y Francisco me **ayudarán** a colgarlos.[1] Tan pronto como *salga* el programa de eventos, lo **distribuiremos** por toda la ciudad. Estoy seguro de que los participantes **estarán** muy contentos de ver todo lo que tenemos planeado.

[1]*hang them*

Paso 2 Termine las siguientes oraciones, indicando lo que Ud. cree que pasará en cada situación.

1. Cuando pongan los cuadros de los niños de Chiapas, los clientes de Ruta Maya…
2. Cuando Sergio necesite ayuda con los cuadros, Javier y Francisco…
3. Tan pronto como lleguen los programas,…

Paso 3 Ahora, termine estas oraciones, diciendo lo que Ud. hará en las siguientes circunstancias. Luego, compártalas con un compañero / una compañera.

1. Cuando visite a mis padres la próxima vez,…
2. Tan pronto como pueda, mi profesor(a)…
3. Cuando tenga 70 años, yo…
4. Cuando saque A+ en la clase de español,…

CAPÍTULO 4

Nuestro alrededor y cómo nos afecta

El Cono Sur

Santiago de Chile

MULTIMEDIA

♫	**Estampillas musicales**
▶	**Lugares fascinantes**
CENTRO	*Online Manual:* **www.mhcentro.com**
www	Online Learning Center: **www.mhhe.com/pyaexpanded**

Las obligaciones y el tiempo libre

Puntos clave

GUSTOS

Temas centrales
- el estrés
- el ocio
- el humor

La Plaza Dorrego en Buenos Aires

En esta parte del **Capítulo 4,** Ud. va a explorar el tema de sus obligaciones, en cuanto a sus estudios y el trabajo, y lo que hace para pasarlo bien y relajarse.

Preguntas para considerar

- ¿Se siente Ud. estresado/a por sus obligaciones académicas y su trabajo?
- ¿Qué hace para aliviar el estrés?
- ¿Cuáles son las actividades que lo/la ayudan a relajarse?
- ¿Tiene Ud. un lugar especial para escaparse de vez en cuando?
- ¿Qué importancia tiene el humor en su vida diaria?
- La escena que se ve en esta página muestra uno de los escapes de la vida diaria en la Argentina. ¿Qué papel desempeñan la música y el baile en su vida?

🎧 Hay que ser más fiesteros

¡Tienes que relajarte, Diego!

Situación: Los cinco amigos pasaron un largo fin de semana en un rancho cerca de San Antonio. El dueño, Francisco Ramos, tiene una casa alucinante. Cada cuarto está decorado con artesanías de los países hispanos que Fran ha visitado. Como es de imaginar, a Diego le encantó. Lea el diálogo y conteste las preguntas que lo siguen. **¡OJO!** Preste especial atención al uso del vocabulario nuevo, que está **en negrita.**

DIEGO: Uds. tenían razón. Pasar un fin de semana fuera era exactamente lo que necesitaba para **relajarme. Lo pasé de maravilla.** Me siento totalmente **renovado.**

SARA: Pues tú **trabajas como una mula.** Verte **tenso** y **agotado** nos tenía a todos preocupados.

DIEGO: Aprecio su preocupación por mi **bienestar** y les prometo que ahora con la ayuda de Francisco en Tesoros voy a tomar más tiempo para **cargar las pilas.** Pero…

SARA: Pero, ¿qué? No empieces.

DIEGO: Mira, Sara. Tienes que entender algo: me fascina mi trabajo, me anima, me emociona poder compartir…

SARA: Ya lo sé. Es que extrañamos al viejo Diego que bailaba, cocinaba y nos hacía **reírnos a carcajadas** hasta las 4:00 de **la madrugada.**

DIEGO: Como te dije, voy a **tratar de** tener más equilibrio en mi vida. Pero para **tener éxito** en mi trabajo y **realizar** mis sueños, tengo que estar **dispuesto a** trabajar duro.

SARA: La verdad es que los cinco somos muy trabajadores y entendemos tu dedicación, pero quiero que sepas que nos encantó verte tan **animado, bromeando** con todos y **disfrutando de** la vida.

DIEGO: Fue realmente un fin de semana perfecto. Francisco es buenísima gente y estoy súper contento de que pueda trabajar conmigo en Tesoros. Va a cambiar mi vida.

SARA: ¡Ojalá! Cristina estará muy **satisfecha** si de verdad funciona.

DIEGO: Sí, estaba **hasta las narices** conmigo y con mi trabajo. Pero me da mucho gusto decirte que ya invité a Cristina a **un espectáculo** en Nueva York para su cumpleaños y dejaré a Francisco encargado de la tienda.

SARA: ¡Adiós, **aguafiestas**! Hola, querido Diego!

ACTIVIDADES

A. Detective Busque en el diálogo ejemplos de las siguientes metas comunicativas: Reacciones y recomendaciones (R), Narración en el pasado (P), Hablar de los gustos (G) y Hablar del futuro (F). Subraye cada palabra o frase que represente una (o una combinación) de estas metas comunicativas. Luego, escriba al margen la(s) letra(s) que corresponde(n) a cada ejemplo subrayado (R, P, G o F).

MODELOS: Sí, <u>estaba</u> hasta las narices conmigo y con mi trabajo. (P)
Verte tenso y agotado <u>nos preocupaba</u> a todos. (G) (P)

B. Comprensión Conteste las siguientes preguntas, según el diálogo.

1. ¿Por qué está tan contento Diego?
2. ¿De qué se queja Sara?
3. ¿Cómo era Diego antes?
4. ¿Por qué puede Diego cambiar su vida ahora?
5. ¿Quién estará contenta con este cambio y por qué?

C. Reacciones y recomendaciones Complete las siguientes oraciones sobre la conversación de Diego y Sara, utilizando un conector en cada oración.

MODELO: Es bueno que Diego pueda tomar un poco de tiempo para cargar las pilas, ya que trabajar demasiado no es bueno para la salud.

1. Es fantástico que su amigo Francisco…
2. Es una lástima que Diego…
3. Sara cree que Diego…
4. Es preocupante que en la vida moderna…

Conectores

además
en cambio
para que + *subjuntivo*
por lo tanto
porque
puesto que
sin embargo
ya que

D. Diálogo En parejas, preparen un diálogo entre Sergio y Cristina en el que hablen de lo que harán Diego y ella cuando vayan a Nueva York y de cómo ella puede asegurarse de que Diego no trabaje mientras estén allí. Luego, preséntenlo a la clase.

Vocabulario del tema

Para hablar de las obligaciones

aprovechar(se) (de)*	to take advantage of
aumentar	to increase
desvelarse	to stay awake all night
disminuir	to decrease
madrugar	to get up early
mejorar	to improve (make better)
ponerse al día	to catch up
posponer (*like* **poner**)	to postpone
realizar	to accomplish, fulfill (a goal)
seguir + -ndo	to keep doing something
tener éxito	to be successful
trabajar como una mula†	to work like a dog
tratar de	to try to

Para describir el estado de ánimo

agobiado/a	overwhelmed
agotado/a	exhausted
angustiado/a	distressed
animado/a	in good spirits
desanimado/a	bummed
descansado/a	rested
dispuesto/a (a)	willing (to)
entusiasmado/a	enthusiastic
estresado/a	stressed (out)
harto/a	fed up
hasta las narices	fed up (to here)
quemado/a	burned out
relajado/a	relaxed
renovado/a	renewed
satisfecho/a	satisfied

De vacaciones: ¿Cómo carga Ud. sus pilas?

tenso/a	tense
vago/a‡	lazy

Para hablar del tiempo libre

aliviar	to relieve
cargar las pilas	to recharge one's batteries
charlar	to chat
disfrutar de	to enjoy
entretener(se) (*like* **tener**)	to entertain (oneself)
estar de buen/mal humor	to be in a good/bad mood
pasarlo bien/mal	to have a good/bad time
relajarse	to relax
reunirse (me reúno) (con)	to get together (with)
tener mucha marcha	to have a lively social scene

****Aprovechar** is used to express making good use of time, talent, opportunity, weather, a situation, etcetera.

Aprovechemos **el fin de semana para ponernos al día.**

Aprovecharse de is used to express taking advantage in a negative way or exploiting a situation or a person.

Se aprovechó **de sus padres constantemente.**

†Literally: *to work like a mule*

‡**Vago** used with **estar** indicates a temporary condition, whereas when used with **ser** it indicates an inherent characteristic.

Para hablar del humor

bromear	to joke around
levantar el ánimo	to lift the spirits
reírse (i, i) (me río) 　**a carcajadas**	to laugh out loud
sonreír(se) (*like* **reír**)	to smile
la broma	practical joke
el chiste	joke
la risa	laughter
chistoso/a	funny
comiquísimo/a	hilarious
entretenido/a	entertaining
de mal gusto	in poor taste

Para describir las diversiones

el/la aguafiestas	party pooper
el bienestar	well-being
el chisme	gossip

el espectáculo	show, performance
la madrugada	early morning
los ratos libres	free time
el recreo	recreation
la resaca	hangover

Expresiones útiles para hablar del tiempo libre

¡Que lo pase/ 　**pases/pasen** 　**bien!**	Have a good time!
¡Que se divierta / 　**te diviertas /** 　**se diviertan!**	
¿Cómo lo pasó/ 　**pasaste/pasaron?**	How was it?, Did you 　have a good time?
Lo pasé muy 　**bien / de** 　**maravilla / fatal.**	I had a great time / 　a blast / a terrible time.

ACTIVIDADES

A. Vocabulario en contexto

Paso 1 Indique quién hace las siguientes cosas: Ud., su madre, padre, hermano/a, hijo/a, amigo/a, compañero/a de cuarto, nadie, etcétera.

1. Les levanta el ánimo a los que están quemados.
2. Trabaja como una mula y no es capaz de relajarse.
3. Está dispuesto/a a desvelarse para ayudar a un amigo con un proyecto.
4. Sabe los chismes de todos sus amigos y también de los ricos y famosos.
5. Piensa que es importantísimo tener éxito profesional.
6. Siempre sonríe y está animado/a.
7. Está agobiado/a porque con frecuencia pospone el trabajo que tiene que hacer.
8. Aprovecha sus ratos libres para ponerse al día con los estudios o el trabajo.
9. Sigue bromeando aunque todos están hartos de sus bromas.

Paso 2 En parejas, compartan sus respuestas del **Paso 1.** Escojan dos situaciones y amplíen sus respuestas para dar ejemplos concretos de lo que hace la persona indicada en cada situación.

B. Decisiones

HIPÓTESIS

Paso 1 Conteste las siguientes preguntas y explíquele sus respuestas a un compañero / una compañera.

¿Qué haría yo?

	SÍ	NO
1. Después de haberse desvelado en una fiesta fantástica, ¿madrugaría Ud. al día siguiente para hacer ejercicio antes de asistir a su primera clase?	☐	☐
2. ¿Pospondría una entrevista para un trabajo importante si tuviera la oportunidad de asistir a un concierto de su grupo musical favorito?	☐	☐
3. ¿Iría a clase con una resaca tremenda?	☐	☐
4. ¿Estaría dispuesto/a a suspender sus estudios por un año para trabajar en Cancún?	☐	☐
5. ¿Gastaría más de 200 dólares en una de las siguientes cosas: un partido de fútbol, una obra de teatro de Broadway en Nueva York, un concierto, una botella de vino, un suéter, un masaje?	☐	☐
6. ¿Iría de compras para aliviar el estrés?	☐	☐
7. Después de trabajar como una mula todo el día, ¿iría a un lugar con mucha marcha para pasarlo bien?	☐	☐

Paso 2 Según las respuestas y las explicaciones, ¿es su compañero/a una persona atrevida o cautelosa? Explique por qué. Luego, haga tres comparaciones entre Ud. y su compañero/a.

MODELO: Yo soy más tacaño que mi compañera porque yo nunca gastaría más de 200 dólares en un suéter.

C. Preguntas personales En parejas, contesten las siguientes preguntas. Mientras escucha a su compañero/a, reaccione con algunas expresiones de **Para conversar mejor.** Luego, revelen a la clase lo que cada uno/a averiguó de su compañero/a.

COMPARAR

Para conversar mejor

¡Increíble!	Estoy de acuerdo.
¡Qué chistoso!	Es igual para mí.
¿De veras?	Yo (A mí) también/tampoco.
¿En serio?	¡Fenomenal!
¡Qué horror!	¡Qué idea más buena!

1. Describa a la persona más fiestera que Ud. conozca. ¿Qué le gusta hacer a esta persona en las fiestas? ¿Les molesta a los otros invitados lo que hace esta persona? Explique su respuesta.

2. ¿Qué hace el aguafiestas típico? ¿Es Ud. extrovertido/a o introvertido/a en una fiesta? ¿Ha sido alguna vez un(a) aguafiestas? Explique su respuesta.

3. ¿Es la música una parte importante de su vida? ¿Qué tipo de música le gusta escuchar cuando se siente estresado/a, nostálgico/a, de buen humor, triste?

   Si pudiera conocer a cualquier cantante o músico, ¿a quién le interesaría conocer? ¿Por qué?

4. ¿Qué le gusta hacer para aliviar el estrés?

   Si fuera el decano / la decana (*dean*) encargado/a de (*in charge of*) los servicios estudiantiles, ¿qué recursos ofrecería para ayudar a los estudiantes a disminuir el estrés?

   ¿Qué hará durante las próximas vacaciones para relajarse?

5. Para levantar el ánimo, ¿mira Ud. programas cómicos en la televisíon? ¿Cuáles son los programas que lo/la hacen reírse a carcajadas? En su opinión, ¿cuáles son los programas de mal gusto? Explique.

6. ¿Es Ud. bueno/a para contar chistes? ¿Cuáles son las características de una persona que sabe contar chistes?

D. **Maitena: Una artista comiquísima** Maitena es una artista argentina famosa por sus tiras cómicas llenas de sarcasmo, ironía, realismo y mucho humor.

Paso 1 Mire su tira cómica sobre la risa incontrolable en la página siguiente. En parejas, escojan una de las situaciones y preparen las respuestas a las siguientes preguntas.

1. ¿Quiénes son?
2. ¿Dónde están?
3. ¿Qué pasó para que la persona se riera a carcajadas?
4. ¿Cómo se siente(n) la otra persona / las otras personas?
5. Si fueran una de las otras personas en la escena, ¿cómo responderían Uds. ante su risa inapropiada?
6. ¿Qué le dirían a la persona que está riéndose a carcajadas?

Paso 2 En grupos de tres, hablen de una experiencia que hayan tenido en la que se rieron a carcajadas en un momento inapropiado.

© 2005 Maitena

E. **Problemas repentinos**   Entre todos, revisen los siguientes problemas y hagan una lista de palabras nuevas de este capítulo y de los capítulos anteriores que los ayuden a conversar con facilidad sobre cada problema repentino. Después, en parejas, preparen un diálogo espontáneo sobre cada problema.

1. Un consejero / Una consejera y una persona que está quemada por el exceso de trabajo están en una sesión de terapia. El/La paciente se queja de su trabajo y el consejero / la consejera trata de convencerle de que tome clases de baile o música para aliviar el estrés.

2. Una persona muy bromista trata de levantarle el ánimo a un amigo / una amiga que está desanimado/a porque tiene que posponer sus vacaciones.

NOTA CULTURAL • ¿Quiénes son los más fiesteros?

La primera vez que Diego recibió una invitación para ir a una fiesta en los Estados Unidos, se sorprendió mucho. ¡La invitación indicaba la hora en que iba a terminar la fiesta! Eso nunca pasaría en el mundo hispano, en donde se indica la hora en que comienza una fiesta (algo que no siempre se respeta), pero se considera de mala educación decirles a los invitados que tienen que irse a una hora determinada. La costumbre estadounidense puede resultar un choque cultural para los hispanos. De hecho, a Javier le molesta tanto que él se niega a ir a una fiesta si la invitación indica cuándo va a terminar.

En el mundo hispano, el invitado tiene derecho a quedarse todo el tiempo que quiera en una reunión o una fiesta, y el anfitrión tiene el deber de atenderlo. En el Ecuador, Laura asistió a una boda que empezó a las 7:00 de la noche y no terminó hasta las 7:00 de la mañana del día siguiente. Era muy diferente de las bodas estadounidenses que ella conocía, pero no parecía los novios estuvieran enojados con sus invitados. Al contrario, se rieron, cantaron y bailaron con los otros hasta que se fue la última persona. Sergio también prefiere las fiestas alegres y largas de su familia mexicana a las cenas cortas y secas que tiene con su familia de los Estados Unidos.

En fin, cada cultura es diferente y hay que respetar las costumbres especiales. Sin embargo, cuando Ud. vaya a una fiesta en un país hispano, ¡no se sorprenda si no termina nunca!

Preguntas

1. ¿Por qué sería de mal gusto ponerle horas fijas a una fiesta en Latinoamérica?

2. ¿Qué le parece a Ud. la flexibilidad que hay en el mundo hispano en cuanto al horario de las fiestas? ¿Por qué?

3. ¿A qué hora suelen empezar y terminar las bodas en su país? ¿Le gustaría ir a una boda que durara hasta la mañana siguiente?

Actividad

REACCIONAR

R

RECOMENDAR

G

GUSTOS

En parejas, escriban un diálogo en el que uno de Uds. haga el papel de un anfitrión / una anfitriona estadounidense que está cansado/a y quiere pedirles a sus invitados, de manera educada, que se vayan. La otra persona será un invitado hispano / una invitada hispana que no entiende las indirectas (*discreet hints*) de su anfitrión/anfitriona. Utilicen expresiones como **Espero que… , Me alegro de que… , Me gusta/encanta… , Es fenomenal/fabuloso que…**

Hablar de los gustos

En esta sección del capítulo, Ud. va a practicar la meta comunicativa **Hablar de los gustos.** Para hacerlo bien, hay que utilizar las estructuras gramaticales (los puntos clave) de la siguiente tabla que pertenecen a la meta comunicativa. Antes de continuar, estudie las explicaciones de estas estructuras gramaticales en las páginas verdes (310–355) que están al final del libro.

LA META COMUNICATIVA DE ESTE CAPÍTULO		
ICONO	META COMUNICATIVA	PUNTOS CLAVE
G GUSTOS	Hablar de los gustos	• los verbos como **gustar** • los pronombres de complemento indirecto • el subjuntivo después de **me gusta que...**

PRUEBA DIAGNÓSTICA

Un amigo argentino de Javier nos habla de la importancia del fútbol en su país. Llene los espacios en blanco con la forma más apropiada del verbo que está entre paréntesis, junto con el pronombre de complemento indirecto adecuado.

Desde niño, (a mí) _____ [1] (encantar) ver el fútbol con mi padre y mi abuelo. (A nosotros) _____ [2] (emocionar) especialmente los campeonatos[1] grandes, como la Copa Libertadores o la Copa Mundial.

No somos solamente fanáticos «de sofá». Mi padre juega en una liga de hombres de su edad y, cuando yo siento mucho estrés, _____ [3] (dar ganas de) correr por el campo de fútbol y patear la pelota duro.[2] Desde luego, _____ [4] (convenir) hacer ejercicios para aliviar las tensiones en vez de fumar o tomar alcohol.

En contra de lo que se suele pensar, el fútbol no es un espacio exclusivamente masculino. Es cierto que a mi madre y mi abuela _____ [5] (aburrir) los partidos de fútbol, pero a muchas chicas jóvenes _____ [6] (fascinar) este deporte tanto como a los chicos. Hay cada vez más ligas femeninas. A algunos de mis amigos _____ [7] (fastidiar) que las chicas ocupen «sus» campos de fútbol en los parques, pero a mí no. De hecho, _____ [8] (caer fenomenal) las chicas deportistas.

[1]*championships* [2]*patear... kick the ball hard*

Un partido de clasificación (qualifying game) *para la Copa Mundial entre Chile y Uruguay.*

Expresiones útiles*

PARA HABLAR DE LO QUE LE GUSTA

me apetece(n)	*I feel like*
me cae(n) bien/fenomenal	*I really like (person or people)*
me conviene(n)	*It's good (a good idea) for me to*
me da(n) ganas de	*I feel like*
me emociona(n)	*I'm excited by*
me encanta(n)	*I love, really like*
me fascina(n)	*I'm fascinated by*
me importa(n)	*I care about*
me interesa(n)	*I'm interested in*

PARA EXPRESAR LO QUE NO LE GUSTA

me aburre(n)	*I'm bored by*
me cae(n) mal/fatal	*I don't like (person or people)*
me da(n) asco	*I'm disgusted by*
me disgusta(n)	*I'm annoyed by*
me fastidia(n) ⎫ me molesta(n) ⎭	*I'm bothered by*
me preocupa(n)	*I'm worried about*

PARA EXPRESAR INDIFERENCIA

me da igual me da(n) lo mismo ⎫ me es igual ⎭	*I don't care, it's all the same to me*
no me importa(n)	*I don't care (about)*
no me interesa(n)	*I'm not interested (in)*

ACTIVIDADES

Las siguientes actividades le darán la oportunidad de practicar las metas comunicativas. Habrá un énfasis particular en expresar los gustos.

A. Noticias de Montevideo   Anita está pasando un semestre estudiando en Montevideo. Reaccione a sus entradas en Facebook que aparecen en la página siguiente sobre su nueva vida en Uruguay. Primero, complete las entradas de Anita con la forma correcta del verbo entre paréntesis. Después, ofrezca una reacción o un consejo y una pregunta, según las indicaciones.

---

*Note that when any of these **gustar**-like constructions is immediately followed by **que** + *verb phrase*, the verb in that following verb phrase must be in the subjunctive.

Me molesta *que* mis vecinos *hagan* ruido después de la medianoche.
but
Me molesta *el ruido*. (followed by a noun)
and
Me molesta *desvelarme* por el ruido que hacen mis vecinos. (followed by an infinitive)

Para reaccionar: **es lógico / normal / fascinante / increíble / emocionante...**

Para aconsejar: **Recomiendo que... , sugiero que... , es importante que...**

Para hacer preguntas: **¿Por qué? ¿Dónde? ¿Cuándo? ¿Cómo?**

Anita No _____ (yo: gustar) bailar tango, pero un chico guapo me ha invitado a una milonga.

Ud. (consejo/pregunta) _____
_____
_____

Anita _____ (mis «hermanos» uruguayos: molestar) que yo no esté dispuesta a mirar todos los partidos de fútbol con ellos.

Ud. (reacción/pregunta) _____
_____
_____

Anita _____ (mis nuevos amigos y yo: fascinar) los espectáculos gratis que se ven en las calles y en las plazas de Montevideo.

Ud. (reacción/pregunta) _____
_____
_____

Anita _____ (yo: encantar) bromear con mi «hermanito» uruguayo; él es comiquísimo.

Ud. (reacción/pregunta) _____
_____
_____

Anita _____ (yo: importar) mis clases académicas pero Montevideo tiene mucha marcha y con frecuencia me desvelo bailando hasta la madrugada.

Ud. (consejo/pregunta) _____
_____
_____

B. La vida nocturna   Se dice que los argentinos nunca duermen. Buenos Aires es una ciudad de mucha marcha. Muchos extranjeros que visitan esta capital porteña quedan alucinados por su intensa actividad nocturna. Pero Buenos Aires tiene competencia: Madrid y Nueva York tienen también mucha movida.

Paso 1   Lea los siguientes anuncios sobre la vida nocturna en Buenos Aires, Madrid y Nueva York.

La marcha mundial

Buenos Aires
A medianoche termina la primera sesión designada para los chicos menores de 18 años y empieza la marcha de verdad. Los boliches porteños[1] antes se quedaban abiertos hasta las 5:00, pero hace cuatro años, una nueva ley requiere que cierren a las 3:00.

¡OJO!
Cuidado con los patovicas.[2] Son personal que ofrece servicio de seguridad para los locales de baile pero recientemente han sido muy agresivos hacia los clientes jóvenes.

Madrid
En general, los lugares para ir a bailar abren a las 20 horas, pero este horario es para la juventud, menores de 16 años. Los jóvenes tienen que salir a las 23:00 cuando abren otra vez para los mayores. Las discotecas suelen permanecer abiertas hasta las 3:00 ó 4:00 aunque los sábados y domingos se extiende hasta las 5:00.

¡OJO!
Mucha gente que vive cerca de las discotecas se queja de «la contaminación sonora» que causan las discotecas madrileñas.

Nueva York
Las discotecas de Nueva York están casi vacías hasta las 22 horas, pero a partir de la medianoche empieza la bulla[3] y sigue hasta que cierran las puertas a las 4:00. Van los mayores de 18 ó 21 años.

¡OJO!
En las discos más de moda los sacabullas[4] determinan quién entra y quién no. Así que es recomendable vestirse de moda y esperar que tenga suerte. Es una movida muy esnob.

[1]boliches… discotecas de Buenos Aires   [2]*bouncers*   [3]*commotion*   [4]*bouncers*

REACCIONAR

G R

GUSTOS RECOMENDAR

Paso 2   En parejas, formen oraciones completas con los elementos que están entre las diagonales. Luego, reaccionen a cada oración, añadiendo el por qué de sus reacciones. Sigan el modelo.

MODELO: los vecinos madrileños / molestar / el ruido que producen las discotecas

Es necesario que… porque…   →

A los vecinos madrileños les molesta el ruido que producen las discotecas.

Es necesario que los vecinos se quejen con las autoridades, porque tienen el derecho de dormir tranquilos por la noche.

(continúa)

1. los madrileños jóvenes / molestar / el horario restrictivo

   No es justo que… porque…

2. los sacabullas en los clubes neoyorquinos / importar / la apariencia física de los clientes

   Es frustrante que… porque…

3. los chicos argentinos menores de 18 años / encantar / bailar

   No les gusta que… porque…

4. los padres de los jóvenes / preocupar / la agresividad de los patovicas argentinos

   Es importante que… porque…

5. las mujeres / convenir / vestirse a la última moda si quieren entrar en los clubes de Nueva York

   Es ridículo que… porque…

DESCRIBIR

Paso 3 En grupos pequeños, hablen de un lugar con mucha marcha en su ciudad. ¿Tienen que vestirse bien para entrar? ¿Cómo está decorado el lugar? ¿Quién frecuenta este lugar? ¿Por qué es tan popular?

Paso 4 Escriba un anuncio para la gente joven de su ciudad sobre un lugar nuevo con mucha marcha.

GUSTOS

C. Viva el teatro

Paso 1 Lea el siguiente artículo sobre la popularidad del teatro en la Argentina. Luego, en parejas, contesten las preguntas.

¡Viva el teatro!

En una época en que los argentinos no pueden permitirse grandes lujos, comprar una entrada, entrar en una sala y esperar la magia que se esconde tras el telón está poniéndose de onda.[1] Una saludable onda que es el tema de conversación para el café después de la función y para el resto de la semana, y que a cambio no exige grandes gastos. Hay espectáculos con localidades desde 10 pesos… un peso menos de lo que cuesta ir al cine…

[1]de… de moda

1. ¿Por qué creen Uds. que a los argentinos les interesa tanto el teatro?

2. ¿Cuál fue la última obra de teatro que Uds. vieron y por qué fueron a verla? ¿Creen Uds. que los estadounidenses irían al teatro con más frecuencia si les costara lo mismo que una entrada al cine? Expliquen.

3. A muchos argentinos les fascina tanto el teatro que toman clases de actuación. ¿Les gustaría a Uds. tomar clases de teatro? ¿Harían de «*extra*» en una película si les ofrecieran la oportunidad? ¿Les gustaría ser actores/actrices? Expliquen sus respuestas.

GUSTOS

Paso 2   Vea el anuncio para varias obras de teatro que se presentan esta semana en Buenos Aires. Luego, en parejas, traten de llegar a un acuerdo sobre qué obra les gustaría ver. Expresen sus gustos usando los siguientes verbos: **aburrir, apetecer, encantar, fastidiar, interesar.** Finalmente, compartan su selección con el resto de la clase.

Este fin de semana hay diversas opciones para todos los gustos, desde comedias hasta dramas. Solo, con amigos o en pareja se puede disfrutar del teatro porteño.[1] Algunas de las obras que están en cartelera son:

Cinco mujeres con el mismo vestido
La obra transcurre durante una elegante fiesta de casamiento. Entradas $20, $30 y $40.[*]

El método Gronholm
Cuatro candidatos al puesto de ejecutivo de una multinacional se enfrentan en la entrevista final. Entradas $25, $30, $35 y $40.

No seré feliz pero tengo marido
Una mirada irónica y sarcástica sobre el matrimonio; el espectáculo de mayores carcajadas desde que se inventó el matrimonio. $20, $30 y $40.

Chicago
Broadway viene a Buenos Aires. Electrizante comedia musical que cuenta una historia de avaricia, asesinato y el mundo del espectáculo. $35, $45 y $55.

Shangay, té verde y sushi en 8 escenas
Una pareja se separa en medio de un restaurante chino. Entradas desde $12, incluye té verde y maní japonés.

Póker de viernes
Teatro improvisado. Un espectáculo de improvisación que es siempre igual y siempre distinto. Carcajada garantizada. $10.

[1]de Buenos Aires

---

[*]In Argentina, as in other countries that use the peso, the dollar sign is used.

D. Los pasatiempos de los argentinos En parejas, lean cada afirmación y completen las tres oraciones que siguen.

1. En Buenos Aires dan clases de tango al mediodía. La gente baila por una hora y vuelve a trabajar renovada.
   a. A los jefes no les preocupa que... por eso...
   b. Es bueno que... porque...
   c. Es ridículo que... porque...

Una clase de tango

2. El tango es mucho más que un baile: se baila, se escucha, se toma su *look;* también es una manera de cuidar la salud y de encontrar amor y compañía.
   a. No me interesa que... porque...
   b. Para los tangueros es importante que... por eso...
   c. Es obvio que... sin embargo...

3. Finlandia y Japón son unos de los países donde más se baila el tango.
   a. Me sorprende que... porque...
   b. Es posible que... , pero...
   c. Dudo que... porque...

4. Según Mónica, una amiga argentina de Sergio, los hombres de su familia están tan obsesionados con el fútbol que, cuando hay partido los fines de semana, no prestan atención a nada más.
   a. A Mónica le molesta que... , pero...
   b. Ella piensa que... porque...
   c. Espera que... porque...

5. A veces un equipo poco conocido le gana a uno de los equipos de mejor reputación. Por eso, el fútbol permite creer en milagros.
   a. A los aficionados del fútbol les encanta que... por eso...
   b. Es bueno que... porque...
   c. Es verdad que... sin embargo...

6. Las mujeres aficionadas al fútbol, unidas a sus hombres por la pasión por el deporte, disfrutan de mejores relaciones románticas.
   a. A los hombres les gusta que... por eso...
   b. Dudo que... porque...
   c. Estoy seguro/a de que... , pero...

Unos aficionados apasionados

E. ¿Por qué se levantaron fatal los dos?

Paso 1 En parejas miren los siguientes dibujos y usen su imaginación para escribir una narración de lo que hicieron anoche el empollón (*bookworm*) Eduardo y el fiestero Fernando. Revisen los usos del pretérito e imperfecto antes de empezar y usen el vocabulario nuevo de este capítulo cuando sea posible.

Paso 2 Preparen un diálogo entre los dos en el que expresen lo que le molesta a cada uno de los hábitos de su compañero.

Paso 3 En parejas, una persona debe reaccionar ante los hábitos de Eduardo como si fuera su ex novia. Luego ofrézcale unas sugerencias para tener una vida más divertida. La otra persona debe reaccionar ante las notas malas de Fernando como si fuera su padre. Entonces dígale que hará si sigue actuando como un fiestero sin control.

El Cono Sur

La Patagonia, Argentina

1. **La Patagonia, Argentina**   Esta zona inmensa al extremo sur del país sirve de frontera con Chile. (Hay una Patagonia chilena también.) Aunque compone una tercera parte del territorio argentino, sólo el 5 por ciento de la población habita la región. Es un terreno muy diverso con llanos desiertos,[1] un distrito de lagos y montañas (los Andes). Allí se han encontrado importantes restos de dinosaurios. Charles Darwin pasó por la Patagonia y fue uno de los lugares que más le intrigó, y las famosas aventuras de Butch Cassidy y el Sundance Kid los llevaron a la Patagonia para escaparse de las autoridades. Estos compraron tierra en Cholila, donde construyeron una casa y una pequeña tienda. También robaron varios bancos en Santa Cruz y en San Luis. Se quedaron allí por cinco años hasta 1907, cuando vendieron la casa y se escaparon a la cordillera.[2] A Butch Cassidy le gustaban las montañas de la Patagonia porque le recordaban el paisaje de su estado natal, Utah. La naturaleza de la Patagonia la hace un destino para los más atrevidos. Hay muchas opciones para hacer actividades al aire libre: pescar, montar a caballo, montar en bicicleta, hacer andinismo,[3] esquiar y navegar en kayac. Entre los varios parques nacionales están el Parque Nacional Nahuel-Huapi, un bosque petrificado de 15.000 hectáreas creado para preservar la flora y la fauna nativas de la zona; el Parque Nacional Los Glaciares con el famoso Glaciar Moreno, uno de los pocos glaciares del mundo que sigue avanzando; y la Cueva de las Manos, donde las paredes están marcadas de huellas de manos humanas que datan de cerca de entre 13.000 y 9.500 A.C.

El Observatorio Paranal, Chile

2. **El Observatorio Paranal, Chile**   Este observatorio está localizado encima del Cerro[4] Paranal, una montaña de 2.635 metros en el Desierto de Atacama en el norte de Chile. Este lugar se considera el más seco del mundo, y es hogar de flamencos, géiseres, un valle lunar y volcanes nevados de casi 6.000 metros de altura. Es también el sitio perfecto para poner un observatorio: ofrece 350 noches despejadas[5] al año, un aire extremadamente seco y estabilidad atmosférica. Es poco probable que los seres humanos quieran vivir allá y hace falta[6] una zona aislada para que no haya contaminación[7] de luz para el observatorio. El Observatorio Paranal es un centro internacional de astronomía. Allí se encuentra el telescopio más grande y avanzado del mundo. Científicos de todas partes del mundo van allí para realizar investigaciones astronómicas.

[1]llanos… *deserted plains* [2]*mountain range* [3]hacer… *mountain climbing* [4]*Hill* [5]*clear* [6]hace… *there needs to be* [7]*pollution*

Montevideo, Uruguay

3. **Montevideo, Uruguay** El centro de la vida política, económica y cultural del Uruguay es Montevideo. Fundada en 1726, es hoy en día una ciudad cosmopolita donde se concentra más de la mitad de la población uruguaya. Se sitúa en la orilla oriental[8] del Río de la Plata, que divide el Uruguay y la Argentina. El centro histórico es la Ciudad Vieja. Allí se encuentra el Mausoleo de Artigas (la tumba del héroe de la independencia uruguaya, José Gervasio Artigas) en la Plaza Independencia, y el Palacio Salvo, que, con veintiséis pisos, fue el edificio más alto de Sudamérica cuando se inauguró en 1927. Otra zona de interés es el Barrio Sur, donde a principios del siglo XIX unos esclavos fugitivos del Brasil se instalaron y establecieron las bases de la cultura afrouruguaya. Montevideo goza de un magnífico puerto natural, lo cual hace de esta ciudad un importante centro de comercio. El Mercado del Puerto era uno de los mejores mercados del continente cuando se inauguró en 1868. Ahora ofrece parrillas[9] típicas con las famosas carnes uruguayas y también restaurantes elegantes. Los sábados por la tarde hay un ambiente de fiesta, con artistas, artesanos y músicos. Montevideo ofrece una vida cultural muy activa y sofisticada. Los montevideanos se pueden entretener en los bares de tango, candombe (música afrouruguaya) y rock; en los cines internacionales, en los múltiples teatros y, por supuesto, viendo partidos de fútbol —la pasión nacional.

Las Cataratas del Iguazú

4. **Las Cataratas del Iguazú** Estas impresionantes cataratas, cuatro veces más grandes que las del Niágara, se encuentran en la frontera entre la Argentina, el Brasil y el Paraguay. El español Álvar Núñez Cabeza de Vaca las «descubrió» en 1541. Quedó impresionado no sólo por esas fabulosas cascadas, sino también por la naturaleza que las rodeaba. Vio un bosque lleno de orquídeas, begonias, pájaros exóticos y 500 clases diferentes de mariposa. Las cataratas entran a formar parte del Río Iguazú —cuyo nombre significa «grandes aguas» en guaraní[10]— con una fuerza tremenda, creando nubes de vapor de 30 metros de altura. Dentro de las nubes el juego de luz solar crea arcos iris[11] radiantes. Una de las cascadas que forman las cataratas se conoce como «La Garganta del Diablo». Hay un hotel de lujo[12] que está ubicado dentro del Parque Nacional Iguazú. Es el único hotel que ofrece a sus huéspedes una exclusiva vista a la Garganta del Diablo desde sus habitaciones y restaurantes. El sonido del agua de las cataratas es tan fuerte que puede escucharse a todas horas.

[8]orilla… *eastern shore* [9]*casual restaurants that serve grilled meats* [10]lengua indígena de la zona [11]arcos… *rainbows* [12]de… *luxury*

¡Viaje conmigo al Cono Sur!

Vea el vídeo para saber lo que Santiago les mandó a Javier y Sara sobre su Viaje al Cono Sur.

Video footage provided by

BBC Motion Gallery

ACTIVIDADES

A. En parejas, contesten las siguientes preguntas sobre los cuatro lugares fascinantes.

1. ¿Cómo es la geografía de la Patagonia? ¿Cuáles son sus atractivos turísticos?

2. ¿Qué personas famosas pasaron tiempo en la Patagonia? ¿Qué hicieron allí?

3. ¿Por qué es el Cerro Paranal un lugar idóneo para poner un telescopio?

4. ¿Por qué es Montevideo importante para el Uruguay?

5. Si fuera Ud. a Montevideo, ¿qué podría hacer en el Mercado del Puerto?

6. ¿Cómo se llamaba el primer europeo en conocer las Cataratas del Iguazú?

7. Describa los atractivos naturales de las cataratas y sus alrededores.

8. ¿Por qué puede ser difícil dormir en el hotel de lujo en el Parque Nacional Iguazú?

COMPARAR GUSTOS

B. Localice los cuatro lugares fascinantes del Cono Sur en el mapa en la página siguiente y ponga un número del 1 al 4 para indicar el grado de interés que Ud. tiene en investigar y explorar estos lugares. Turnándose con un compañero / una compañera, explique por qué a Ud. le interesa más el número 1 y por qué le interesa menos el número 4. Cuando presente su explicación, haga por lo menos tres comparaciones entre los dos lugares.

C. Ahora que Ud. ha leído sobre los lugares y ha visto el videoblog de Santiago, imagínese que Ud. es una de las siguientes personas que quiere hacer un viaje al Cono Sur. Escriba un correo electrónico a un agente de viajes explicándole lo que le fascina sobre el Cono Sur, lo que le gusta hacer cuando viaja, lo que le molesta de ciertos hoteles, lo que le preocupa sobre la comida y el clima y lo que le interesa aprender antes de su viaje.

- un(a) guía que hace deportes extremos quiere ir a la Patagonia
- un astrónomo / una astrónoma quiere ir al Desierto de Atacama
- un actor / una actriz súper rico/a quiere ir a Montevideo
- un hombre / una mujer de las Cataratas del Niágara quiere ir a Iguazú

¡A escribir!

A. Lluvia de ideas Entreviste a cinco de sus compañeros de clase en preparación para su ensayo sobre lo más estresante de la vida universitaria y sus recomendaciones para aliviar o prevenir el estrés. Hágales las siguientes preguntas y tome apuntes para su ensayo.

1. ¿Cuáles son los aspectos más positivos de su vida este semestre?
2. ¿Cuáles son los aspectos que le causan estrés?
3. ¿Qué le gusta hacer para aliviar el estrés y relajarse?
4. ¿Hay un lugar adonde va para escaparse del estrés? ¿Cómo es este lugar?

B. Composición: Recomendaciones Escriba un artículo para su periódico universitario dirigido a los estudiantes del primer año, en el que describa el estrés que sufren los estudiantes de hoy y ofrezca consejos para aliviarlo.

1. escoger un título llamativo
2. escribir un párrafo introductorio explicando las cosas positivas que a los estudiantes les gusta hacer durante el semestre
3. describir las posibles causas del estrés entre los estudiantes universitarios, incluyendo los que trabajan y estudian a la vez
4. ofrecer sugerencias para prevenir el estrés, actividades para relajarse y lugares ideales para un breve escape de la rutina diaria
5. escribir una conclusión

C. Diálogo Lea el artículo de un compañero / una compañera y luego, trabajando juntos/as, creen un diálogo entre dos consejeros/as en el que hablen de cómo se están preparando para ayudar a los estudiantes estresados que llegarán a su oficina al final del semestre.

Hablando del tema

Antes de empezar a conversar con sus compañeros de clase sobre los temas de este capítulo, prepare una ficha para la conversación, otra para el debate y otra para la reacción ante la cita. Cada ficha debe tener tres sustantivos, tres verbos y tres adjetivos.

A. Conversación: Cómo relajarse Revise las expresiones en **Para conversar mejor.** Luego, en parejas o grupos de tres, conversen sobre los siguientes puntos.

En cambio…	Me encantaba(n)…
¿En serio?	Me fascina(n)…
Era más/menos… que	Qué bueno que…
Es necesario que…	Sería fenomenal…

- ¿Qué le gusta a Ud. hacer para pasarlo bien? ¿Desempeña la música (*Does music play*) un papel importante en su tiempo libre? ¿Qué tipo de música le gusta oír?
- Haga una comparación entre lo que hace en su tiempo libre ahora y lo que hacía cuando estaba en la secundaria.
- Si fuera rico/a, ¿adónde iría para escaparse de sus obligaciones diarias? ¿Qué haría allí?

B. Debate: La tecnología   Revise las expresiones en **Para debatir mejor.** Después, prepare tres argumentos a favor y tres en contra sobre la omnipresencia de la tecnología en nuestras vidas. Luego, presente sus argumentos en un debate. No sabrá qué lado tendrá que defender.

Para debatir mejor

A FAVOR	EN CONTRA
Eso es.	Eso no tiene sentido.
Estoy de acuerdo.	¿Hablas en serio?
Muy bien dicho.	Lo siento, pero…
No cabe duda.	Todo lo contrario.

La tecnología, que se creía que iba a mejorar la vida, ha aumentado el nivel de estrés en la vida diaria.

La tecnología es súper importante para mis estudios, mi trabajo y mi vida social. Sin tener contacto constante con mis amigos, mi vida sería mucho más estresante.

C. Reacción: La felicidad   Revise las expresiones en **Para reaccionar mejor.** Luego, reaccione ante la cita siguiente. Añada razones que apoyen sus opiniones.

Para reaccionar mejor

Creo/Opino/Supongo que…	Es posible que…
Es absurdo/ridículo que…	Es verdad que…
Es bueno/malo que…	No tiene sentido.

Según unos estudios recientes, la felicidad es contagiosa. Por cada amigo/a feliz que tenga una persona, su propia felicidad aumenta un 9 por ciento.

La Plaza Dorrego en Buenos Aires

D. Volver a considerar En esta parte del **Capítulo 4,** Ud. exploró el tema de las obligaciones, en cuanto a los estudios y el trabajo, y lo que se hace para pasarlo bien y relajarse. En parejas, contesten las siguientes preguntas. Noten cómo ha mejorado su habilidad de expresarse sobre estos temas.

- ¿Se siente Ud. estresado/a por sus obligaciones académicas y su trabajo?
- ¿Qué hace para aliviar el estrés?
- ¿Cuáles son las actividades que lo/la ayudan a relajarse?
- ¿Va Ud. a un lugar especial para escaparse de vez en cuando?
- ¿Qué importancia tiene el humor en su vida diaria?
- La escena que se ve en el cuadro muestra una forma de escaparse de la vida diaria en la Argentina. ¿Qué papel desempeñan la música y el baile en su vida?

SÍNTESIS

E. *La Plaza Dorrego en Buenos Aires* En parejas, hablen del cuadro con todos los detalles posibles, tratando de utilizar las metas indicadas.

DESCRIBIR COMPARAR REACCIONAR RECOMENDAR GUSTOS PASADO FUTURO

PARTE B

La diversidad étnica del Cono Sur

Puntos clave

SÍNTESIS

Temas centrales

- la creación de un ambiente cómodo fuera de su país de origen
- las contribuciones de los inmigrantes a una sociedad
- las «guerras sucias» y los desaparecidos

Manifestación, *de Antonio Berni*

En esta parte del **Capítulo 4,** Ud. va a explorar los temas de la diversidad étnica y cultural del Cono Sur y las «guerras sucias» que tuvieron lugar en esta región.

Preguntas para considerar

- Al principio del siglo XX llegaron muchos inmigrantes al puerto de Buenos Aires. De allí muchos se hospedaron en el Hotel de Inmigrantes, un lugar donde podían dormir, comer, buscar trabajo y recibir ayuda médica —todo gratuito. ¿Qué nos dice sobre la actitud del gobierno argentino acerca de sus inmigrantes?
- ¿Cuáles son los elementos culturales que llevamos con nosotros a cualquier parte del mundo cuando viajamos?
- ¿Es una ventaja vivir en una sociedad en donde los antepasados de la mayoría de la población fueron inmigrantes? Explique.
- Se asocian el tango y los gauchos con la Argentina. ¿Qué sabe de la historia de estos dos símbolos de ese país?
- ¿Recuerda Ud. algo que aprendió en otras clases, de un libro o de una película sobre las dictaduras militares del Cono Sur? Explique.
- La pintura conmovedora de Antonio Berni muestra la diversidad étnica de la Argentina y la situación de clases trabajadoras en su momento. ¿Cuáles son las emociones que se ven en las caras de las personas retratadas?

Imágenes del Cono Sur

El barrio italiano, «La Boca», en Buenos Aires

Situación: Para su programa de radio, Sara entrevista a la profesora María Silvina Persino, directora del Departamento de Estudios Latinoamericanos, sobre un congreso auspiciado por ese departamento que se llama «Imágenes del Cono Sur: Percepción y realidad». Lea el diálogo y conteste las preguntas que lo siguen. **¡OJO!** Preste especial atención al uso del vocabulario nuevo, que está **en negrita.**

SARA: Bienvenida, profesora Persino. ¡Qué bueno que hayan organizado este congreso! Tengo entendido que habrá algo para todos los **gustos.**

PERSINO: Es cierto, Sara. Hablando de gustos, podemos comenzar por los gustos **culinarios.**

SARA: Sí. Veo que habrá demostraciones de cocina, donde uno puede aprender a hacer **exquisitas empanadas.** También habrá una charla sobre el ritual del **mate.**

PERSINO: Así es. Y comenzamos todo con un **asado** al aire libre, porque no hay nada como un buen **bife** acompañado de unos **renombrados** vinos chilenos. De música, tenemos un cuarteto de tango.

SARA: ¡Fenomenal! Bueno, en cuanto a las charlas, la que más me fascina es la de la inmigración al Cono Sur. No creo que la mayoría de la gente sepa que el 90 por ciento de la **población** argentina es descendiente de inmigrantes.

PERSINO: Tienes razón, Sara. En la Argentina, por ejemplo, hay italianos, alemanes, **árabes, coreanos,** españoles, **galeses,** ingleses, **irlandeses, judíos,** japoneses y **rusos,** que llegaron al país por varias razones. Se va a comentar la contribución cultural de estos grupos a la Argentina.

SARA: ¿Se encuentra esa diversidad étnica y cultural en otros países del Cono Sur?

PERSINO: Pues sí, quizá no con la misma amplitud que tiene en la Argentina. Sin embargo, en el Uruguay, hay muchos descendientes de italianos, y, hasta una comunidad **afrodescendiente.** También hay comunidades alemanas considerables en Chile y en el Paraguay.

SARA: ¿Y qué influencia han tenido tantos idiomas diferentes en el español del Cono Sur?

El desierto de Atacama, Chile

PERSINO: Pues, en la Argentina tenemos lo que llamamos «el **lunfardo**», un término que se refiere al conjunto de palabras de otros idiomas que han entrado en el español argentino. Otro dato interesante en cuanto a los idiomas es que en el Paraguay, aunque sólo el 3 por ciento de la población es indígena, el 90 por ciento habla el **guaraní,** además del español.

SARA: ¡Qué fascinante! Bueno, el tema más difícil del congreso será el de las dictaduras militares de los años 60 y 70, las varias «guerras sucias» y la gente que «despareció» durante ellas. Sé que cada día habrá una película que servirá de introducción a esas charlas.

PERSINO: Seguramente ya muchos han visto *La historia oficial,* que, entre otras cosas, trata de la adopción de bebés de personas desaparecidas por familias de militares. Sugiero que no se pierdan la película chilena *Machuca* ni la argentina *Kamchatka,* que también tratan de lo que ocurría en esa época.

SARA: Finalmente, ¿nos puede comentar algo sobre la exposición fotográfica «El poder del lugar»?

PERSINO: Claro. El Cono Sur es una zona de contrastes geográficos alucinantes. Hay fotos de los Andes, las **pampas,** la Patagonia y del **Desierto** de Atacama en Chile. También veremos los contrastes de los espacios urbanos creados por los inmigrantes en Buenos Aires. Hay fotos de los salones de té **galeses;** del barrio La Boca, con su **ambiente** italiano; de la comunidad **judía** en Once, con su antigua industria textil, y de los barrios de los inmigrantes más recientes, los **coreanos.**

SARA: La verdad es que el evento será extraordinario. Gracias por organizarlo y hablar con nosotros hoy.

PERSINO: Gracias a Uds.

ACTIVIDADES

A. Comprensión   Conteste las preguntas según la entrevista.

1. El congreso incluirá una parte culinaria. ¿Cuáles son las comidas y bebidas típicas del Cono Sur que los participantes podrán probar?

2. Antes de escuchar la entrevista, ¿sabía Ud. que el 90 por ciento de la población de la Argentina era descendiente de inmigrantes? ¿De dónde llegaron algunos de esos inmigrantes?

3. ¿Cuál será el tema más difícil del congreso?

4. El 50 por ciento de la población de la Argentina vive en la provincia de Buenos Aires. Los espacios urbanos creados por los inmigrantes proveen un ambiente fascinante en la gran ciudad. ¿Cuáles son algunas de las indicaciones de la presencia de los inmigrantes en la Buenos Aires de hoy?

B. **¿Qué opina Ud.?** Indique si Ud. está de acuerdo o no con las siguientes afirmaciones. Luego, comparta sus respuestas con un compañero / una compañera.

	ESTOY DE ACUERDO.	NO ESTOY DE ACUERDO.
1. Me fascinan las comidas y bebidas de otros países.	☐	☐
2. Asistiría a una presentación sobre la historia del tango.	☐	☐
3. Sé algo sobre Salvador Allende y Augusto Pinochet.	☐	☐
4. He visto la película *La historia oficial.*	☐	☐
5. He visto la película *Evita.*	☐	☐
6. Si mi familia inmigrara a otro país, comería en McDonald's y Wendy's por razones nostálgicas.	☐	☐
7. Me encantaría viajar al Cono Sur.	☐	☐

C. **Conversación** En parejas, contesten las siguientes preguntas. Expliquen sus respuestas y apóyenlas con ejemplos concretos.

1. ¿De dónde vienen sus antepasados? ¿Hay alguna costumbre o comida del país de sus antepasados que se conserve como parte de un rito en su familia?

2. ¿Le gusta ver películas que tratan de los momentos difíciles de su país? Por ejemplo, ¿ha visto *Gone with the Wind* sobre la Guerra Civil, *JFK* sobre el asesinato del presidente John F. Kennedy, *Born on the 4th of July* sobre la guerra en Vietnam o *Farenheit 911* sobre la guerra en Irak? ¿Cree que el cine puede ayudar a enseñar sobre la historia? ¿Por qué?

3. Si Ud. pudiera visitar los Andes, las pampas, la Patagonia, el Desierto de Atacama o Buenos Aires, ¿cuál visitaría? Explique.

Una parilla en el Mercado del Puerto en Montevideo

Vocabulario del tema

Para hablar de la contribución de los inmigrantes

el ambiente	atmosphere
la convivencia	coexistence
la costumbre	custom
la diversidad	diversity
la nostalgia	nostalgia
el ritual	ritual

Para hablar de la experiencia de ser inmigrante

acostumbrarse	to become accustomed to
consolar (ue)	to comfort
experimentar	to experience
extrañar	to miss (*someone or something*)
huir	to flee
inmigrar	to immigrate
pertenecer	to belong
proveer	to provide
recrear	to recreate

Para hablar de las comidas del Cono Sur

el asado	*mixed grilled meats*
el bife	steak
la cocina	cuisine
la empanada	pastry turnovers
el gusto	taste
el mate	*a special herb tea*
la torta	cake
amargo/a	bitter
culinario/a	culinary

exquisito/a	exquisite
renombrado/a	renowned
sabroso/a	delicious

Para hablar de la composición étnica

el gaucho	cowboy
el guaraní	*indigenous language of Paraguay*
el lunfardo	*group of words in Argentine Spanish that come from other languages*
los mapuches	*indigenous people of Chile*
el/la paisano/a	fellow countryman
afrodescendiente	of African descent
árabe	Arab
coreano/a	Korean
galés/galesa	Welsh
irlandés/irlandesa	Irish
judío/a	Jewish
ruso/a	Russian

Para hablar de los lugares

el barrio	neighborhood
la costa	coast
el desierto	desert
el espacio	space
el paisaje	landscape
la pampa	*grassy plains*
el salón de té	teahouse

ACTIVIDADES

A. **Vocabulario en contexto**

Paso 1 Complete las siguientes afirmaciones con la palabra correcta e indique si está de acuerdo o no con lo que dicen.

	ESTOY DE ACUERDO.	NO ESTOY DE ACUERDO.
1. A muchos norteamericanos les sorprendería _____ (el ritual / la diversidad) cultural de los países del Cono Sur.	☐	☐
2. Me encanta _____ (el ambiente / la costumbre) cosmopolita que _____ (la nostalgia / la convivencia) de múltiples culturas crea en las ciudades grandes.	☐	☐

(continúa)

	ESTOY DE ACUERDO.	NO ESTOY DE ACUERDO.
3. A mis padres les interesan las tradiciones _____ (culinario / amargo) de nuestros antepasados; hay varios platos especiales que se sirven en reuniones familiares.	☐	☐
4. A muchos inmigrantes les _____ (consolar / proveer) comer la cocina de su país de origen cuando _____ (extrañar / inmigrar) su país de origen.	☐	☐
5. Normalmente me gustan los tés de hierba, así que me interesaría probar _____ (la torta / el mate).	☐	☐
6. A mí no me gustaría _____ (el mate / el asado) argentino porque me da asco el bife.	☐	☐
7. Si viajara al Paraguay, me fascinaría aprender a hablar _____ (el lunfardo / el guaraní).	☐	☐
8. Cuando estoy en un país extranjero, me siento más cómodo/a y menos inseguro/a si estoy entre mis _____ (paisanos / mapuches).	☐	☐

Paso 2 En parejas, compartan sus respuestas. Expliquen sus opiniones sobre por lo menos tres de las afirmaciones.

B. ¿Judíos argentinos?

Paso 1 Complete los espacios en blanco con la forma apropiada del verbo correcto entre paréntesis para saber sobre los antepasados de Gabriel, un estudiante argentino que estudia en los Estados Unidos.

El Templo Libertad de Buenos Aires

Ya que la mayoría de las personas asocia a Latinoamérica con el catolicismo, mis amigos estadounidenses se sorprenden al saber que soy un argentino judío. Mis bisabuelos llegaron a la Argentina en 1900; eran de los judíos ashkenazitas[a] que _____[1] (huir / pertenecer) del este de Europa en esa época. Al principio su vida en Argentina no era fácil. A pesar de que la constitución del momento garantizaba la libertad religiosa, los judíos _____[2] (experimentar / extrañar) muchos prejuicios de parte de los argentinos. Sin embargo, eventualmente se incorporaron a la vida nacional. Al principio mis bisabuelos _____[3] (extrañar / huir) su antiguo pueblo, sus amigos y sus familiares, pero pronto _____[4] (proveer / acostumbrarse) al nuevo ambiente. Consiguieron tierra en la provincia de Santa Fe, en el interior del país, y con otros judíos establecieron una comuna agrícola. Estas comunas eran populares entre los judíos inmigrantes porque les _____[5] (pertenecer / proveer)

[a]*Ashkenazi* (judíos de la Europa Central o del Este)

una comunidad judía donde podían _____[6] (recrear / consolar) muchas de las prácticas culturales y religiosas de sus antepasados. A mis amigos estadounidenses les sorprende saber que ahora la Argentina tiene una de las poblaciones judías más grandes del mundo.

Paso 2 En grupos de tres, contesten las siguientes preguntas.

1. ¿Por qué les sorprende a los estadounidenses que Gabriel es judío?
2. ¿Por qué era difícil la nueva vida de los judíos inmigrantes en la Argentina?
3. ¿Por qué eran tan populares las comunas agrícolas para los inmigrantes judíos?

C. El mate: Un ritual de la amistad

Paso 1 Lea la siguiente descripción del mate y lo que significa para la gente del Cono Sur.

Un gaucho con su mate

Quizás más que cualquier otra actividad, el ritual del mate refleja la esencia del Cono Sur. Es una práctica cultural que cruza las fronteras entre profesiones, etnicidades, géneros y clases sociales. El mate se hace de yerba mate, una hierba amarga[1] similar al té, y se toma sobre todo en compañía de amigos en un ritual elaborado que tiene sus raíces en la época precolombina. Es típico utilizar un recipiente especial que también se llama «mate». Se pasa este recipiente de persona a persona y cada uno bebe el mate por la misma bombilla.[2]

No es simplemente otra bebida caliente como el café o el té; el mate tiene sus propios mitos y tradiciones. El ritual del mate enfatiza la importancia de convivir con los amigos, colegas y familiares. Provee un momento para conversar y relajarse. Simboliza la amistad, el respeto, el cariño y la generosidad. Una invitación a tomar mate es una señal de que a uno le han aceptado en el grupo, y sería falta de educación negarse a[3] tomarlo.

[1]*bitter* [2]*straw* [3]*negarse... to refuse*

Paso 2 Contesten las siguientes preguntas en grupos de cuatro.

GUSTOS

1. ¿Por qué creen Uds. que a las personas del Cono Sur les gusta el mate?
2. ¿Qué les parece la tradición de tomar mate? ¿Les gustaría probarlo? ¿Por qué sí o por qué no? ¿Les molestaría compartir la misma bombilla con otras personas? Expliquen.

HIPÓTESIS

3. Si Uds. estuvieran en la Argentina por un año, ¿qué bebidas o comidas les gustaría tener disponibles (*available*) para aliviar su nostalgia para su propio país?

D. Un escape

Paso 1 Lea las descripciones de tres lugares excelentes para divertirse en el Cono Sur durante el mes de febrero, cuando las temperaturas del verano son perfectas y el ambiente es alucinante.

1. **Punta del Este, Uruguay** Es una ciudad que está en la costa del Océano Atlántico y es un lugar favorito de los ricos y famosos para veranear. Se considera como «la Riviera de Sudamérica». La playa está rodeada de bellos bosques de pinos; las olas, de más de diez pies de altura, son perfectas para hacer surfing. Hay grandes mansiones, pistas de golf y tenis y casinos lujosos. El ambiente es espectacular.

2. **Viña del Mar, Chile** Es una ciudad balnearia[1] que fue fundada hace más de 100 años. Tiene lujosas villas de comienzos del siglo XX con torrecillas miradores[2] que dan al mar,[3] así como casas modernas de estilo elegante. Cada mes de febrero se celebra allí el gran Festival de Música de Viña del Mar, en el que tocan músicos hispanos de todo el mundo. Este festival es tal vez la reunión de estrellas hispanas más grande del mundo. Experimentar Viña del Mar en febrero es fenomenal.

3. **Buenos Aires, Argentina** Es conocida como «el París de Sudamérica». Se puede encontrar cafés en casi todas las esquinas, desde los más elegantes y caros hasta los más sencillos. Los barrios étnicos proveen comidas exquisitas para todos los gustos. En el centro de la ciudad hay más de 70 cines. Las representaciones teatrales en Buenos Aires, por otro lado, son más numerosas que en París o Nueva York. La vida nocturna es alucinante. Se dice que en la calle Corrientes, la calle principal, nunca se duerme. ¡Las discotecas y los clubes no cierran hasta la madrugada!

[1]*resort* [2]torrecillas… *little watchtowers* [3]dan… *face the sea*

Paso 2 Ahora, lea las descripciones de tres paraguayos estresados que necesitan escaparse de su rutina. En parejas, recomienden el lugar más apropiado para cada uno para aliviar el estrés, divertirse y cargar las pilas. Compartan sus sugerencias con otra pareja. ¿Están todos de acuerdo?

- Arturo Baca, un actor que está angustiado porque no consiguió un papel en un espectáculo, dado que no sabe bailar bien
- Teresa Palacios, una estudiante que está hasta las narices con sus estudios y con su ex novio, quien sigue llamándola tres veces al día
- Carolina Castañeda, una bibliotecaria que está desanimada porque vive en un pueblo pequeño, sin mucha marcha

1. Arturo, sabemos que Ud…. Sin embargo, le aconsejamos que…
2. Teresa, es muy importante que Ud…. Por eso sugerimos que…
3. Carolina, recomendamos que… porque…

Puntos clave

PASADO   DESCRIBIR   GUSTOS

En esta sección del capítulo, Ud. va a seguir hablando de los gustos, pero trabajará con las otras metas comunicativas también. Antes de continuar, estudie las explicaciones de las estructuras gramaticales en las páginas verdes (310–355) que están al final del libro.

Paso 1 El tango y Carlos Gardel Llene los espacios en blanco con la forma correcta del pretérito o del imperfecto, según el contexto. En algunos casos Ud. tendrá que escoger entre **ser** y **estar.**

Carlos Gardel

Las raíces del tango se encuentran en el candombe, un tipo de baile africano. Los primeros tangos _____[1] (aparecer) en barrios pobres de Buenos Aires a finales del siglo XIX. Allí la gente _____[2] (empezar) a imitar e improvisar un baile nuevo que _____[3] (combinar) pasos y ritmos del candombe y de la habanera cubana. Pronto _____[4] (hacerse) tan popular que _____[5] (llegar) hasta París en 1907. Al principio, _____[6] (considerarse) inmoral, y bailarlo en público, _____[7] (ser/estar) escandaloso. Para 1913 la «tangomanía» se había extendido por Europa y de repente _____[8] (ser/estar) de moda.

El cantante más famoso de tango de todos los tiempos _____[9] (ser/estar) Carlos Gardel. _____[10] (tener) un talento musical legendario y sus admiradores lo _____[11] (adorar). Siempre _____[12] (verse) guapo y elegante y en 1935 _____[13] (ser/estar) en la cumbre de su carrera. Desafortunadamente, mientras _____[14] (volar) sobre Medellín, Colombia, su avión _____[15] (estrellarse) y Gardel _____[16] (morir). Todo el mundo _____[17] (ser/estar) devastado al perder a su ídolo.

Paso 2 Las brechas generacionales musicales Formen oraciones completas con los elementos indicados, prestando atención especial a los tiempos verbales.

1. Durante los años 50, a mis bisabuelos / gustar / escuchar la música de Frank Sinatra en la radio y molestar / los espectáculos de Elvis Presley en la televisión

2. Por los años 60, a mis abuelos / encantar / los Supremes y los Beatles. Hoy en día preocupar / los temas de las canciones rap

3. Ahora, a mis padres / fascinar / los Eagles y Elton John, pero también interesar / las canciones de Nora Jones y Tim McGraw

ACTIVIDADES

A. Unas olas de inmigrantes a la Argentina Se estima que el 90 por ciento de la población argentina es descendiente de inmigrantes, mayormente europeos. Pero también se encuentran libaneses, siros y más recientemente, coreanos que han añadido al tejido multicultural de la Argentina.

Paso 1 En grupos de tres, completen las siguientes oraciones para saber más sobre algunos de los grupos étnicos que conforman la nación argentina.

1. Entre 1857 y 1958, la mayoría de los inmigrantes a la Argentina venían de Italia (46%) y España* (33%). Al gobierno argentino, _____ (interesar) poblar el país con gente de ascendencia europea. Además, otros europeos huyeron de Italia, España y Alemania en los años 30 y 40. Muchos de ellos inmigraron porque _____ (preocupar) la tiranía del fascismo de Benito Mussolini, Francisco Franco y Adolph Hitler.

2. Se estima que unos 25 millones de argentinos tienen por lo menos un antepasado italiano, hecho reflejado en la gran cantidad de apellidos italianos y en la cocina tradicional argentina. Si a Ud. _____ (apetecer) comer pasta, puede encontrar un plato exquisito en casi cualquier restaurante.

3. A los galeses que llegaron a la Argentina a mitad del siglo XIX _____ (molestar) la persecución religiosa y política de los ingleses. La mayoría de ellos se estableció en la Patagonia donde se dedicó a la agricultura. Hoy día a muchos viajeros _____ (sorprender) ver salones de té galeses en esta región.

4. A los judíos rusos _____ (importar) sus creencias y rituales religiosas. Por eso emigraron a la Argentina para escaparse la persecución religiosa y social por parte de la Rusia zarista. A muchos _____ (sorprender) que hoy día la Argentina tenga una de las poblaciones judías más grandes del mundo.

5. A muchos de los coreanos que llegaron después de la Guerra de Corea, no _____ (apetecer) asimilarse a la cultura nacional. A algunos argentinos _____ (parecer) que los coreanos mantienen un mundo aparte. Sin embargo, su presencia va creciendo. En la guía telefónica de Buenos Aires, hay una página entera con el apellido coreano Kim.

REACCIONAR
R
RECOMENDAR

Paso 2 En grupos de tres, preparen comentarios sobre dos de los datos sobre la diversidad multicultural de la Argentina. Pueden empezar sus comentarios utilizando estas frases: **No sabía que... Es alucinante/ sorprendente/increíble que... Creo/Opino/Pienso que... Me fascina / Me intriga / Me interesa que...**

B. La diversidad étnica: mosaico de identidades Desde 1949, en toda Argentina se celebra El Día del Inmigrante el 4 de septiembre. En esta fecha en 1812 el gobierno firmó un decreto que abrió las fronteras a todos los inmigrantes, de cualquier país del mundo, que quisieran vivir en su territorio. Este día celebra la diversidad étnica que ha hecho la Argentina un mosaico de identidades.

Paso 1 Igual que la Argentina, este país es también un país de inmigrantes. En grupos de tres, respondan a las siguientes preguntas sobre el tejido multicultural de este país.

1. ¿Qué barrios étnicos hay en su estado, ciudad o pueblo? ¿Han estado allí por muchos años o son recién llegadas estas comunidades? ¿Cómo han cambiado estas comunidades diversas el espacio físico donde Ud. vive?

La reina de una colectividad noruega, durante el desfile de la Fiesta Nacional del Inmigrante

_____

*Por supuesto, los primeros españoles en poblar territorio argentino fueron los que llegaron en 1531, con el fin de establecer una colonia.

2. ¿Cómo se ha enriquecido su comunidad con la presencia de culturas diferentes?

3. Muchas veces es a través de la comida que se llega a conocer a la cultura de otra gente. ¿Qué contribuciones culinarias han hecho estas comunidades a la comida local de su región?

4. ¿Creen que las contribuciones de los inmigrantes a este país merecen un día nacional para celebrar la diversidad étnica? ¿Sería una sugerencia polémica? ¿Por qué?

REACCIONAR
R
RECOMENDAR

C. **Las fronteras sociales y económicas: el caso de Chile** La etnicidad no es el único factor que añade diversidad a nuestras comunidades. En todos los países vemos divisiones y diferencias que se basan en las situaciones socio-económicas de los habitantes. El Cono Sur no es ninguna excepción. Un ejemplo importante es Chile. A pesar de su reputación de ser uno de los países latinoamericanos más prósperos y estables, existen grandes disparidades económicas.

Paso 1 En parejas, lean la siguiente información, sacada de un blog escrito por un chileno. Comenten sobre cada hecho y comparen cada situación con la de su país, como si respondieran al blog en Internet.

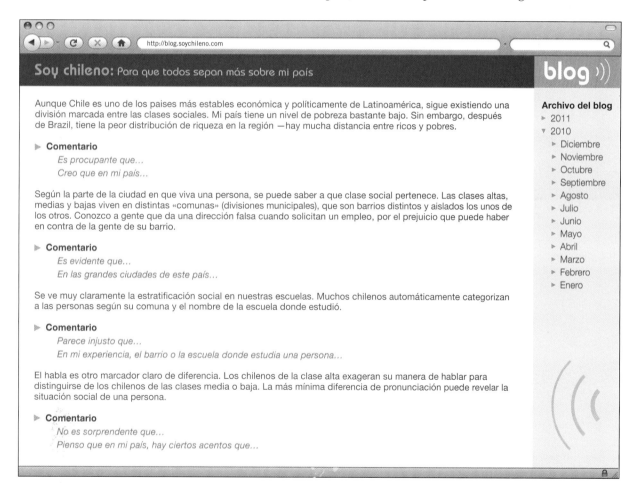

http://blog.soychileno.com

Soy chileno: Para que todos sepan más sobre mi país

blog

Aunque Chile es uno de los países más estables económica y políticamente de Latinoamérica, sigue existiendo una división marcada entre las clases sociales. Mi país tiene un nivel de pobreza bastante bajo. Sin embargo, después de Brazil, tiene la peor distribución de riqueza en la región —hay mucha distancia entre ricos y pobres.

▶ **Comentario**
    Es procupante que...
    Creo que en mi país...

Según la parte de la ciudad en que viva una persona, se puede saber a que clase social pertenece. Las clases altas, medias y bajas viven en distintas «comunas» (divisiones municipales), que son barrios distintos y aislados los unos de los otros. Conozco a gente que da una dirección falsa cuando solicitan un empleo, por el prejuicio que puede haber en contra de la gente de su barrio.

▶ **Comentario**
    Es evidente que...
    En las grandes ciudades de este país...

Se ve muy claramente la estratificación social en nuestras escuelas. Muchos chilenos automáticamente categorizan a las personas según su comuna y el nombre de la escuela donde estudió.

▶ **Comentario**
    Parece injusto que...
    En mi experiencia, el barrio o la escuela donde estudia una persona...

El habla es otro marcador claro de diferencia. Los chilenos de la clase alta exageran su manera de hablar para distinguirse de los chilenos de las clases media o baja. La más mínima diferencia de pronunciación puede revelar la situación social de una persona.

▶ **Comentario**
    No es sorprendente que...
    Pienso que en mi país, hay ciertos acentos que...

Archivo del blog
▶ 2011
▼ 2010
    ▶ Diciembre
    ▶ Noviembre
    ▶ Octubre
    ▶ Septiembre
    ▶ Agosto
    ▶ Julio
    ▶ Junio
    ▶ Mayo
    ▶ Abril
    ▶ Marzo
    ▶ Febrero
    ▶ Enero

Paso 2   En grupos de cuatro, conversen sobre las distinciones de clase en su propia ciudad o universidad. ¿Hay grandes disparidades entre las clases sociales? ¿Qué rasgos distinguen los miembros de cada grupo? ¿Hay diferencias de acento, forma de vestirse, escuelas, vecindarios? ¿Hay tensiones entre las clases sociales? ¿Cómo se ven?

PASADO

D. *Machuca:* **una situación política y social muy inquietante**

Paso 1   Mire el cartel y lea la reseña de la premiada película chilena *Machuca.*

Es 1973 en Santiago, Chile, y gracias a la elección del nuevo presidente socialista, Salvador Allende, muchos sueñan con romper las fronteras sociales y económicas tradicionales y crear una sociedad más inclusiva. Todo empieza cuando un grupo de alumnos pobres dirigido por algunos curas[1] que apoyan las ideas socialistas de Allende llega al colegio privado de niños ricos. Entre ellos está Pedro Machuca, quien forma una amistad íntima con Gonzalo Infante, un niño de 11 años de un barrio rico. Juntos, se defienden durante el recreo y exploran su ciudad y el campo. Es un momento idílico que pronto verá su fin, cuando el golpe de estado[2] encabezado por el militar conservador Augusto Pinochet derroca a Allende el 11 de septiembre de 1973. ¿Podrá su amistad sobrevivir el miedo, la desconfianza y el odio que divide al país entero?

[1]*priests*   [2]*golpe… coup*

Paso 2   En parejas, llenen los espacios en blanco con el pasado del verbo indicado. Luego, imagínense las reacciones de los varios personajes de la película.

REACCIONAR
R
RECOMENDAR   PASADO

1. Cuando el gobierno socialista de Allende _____ (proponer) que los pobres asistieran a la misma escuela privada que los ricos, la situación _____ (ponerse) difícil. Pero Gonzalo y Machuca _____ (hacerse) amigos a pesar de la diferencia social.

   a. Los socialistas decían: «Es bueno que todos los niños… »

   b. Unos padres ricos decían: «No nos gusta que mis hijos… »

2. Al principio, cada uno de los chicos _____ (estar) asombrado de ver cómo _____ (vivir) el otro: Machuca con su familia entera en un solo cuarto, sin baño, en un poblado ilegal en las afueras de Santiago; Gonzalo en una casa de lujo, con su propio cuarto lleno de libros, carteles y juguetes.

   a. Machuca pensaba: «Es increíble que Gonzalo… »

   b. Gonzalo pensaba: «Es horrible que toda la familia de Machuca… »

3. Pero muy pronto los dos _____ (olvidarse) de sus diferencias porque _____ (tener) que preocuparse por otras cosas más importantes, como sus primeros amores o la manera de sobrevivir en el colegio. Otros niños, menos abiertos, _____ (burlarse) de su amistad.

a. Un niño rico y cruel dijo: «Miren los novios, Gonzalo y Machuca. Ojalá que… »

b. La hermana mayor de Gonzalo le dijo: «¡Qué imbéciles son! Tengo una fiesta con mis amigos esta noche y no quiero que tu amigo… »

4. Gonzalo, Machuca y Silviana, una vecina de Machuca, _____ (encontrarse) en medio de una demostración derechista. Silviana _____ (pelearse) con una mujer arrogante que _____ (ser) la madre de Gonzalo.

a. Silviana pensó: «Es insoportable que esta mujer… »

b. La madre de Gonzalo pensó: «Esa niña asquerosa me escupió (*spit*) en la cara. Es repugnante que esas personas… »

FUTURO

Paso 3 En grupos de tres o cuatro, comenten lo siguiente.

1. Silviana, la vecina de Machuca, quien les interesa a los dos niños, se burla de ellos por leer cuentos de *Lone Ranger and Tonto*. Silviana opina que el blanco y el indio jamás podrán ser amigos, pero Gonzalo insiste en que sí lo pueden ser. ¿Están Uds. de acuerdo con Silviana o no? Expliquen.

2. Al final de la película se ven los ataques sangrientos de los militares de Pinochet contra la gente del barrio pobre donde vive Machuca. De repente Gonzalo se da cuenta de que su vida estará en peligro si sigue visitando el barrio de su amigo. ¿Qué pasará con su amistad?

3. Epílogo: Durante la dictadura de Pinochet la clase alta se enriqueció. Y aunque en los años 80 y 90 el gobierno pudo reducir la pobreza extrema, la brecha entre los ricos y los pobres y el cisma entre las clases media y alta aumentó, hecho que se ve hasta hoy día. Imagínese que Machuca y Gonzalo ahora tienen unos 45 años. ¿A qué tipo de trabajo se dedicará cada uno? ¿Cómo será la vida social de los dos? ¿Habrá habido contacto entre Gonzalo y Machuca?

> **Ojo**
>
> The future tense is used to express conjecture about what is probably happening right now.
>
> | **Estará** | *He must* |
> | **enfermo** | *be sick* |
> | **hoy**. | *today.* |

Rincón cultural

Un artista hispano
Florencio Molina Campos

El gaucho ocupa un lugar mítico en el imaginario nacional argentino. Este vaquero montaba a caballo por las pampas argentinas, cuidando el ganado, jugando a naipes y emborrachándose en las pulperías.[1] En el siglo XIX, Domingo Sarmiento retrató al gaucho como un indolente y peligro nacional en su ensayo fundamental *Facundo*. Luego en ese mismo siglo, el gaucho pasó a representar la independencia y la esencia argentina en obras de la literatura gauchesca, como «Martín Fierro», poema épico de José Hernández, y la novela *Don Segundo Sombra* de Ricardo Güiraldes. Hoy el gaucho prácticamente ya no existe, el 90 por ciento de los argentinos vive en zonas urbanas, pero sigue siendo un símbolo nacional.

[1]*saloons*

El truco,* *de Florencio Molina Campos*

El pintor de gauchos Florencio Molina Campos nació en Buenos Aires en 1891. Desde muy joven mostró aptitudes para el dibujo. A los 35 años tuvo su primera exposición en la Sociedad Rural Argentina, donde el presidente de la Argentina, Marcelo T. Alvear, admiró sus obras y le consiguió trabajo como profesor de dibujo en el Colegio Nacional Nicolás Avellaneda. A partir de entonces su profesión de pintor empezó a florecer. Son renombradas sus caricaturas campestres del universo gaucho, sus vestimentas, costumbres y vida. Su representación de las actividades del gaucho se caracteriza por la gracia, el humor, la precisión de los detalles y el respeto hacia el sujeto.

Algunos críticos han dicho que sus escenas del campo argentino y sus habitantes parecen sacadas de novelas. Molina Campos no niega que debe parte de su visión del gaucho y su entorno a la literatura gauchesca.

De 1931 a 1936 y luego entre 1940 y 1945 en miles de hogares y negocios argentinos se podía encontrar un almanaque[2] con las caricaturas campestres de Molina Campos. Al mismo tiempo expuso sus obras en prestigiosas galerías de los Estados Unidos y la Argentina. De hecho, pasó varios años en los Estados Unidos y sus pinturas se hallaban en las colecciones personales de personas como Dwight D. Eisenhower, Nelson Rockefeller, Will Rogers y Walt Disney. Molina Campos tuvo una relación muy cercana con Walt Disney, a quien aconsejó en varias películas. En 1958, regresó a su país de origen y falleció[3] el 16 de noviembre en Buenos Aires.

[2]*almanac*   [3]*he passed away*

ACTIVIDADES

A. Conteste las siguientes preguntas.

1. ¿Cuándo empezó a tener éxito las obras de Molina Campos?

2. Muchas veces las caricaturas se burlan de la gente. ¿Cómo representa Molina Campos a los gauchos?

3. Además de ser muy popular en su propio país, ¿quiénes eran sus admiradores estadounidenses?

DESCRIBIR   COMPARAR

B. Busquen en el Internet algunos de los cuadros de Molina Campos. Describan uno de ellos con muchos detalles. Luego, piense en el mito nacional del vaquero (*cowboy*) estadounidense y cómo los escritores y cineastas lo han representado. Basándose en lo que han leído y han visto en los cuadros de Molina Campos, haga una comparación entre el gaucho argentino y el vaquero estadounidense.

---

*«El truco» es el juego de naipes más popular de la Argentina. Como en el *poker,* se puede engañar el adversario.

La música uruguaya

Unos tambores típicos del candombe, Montevideo, Uruguay

Generalmente, cuando se trata de la música del Cono Sur, lo primero que viene a la mente es, sin duda, el tango. Sin embargo, en el Cono Sur hay muchos otros estilos musicales: la música folclórica, la música de protesta de los años 60 y 70 conocida como «La nueva canción», la música clásica, el rock en español y muchos estilos más. Lo que muchos no saben es que el tango mismo proviene del candombe, un género musical de origen afrouruguayo que llegó con los esclavos que fueron llevados a la fuerza a ese país a mediados del siglo XVIII. El candombe ha sobrevivido hasta hoy y se encuentra no sólo en muchas grabaciones de música uruguaya, sino también en la vida actual del país. Hoy en día, es muy común ver grupos de gente tocando candombe en las calles de distintos barrios.

Aunque el candombe ha experimentado algunas transformaciones, mantiene dos de sus características originales: la forma de tocar y los instrumentos básicos. Estos instrumentos son los tamboriles o tambores. Los hay de tres tamaños distintos, cada uno con una voz diferente: piano, chico y repique. Cada cual cumple una función rítmica determinada que tiene que ver con el lenguaje propio del candombe. Muchos músicos se han inspirado en el ritmo particular del candombe, y han creado diferentes composiciones a lo largo del siglo XX y hasta hoy.

«Candombe del Piedras» es el resultado de un proyecto muy especial: *Esperando salir,* un CD de canciones escritas por jóvenes encarcelados en el Uruguay y tocadas por músicos profesionales. El proyecto lo llevó a cabo Proyectos Culturales, una organización no gubernamental de Montevideo, Uruguay. Trabaja con niños y adolescentes de poblaciones marginadas o que están internados en centros carcelarios. Proyectos Culturales les ofrece a estos adolescentes programas culturales, artísticos y pedagógicos.

ACTIVIDADES

A. **Antes de cantar**   En la canción «Candombe del Piedras», se oyen los sentimientos de un joven encarcelado. Como no tiene licencia* para salir, se ha quedado en la cárcel aburrido, pensando en su familia. «El Piedras» se refiere a la parte del complejo penitenciario donde está encarcelado el joven. Conteste las siguientes preguntas.

1. ¿Qué palabras expresan la nostalgia que uno siente cuando no puede ver a su familia por mucho tiempo?

2. ¿Qué harán los encarcelados para pasar el tiempo? Si Ud. estuviera en la cárcel, ¿cómo se sentiría y qué haría para pasar el tiempo?

3. ¿Sabe de alguna canción, poema, libro o película que trate de la experiencia de estar encarcelado? ¿Cuál es y qué temas trata?

---

*Se refiere a un permiso para salir de la cárcel por un tiempo corto, según la gravedad del delito y la buena conducta del encarcelado mientras cumple su sentencia judicial.

B. ¡A cantar!   Escuche la canción «Candombe del Piedras» que se puede encontrar en el CD *Estampillas musicales*.

Candombe del Piedras

Es de mañana, estamos todos.
Miro pa'[1] fuera y veo poco.
Poquito a poco me rompo el
   coco.[2]
Sin la licencia me como el
   bocho.[3]

Todos los días la misma
   historia
Con la rutina, así es la vida,
Ladrando[4] un poco
Acá en el Piedras.

Fumando solo,
Fumando un pucho,[5]
Tranquilo y nada.
Que pasa el tiempo,
Que falta poco,
Pa' la licencia,
Pa' estar en casa.

Con mi familia,
Que extraño mucho.
Tengo las ganas
De estar en casa.

Así es la historia
Acá en el Piedras.
Nos despedimos,
Tocando[6] un poco.
[*Se repite varias veces.*]

[1]para   [2]me... *I think too much* obtener respuesta   [3]me... *I worry too much*   [4]solicitando algo insistentemente sin [5]cigarrillo   [6](*double meaning*) *playing the instrument; escaping from prison*

C. Después de cantar   En parejas, contesten las siguientes preguntas sobre la canción «Candombe del Piedras».

1. ¿Qué instrumentos musicales se escuchan en esta canción?

2. ¿Cómo es un día típico para el joven encarcelado?

3. ¿Qué emociones evoca la canción en Uds.?

D. ¡A escuchar!   Para apreciar más la gran variedad de música del Cono Sur, vaya a YouTube™ y escuche la música de protesta de Mercedes Sosa, Violeta Parra y Victor Jara, el tango clásico de Carlos Gardel y Astor Piazzolla, el tango nuevo de Daniel Melingo y Lidia Borda, la música folclórica argentina de Atahualpa Yupanqui, la nueva canción chilena de Inti-Illimani, el rock chileno de Los Prisioneros, el electro-pop melodramático del grupo argentino Miranda, el pop chileno de Kudai o las canciones de Jorge Drexler, el compositor y cantautor uruguayo que ganó un Grammy en 2005 por su canción original «Al otro lado del río», de la película *Diarios de motocicleta*. Luego, comparta sus impresiones de los artistas y sus canciones con sus compañeros de clase, utilizando frases como **Me gusta(n)... , porque... , Me encanta que... , Es impresionante/fantástico que... , Me sorprende que...** y **Es evidente que...**

Un momento histórico

Las «guerras sucias» y el terrorismo estatal en el Cono Sur

Revise el **Vocabulario útil** y lea el resumen sobre las guerras sucias y el terrorismo estatal en el Cono Sur.

Vocabulario útil

asesinar	to assassinate	**la dictadura**	dictatorship
encarcelar	to jail	**el escuadrón**	squad
extraditar	to extradite	**el golpe de estado**	coup
hacer + *inf.*	to order (*something to be done*)	**la izquierda**	(political) left
protestar (por)	to protest (against)	**derechista**	right-wing
recurrir (a)	to resort (to)	**detenido/a**	detained
torturar	to torture	**estatal**	state (*adj.*)
la derecha	(political) right	**izquierdista**	left-wing

Una manifestación de familiares de desaparecidos en Santiago de Chile

Durante la segunda mitad del siglo XX, los cuatro países del Cono Sur tuvieron en diferentes momentos gobiernos militares de la extrema derecha que mantuvieron a sus ciudadanos bajo la represión y terror estatal. En la Argentina, entre 1976 y 1983 una junta militar prohibió toda actividad política y emprendió una «guerra sucia» contra la izquierda y contra cualquier opositor al régimen, real o sospechado. Sus tácticas resultaron en más de 30.000 «desaparecidos», personas que fueron detenidas por los militares y luego eliminadas, víctimas de los escuadrones de la muerte. Muchos de los desaparecidos eran estudiantes jóvenes y hay evidencia de que bebés nacidos en la cárcel fueron robados y luego adoptados por personas que apoyaban el régimen militar después de la muerte de sus padres biológicos.

En Chile, el 11 de septiembre de 1973, un golpe de estado, encabezado por militares derechistas y apoyado por los Estados Unidos, puso fin al gobierno socialista, legítimamente elegido, de Salvador Allende e instaló la dictadura del General Augusto Pinochet. Su junta militar, que duró hasta 1990, hizo encarcelar, torturar y asesinar a miles de chilenos y estableció por lo menos seis campos de concentración para sus opositores.

Entre 1973 y 1984, el Uruguay sufrió una dictadura militar con consecuencias similares. En el Paraguay, la dictadura militar de Alfredo Stroessner, de 1954 a 1989, fue también extremadamente represiva.

Los países del Cono Sur colaboraron, entre sí, con otros gobiernos represivos del continente y con el apoyo de los Estados Unidos por medio del «Plan Cóndor», una campaña internacional para eliminar la subversión socialista y marxista a través de medidas horripilantes que incluían la tortura, asesinatos y otras graves violaciones de derechos humanos.

General Augusto Pinochet

El impacto de las guerras sucias en el Cono Sur de hoy

- En la Argentina, desde 1977, todos los jueves las «Madres de la Plaza de Mayo» caminan frente al palacio presidencial en protesta silenciosa por sus hijos desaparecidos. En Chile, las esposas de los desparecidos se han reunido para bailar solas «la cueca», un baile tradicional de pareja, para protestar por la injusta ausencia de sus maridos.

- Recientemente se han hecho grandes esfuerzos para castigar a los militares culpables de las atrocidades de las guerras sucias. En 2000, General Augusto Pinochet fue extraditado a Chile desde Inglaterra para presentarse ante la justicia chilena. En 2005, el capitán argentino Ricardo Miguel Cevallos fue sentenciado a 17.011 años de cárcel por sus crímenes. Al momento de su muerte en diciembre de 2006, Pinochet contaba con más de 400 querellas[1] en su contra.

- Se estima que unos 500 bebés fueron robados de sus padres en la Argentina durante las guerras sucias y dados en adopción a los que apoyaban la dictadura. La organización «Abuelas de la Plaza de Mayo» trabaja sin descanso para encontrar a esos jóvenes y ponerlos en contacto con sus familias biológicas. Con la ayuda de los científicos de MIT y del infatigable Dr. Clyde Snow, un especialista forense de la Universidad de Oklahoma, y su Equipo Argentino de Antropología Forense, se han encontrado aproximadamente 100 jóvenes. En 1987 las abuelas colaboraron en la creación de un banco de huellas digitales del ADN para establecer el parentesco. Los resultados de esa colaboración han tenido un impacto fuerte a nivel global en la medicina forense.

- Grupos artísticos dedicados a recordar los horrores de las guerras sucias ofrecen a la sociedad una manera de superar[2] el trauma de un pasado que no quieren repetir. Se han hecho importantes películas sobre la época como por ejemplo, *La historia oficial, Missing, Noche de los lápices,* e *Hijos,* entre otras. En la Argentina, el Teatro por La Identidad se dedica a luchar por los hijos de los desaparecidos. En Chile durante la dictadura de Pinochet, 200 mujeres crearon «arpilleras», telas bordadas con escenas que contaban las historias horrorosas del momento. Muchas fueron sacadas clandestinamente del país y se vendieron para informar al mundo de lo que pasaba en Chile.

[1]*lawsuits* [2]*overcome*

ACTIVIDADES

A. Comprensión   Conteste las siguientes preguntas.

1. ¿Cómo eran las dictaduras militares en el Cono Sur durante los años 70 y 80? ¿Cuál era su postura política?

2. ¿En qué consistía la guerra sucia de la Argentina?

3. ¿Quiénes eran los desaparecidos?

4. ¿Cómo llegó General Augusto Pinochet al poder en Chile?

5. ¿Se han castigado a los líderes culpables de las atrocidades cometidas durante esa época?

6. ¿Cómo se llaman algunas de las organizaciones que luchan por remediar los daños cometidos por el estado durante esa época?

7. ¿Cómo han ayudado esas organizaciones a la medicina forense?

8. ¿Cómo se usa el arte para explorar el sufrimiento de lo que se vivió en ese momento?

REACCIONAR
R **H**
RECOMENDAR HIPÓTESIS

B. **Los hijos de los desaparecidos**   A finales de 2009, el Congreso de la Argentina aprobó una nueva ley apoyada por las Abuelas de la Plaza de Mayo. Esta ley legaliza la extracción de ADN de la sangre o de la saliva para poder identificar el parentesco de un niño adoptado durante las guerras sucias. Si la persona en cuestión se niega a proveer una muestra, un juez puede autorizar su adquisición por la materia genética de un cepillo, de la ropa o de otros objetos personales. Hay los que protestan por la falta de privacidad y la intrusión inapropiadas del gobierno.

Paso 1   En parejas, lean lo siguiente y reaccionen ante cada esfuerzo para encontrar a los hijos de los desaparecidos. Pueden utilizar las siguientes expresiones: **Creo que / No creo que / Opino que / Pienso que / Dudo que… Es importante/necesario/injusto/terrible que…**

1. En muchos cines y en conciertos para jóvenes hacen anuncios con varias preguntas provocativas: «¿Has visto fotos de tu madre embarazada?» «¿Hay fotos de vos de recién nacido/a (*as a newborn*)?» «Si tenés duda sobre tu parentesco, llamá a este número… »

2. Ernestina Herrera de Noble, una mujer muy rica y la directora del Grupo Clarín, el grupo dominante de medios de comunicación de la Argentina, tiene dos hijos adoptados. Ellos no quieren saber su verdadera identidad y han negado someterse a una prueba de ADN, aunque se sospecha (*it is suspected*) que son hijos de desaparecidos.

3. El famoso escritor y poeta argentino, Juan Gelman, dedicó 23 años de su vida a la búsqueda de su hijo, de su nuera (*daughter-in-law*) y de la bebé de ellos. En 2000 Gelman encontró a su nieta, Macarena, que fue adoptada por una familia uruguaya durante la dictadura. Tristemente se recuperó el cadáver de su hijo, Marcelo, que yacía (estaba enterrado) dentro de un barril de cemento y arena, pero no se han encontrado los restos de su esposa, la madre de Macarena. La relación entre el abuelo y su nieta es muy cariñosa. Macarena sigue teniendo una relación con su madre adoptiva.

Paso 2   Debate: En parejas, una persona está a favor de la nueva ley argentina para conseguir ADN de los posibles hijos de los desaparecidos y la otra está en contra. Expliquen sus razones y traten de convencer a su pareja de su opinión.

Lectura

La siguiente lectura, escrita por Rebeca Rojas Rodríguez, trata sobre las diversas maneras en que diferentes grupos de jóvenes chilenos expresan su identidad. El artículo presenta algunos de los grupos que son omnipresentes en la ciudad capital de Santiago. Este fenómeno sociológico en el que los jóvenes sienten la necesidad de diferenciarse de la generación anterior es un hecho reciente. Antes de los años 50 los jóvenes se vestían igual y hacían más o menos las mismas cosas que los mayores. En 1955 la famosa película *Rebelde sin causa* con James Dean presentó al mundo un joven aislado e incomprendido que se convirtió en un icono de rebeldía de su generación. Fue durante estos años que vimos el comienzo de la diferenciación juvenil y la tendencia entre los jóvenes de agruparse según sus gustos e intereses. Luego, en los años 60, aparecieron los hippies, los motociclistas, los rockeros y, más tarde, los *punks*, los *breakdancers* y otros grupos. Hoy en día, vemos la manifestación de la individualidad generacional en las llamadas «tribus urbanas». Son distintos grupos que se reúnen en los mismos lugares, llevan el mismo corte de pelo, se visten parecido, hablan parecido y escuchan la misma música. Aunque el artículo que va a leer hace referencia a Santiago, Ud. verá que tiene relación con grupos de jóvenes similares alrededor del mundo.

Antes de leer

A. Para comentar   En grupos de tres, contesten las siguientes preguntas.

1. ¿A qué edad empezó a notar que existían grupos muy distintos entre sus contemporáneos?

2. ¿Pasaba Ud. todo el tiempo con el mismo grupo en la escuela secundaria o tenía amigos de varios grupos diferentes?

3. Y ahora, ¿pasa tiempo con un grupo en particular? ¿Cuáles son los intereses que unen a ese grupo?

4. ¿Siente la necesidad de vestirse y comportarse de una manera muy diferente a la de sus padres? ¿Se nota una diferencia entre el estilo de vida de sus padres y el de sus abuelos? Explique.

5. Aparte del estilo de ropa que lleva, ¿de qué otra manera puede una persona expresar su identidad?

B. Acercándose al tema   Lea el título de la siguiente ficha y las nueve palabras asociadas con el tema del artículo. Con un compañero / una compañera, decida si los espacios en blanco requieren un sustantivo, un verbo o un adjetivo. Luego, escoja la palabra apropiada de la ficha para completar las oraciones.

Las tribus urbanas		
el extremo	la filosofía	la técnica
adoptar	manifestar	tildar[1]
entretenido/a	llamativo/a	satánico/a

[1]*to brand*

1. En muchos centros urbanos la gente joven _____ su deseo de distinguirse por medio de un estilo de vida extravagante y muestras de originalidad en su manera de vestir.

2. Entre las tribus urbanas de Santiago es fácil reconocer a los emos o «emocionales», porque llevan muchos piercings, expansores en la oreja y tatuajes. Hay quienes los _____ de depresivos o *freaks*.

3. Los hiphoperos llevan ropa muy _____ y joyas muy costosas. Son *breakdancers* que sólo se preocupan por mejorar su _____ y estar en buen estado físico.

4. Los góticos juegan con el ocultismo y conceptos _____ y nunca se les ve con las Peloláis, las chicas de pelo largo y muy liso cuyo pasatiempo favorito es ir de compras.

5. Es fácil reconocer a los Punkies, con sus cortes de pelo originales, todo tipo de piercings y su _____ anarquista.

6. Los Otakus son amantes de la música y la animación japonesa. Algunos están tan apasionados que _____ la personalidad de sus personajes favoritos y se visten como ellos.

Chile: Tribus urbanas, rostros que buscan una identidad

En los últimos años, han surgido variadas tribus urbanas de adolescentes que buscan diferenciarse a través de algún estilo estético e ideológico con el cual, sin embargo, sólo logran homogeneizarse aún más con aquellos que comparten los mismos gustos e ideas. Es así como la búsqueda de originalidad se vuelve identificación y lo individual se vuelve colectivo, en el ámbito de agrupaciones que definen la actitud frente al mundo de estos jóvenes que aún cursan la enseñanza media.[1]

Una tribu urbana es una subcultura que se origina y se desarrolla en una urbe o ciudad congregando generalmente jóvenes que comparten un mismo estilo de vida. Según algunos críticos y analistas, el fenómeno no es nada más que la búsqueda de aquella identidad tan añorada[2] por los

[1]enseñanza… *secondary education*   [2]deseada

adolescentes, pero también se trata de un reclamo[3] social por sentirse <u>desplazados</u> o rechazados,[4] sin posibilidades de surgir.

Se trata de adolescentes entre los 14 y los 22 años de edad aproximadamente que organizan y <u>difunden</u> sus ideologías a través del Internet. Por ello, no son un fenómeno regional ni aislado sino que tienden a afectar grandes sectores del mundo globalizado, en especial las naciones más digitalizadas. En el mundo de los fotolog, encontramos algunas de estas tribus que construyen su identidad a través de una imagen y se pueden clasificar en:

Emos: El término viene de «emocionales», porque así se definen quienes pertenecen a esta tribu urbana, lo que implica enfrentar la vida desde una perspectiva netamente[5] emocional, donde hay que pensar con el corazón y no con la cabeza. Se trata de jóvenes entre 13 y 20 años que buscan… «pacificar el mundo a través de la propia paz interior y <u>contagiar,</u> sin contacto alguno, sus emociones a los demás». Son de pocos amigos y pasan gran parte del día escuchando música funk; es por eso que hay quienes los tildan de «depresivos»,… o *freaks*. Se juntan en el Portal Lyon o en el EuroCenter de Santiago, porque en estos lugares pueden encontrar con facilidad los discos de sus grupos favoritos (My Chemical Romance, Braid, Mineral y The Get Up kids), además de aquellas <u>prendas</u> de vestir con las que podemos fácilmente identificarlos. Es decir, jeans holgados[6] dejando ver sus boxers o sus calzones de colores con motivos infantiles en el caso de las niñas, polerones canguro,[7]… muchos piercing, expansores en la oreja y tatuajes.[v]

Pokemones: Son una «evolución» de los emos, es decir, nacen de ellos, pero con el tiempo han logrado algunas diferencias. Visten pantalones <u>caídos</u>, llevan peinados muy producidos y cortes de pelo que parecen tijereteados,[8] además de chasquillas chuecas[9] y mucho gel. A diferencia de los emos, no son depresivos y gustan de las fiestas y del reggaetón.

[…]

Hiphoperos: Se visten con ropa muy ancha y por lo general deportiva, aunque entre ellos hay muchas diferencias. Por un lado, están los que cantan, hacen su propia música y con sus letras protestan contra las injusticias, mientras que quienes bailan se llaman *breakdancers* y sólo se preocupan de mejorar su técnica, estar en buen estado físico y cada día hacer un salto[10] más espectacular. El hiphopero además usa las pantis de su mamá en la cabeza, tiene elásticos en sus pantalones para que no le llegue a las zapatillas llenas de argollas de lata de bebida[11] y más joyas <u>costosas</u> y raras tenga, más hiphopero es.

Góticos: […] Según sus propias declaraciones, «los góticos son mucho más que sólo vestirse de negro y pintarse el rostro de blanco,[v] ser gótico

[3]*claim* [4]*rejected* [5]*distinctly* [6]*loose-fitting* [7]*hoodie sweatshirts* [8]*all hacked up* [9]*chasquillas… crooked bangs* [10]*jump* [11]*argollas… soft drink can tabs*

es arte y cultura.» Pero lejos del movimiento social que representa el término, los jóvenes que pertenecen a esta tribu mantienen en pie algunas actividades en las cuales no dimensionan[12] el real peligro que corren. Juegan con el ocultismo y variados conceptos satánicos sin por eso sentirse herejes.[13] […]

Otakus: Son amantes de la música y la animación japonesa; tanta es su pasión que algunos se visten y adoptan la personalidad de sus personajes favoritos. Organizan sus propias fiestas con disfraces e intercambio de ñoñerías[14] que sólo ellos entienden. Coleccionan chapitas[15] de las series, llevan para todos lados una carpeta con dibujos y cosas varias, se llaman con apelativos que sólo ellos comprenden (generalmente se trata de nombres japoneses), participan en maratones de la misma serie de animé o películas japonesas y escuchan solamente las bandas sonoras[16] de sus series o música japonesa en general.

Peloláis: Son las chicas que gustan tener el pelo largo y muy liso, no se hacen grandes peinados y su ropa siempre está a la moda.ᵛ La mayoría estudia en colegios privados, hablan inglés y su pasatiempo favorito es salir a vitrinear.[17]

[…] **Punkies:** El punk es amigo de todo lo que saque de quicio a un jefe de personal,[18] es decir, cortes de pelo inverosímiles,[19] desiguales, tal vez con cresta[20] y con sus mechas pintadas,[21] pantalones ajustados y llamativos, botas de cuero y complementos del «sado».ᵛ Es capaz de agujerearse cualquier parte del cuerpo con los llamados piercing, es anarquista y reacciona contra todo tipo de imposición, porque considera que el término «punk» debe ser sinónimo de individualismo total, libertad única y placer específico.

La lista de tribus urbanas daría para mucho más y, a la vez, se necesitarían constantes actualizaciones debido a que cada cierto tiempo surge una nueva agrupación. Por el momento, estas tribus que hemos mencionado parecen ser las más cotizadas[22] en la actualidad urbana de nuestro país. Ellas nos muestran los múltiples aspectos de una juventud inquietante que preferimos ignorar u observar de lejos, porque nos atemoriza descubrir cuánto de nosotros hay en ellos.

[12]*understand* [13]*heretics* [14]*silly things* [15]*trading cards* [16]*bandas… soundtracks* [17]*window-shop* [18]*saque… drives a manager crazy* [19]*increíble* [20]*mohawk* [21]*mohawk… colored streaks* [22]*important*

Después de leer

A. Comprensión   Conteste las preguntas, según la lectura.

1. ¿Piensa la autora que los jóvenes de las tribus urbanas son verdaderamente originales? Explique.

2. ¿Por qué podría ser atractivo para un(a) joven de una ciudad grande unirse a una tribu?

(continúa)

3. ¿Cuál ha sido el rol del Internet en el fenómeno de las tribus urbanas?

4. En su opinión, de las tribus que describe la autora, ¿cuáles son las más extremistas?

5. ¿Cuáles de estos grupos se encuentran en su ciudad o universidad? ¿Cuáles son las características de cada uno?

6. ¿Por qué dice la autora que los adultos prefieren ignorar los diversos aspectos de las tribus? ¿Por qué les dan miedo estos aspectos? ¿Está Ud. de acuerdo con su explicación?

7. ¿A qué grupo pertenece cada uno de los personajes del dibujo de la página 215? Utilice la información de la lectura para adivinarlo.

B. La búsqueda de la originalidad Cada tribu urbana busca diferenciarse a través de algún estilo estético e ideológico. ¿Han logrado distinguirse unas tribus de otras?

COMPARAR

Paso 1 En grupos de tres, preparen comparaciones entre dos de las tribus urbanas indicadas.

los emos / los pokemones   los otakus / los góticos

los punkies / los góticos   las peloláis / los hiphoperos

GUSTOS

Paso 2 Expliquen sus comparaciones al resto de la clase y luego decidan si un(a) joven del primer grupo de cada pareja comparada podría tener una amistad con alguien de la segunda tribu, a pesar de sus diferencias. Expliquen por qué creen que serían posibles o imposibles tales amistades. ¿Qué cosas o actividades les pueden gustar a los jóvenes de las dos tribus y que les podría molestar?

C. Para discutir En grupos pequeños, hablen de los siguientes temas.

1. ¿Cree Ud. que la expresión de la individualidad a través de la manera de vestirse, llevar el pelo o ponerse piercings y tatuajes, es un importante paso hacia la independencia personal?

2. ¿Se podría considerar a las hermandades (*fraternities*) y las hermandades de mujeres (*sororities*) como tribus? ¿Por qué sí o por qué no?

3. No todos los grupos se distinguen por cómo se visten. ¿Puede pensar en algún grupo que se identifique por otras características? ¿Cuál es?

4. ¿Cree Ud. que es posible ser verdaderamente individual en esta sociedad? ¿Por qué sí o por qué no?

5. ¿Cuáles son las ventajas y desventajas de siempre estar con personas que piensan igual que Ud.?

6. ¿Existe el clasismo entre los tribus urbanas? Explique.

7. Entre las diferentes tribus puede haber conflictos por la gran diversidad de ideas estéticas e ideológicas. Incluso unas tribus son víctimas de la intolerancia hasta el punto de sufrir ataques físicos. En los centros urbanos donde hay muchas tribus, ¿debe hacer el gobierno un esfuerzo para fomentar la tolerancia entre las tribus?

DESCRIBIR

D. Una tribu nueva Escriba un anuncio para su blog sobre una nueva tribu de su creación. Describa el tipo de persona que quiere que sea parte de su tribu; cómo se vestirá, cuáles serán sus intereses y gustos, y otros detalles.

Yo experto/a

Escoja una persona, un lugar o un tema cultural mencionado en este capítulo para investigar más a fondo. Debe incluir en su reportaje por lo menos cuatro de las metas comunicativas. Puede presentar su investigación en un informe escrito o hacer una presentación oral delante de la clase. Siga las indicaciones en el **Apéndice 2: Yo experto/a** como guía para su reportaje.

PERSONAS	LUGARES	TEMAS
Salvador Allende «Martín Fierro» Carlos Gardel Las Madres de la Plaza de Mayo Florencio Molina Campos Augusto Pinochet Mercedes Sosa	La Boca, Buenos Aires Buenos Aires las Cataratas de Iguazú Montevideo, Uruguay el Observatorio Paranal, Chile la Patagonia, Argentina Punta del Este, Uruguay Viña del Mar, Chile	el candombe los desaparecidos el Día del Inmigrante los gauchos el guaraní las guerras sucias el lunfardo los mapuches el mate el multiculturalismo del Cono Sur la «nueva canción» el tango las tribus urbanas la vida nocturna en Buenos Aires

Ahora que Ud. ha terminado el **Capítulo 4,** complete los ejercicios correspondientes del *Online Learning Center* (**www.mhhe.com/pyaexpanded**) para repasar el vocabulario, gramática y temas culturales de este capítulo.

CAPÍTULO 5

El mundo actual[1]

La región andina

Campesinas de San José de Aymara, Perú, cultivan papas

MULTIMEDIA

🎵	**Estampillas musicales**
🎥	**Lugares fascinantes**
CENTRO	Online *Manual:* **www.mhcentro.com**
www	Online Learning Center: **www.mhhe.com/pyaexpanded**

[1] *current*

PARTE A

Participación cívica y acción global

Puntos clave

HIPÓTESIS

Temas centrales

- los problemas actuales
- la gente indígena
- el activismo

Un pueblo boliviano

En esta parte del **Capítulo 5,** Ud. va a explorar el tema del mundo actual.

Preguntas para considerar

- ¿Cuáles son los problemas sociales más importantes de hoy?
- ¿Qué puede hacer el individuo para participar activamente en su sociedad?
- ¿Cómo nos afectan personalmente los acontecimientos mundiales?
- ¿Qué importancia tiene la política en su vida diaria?
- La escena que se ve en esta página representa un pueblo boliviano durante una campaña presidencial. ¿Cómo cambia el ambiente en su universidad y su ciudad durante las campañas nacionales y locales?

🎧 Este mundo nuestro

¡Qué buena oportunidad!

Situación: Laura y Sergio están en Ruta Maya hablando sobre una oportunidad que tiene Laura de ir al Ecuador. Lea el diálogo y conteste las preguntas que lo siguen. **¡OJO!** Preste especial atención al uso del vocabulario nuevo, que está **en negrita.**

LAURA: ¿Recuerdas ese correo que recibí de Luis Alberto en el que me ofreció un trabajo con Médicos Sin Fronteras en Colombia y Bolivia durante la primavera?

SERGIO: Claro. ¿Lo has aceptado?

LAURA: No. Es que cuando le dije a Luis Alberto cuánto protestaba mi padre por su miedo **al terrorismo, el narcotráfico** y **los secuestros** en esa parte de Latinoamérica, me sugirió otra oportunidad. Francamente, **vale la pena** considerarla.

SERGIO: Dime.

LAURA: Habrá un congreso en el Ecuador sobre **los desafíos** más **urgentes** para Latinoamérica y quieren **promoverlo** en los Estados Unidos. Buscan personas que preparen **reportajes** en inglés para **la prensa** norteamericana.

SERGIO: Pero, ¿por qué estaría tu padre más tranquilo con ese plan?

LAURA: Por dos razones: porque nosotros estaríamos allí sólo diez días en vez de un semestre entero y porque actualmente el Ecuador está bastante estable.

SERGIO: ¿Nosotros?

LAURA: Sí. Cuando Javi **se enteró del** congreso se entusiasmó muchísimo. Como sabes, ya ha escrito mucho sobre **los esfuerzos** y **el poder** de los jóvenes estadounidenses en la última elección que hubo aquí.

SERGIO: Sí, claro. Lo recuerdo bien.

LAURA: Pues, en el Ecuador hay **una campaña** para **promover** la participación de **los ciudadanos** jóvenes. A Javi le gustaría preparar un artículo comparando el activismo político juvenil en los Estados Unidos con el de Latinoamérica.

SERGIO: ¡Qué padre! ¿Y tú piensas **llevar a cabo** algún estudio para tu tesis?

LAURA: Sí. Asistiría a los discursos sobre **los esfuerzos** que han hecho para **combatir la desnutrición** y **el analfabetismo.** También, Luis Alberto me prometió que me presentaría a unos chamanes **activistas.** Si pudiera entrevistarlos sobre sus conocimientos médicos tradicionales, tendría más información para mi tesis.

SERGIO: Sería fenomenal.

ACTIVIDADES

A. Detective   Busque en el diálogo ejemplos de las siguientes metas comunicativas: Descripción (D), Narración en el pasado (P), Hablar de los gustos (G), Hacer hipótesis (H) y Hablar del futuro (F). Subraye cada palabra o frase que represente una (o una combinación) de estas metas comunicativas. Luego, escriba al margen la(s) letra(s) que corresponde(n) a cada ejemplo subrayado (D, P, G, H o F).

MODELOS: ¿Por qué <u>estaría</u> tu padre más tranquilo con ese plan? (H)
Luis Alberto me <u>prometió</u> que me presentaría a unos chamanes <u>activistas</u>. (P) (D)

B. Comprensión   Conteste las siguientes preguntas, según la situación.

1.   ¿Por qué no quería el padre de Laura que ella trabajara con Médicos Sin Fronteras?

2.   ¿Cuál es la solución que propuso Luis Alberto?

3.   ¿Por qué cree Laura que su padre aceptará el nuevo plan?

4.   ¿Qué haría Javier si fuera al Ecuador?

5.   ¿Cómo ayudaría a Laura el viaje?

6.   ¿Por qué cree Sergio que la idea de Laura es buena?

REACCIONAR
RECOMENDAR

C. Reacciones y recomendaciones   Complete las siguientes oraciones sobre la situación, utilizando un conector en cada oración.

MODELO: Es bueno que Laura…
Es bueno que Laura pueda regresar a Sudamérica puesto que le fascinó su último viaje allí. Sin embargo, debe tratar de tener en cuenta los sentimientos y preocupaciones de su papá.

1.   El padre de Laura no cree que…

2.   Qué bueno que Javier…

3.   Es obvio que el congreso…

4.   Laura espera que…

Conectores

además
en cambio
para que + *subjuntivo*
por lo tanto
porque
puesto que
sin embargo
ya que

D. Diálogo   En parejas, preparen un diálogo en el que el padre de Laura hable con Javier para pedirle que cuide a su hija. El señor Taylor debe enumerar todas sus preocupaciones y Javier debe responder a cada una de manera que lo convenza de que los dos van a estar bien y que Laura es una mujer fuerte que sabe cuidarse a sí misma.

Para hablar de los problemas actuales

el analfabetismo	illiteracy
la crisis	crisis
los derechos humanos	human rights
el desafío	challenge
el desempleo	unemployment
la desigualdad	inequality
la desnutrición	malnutrition
la explotación	exploitation
la gente indígena (*but* **los indígenas**)	indigenous people
la guerra	war
el hambre (*but* **mucha hambre**)	hunger
la huelga	strike
la injusticia	injustice
la manifestación	demonstration
el narcotráfico	drug traffic; drug trafficking
la pobreza	poverty
el prejuicio	prejudice
la salud	health
el secuestro	kidnapping; hijacking
el SIDA	AIDS
el subdesarrollo	underdevelopment
en vías de desarrollo	developing
desarrollado/a	developed
el terrorismo	terrorism

Para hablar de las soluciones

el bienestar	well-being
la campaña	campaign
el/la ciudadano/a	citizen
la cuestión	issue
la diversidad	diversity
el esfuerzo	effort
el/la líder	leader
el liderazgo	leadership
la lucha	fight; struggle

—Es el arma más terrible. Ojalá el hombre no la utilice jamás. Acabaría con la raza humana . . .

En su opinión, ¿cuál es el arma más terrible de la humanidad?

la paz	peace
el poder	power
la política	politics; policy
los recursos	resources
la tolerancia	tolerance
el tratamiento	treatment

Acciones para hablar de las soluciones

colaborar (con)	to help; work (with)
combatir	to combat
desarrollar	to develop
donar	to donate
elegir (i, i) (elijo)	to elect
enterarse (de)	to become informed (about)
financiar	to finance
hacer de voluntario/a	to volunteer
invertir (ie, i)	to invest
llevar a cabo	to carry out
postularse	to run for office
promover (ue)	to promote
resolver (ue)	to resolve
salvar	to save (*someone, something*)
valer (*irreg.*) **la pena**	to be worth it

Para hablar de las noticias

la prensa	press
el reportaje	report
los titulares	headlines

Para hablar de una situación

alarmante	alarming
alentador(a)	encouraging
chocante	shocking

desesperante	infuriating
desilusionante	disappointing
horripilante	horrifying
impresionante	impressive
inquietante	disturbing
polémico/a	controversial

COGNADOS: **activista,** * **alarmista, altruista, egoísta, extremista, idealista, oportunista, optimista, pesimista, urgente**

ACTIVIDADES

A. Vocabulario en contexto

Paso 1 Complete las siguientes oraciones con la palabra más apropiada, según el contexto, y luego indique si está Ud. de acuerdo con ellas o no.

		SÍ	NO
1.	La causa principal de la pobreza es _____ (el analfabetismo / el hambre).	☐	☐
2.	Los estudiantes egoístas hacen de voluntario porque quieren _____ (desarrollar / salvar) el mundo.	☐	☐
3.	_____ (La campaña / La crisis) del SIDA es uno de los problemas más alarmantes hoy en día.	☐	☐
4.	El nivel de _____ (desnutrición / prejuicio) infantil en este país es inquietante: demasiados niños no comen tres comidas al día.	☐	☐
5.	Si todos los ciudadanos _____ (hacer de voluntario / participar en una huelga) una vez por semana, podríamos resolver todos nuestros problemas sociales.	☐	☐
6.	La prensa de este país debe hacer más reportajes sobre otros países porque la gente debe _____ (elegir /enterarse) más de lo que pasa en el resto del mundo.	☐	☐
7.	Un buen líder / Una buena líder debe _____ (invertir / financiar) su campaña electoral con donaciones de los ricos y poderosos.	☐	☐
8.	Si una persona se postula para presidente de un país, debe tener una opinión fuerte sobre las _____ (cuestiones / campañas) polémicas.	☐	☐
9.	La crisis financiera que causó un aumento alarmante del _____ (prejuicio / desempleo) en este país, fue provocada por el terrorismo.	☐	☐

Paso 2 En parejas, expliquen por qué están de acuerdo o no con cada oración.

---

*These words that end in "**-ista**" are used to refer to both males and females: **la activista, el hombre egoísta,** and so on.

B. En la prensa

Paso 1 Turnándose con su compañero/a, lean en voz alta cada reportaje sobre la región andina. Después de cada reportaje, reaccionen ante la información leída, utilizando expresiones como: **Es alucinante que... , Es inquietante que... , Es impresionante que...**

Luego, digan qué deben hacer para aprovechar las soluciones que se han iniciado. Utilicen la forma **seguir** + gerundio. Después, hagan recomendaciones para otra iniciativa que ayudará a los ciudadanos de cada país mencionado.

MODELO: Es impresionante que tantos bolivianos puedan leer ahora. Deben seguir aprendiendo nuevas destrezas. Recomiendo que, después de aprender a leer, los adultos bolivianos asistan a clases por la noche.

1. **Bolivia** estará libre de analfabetismo gracias a un acuerdo de cooperación con Cuba y Venezuela. Más de 50.000 voluntarios bolivianos trabajaron en el proyecto «Yo, Sí Puedo» utilizando el método cubano de alfabetización audiovisual. Cuba donó 30.000 televisores, 30.000 reproductores de vídeo y 30.000 cintas de grabación para implementar el proyecto de alfabetismo. Venezuela colaboró también, donando más de 8.000 paneles solares para que el programa pudiera llegar a las comunidades campesinas.

   Reacción: ¿Qué deben seguir haciendo?   Recomendación:

2. En **el Perú,** 20 millones de sus ciudadanos sufren de hambre crónica. Científicos nacionales y extranjeros piensan que la harina de coca,[1] por su alto valor nutritivo y medicinal, puede ayudar a erradicar el hambre y la desnutrición de muchos peruanos. Es una cuestión de enriquecer los alimentos con la harina de coca y promover la idea con una agresiva campaña de concientización[2] alimentaria para desarrollar esta alternativa para combatir el hambre en las zonas pobres.

   Reacción: ¿Qué deben seguir haciendo?   Recomendación:

3. En Guayaquil, **Ecuador,** existen aproximadamente 1.000 pandillas,[3] unas muy violentas. El Ministerio de Bienestar Social promueve un programa para mejorar el sistema educativo y el uso del tiempo libre de los jóvenes que están en riesgo.[4] Ofrece «otras armas», como talleres sobre trabajos manuales, la creación de microempresas,[5] la formación de equipos de deportes y la promoción de concursos[6] culturales, tales como grafiti, bailes y música. Sin embargo, para llevar a cabo esta estrategia, la colaboración de otras instituciones nacionales y organizaciones no gubernamentales del extranjero será necesaria.

   Reacción: ¿Qué deben seguir haciendo?   Recomendación:

[1]harina... *coca flour*   [2]campaña... *campaign to raise public awareness*   [3]*gangs*   [4]en... *at risk*   [5]*small businesses*   [6]*competitions*

Los objetivos de las Naciones Unidas para el nuevo milenio

1 Erradicar la pobreza extrema y el hambre

2 Lograr la enseñanza primaria universal

3 Promover la igualdad entre los géneros y la autonomía de la mujer

4 Reducir la mortalidad infantil

5 Mejorar la salud materna

6 Combatir el VIH/SIDA, el paludismo y otras enfermedades

7 Garantizar la sostenibilidad del medio ambiente

8 Fomentar una asociación mundial para el desarrollo

COMPARAR

DESCRIBIR

4. En 2008, las Naciones Unidas estimaron que había 3 millones de desplazados[7] en **Colombia.** La Fundación Pies Descalzos fue creada en 1995 por la cantante colombiana Shakira, con el propósito de proporcionar oportunidades para los niños desplazados, víctimas de la violencia en su país. Su objetivo principal es financiar y desarrollar programas en las áreas de educación, nutrición, apoyo psicológico y salud a la población joven de pocos recursos. En la actualidad,[8] existen cinco escuelas en regiones seriamente afectadas por la violencia, donde miles de niños reciben ayuda con sus necesidades.

Reacción: ¿Qué deben seguir haciendo? Recomendación:

[7]*displaced people* [8]*En... Currently*

Paso 2 En parejas, lean los ocho objetivos de la Organización de las Naciones Unidas (la ONU) para el nuevo milenio. Después, contesten las siguientes preguntas.

FUTURO

1. ¿Cómo ayudará cada iniciativa descrita en el **Paso 1** con la realización de los objetivos de la ONU?

2. ¿Creen que sea posible realizar estos objetivos a nivel mundial antes del 2020? ¿Por qué?

C. Preguntas personales En parejas, contesten las siguientes preguntas, utilizando el **Vocabulario del tema.** Luego, compartan sus ideas con la clase.

1. ¿Ha experimentado personalmente algún prejuicio o ha visto de cerca el maltrato de alguien por ser diferente? ¿Qué pasó? ¿Cómo reaccionó Ud.?

PASADO

2. ¿Le interesa o le aburre leer sobre los problemas políticos de su ciudad o estado? ¿Le interesa saber de las noticias mundiales? ¿Lee la prensa impresa (*in print*) o consigue información sobre l a situación mundial a través del Internet?

GUSTOS

3. ¿Cuáles son algunas de las recomendaciones que Ud. le haría al gobernador / a la gobernadora de su estado/provincia para resolver los problemas de su estado/provincia?

REACCIONAR

RECOMENDAR

4. En su opinión, ¿cuáles son dos de los problemas más inquietantes que los futuros líderes del mundo tendrán que resolver? Haga una comparación entre estos dos problemas explicando cómo son similares y cómo son diferentes.

5. En cuanto a su actitud hacia los problemas del mundo actual, ¿es Ud. activista, alarmista, extremista, idealista, optimista o pesimista? Explique su respuesta.

6. ¿Cómo les ha afectado la crisis financiera del 2008 a Ud., a su familia y a sus amigos? ¿Conoce a alguien que haya quedado desempleado a causa de la crisis? ¿Sus propios planes educativos han cambiado por la situación financiera? ¿Tiene miedo con respeto a su propia estabilidad económica en el futuro? Explique.

D. Noticias positivas Desde el año 2004, los colombianos reciben un regalo anual —un libro que contiene las noticias nacionales positivas más destacadas del año anterior. Fue la idea de Enrique Giraldo, presidente de Publik, una compañía de ingeniería, quien quería que todos vieran a Colombia desde una perspectiva nueva.

Paso 1 Lea unos ejemplos de las 365 entradas del año 2008. En parejas, reaccionen a cada cita y expliquen la razón de su reacción. Usen todo el vocabulario nuevo que puedan.

REACCIONAR R RECOMENDAR

- El gobierno de Colombia enviará ayuda humanitaria a las familias bolivianas afectadas por el invierno fuerte en ese país. Una comisión viajará a Bolivia para entregar 9 toneladas de Bienestarina (vitaminas) y más de 40 kits de medicamentos.

- Por primera vez, las notas de la Orquesta Sinfónica Nacional de Colombia serán escuchadas en Israel, gracias a que fue invitada para conmemorar los 60 años de creación de ese Estado.

- Un total de 5.065 guerrilleros y delincuentes quedaron fuera de combate durante el primer semestre de este año, reportó el Ejército Nacional.

- El cantautor colombiano Juanes fue nominado al Grammy Anglo en su 51º edición, en la categoría mejor álbum de pop latino con su disco «La vida... es un ratico (*a brief moment*)».

Paso 2 En parejas, escriban tres titulares de noticias positivas sobre este país, utilizando el vocabulario nuevo del capítulo.

Paso 3 Ahora cada uno debe juntarse con dos personas de otras parejas para formar grupos de tres. De los nueve titulares, escojan los tres mejores y luego reaccionen como si fueran una de las personas indicadas en la siguiente lista. Traten de usar palabras nuevas en sus reacciones y frases como **Es chocante/impresionante/alentador/posible/evidente que... , Dudo que... , Tengo miedo de que... , No creo que...**

- una persona idealista
- una persona pesimista
- una persona oportunista

E. **Problemas repentinos** Entre todos, revisen los siguientes problemas y hagan una lista de palabras nuevas de este capítulo y de los capítulos anteriores que los ayuden a conversar con facilidad sobre cada problema repentino. Después, en parejas, preparen un diálogo espontáneo sobre cada problema.

1. Una persona está tratando de reclutar[1] a un(a) estudiante para hacer de voluntario en Latinoamérica. El/La estudiante le pregunta cómo podría ayudar. El reclutador / La reclutadora menciona los problemas que hay y cómo los voluntarios pueden ayudar. Está muy apasionado/a y lleno/a de entusiasmo cuando habla de los proyectos de voluntariado. Al/A la estudiante le interesa, pero no es muy atrevido/a. Reacciona con muchas dudas ante la idea de hacer de voluntario y expresa su miedo por no saber suficiente español para trabajar allí.

    [1]*recruit*

2. Dos primos hablan. Uno/a anuncia que ha vendido todas sus posesiones para ir al Perú y trabajar con la gente indígena. El otro/La otra trate de convencerlo/la de que es una locura total lo que quiere hacer. Responde a sus reacciones con sorpresa y desilusión ante sus dudas y falta de idealismo.

Para muchos jóvenes hispanos, el activismo político es una parte importante de la vida diaria. A nivel general, los jóvenes se mantienen al día en cuestiones de política de manera consistente. Creen que es importante leer el periódico, mirar el noticiero[1] en la televisión o buscar las noticias en el Internet. No sólo saben cuál es la situación de su propia nación, sino que también están muy enterados de la política internacional. En los cafés y los bares que frecuentan los jóvenes, es común oír fuertes discusiones sobre la situación mundial, además de conversaciones sobre los deportes, el cine y los últimos chismes.

Sin embargo, el interés en la política con frecuencia va más allá de la conversación. Es muy común que los estudiantes universitarios y de escuela secundaria participen en huelgas generales y manifestaciones para protestar contra ciertas injusticias, como la subida[2] del precio de los boletos de autobús, la matrícula de las clases o los impuestos, o cuando algún político comete un fraude. Además, no es raro ver protestas contra las intervenciones estadounidenses en Latinoamérica o en otras partes del mundo. Las acciones de los jóvenes, a veces pacíficas, a veces más agresivas, demuestran una fuerte creencia en el poder de la voz del pueblo.

[1]*newscast* [2]*rise*

Preguntas

1. ¿En qué actividades políticas participa Ud.?
2. ¿Ha participado alguna vez en una manifestación o huelga para protestar contra algo? ¿Por qué participó? ¿Cuáles fueron los resultados de la manifestación o huelga?
3. ¿Cuáles son las mejores maneras de protestar contra la injusticia? ¿Por qué cree así?

Actividad

REACCIONAR

R

RECOMENDAR

En parejas, hagan los papeles de dos estudiantes universitarios que discuten unas iniciativas propuestas por la administración. Uno/a es activista y rebelde. El otro / La otra es pacifista y cauteloso/a. El/La activista quiere ir de huelga u organizar una manifestación para protestar y el/la pacifista expresa su rechazo de tal táctica. Den razones sólidas para apoyar su opinión en cada circunstancia. Luego, en grupos pequeños, discutan cómo Uds. reaccionarían ante estas iniciativas si fueran propuestas en su propia universidad.

1. El presidente de la universidad quiere invertir un millón de dólares en reclutar a mejores atletas.
2. La administración anuncia que duplicará el costo del estacionamiento en el recinto universitario y que las multas por mal estacionamiento (*parking*) se triplicarán.
3. Para ahorrar dinero, se despedirá al 20 por ciento de los profesores y más clases se darán por el Internet.

Hacer hipótesis

En esta sección del capítulo, Ud. va a practicar la meta comunicativa **Hacer hipótesis.** Para hacerlo bien, hay que utilizar las estructuras gramaticales (los puntos clave) de la siguiente tabla que pertenecen a la meta comunicativa. Antes de continuar, estudie las explicaciones de estas estructuras gramaticales en las páginas verdes (310–355) que están al final del libro.

LA META COMUNICATIVA DE ESTE CAPÍTULO		
ICONO	META COMUNICATIVA	PUNTOS CLAVE
H HIPÓTESIS	Hacer hipótesis	• el pasado de subjuntivo • el condicional

PRUEBA DIAGNÓSTICA

Una manifestación en La Paz, Bolivia

Lea la siguiente entrevista a un estudiante boliviano que participó en una manifestación. Conjugue los verbos que están entre paréntesis para expresar situaciones hipotéticas.

REPORTERO: ¿Qué _____[1] (hacer) Ud. para mejorar la situación de la gente indígena de su país si _____[2] (ser) ministro del gobierno?

OSWALDO: Si _____[3] (tener) el apoyo necesario, _____[4] (poder) coordinar las luchas políticas y sociales de todas las comunidades indígenas.

REPORTERO: ¿Qué _____[5] (necesitar) para llevar a cabo tal coordinación?

OSWALDO: Si _____[6] (poder) contar con los fondos del gobierno, _____[7] (desarrollar) una campaña agresiva para comunicarnos mejor con las comunidades rurales. Sé que los jóvenes universitarios de mi país _____[8] (ayudar) con esta coordinación si _____[9] (saber) que sus esfuerzos _____[10] (promover) la justicia social.

REPORTERO: Muchas gracias. Me gusta su optimismo y espero verlo algún día de ministro o incluso presidente de nuestro país.

Expresiones útiles

PARA HABLAR DEL MUNDO ACTUAL

actualmente	*currently*
desgraciadamente	*unfortunately*
francamente	*frankly*
seguramente	*surely*
verdaderamente	*truly*
de hecho	*in fact*
el hecho de que + *subjuntivo**	*the fact that*
en cuanto a	*as far as . . . is concerned*
hoy (en) día	*nowadays*

ACTIVIDADES

HIPÓTESIS

Las siguientes actividades le darán la oportunidad de practicar las metas comunicativas. Habrá un énfasis particular en hacer hipótesis, utilizando el condicional y el pasado de subjuntivo.

A. La cadena   En parejas, formen una serie de oraciones hipotéticas, utilizando la última cláusula de la primera oración para formar la cláusula hipotética de la segunda oración, como en el modelo. A ver hasta qué punto cada pareja lleva su serie de oraciones.

Shakira habla de su fundacíon

MODELO: Si Laura **fuera** a Bolivia y Colombia, su padre **estaría** inquieto.
Si su padre **estuviera** inquieto, Laura lo **calmaría.**
Si Laura **calmara** a su padre, ella **podría** pasarlo bien en su viaje.
Si ella **pudiera** pasarlo bien en su viaje,...

1. Si yo fuera presidente/a de esta universidad,...
2. Si yo pudiera conocer a cualquier líder mundial,...
3. Si tuviera un millón de dólares para donar,...
4. Si mis padres decidieran hacer de voluntario en Latinoamérica,...
5. Si yo trabajara para la Fundación Pies Descalzos con su fundadora, Shakira,...

B. ¿Qué diría o haría?   En parejas, comenten lo que Uds. dirían o harían en las siguientes situaciones. Utilicen las **Expresiones útiles** cuando sea posible y expliquen el porqué de sus respuestas.

1. si su madre o padre se postulara para líder de este país
2. si Ud. y sus amigos tuvieran que luchar en una guerra

(*continúa*)

---

*Traditionally, the phrase **el hecho de que** has always been followed by the subjunctive. In *Punto y aparte, Expanded Edition,* and elsewhere, however, you may notice it followed by the indicative. This shift in usage seems to be due in part to influences from the English language and in part to the fact that some native Spanish speakers report choosing between the subjunctive and the indicative according to how certain or uncertain they are of the truth or validity of the statement following the phrase.

3. si Ud. fuera pacifista durante una guerra internacional

4. si un voluntario de la Cruz Roja tratara de reclutarlo/la para ir a Bolivia

5. si sus compañeros de clase quisieran protestar contra el precio de la matrícula de esta universidad

6. si viera a una persona con hambre en la calle

7. si su compañero/a de cuarto fuera paranoico/a

C. ¿Cómo puedo yo cambiar el mundo?

Paso 1 Lea el siguiente artículo tomado de la revista española *Quo* en el que se comenta cómo el ciudadano / la ciudadana común y corriente puede ayudar a cambiar la situación mundial.

Sin esfuerzo

Ser solidario no sólo es dar dinero para ayudar en situaciones puntuales de necesidad. Es más, la mayoría de las organizaciones no gubernamentales dirigen campañas en las que podrás participar sin apenas esfuerzo y, en muchos casos, sin tener que realizar ninguna aportación económica.

Totalmente gratis

A. Ceder ropa usada La organización Humana tiene en toda España contenedores que recogen ropa usada para enviarle a los países más pobres.

B. Enviar cartas Puedes enviar cartas y faxes de protesta a los gobiernos de todo el mundo cuando estos violen los derechos humanos. Amnistía Internacional tiene una red de voluntarios que se encarga[1] incluso de escribir la misiva en tu nombre y Survival la recoge de tu puño y letra[2] y luego la envía.

C. Donar libros Algunas organizaciones recogen libros usados y los envían a los países donde más los necesitan. Solidarios para el Desarrollo y Libros para el Mundo tiene en estos momentos campañas abiertas.

D. Dar medicinas Muchas farmacias recogen medicinas que no estén caducadas.[3] También Farmacéuticos Mundi recoge las donaciones que hagas.

Por poco dinero

E. Optar por el comercio justo En la mayoría de las ciudades existen tiendas de Comercio Justo que garantizan que sus productos han sido fabricados con métodos que respetan los derechos de los trabajadores y que en ningún caso se ha usado para su elaboración mano de obra infantil.[4]

F. Apadrinar[5] un niño Por unas 18 euros[6] al mes tendrás la posibilidad de apadrinar un niño con el que podrás cartearte[7] y al que ayudarás para que asista a la escuela y reciba asistencia sanitaria. Ayuda en Acción, Intervida y Reach International realizan este trabajo.

[1]se… *is in charge* [2]de… *in your own handwriting* [3]*expired* [4]mano… *child labor* [5]*Sponsoring* [6]*23.00 U.S. dollars* [7]*comunicarte por escrito*

Paso 2 ¿Serían efectivas de verdad estas sugerencias? En parejas, conjuguen el verbo entre paréntesis para completar cada situación hipotética y luego terminen las oraciones, dando por lo menos dos posibles resultados de cada situación hipotética.

1. Si todos los estudiantes de esta universidad _____ (donar) libros a una biblioteca local,…

2. Si el/la líder de este país _____ (recibir) miles de cartas y faxes protestando en contra de…

3. Si _____ (tener, nosotros) mucha ropa que ya no usáramos,…

4. Si todas las personas de este país _____ (invertir) veinte dólares en medicinas a los países pobres,…

5. Si más personas _____ (optar) por el comercio justo,…

6. Si cada familia de clase media o media alta de este país _____ (apadrinar) a un niño pobre,…

Para reaccionar
en el pasado, use
el pasado del
subjuntivo en
la cláusula
dependiente:

**Fue alentador que
tantos ciudadanos
votaran en 2008.**

D. Este mundo nuestro

Paso 1   En parejas, lean las siguientes noticias y preparen reacciones e
hipótesis según las indicaciones. Presten atención especial a los tiempos
verbales.

1. En 2008, los ciudadanos de los Estados Unidos eligieron su primer
   presidente afroamericano.

   Es _____ que...

   Me pareció _____ que...

   Si yo fuera el presidente Obama...

2. Los secuestros en Colombia, la mayoría realizados por narcotraficantes
   y grupos guerrilleros, han disminuido de 3.000 en el 2003 a 180 en
   el 2008.

   Es _____ que...

   Fue _____ que en el 2003...

   Si yo tuviera un familiar secuestrado,...

3. En el 2009, las manifestaciones en contra de las elecciones fraudulentas
   en Irán se beneficiaron del Twitter, una forma de comunicación rápida
   que pudo escapar la censura oficial.

   Me parece _____ que...

   Fue _____ que...

   Si mis amigos y yo quisiéramos protestar en contra del gobierno,...

Paso 2   Ahora en grupos de tres, discutan lo siguiente:

1. la brecha profunda entre los dos partidos políticos dominantes de
   este país

2. el poder y la influencia de los narcotraficantes

3. cómo puede cambiar la vida política global el uso de Twitter y los
   teléfonos inteligentes

E. Un discurso político   Escriba un breve discurso político como si fuera
un candidato andino / una candidata andina, en el que hable de la
pobreza, el analfabetismo y los derechos humanos. En su discurso,
complete las siguientes oraciones:

1. Si yo _____ (ser) presidente/a...

2. Si nosotros _____ (tener) una sociedad más justa...

3. Tan pronto como _____ (terminar) las elecciones...

4. En cuanto yo _____ (poder),...

OPTATIVO

F
FUTURO

F. Un mejor mundo para todos

Paso 1   En parejas, conjuguen el verbo que está entre paréntesis y
terminen las oraciones explicando cómo será el mundo en el futuro.

1. A menos que la tecnología _____ (llegar) a los ciudadanos más
   jóvenes, no...

2. Cuando todos los niños del mundo _____ (tener) suficiente
   comida,...   (*continúa*)

Dos niñas ecuatorianas conectadas al mundo

3. Tan pronto como los derechos humanos _____ (respetarse) en todos los países,...

4. Después de que _____ (encontrarse) una cura para el SIDA,...

5. En cuanto todos los padres de Bolivia _____ (tener) un trabajo que les pague bien,...

6. Hasta que los países desarrollados no les _____ (dar) más dinero a los países pobres,...

7. Para que _____ (haber) menos terrorismo,...

8. Cuando más personas _____ (hacer) de voluntarias,...

Paso 2 En grupos de tres, hablen de los cambios que Uds. esperan ver en este país en los próximos diez años.

Lugares fascinantes

La región andina

Machu Picchu, Perú

1. **Cuzco y Machu Picchu, Perú** Localizada a unos 3.000 metros sobre el nivel del mar, Cuzco fue la capital del imperio inca antes de que los españoles la conquistaran en 1533. Símbolo de la mezcla racial y cultural en el Perú, en Cuzco todavía se puede escuchar tanto el quechua como el español en sus calles y apreciar las ruinas de edificios y paredes incas, sobre las que los españoles construyeron iglesias barrocas y casas coloniales. La Catedral y la Iglesia de la Merced contienen colecciones magníficas del arte colonial, mientras que las ruinas de Coricancha, un edificio que en la época de los incas estaba recubierto de oro, y el Museo de Arqueología dan testimonio a la grandeza del imperio inca. Si Ud. tiene la oportunidad de visitar Cuzco, es imprescindible que vaya a Machu Picchu. Estas ruinas en lo alto de los Andes fueron una vez un importante centro de la civilización inca. En 1911, un profesor de la Universidad de Yale, Hiram Bingham, descubrió este lugar arqueológico. Allí se puede admirar el Templo Mayor, una plaza sagrada, acueductos, fuentes y otras maravillas arquitectónicas. Aunque es difícil llegar allí, algunos de los que visitan Machu Picchu consideran la experiencia como algo mágico e intensamente espiritual.

Cartagena de Indias, Colombia

2. **Cartagena, Colombia** Esta ciudad caribeña, fundada en 1533 por el español Pedro de Heredia, llegó a ser uno de los puertos españoles más importantes de la época. Por su estratégica posición geográfica, con una bahía protegida de los vientos, sufría ataques frecuentes de piratas y otros conquistadores, lo cual motivó la construcción de una gran muralla,[1] dos castillos (San Felipe de Barajas y San Fernando de Bocachica) y otras defensas. Por eso se le dio a Cartagena el nombre de «la Ciudad Heroica». Hoy en día es una de las ciudades amuralladas mejor conservadas del mundo. La arquitectura militar y religiosa (La Catedral, la Iglesia Santo Domingo, el Convento de San Pedro Claver) y los museos (el Museo de Oro, el Museo Arqueológico, el Museo Colonial y el Museo de Arte Moderno) más las preciosas playas conocidas por la variedad de colores que cambian según la hora del día hacen de esta bella ciudad caribeña un lugar de gran interés turístico. También hay una rica vida cultural: el Festival Internacional del Cine, que tiene lugar en marzo; la Fiesta de los Acordeones, que se celebra en agosto; y el Festival de Jazz, bajo la luna en diciembre. Gabriel García Márquez, ganador del Premio Nobel de Literatura en 1982, vivió en Cartagena durante varias épocas de su vida y hoy en día pasa tiempo allí en su casa, donde ritualmente escribe en las primeras horas de la mañana en su despacho[2] que da al mar. Está claro por qué esta bella ciudad histórica sirve de inspiración al gran escritor.

Las Islas Galápagos, Ecuador

3. **Las Islas Galápagos, Ecuador** A unas 500 millas de la costa ecuatoriana está el archipiélago de las Islas Galápagos, formadas de piedra volcánica, que, a pesar de su apariencia austera, ofrecen una enorme variedad de flora y fauna. Fue en estas islas donde el científico Charles Darwin empezó a formular su teoría de la evolución en 1835. En 1959, se constituyó el Parque Nacional Galápagos. Allí trabajan organizaciones, como la Fundación Charles Darwin, para conservar los tesoros naturales. Es un ecosistema diverso y complejo donde cohabitan animales marinos y terrestres. Entre las especies que allí se encuentran hay delfines, pingüinos, orcas, ballenas azules y jorobadas,[3] focas,[4] iguanas marinas y una extraordinaria variedad de pájaros. Por supuesto, no nos podemos olvidar de la gigantesca tortuga galápago, que llega a pesar hasta 550 libras y vivir hasta 150 años. La más famosa de estas tortugas se llama George: tiene 95 años; es decir, es todavía un jovencito. Hoy la flora y la fauna de las islas se encuentran amenazadas por la introducción de otras especies y por la intervención humana. El gobierno ecuatoriano junto con la UNESCO y la Unión Mundial para la Conservación están tomando medidas importantes para proteger las islas.

[1]*city wall* [2]*office* [3]*humpbacked* [4]*seals*

La Paz con el Nevado Illimani al fondo

4. La Paz, Bolivia Situada a dos millas sobre el nivel del mar, La Paz es la capital más alta del mundo. Allí se puede encontrar una mezcla fascinante de lo viejo y lo moderno: viejas casas e iglesias coloniales dentro de barrios modernos con discotecas, cines y restaurantes eclécticos. En el centro de la ciudad está el Mercado de Brujas, donde se puede comprar una variedad de cosas dedicadas a la magia —amuletos y pociones— igual que joyería de plata y dulces tradicionales. Por su altura, La Paz es una ciudad bastante fría. Si Ud. piensa viajar allí, incluya en su itinerario varios días de descanso al principio para recuperarse de los efectos a veces graves del soroche: enfermedad provocada por el cambio de altitud y la falta de oxígeno en las alturas que puede provocar fuertes dolores de cabeza, escalofríos y vómitos. No muy lejos de la capital, a unos 13.000 pies sobre el nivel del mar, queda el lago navegable más alto del mundo, el Lago Titicaca. Dentro del lago están las islas del Sol y de la Luna, con sus palacios, jardines y templos de la civilización inca.

¡Viaje conmigo a la región andina!

Vea el vídeo para saber lo que Gabriela les mandó a Javier y Sara sobre su viaje a la región andina.

Video footage provided by

B B C Motion Gallery

ACTIVIDADES

A. En parejas, contesten las siguientes preguntas sobre los cuatro lugares fascinantes.

1. ¿Por qué se puede considerar Cuzco un lugar mestizo?
2. ¿Cuáles son algunas de las atracciones turísticas de Cuzco y sus alrededores?
3. ¿Por qué podría ser Cartagena un lugar interesante para visitar?
4. ¿Cuál de los festivales de Cartagena le interesa más y por qué?
5. ¿Por qué se considera importante proteger las Islas Galápagos?
6. ¿Qué acontecimiento científico ocurrió en las Islas Galápagos?
7. ¿Por qué es famosa La Paz? ¿Cuáles son algunos de sus atractivos fascinantes?
8. ¿Por qué tiene fama el Lago Titicaca?

B. Localice los cuatro lugares fascinantes de la región andina en el mapa y ponga un número del 1 al 4 para indicar el grado de interés que Ud. tiene en visitar estos lugares. Turnándose con un compañero / una compañera, explique por qué a Ud. le interesa más el número 1 y por qué le interesa menos el número 4. Haga por lo menos tres comparaciones entre los dos lugares cuando presente su explicación.

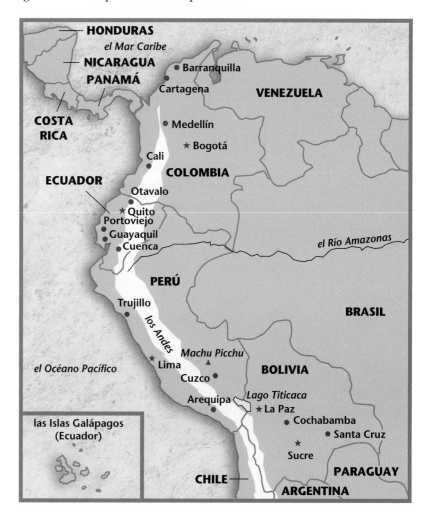

C. Para cada uno de los cuatro lugares, prepare unos apuntes para argumentar y debatir con un compañero / una compañera sobre el mejor sitio para llevar a cabo dos eventos. Incluya en sus apuntes algunas de las siguientes metas comunicativas: descripción, comparación, recomendación, gustos, hipótesis, futuro. No sabrá qué sitio le tocará defender hasta el momento en que comience la actividad.

Ahora, su instructor(a) le dirá qué lugar debe defender. En parejas, realicen un debate para decidir el mejor sitio para uno de los siguientes eventos.

1. ¿Cuál es el mejor lugar para un congreso sobre la pobreza mundial?

2. ¿Cuál es el mejor lugar para la reunión anual de la compañía REI?

¡A escribir!

A. **Lluvia de ideas** En grupos pequeños, hagan una lista de los problemas actuales que les parezcan urgentes a nivel local, nacional e internacional.

 B. **Composición: Persuación** Escriba un discurso (*speech*) como si fuera un escritor / una escritora de discursos para el presidente / la presidenta de su universidad, dirigido a los estudiantes que se gradúan de la universidad este año. Describa algunos de los problemas actuales que van a enfrentar en el mundo real y hábleles de cómo pueden involucrarse en la política, explicándoles por qué vale la pena participar activamente en ella.

1. escoger un título inspirador
2. escribir un párrafo introductorio sobre el mundo que van a enfrentar
3. describir las posibles causas de los problemas
4. darles una idea de cómo pueden participar y resolver esos problemas
5. escribir una conclusión

C. **Diálogo** En grupos de tres, lean el discurso de sus compañeros y luego decidan cuál de los tres es más apropiado y se acerca más a la personalidad y filosofía del presidente / de la presidenta de su universidad.

Hablando del tema

Antes de empezar a conversar con sus compañeros de clase sobre los siguientes temas, prepare una ficha para la conversación, otra para el debate y otra para la reacción ante la cita.

A. **Conversación: Problemas actuales** Revise las expresiones de **Para conversar mejor.** Luego, en parejas o grupos de tres, contesten las siguientes preguntas.

Para conversar mejor

Debe… / Tiene que…	Me molesta(n) (que…)
En mi caso…	Me preocupa que…
Es evidente que…	No creo que…
Francamente…	No me gusta (que…)

- ¿Cuáles son los problemas actuales más graves?
- En su opinión, ¿hay alguna situación social o política actual que sea la más urgente?
- ¿Qué les gustaría que hiciera el gobierno para solucionar los problemas actuales? ¿Qué les molesta en cuanto a cómo el gobierno de este país maneja estos problemas ahora?
- ¿En qué circunstancias se volverían Uds. revolucionarios/as? ¿Qué harían?

B. **Debate: Cómo cambiar el mundo** Revise las expresiones de **Para debatir mejor.** Después, prepare tres argumentos a favor y tres en contra del papel del individuo en resolver los problemas del mundo. Luego, presente sus argumentos en un debate. No sabrá qué lado tendrá que defender.

Para debatir mejor

A FAVOR	EN CONTRA
Así es.	De ninguna manera.
Exacto.	Lo siento, pero…
Podría ser.	No sabes lo que dices.
Tienes razón.	Temo que estés equivocado/a.

Una sola persona no puede hacer mucho para cambiar el mundo. Los problemas son demasiado grandes.

El trabajo de cada individuo es importante para lograr grandes cambios en el mundo.

C. **Reacción: La globalización** Revise las expresiones de **Para reaccionar mejor.** Luego, reaccione ante la cita siguiente. Añada razones que apoyen sus opiniones.

Para reaccionar mejor

No creo / Opino / Supongo que…	Es posible que…
Es horrible que…	Es importante que…
Es normal que…	

La globalización es una de las manifestaciones más positivas del progreso; la gente de los países en vías de desarrollo debe aceptar que sus tradiciones tienen que ceder a los conocimientos avanzados del mundo desarrollado.

Un pueblo boliviano

D. Volver a considerar En esta parte del **Capítulo 5,** Ud. exploró el tema del mundo actual y cómo influyen en nosotros los problemas del mundo. En parejas, contesten las siguientes preguntas. Noten cómo ha mejorado su habilidad de expresarse sobre estos temas.

- ¿Cuáles son los problemas sociales más importantes de hoy?
- ¿Qué puede hacer el individuo para participar activamente en su sociedad?
- ¿Cómo nos afectan personalmente los acontecimientos mundiales?
- ¿Qué importancia tiene la política en su vida diaria?
- La escena que se ve en el cuadro representa un pueblo boliviano durante una campaña presidencial. ¿Cómo cambia el ambiente en su universidad y su ciudad durante las campañas nacionales y locales?

 SÍNTESIS

E. *Un pueblo boliviano* En parejas, hablen del cuadro con todos los detalles posibles, tratando de utilizar todas las metas comunicativas.

 DESCRIBIR   COMPARAR   REACCIONAR RECOMENDAR   GUSTOS   PASADO   HIPÓTESIS

PARTE B

El poder de la cultura indígena

Puntos clave

SÍNTESIS

Temas centrales

- los movimientos políticos de los indígenas
- 500 años de maltrato y explotación
- la medicina tradicional
- el poder de la cultura indígena

La Santusa, *de José Sabogal (Perú, 1888–1956)*

En esta parte del **Capítulo 5,** Ud. va a explorar el tema de los indígenas de Latinoamérica.

Preguntas para considerar

- ¿Cree Ud. que el número de líderes indígenas elegidos en Latinoamérica aumentará en el futuro? Explique.
- ¿Cómo conserva la gente indígena su identidad ante tanto discrimen y tanta presión?
- ¿Cree que podemos aprender algo de las culturas indígenas? Explique.
- En el cuadro se ve una mujer indígena. ¿Cómo se imagina Ud. que es su vida?

🎧 Los Andes en el siglo XXI

Un chamán peruano

Situación: Para su programa de radio, Sara entrevista al profesor Oswaldo Huamani sobre un congreso que se realizará en la universidad sobre los indígenas: «Los Andes en el Siglo XXI». Lea el diálogo y conteste las preguntas que lo siguen. **¡OJO!** Preste especial atención al vocabulario nuevo, que está **en negrita.**

SARA: Gracias por estar con nosotros hoy, profesor. El congreso suena interesantísimo. ¿Por qué lo organizaron?

HUAMANI: Como Ud. sabe, los movimientos políticos de los **indígenas** han ganado una **fuerza** tremenda en los últimos años. Hasta tenemos un presidente indígena hoy, Evo Morales, en Bolivia. Pensamos que sería bueno que todos conocieran mejor a la gente indígena —su cultura, sus **creencias,** su vida **actual.**

SARA: En el congreso, se tratará una variedad de temas. ¿Nos podría hablar de algunos de esos temas?

HUAMANI: Sí, cómo no. Habrá algunas charlas sobre las actividades y los logros políticos de los indígenas. Aunque estos son los **habitantes** originarios de esa zona y en muchas partes representan la mayoría, han **sufrido** más de 500 años de **maltrato** y **explotación.** Pero, tienen una fuerte conciencia política y están encontrando maneras de **resistir** y cambiar su situación.

SARA: ¿Cómo **enfrentan** los indígenas su situación? ¿Cómo conservan su identidad como **pueblo** ante tanto **discrimen** y tanta presión?

HUAMANI: Hay varias vías de expresión y acción políticas y culturales. Por ejemplo, en el Ecuador, la Confederación de Nacionalidades Indígenas del Ecuador (la CONAIE) coordina las luchas políticas y sociales de muchos pueblos y **tribus.** También en el Ecuador, la Universidad Intercultural de las Nacionalidades y Pueblos Indígenas ofrece una educación de alto nivel que corresponde a las necesidades de las poblaciones indígenas.

SARA: Entonces, ¿cuál va a ser el aspecto, digamos, cultural, del congreso?

HUAMANI: Bueno, primero queremos dejar claro que los países **andinos** son países sobre todo **mestizos** —una mezcla de lo indígena con lo español—, no sólo en cuestiones étnicorraciales sino también culturales. Tenemos una exposición de la obra de pintores importantes como Gonzalo Endara Crow y Oswaldo Guayasamín. Sus obras enfatizan el **poder** de la cultura indígena y el impacto del **mestizaje** en el Ecuador.

SARA: En el programa del congreso he visto una charla sobre las medicinas tradicionales que me llama la atención.

HUAMANI: Esa sí va a ser fascinante. Un **chamán** de una tribu **amazónica** del Perú hablará de los **conocimientos** médicos tradicionales del Amazonas. También comentará sobre la **amenaza** de compañías farmacéuticas internacionales que tratan de **explotar** los recursos de la zona.

SARA: ¿Qué espera Ud. que aprenda la gente en este congreso?

HUAMANI: Queremos enfatizar que los indígenas de los Andes son fuertes y orgullosos, con una cultura rica y viva que hay que respetar. No viven, digo,[1] no vivimos en un pasado histórico remoto, sino que manejamos carros, vemos televisión, nos comunicamos por Internet, al mismo tiempo que mantenemos vivos nuestro lenguaje, nuestras **creencias** y nuestras tradiciones culturales. Como todos, tratamos de **sobrevivir** en el siglo XXI, sin perder nuestra integridad, y tenemos mucho que **aportar** al mundo.

SARA: Muchísimas gracias, profesor.

HUAMANI: A Uds.

[1] *I mean*

ACTIVIDADES

A. Comprensión Conteste las siguientes preguntas, según la entrevista.

1. ¿Cuáles son cuatro de los temas que se tratarán en el congreso?
2. ¿Por qué es importante hablar de la gente indígena y la política hoy en día?
3. ¿Por qué están interesadas en el Amazonas algunas compañías farmacéuticas?
4. Según el profesor Huamani, ¿qué es lo más importante del congreso?

B. ¿Qué opina Ud.? Indique si Ud. está de acuerdo o no con las siguientes afirmaciones. Luego, comparta sus opiniones con un compañero / una compañera.

	ESTOY DE ACUERDO.	NO ESTOY DE ACUERDO.
1. Ya no hay mucha gente indígena en Latinoamérica.	☐	☐
2. Es importante que modernicemos las culturas tradicionales por medio de la educación y la tecnología.	☐	☐
3. Podemos aprender mucho de las culturas tradicionales.	☐	☐
4. A mí me gustaría vivir un tiempo en una comunidad indígena de los Andes.	☐	☐
5. Es importante preservar las lenguas indígenas.	☐	☐

1. ¿Creen Uds. que la elección de líderes indígenas en Latinoamérica puede ser problemático para nuestro país? Expliquen.

2. ¿Creen que los problemas que enfrentan los indígenas latinoamericanos son similares a los que enfrentan los nativoamericanos de este país? Expliquen.

3. Entre el Ecuador, Bolivia y el Perú, ¿cuál es el país que le interesa más?

Vocabulario del tema

Para hablar del mundo andino

el Amazonas	the Amazon (region)
la amenaza	threat
el/la campesino/a	peasant
el chamán	shaman, medicine man
el conocimiento	knowledge
la creencia	belief
el/la criollo/a	person of Spanish descent in the Americas
el discrimen	discrimination
la guerrilla	guerrilla warfare/movement
los guerrilleros	guerrilla fighters
el habitante	inhabitant
el maltrato	mistreatment
el mestizaje	cultural, ethnic, and racial blending
el/la mestizo/a	person of mixed Spanish and indigenous heritage
el poder	power
el pueblo	town; people
el resentimiento	resentment
la sabiduría	wisdom
la sierra	highlands
la soberanía	sovereignty
la tribu	tribe

Para hablar de la gente indígena

aportar	to contribute
enfrentar	to face
explotar	to exploit
involucrarse	to get involved
resistir	to resist
sobrevivir	to survive
sufrir	to suffer
temer	to fear

Para describir la situación de la gente indígena

actual	current
amazónico/a	pertaining to the Amazon
andino/a	Andean
decidido/a	determined
dirigente	ruling
excluido/a	excluded
marginado/a	marginalized
poderoso/a	powerful
popular	popular; pertaining to the common people

ACTIVIDADES

A. **Vocabulario en contexto**   Complete las siguientes afirmaciones con la palabra correcta e indique si está de acuerdo con ellas o no. Luego en parejas, expliquen sus opiniones.

1. Los pueblos tradicionales _____ (aportar / resistir) mucho al mundo entero. Por eso sus _____ (conocimiento / poder) deben ser respetados.

2. Es impresionante que las culturas indígenas de los Andes hayan _____ (sobrevivir / sufrir) a pesar de las presiones para adaptarse al mundo occidental (*Western*).

3. Ver protestas políticas de las clases populares, tradicionalmente excluidas del proceso político, me indica que cada año los indígenas son más y más _____ (marginado / decidido).

4. Es probable que los mestizos en la sierra andina sufran más _____ (soberanía / explotación) que los indígenas.

5. En los países andinos, los criollos son los más _____ (poderoso / excluido).

6. Si yo fuera un campesino indígena, sentiría resentimiento hacia las personas en _____ (la creencia / el poder).

7. Los pueblos indígenas deberían tener _____ (sabiduría / soberanía) porque son los habitantes originales de la zona.

8. Consultaría a un _____ (chamán / guerrillero) si estuviera enfermo y no encontrara ninguna cura en la medicina moderna.

9. El _____ (criollo / mestizaje) que resulta de la mezcla de las razas y culturas es preocupante, porque eventualmente algunas culturas se pierden completamente.

10. La globalización no es nada positiva porque _____ (amenazar / enfrentar) la existencia de las culturas indígenas del mundo.

B. La fotografía de Martín Chambi

Paso 1 Complete el siguiente párrafo con el vocabulario apropiado para saber algunos datos sobre el fotógrafo indigenista, Martín Chambi (1891–1973). Después, conteste las preguntas de comprensión.

Una familia tradicional, de Martín Chambi

Las sociedades de la sierra _____ (amazónico / andino)[1] se dividen en tres grupos étnicos: los criollos, los mestizos y los indígenas. Tradicionalmente, los criollos forman la clase _____ (dirigente / bajo),[2] los _____ (indígena / mestizo)[3] son la clase media y media baja y los _____ (indígena / mestizo)[4] ocupan el nivel más bajo de la escala social. En respuesta a las _____ (tratamiento / injusticia)[5] sociales sufridas por este último grupo, a finales del siglo XIX y principios del siglo XX, en varios países latinoamericanos surge el *indigenismo,* un movimiento filosófico, político y artístico. Influidos por el marxismo, los indigenistas criticaban la _____ (explotación / resentimiento)[6] y marginalización de los indígenas, y proponían maneras de darles más _____ (amenaza / poder)[7] político y económico a los indígenas. En sus expresiones artísticas, los indigenistas buscaban retratar la vida íntima y verdadera de su gente. En el área de fotografía, el máximo representante es el peruano Martín Chambi, un mestizo que abrió al mundo la realidad de su pueblo. Sus fotos captan la fuerza y la belleza de los _____ (criollo / habitante)[8] de Cuzco y el extraordinario paisaje en el que vivían.

1. ¿Qué es el indigenismo?

2. ¿Por qué es importante la fotografía de Martín Chambi?

Paso 2   En parejas, observen la foto de Chambi. A primera vista, ¿qué impresión tienen de esta familia? ¿Será rica o pobre la familia? ¿Les revela algo en particular su ropa?

Paso 3   En grupos de tres o cuatro, discutan las siguientes preguntas.

1. ¿Cuáles son los símbolos que indiquen el estatus social de la familia representada en la foto de Chambi?

2. Hay varios tipos de estatus presentes en la socied: uno tiene que ver con factores como la raza, el género, la edad, o la clase en la que nació una persona. Hablen sobre cómo cada factor puede afectar el estatus social de un individuo en nuestra sociedad.

3. Otro tipo de estatus es el que una persona adquiere a través de sus destrezas atléticas, musicales, intelectuales o profesionales. ¿Cuáles son las señales exteriores o materiales del estatus social adquirido de una persona?

C. **Un pueblo indígena actual**   En Otavalo, Ecuador, a unas 90 millas al norte de Quito, viven los otavaleños, famosos por sus tejidos,[1] como suéteres y tapices, y por su aptitud para el negocio local e internacional.

Paso 1   Lea cada párrafo sobre los otavaleños y luego en parejas terminen las oraciones que siguen.

Siendo tal vez el pueblo indígena más próspero de Latinoamérica, los otavaleños tienen un alto nivel de educación y viajan por todo el mundo para vender sus productos. Aunque a veces los mayores se quejan de que la actual generación está perdiendo su conocimiento del quichua, la lengua indígena predominante del Ecuador, casi todos los otavaleños lo hablan y se enorgullecen de preservar su cultura.

1. Dado que muchos pueblos indígenas sufren de una pobreza extrema, es alentador que los otavaleños _____ (tener)...

2. Para los mayores otavaleños es desilusionante que los jóvenes no _____ (querer)...

Dondequiera que estén,[2] hasta abogados, médicos y hombres de negocios a menudo visten su ropa tradicional. Tanto los hombres como las mujeres se recogen el pelo en una larga trenza[3] en la espalda.

3. En cuanto a su forma de vestir, es maravilloso que muchos profesionales otavaleños _____ (llevar)...

4. Es importante que el conocimiento y la sabiduría de los otavaleños _____ (sobrevivir) porque...

Cada sábado se realiza un renombrado mercado en el centro de Otavalo, donde se vende de todo: artesanías, tejidos y joyería para los turistas; verduras, frutas y animales para la gente local.

Unas otavaleñas con su vestido típico: azul, blanco, collar (necklace) *dorado, etcétera*

Dos mujeres venden sus artesanías en el Mercado de Otavalo

[1]*weaving*   [2]Dondequiera... *Wherever they are*   [3]*braid*

5. Es impresionante que el mercado de los sábados _____ (atraer)...

6. Es importante que todos los pueblos indígenas _____ (luchar) por...

Paso 2 En parejas, respondan a las siguientes preguntas:

1. Si pudiera entrevistar a un profesional otavaleño / una profesional otavaleña, ¿qué preguntas le haría?

2. Si estuviera en Otavalo un sábado, ¿qué le interesaría ver o comprar en el mercado?

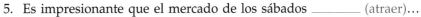
GUSTOS

D. La CONAIE La Confederación de Nacionalidades Indígenas del Ecuador se estableció en 1986 con el fin de coordinar las luchas sociales, económicas y políticas de los diversos pueblos indígenas de ese país. Actualmente, la CONAIE es muy activa y busca influir la política nacional en las áreas que más afectan a los pueblos indígenas: la ecología, la distribución de tierras y recursos naturales, la educación y la cultura.

Paso 1 En parejas, usando las palabras a continuación y otras del vocabulario nuevo, escriban cinco frases que describan por qué se fundó la CONAIE, como si fuera uno de sus líderes. ¡OJO! Deben usar el pasado en cada oración.

MODELO: (nosotros) molestar / el discrimen / porque...
A nosotros nos molestaba el descrimen porque nos quitaba nuestra dignidad.

1. (la gente indígena) fastidiar / los daños ecológicos a sus tierras / ya que...

2. (nosotros) importar / resistir lo negativo de la modernidad / por eso...

3. (los criollos) preocupar / sólo su propia riqueza / por lo tanto...

4. (nosotros) interesar / la educación de nuestros hijos / entonces...

Paso 2 En grupos de tres, discutan qué podría hacer la CONAIE para ayudar a los campesinos mestizos e indígenas con los siguientes problemas

1. la identidad indígena y la preservación del quichua

2. el maltrato de los indígenas en cuestiones de derechos de tierra

3. el esfuerzo para involucrar a los indígenas en la democracia participatoria. Usen cuanto vocabulario nuevo que puedan.

Puntos clave

HIPÓTESIS

En esta sección del capítulo, Ud. va a seguir practicando la meta comunicativa **Hacer hipótesis,** pero trabajará con las otras metas comunicativas también. Antes de continuar, estudie las explicaciones de las estructuras gramaticales en las páginas verdes (310–355) que están al final del libro.

PRUEBA DIAGNÓSTICA

Ciudades hermanas

REACCIONAR

P R

PASADO RECOMENDAR

Paso 1 Complete el párrafo con las formas apropiadas del pretérito, imperfecto, presente perfecto o pasado del subjuntivo, según el contexto.

Ciudades Hermanas Internacional _____ (ser/estar) creada por el Presidente Dwight D. Eisenhower en el año 1956, con un propósito doble: promover la comprensión entre los pueblos del mundo y preservar la paz. La organización _____ (buscar) involucrar a individuos y organizaciones municipales en una diplomacia civil; _____ (esperar) que las relaciones personales entre personas de diferentes países _____ (disminuir) los futuros conflictos mundiales. Hoy en día, hay 1.200 ciudades en los Estados Unidos hermanadas con 5.000 ciudades alrededor del mundo. Las relaciones entre ciudades hermanas les _____ (dar) a sus ciudadanos oportunidades para intercambios culturales, profesionales y académicos. La ciudad donde viven los amigos, Austin, está hermanada con Lima, Perú. Estas relaciones _____ (traer) múltiples beneficios a ambas ciudades. Por ejemplo, a lo largo de los años _____ (haber) muchos intercambios académicos entre las universidades de Austin y Lima. En años recientes las ciudades _____ (auspiciar) exhibiciones en conjunto de artistas peruanos y tejanos para recaudar fondos para obras humanitarias. Con estos esfuerzos, los organizadores _____ (querer) que sus ciudadanos _____ (conocer) mejor otra cultura.

Un socio del Comité de Ciudades Hermanas Austin-Lima muestra una arpillera tradicional

HIPÓTESIS

Paso 2 Rellene los espacios en blanco y complete las oraciones para hacer hipótesis sobre el pasado.

MODELO: Si los dueños de Ruta Maya no <u>hubieran tenido</u> (tener) otra exhibición puesta en su café, con mucho gusto, <u>habrían colgado</u> (colgar) pinturas de su ciudad hermana.

1. El verano pasado, si Javier _____ (poder) dejar su trabajo en Austin, _____ (ir) a Lima para asistir a un congreso.

2. Para la temporada (*season*) pasada, Sergio _____ (comprar) artesanía en Cuzco, si _____ (tener) la posibilidad de escaparse de sus obligaciones en Tesoros.

3. Si Sara _____ (saber) sobre la exhibición artística del mes pasado, ella _____ (hacer) entrevistas con los artistas peruanos sobre su arte.

4. Si Laura _____ (enterarse) del viaje a Lima para estudiantes de medicina que tuvo lugar el verano pasado, ella _____ (ir) con ellos.

ACTIVIDADES

A. La medicina tradicional: ¿Debemos respetarla o rechazarla?

Paso 1 Lea el artículo en la página siguiente. Mientras lee, busque cognados que lo/la ayuden a entender mejor el tema.

LA MEDICINA TRADICIONAL:
¿Debemos respetarla o rechazarla?

Hierbas medicinales, La Paz, Bolivia

Por siglos los indígenas del Amazonas han recurrido a sus alrededores para buscar tratamientos para las enfermedades. Normalmente, cada tribu cuenta con un chamán que usa plantas tropicales y ritos elaborados para curar una variedad de enfermedades. Hasta hace poco, la medicina occidental calificaba a estos chamanes de embusteros,[1] pero últimamente varias escuelas de medicina norteamericanas han empezado a ofrecer cursos en el Amazonas para que los médicos, enfermeros y farmacéuticos aprendan de la sabiduría tradicional de los chamanes.

Sin embargo, este interés también trae problemas. Muchas compañías farmacéuticas internacionales han llegado al Amazonas para explotar los recursos naturales y buscar curas para las enfermedades que afligen a los países desarrollados. Las tribus se quejan de que las compañías hagan acuerdos con los gobiernos nacionales pero no con las tribus, que no respeten sus prácticas tradicionales, que los dejen sin recursos para atender a su propia gente y que sólo les interesen las plantas que tienen un valor monetario. Es más, alegan que el dinero generado con sus propios recursos nunca llega a manos de las tribus. Según se estima, las tribus amazónicas reciben sólo un 0,001 por ciento del dinero que se obtiene de la venta de sus plantas. Además, las tribus temen perder[2] su cultura y su modo de vida, por el contacto excesivo con culturas más modernas y poderosas. Para aquellas, la globalización no es positiva porque amenaza su mera[3] existencia.

[1]de... *as tricksters* [2]temen... *are afraid of losing* [3]*mere*

REACCIONAR
R **H**
RECOMENDAR HIPÓTESIS

Paso 2 En parejas, terminen las siguientes oraciones haciendo el papel de la persona indicada.

UNA ESTUDIANTE DE MEDICINA
1. Me fascina que…
2. Si yo _____ (poder) estudiar con un chamán,…

UN CHAMÁN
3. Me molesta que…
4. Si nosotros _____ (tener) más poder y control,…

LA PRESIDENTA DE UNA COMPAÑÍA FARMACÉUTICA
5. Es importantísimo que…
6. Si nuestra compañía _____ (descubrir) en el Amazonas una cura para el cáncer,…

OPTATIVO

FUTURO

Paso 3 Los miembros del Pacto Andino (Bolivia, Colombia, el Ecuador, el Perú y Chile) están desarrollando leyes modelo para la conservación y el uso sostenible de materia biológica. Estas leyes les darán más poder a las naciones y tribus locales del Amazonas para que todas puedan controlar y beneficiarse más de los recursos naturales de la zona. En parejas, terminen las siguientes oraciones para decir qué pasará cuando se cumplan esas leyes.

1. Cuando _____ (haber) más leyes para proteger los derechos de las tribus,…
2. A menos que _____ (desarrollarse) un buen plan de uso sostenible para estos recursos, la gente del Amazonas…
3. Con tal de que las tribus _____ (tener) más control sobre la venta de sus plantas regionales,…
4. Con estas leyes, antes de que las compañías multinacionales _____ (explotar) los recursos de una zona,…
5. Tan pronto como _____ (haber) más cooperación entre las compañías y las tribus,…

B. ¿Cómo se define el buen liderazgo? En cualquier ambiente, sea político, financiero, educativo o artístico, cuando aparece un nuevo líder / una nueva líder, la gente generalmente tiene expectativas altas de él o ella. A veces los líderes no cumplen con nuestras expectativas.

Paso 1 En grupos de tres, discutan las siguientes preguntas.

1. ¿Cuáles son las características de un buen líder / una buena líder?
2. En su opinión, ¿quién es el líder / la líder que haya tenido más impacto en los últimos cinco años? Explique su respuesta.

Paso 2 En parejas, respondan como si fueran las personas entre paréntesis. Digan lo que esperen de las personas importantes indicadas. Empiecen su oración con **Ojalá.**

1. (un estudiante con pocos recursos) la nueva presidenta de su universidad / encontrar fondos para… / en vez de
2. (una fanática colombiana) Shakira / pasar más tiempo en Colombia / en vez de
3. (una mujer peruana) Oprah Winfrey / construir escuelas en Latinoamérica / en vez de
4. (un líder indígena del Ecuador) el presidente del Ecuador / aportar a… / en vez de
5. (un estudiante chino) los dueños de Google / luchar contra la censura… / en vez de

C. Evo Morales y Barack Obama En 2005, Evo Morales, un indígena aymara, fue elegido el primer presidente indígena de cualquier país andino. En 2008, Barack Obama fue elegido el primer presidente afroamericano de los Estados Unidos. Durante sus campañas hablaron de los problemas más inquietantes de sus países respectivos.

Ojo

En estos casos, **cuando, a menos que, con tal de que, antes de que** y **tan pronto como** requieren el subjuntivo porque refieren a acciones que todavía no han ocurrido.

Ojo

Ojala + *el pasado del subjuntivo* se usa para expresar un deseo contrario a la realidad o que probablemente no se cumpla.

| **Ojalá que donara más a mi país.** | *I wish more money were donated to my country.* |

REACCIONAR

RECOMENDAR   HIPÓTESIS

Paso 1 En parejas, lean las siguientes descripciones de algunas de las cuestiones que los dos líderes enfrentaron cuando eran candidatos. Después, preparen la reacción que Uds. piensan que cada candidato tuvo ante la cuestión y la promesa que hizo para remediar la situación. Para la reacción, utilicen expresiones como **No es justo que... , No creo que...** y **Es alarmante que...** Para la promesa, empiecen con **Si fuera presidente/a...** y incluyan varias palabras nuevas de este capítulo, por ejemplo: **colaborar con, combatir, desarrollar, financiar** y **promover.**

Evo Morales, presidente de Bolivia

Evo Morales:

1. En las culturas andinas, la hoja de coca se usa para hacer té y se mastica (*it is chewed*) para aliviar el soroche (*altitude sickness*). Por la guerra estadounidense contra las drogas, los indígenas que antes se ganaban la vida cultivando la coca para usos tradicionales ahora no pueden sostener a sus familias.

2. Las compañías multinacionales quieren tomar control de los recursos naturales, como el gas natural.

3. Bolivia es uno de los países más pobres de Latinoamérica. Para colmo de males, el 10 por ciento más rico de la población gana veinticinco veces más al año que el 40 por ciento más pobre.

Barack Obama:

4. La guerra de Irak, que costaba más de 4 mil millones (*billion*) de dólares al mes en 2003, ha subido a más de 12 mil millones mensuales. En términos concretos, en el 2008, cada familia estadounidense pagó más de 1.000 dólares al mes para financiar la guerra.

5. Hay cerca de 41 millones de personas sin seguro médico. El sistema de salud de los Estados Unidos es el único entre las democracias industrializadas que no provee seguro médico universal para todos los ciudadanos.

6. La subcontratación de trabajos (*outsourcing*) a países en vías de desarrollo ha causado la pérdida de trabajos en los Estados Unidos.

Barack Obama, presidente de los Estados Unidos

Paso 2 En grupos de tres, discutan lo difícil que es cumplir con las promesas electorales después de las elecciones. Hablen de si Uds. piensan que es posible que cada presidente lleve a cabo sus promesas a lo largo de su administración. Utilicen expresiones como **Dudo que... , Estoy seguro/a de que... , Es probable que...** y **Espero que...**

PASADO · HIPÓTESIS

D. ¿Por qué perdió la elección Justino Jiménez? Durante su campaña, Justino Jiménez hablaba de la importancia de ayudar a los que tengan menos que nosotros, de donar nuestro tiempo libre a causas humanitarias, de ser ciudadanos activistas. Pero en realidad llevaba una vida privilegiada sin haber hecho nada concreto para resolver los problemas de que hablaba en sus discursos.

Paso 1 En parejas, miren el dibujo de un día en la campaña de Justino Jiménez y luego llenen los espacios en blanco con el verbo correcto. Revisen la explicación de cómo utilizar la expresión **como si fuera.**

1. Hablaba como si los niños analfabetos _____ (ser) una prioridad pero nunca _____ (visitar) ni una escuela para ver de cerca cómo _____ (vivir) estos niños.

2. Nunca _____ (hacer) de voluntario en su vida, pero hablaba como si _____ (estar) colaborando activamente con varias organizaciones de voluntariado.

3. Decía al publico que le _____ (dar) mucha pena saber que muchos niños _____ (sufrir) del hambre, pero en las fotos lo vemos en restaurantes de lujo comiendo como si no _____ (comer) en días.

4. Les decía a la gente que todos _____ (tener) que hacer sacrificios para sobrevivir la crisis económica, pero todos _____ (ver) a su mujer a su lado vestida en ropa de última moda y saludando al público como si _____ (ser) una estrella del cine.

Paso 2 Escriba un reportaje para la sección de chismes del periódico nacional. Describa una fiesta de la elite a la que asistieron Justino Jiménez y su esposa después de haber dado su discurso a los campesinos. Diga algunas cosas escandalosas que hizo el candidato durante la fiesta.

PASADO

OPTATIVO

Paso 3 En grupos de tres, comenten sobre qué pudiera haber hecho Jiménez para ganar la elección. Por ejemplo, **Si el candidato Jiménez hubiera… , habría ganado las elecciones. Si no hubiera… , (no) habría…**

Ojo

Se usa el pasado de subjuntivo después de la frase **como si** para describir una situación contraria a la realidad, desde la perspectiva de la persona que habla.

Mi profesor de química habla como si fuera la persona más inteligente del mundo.	*My professor speaks as if he were the most intelligent person in the world.*

E. *Diarios de motocicleta:* un viaje de despertar político La película está basada en los diarios que escribió el revolucionario Ernesto «Che» Guevara durante el viaje que hizo en 1952 con su amigo Alberto Granado en una vieja motocicleta. Guevara era estudiante de medicina, especializándose en la leprología, cuando hizo ese viaje transformativo que despertó en él una consciencia de las condiciones miserables de muchos campesinos, mayormente la gente indígena de la región. En la película vemos las primeras señales de una consciencia política que lo llevaría a ser uno de los revolucionarios más conocidos del siglo.

Paso 1 En parejas, lean la información de diferentes eventos de la vida de Guevara que salen en la película *Diarios de motocicleta*. Después, completen las oraciones. Presten especial atención a los tiempos verbales.

1. El Che y su amigo Alberto Granado eran universitarios típicos quienes, buscando aventura antes de graduarse, decidieron viajar en motocicleta. Recorrieron la Argentina, el Chile, el Perú, Colombia y Venezuela antes de llegar a hacer una residencia médica en una colonia de leprosos.
   a. Era fantástico que Alberto y Ernesto _____ (tener) la oportunidad de viajar por esos países antes de graduarse porque…
   b. Si yo pudiera viajar antes de graduarme,…

2. Durante su viaje, el Che y Granado descubrieron la pobreza extrema de los campesinos indígenas de los Andes. Experimentaron de cerca las disparidades entre los ricos y los pobres en Latinoamérica.
   a. Les molestó que los campesinos _____ (ser) tratados con desprecio y poco respeto por su humanidad. Guevara sabía que…
   b. Si yo trabajara con gente marginada,…

3. Después de terminar sus estudios de medicina en Buenos Aires, el Che vivió en diferentes países de Latinoamérica donde conoció a muchas personas de ideología socialista. En 1955 conoció a Fidel Castro y pronto se convirtió en uno de los líderes más prominentes de la Revolución cubana.
   a. El Che nunca dudaba que Castro _____ (poder) mejorar la situación de los pobres. Por eso…
   b. Si yo _____ (ser) el Che, (no) _____ (confiar) en Castro porque…

4. A mediados de los años 60, el Che decidió llevar la lucha revolucionaria a otros países. Es durante esa época que se involucró en las luchas armadas convencido de que la guerrilla era la mejor manera de combatir el imperialismo.
   a. Era importante que el Che _____ (salir) de Cuba porque…
   b. Si _____ (ser) el Che (no) _____ (matar) a tanta gente en nombre de la revolución ya que…

5. En 1967 fue capturado en Bolivia y allí, a los 39 años, fue fusilado (*executed*). No encontraron su cadáver hasta 1997. El cuerpo de Guevara fue llevado a Cuba, donde fue recibido con todos los honores de un héroe.
   a. Hoy en día a mucha gente le fascina que un joven médico argentino de su clase social _____ (poder) convertirse en un revolucionario apasionado capaz de matar por su causa. Es obvio que el Che…
   b. No creo que…

Paso 2 En parejas, defiendan un lado del argumento contra el otro.

Para muchos, Che Guevara es un héroe, un icono, un mito y hasta un santo por haber sido un defensor feroz de la gente pobre. Es importante seguir ejemplos de héroes revolucionarios como el Che, un visionario que dedicó su vida a cambiar el mundo y ayudar a los demás. Uno debe estar dispuesto a morir por una causa en la que cree firmemente.

No podemos respetar o idolatrar a nadie que haya matado a otros en el nombre de la justicia. La glorificación de una persona violenta no debe ser la inspiración de nadie. Si busca una fuente de inspiración para cambiar el mundo, debe estudiar la vida de Gandhi o Martin Luther King, Jr. En comparación, Che Guevara es una desgracia.

Rincón cultural

Un artista hispano
Gonzalo Endara Crow

Gonzalo Endara Crow nació en Quito, Ecuador, en 1936. Ganador de muchos premios nacionales e internacionales, Endara Crow participa por medio de su arte en el surrealismo y en la corriente literaria del realismo mágico,* cuyo representante más famoso es el escritor colombiano Gabriel García Márquez.

Después de la noche, *de Gonzalo Endara Crow*

---

*El realismo mágico es un movimiento literario en el que se combinan hechos de la vida diaria con imágenes de la fantasía y del subconsciente.

El arte de Endara Crow es una maravilla de colores y fantasía, pero a la vez representa la realidad americana. Muestra un mundo donde conviven lo tradicional y lo moderno, la realidad y la imaginación, la vida material y la vida espiritual. Su pintura es verdaderamente mestiza, mezclando lo indígena campesino tradicional con lo occidental moderno. El protagonista de sus obras de arte es un anónimo pueblo colonial andino. Es un pueblo en el que el tiempo se ha detenido, donde la modernidad pasa por encima de él.

En los cuadros de Endara Crow, cada color y cada objeto tienen un valor simbólico. El conjunto artístico forma una fábula que narra la vida de los pueblos ecuatorianoandinos. Fíjese en el cuadro *Después de la noche* y piense en la simbología de los colores y objetos representados.

PREGUNTAS

Conteste las siguientes preguntas, según el cuadro y la lectura sobre el arte de Endara Crow.

1. ¿Por qué vuelan (*fly*) los trenes por encima del pueblo? ¿Por qué cree Ud. que no se representa ninguna estación de trenes?
2. ¿Qué cree que implica *Después de la noche,* el título del cuadro?
3. ¿Por qué son tan pequeñas las personas y por qué parecen todas iguales?
4. ¿Qué aspectos de la vida de un pueblo pequeño nunca se ven afectados por el tiempo? ¿Qué cosas nunca cambiarán?
5. ¿Opina Ud. que la modernización siempre mejora la vida humana? Dé ejemplos para apoyar su opinión.

ACTIVIDAD

Identifique y explique el simbolismo de los siguientes objetos en el cuadro *Después de la noche.*

OBJETO	SIMBOLISMO
1. _____ el tren de colores brillantes	a. el mestizaje
2. _____ el tren negro	b. la esperanza
3. _____ los habitantes del pueblo	c. el amanecer (*dawn*)
4. _____ los globos (*balloons*)	d. la felicidad
5. _____ los arcos iris	e. la noche

La música andina

Una gran parte de la música andina refleja la fuerte influencia de las diversas culturas indígenas de la región. Para crear esta música distintiva y reconocible por el mundo entero, se han combinado instrumentos tanto europeos como autóctonos.[1] Aunque los instrumentos de los indígenas precolombinos eran muy variados, predominaban los instrumentos de viento. Entre los que todavía se usan hoy en día están las zampoñas o sikus,[2] la quena[3] y las tarkas, una flauta rectangular. La preferencia andina por los tonos altos,

[1]*native* [2]*pan pipes* [3]*a notched flute*

Un hombre tocando una quena en Cuzco, Perú

para imitar los sonidos de la naturaleza, influyó en la modificación de instrumentos europeos para que se acomodaran mejor a los gustos andinos. Esto se aprecia en el uso del violín y en la creación del charango, una suerte[4] de guitarra andina.

En «Himno al Inca», Ud. escuchará la quena y el charango al principio, acompañados por la guitarra, el bombo (un tambor típico de la región) y otros instrumentos de percusión. En la primera parte, cuyo ritmo vuelve al fin de la canción, se oye el ritmo y los acordes típicos del huayno, un estilo de canción y baile andino, mezclado con la cumbia, un ritmo colombiano. Después, la canción se transforma para reflejar la fuerte influencia africana que hay en la costa del Perú. En esta parte, se oye la guitarra, el bajo eléctrico, el güiro (un instrumento de percusión caribeño) y el cajón: una caja de madera que primeramente era un cajón de pescado en el que el músico se sentaba y pegaba con las manos.

[4]kind

ACTIVIDADES

A. Antes de cantar   Va a escuchar «Himno al Inca», una canción cuyo tema tiene que ver con el sufrimiento y la valentía de la cultura indígena desde la Conquista. Aunque alude al gran imperio inca, que dominaba la mayor parte de la región cuando llegaron los españoles, «Himno al Inca» es un homenaje a todos los grupos indígenas que han sobrevivido hasta hoy. Conteste las siguientes preguntas.

1. ¿Ha oído Ud. alguna vez alguna canción de la región andina? ¿Le gustó? ¿Dónde o en qué ocasión la oyó?

2. ¿Qué tipo de vocabulario espera encontrar en una canción cuyo título es «Himno al Inca»?

3. ¿Conoce algunas canciones contemporáneas que combinen estilos de los años 80 ó 90 con la música rap, por ejemplo?

REACCIONAR
GUSTOS RECOMENDAR

B. ¡A cantar!   Escuche la canción «Himno al Inca» que se puede encontrar en el CD *Estampillas musicales*. Luego, comparta sus impresiones de los artistas y sus canciones con sus compañeros de clase, utilizando frases como **Me gusta(n)... porque... , Me encanta que... , Es impresionante/ fantástico que... , Me sorprende que...** y **Es evidente que...**

Himno al Inca

Incansable alma indígena	Imperdonable la conquista	Aymara y Aguaruna
Incandescente obsidiana	Incalculable la miseria	Quechua, Urus y Huambisa
Impenetrable su tristeza	Invisible su existencia	Mestizo, Ayacucho y Ancash
Incomparable su belleza	Inevitable su cultura	Mascho-Piro del Río Purú
		[*Se repite dos veces más.*]

C. **Después de cantar**   En parejas, contesten las siguientes preguntas sobre la canción «Himno al Inca».

1. ¿Cuáles son los instrumentos que reconoció en esta canción?
2. ¿Cuál es el mensaje principal de la canción?
3. ¿Notó Ud. el juego de palabras en la canción? Explique.
4. ¿Qué parte de la canción refleja la influencia africana que hay en el Perú?

REACCIONAR

RECOMENDAR   GUSTOS

D. **¡A escuchar!**   Para apreciar más la música andina criolla, vaya a YouTube™ y escuche la música de Chabuca Granda o los valses criollos de Eva Ayllon. Para conocer mejor la música afroperuana, escuche a Gabriel Alegría (jazz afroperuano), Susana Baca (ganadora de un Grammy en 2005) o el extraordinario grupo de danza y música Perú Negro. Otros músicos peruanos de interés son Grupo 5 (cumbia) y Nosequien y los Nosecuantos (rock y pop). Otros músicos de la región son Shakira y Juanes (Colombia), Israel Brito (Ecuador) y Los Kjarkas (Bolivia). Luego, comparta con sus compañeros de clase sus impresiones sobre los artistas y las canciones que ha escuchado. Si puede, utilice frases como **Me gusta(n)… porque…** , **Me encanta que…** , **Es impresionante/fantástico que…** , **Me sorprende que…** , y **Es evidente que…**

Un momento histórico
Sendero Luminoso

Revise el **Vocabulario útil** y lea el resumen sobre Sendero Luminoso.

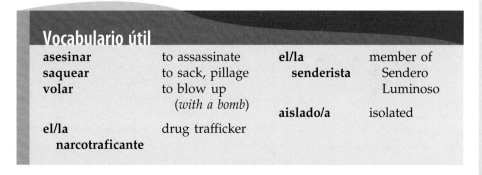

Vocabulario útil			
asesinar	to assassinate	**el/la**	member of
saquear	to sack, pillage	**senderista**	Sendero
volar	to blow up		Luminoso
	(*with a bomb*)	**aislado/a**	isolated
el/la	drug trafficker		
narcotraficante			

En 1980, el Perú tuvo sus primeras elecciones democráticas después de trece años de gobierno militar. Pero, en Chuschi, un pueblo pequeño del distrito andino de Ayacucho, los miembros de Sendero Luminoso, en vez de votar, quemaron los boletos electorales. Así fue cómo Sendero Luminoso, o simplemente «Sendero», como se conoce popularmente, anunció el comienzo de su asalto revolucionario al gobierno peruano. Compuesto principalmente de estudiantes radicales de tendencias maoístas y de gente de clase media, Sendero se había organizado durante los años 60, bajo el nombre del Partido Comunista del Perú (PCP) y el liderazgo de un profesor de filosofía, Abimael Guzmán (también conocido como «el Presidente Gonzalo»). Sendero lanzó sus ataques guerrilleros en contra del estado con un programa de actividades terroristas que duró hasta 1992. Estos rebeldes luchaban al principio en las

Un cartel de protesta a favor de Sendero Luminoso

zonas rurales de los Andes, con sede en la región de Ayacucho, y después en las ciudades también. Volaron fábricas y torres electrónicas, asesinaron a líderes políticos y civiles y saquearon pueblos enteros en su intento de crear lo que el Presidente Gonzalo llamaba el «río de sangre» que libraría al país del capitalismo y del imperialismo extranjero y que prepararía el terreno para el establecimiento de una utopía maoísta. La intensa intervención militar del gobierno, como respuesta, aumentó el terror en que vivía el país. Aunque algunos indígenas y gente de la clase baja, sobre todo jóvenes universitarios, abrazaron la misión de Sendero, Sendero nunca pudo ganar la confianza y apoyo de la mayoría de los pobres. Más bien, la gente indígena y otros grupos marginados se encontraron en el medio —víctimas del terrorismo de Sendero por un lado, y de los contraataques violentos del gobierno por otro. Después de más de diez años de terror, en 1992, el presidente del momento, Alberto Fujimori, declaró estado de ley marcial y Guzmán fue capturado, poniendo fin a la etapa más sangrienta del movimiento guerrillero.

El impacto de Sendero Luminoso en el Perú de hoy

- Hoy en día Sendero Luminoso todavía existe, pero está bastante debilitado y ya no aterroriza al país como antes. Sin embargo, de vez en cuando se oye de ataques cometidos por el grupo. Algunos creen que actualmente Sendero está tratando de reorganizarse en zonas aisladas de los Andes y establecer colaboraciones con narcotraficantes (acusación que se le hacía también durante su reino de terror).

- En 2003, la Comisión de la Verdad y la Reconciliación (CVR), establecida por el presidente Alejandro Toledo para investigar las atrocidades de la época, publicó su informe. La comisión confirmó que 69.280 personas murieron o desaparecieron a consecuencia de la violencia guerrillera y estatal. En un esfuerzo por entender a profundidad ese momento histórico, la comisión publicó historias personales de personas afectadas por todo el país.

- El informe de la CVR también hizo recomendaciones para ayudar a la nación y a los ciudadanos a recuperarse del trauma colectivo. Entre las medidas inauguradas por la comisión están una Lista Provisional de Personas Desaparecidas, un archivo de más de 1.700 fotos que documentan los horrores de la época y una serie de iniciativas dedicadas a tratar la salud mental de las víctimas.

- Varias obras artísticas se han dedicado a retratar la tragedia nacional. Entre ellas se destacan la novela *Lituma en los Andes,* de Mario Vargas Llosa, *Abril Rojo,* de Santiago Roncagliolo, y *Lost City Radio,* de Daniel Alarcón; las películas *La boca del lobo,* de Francisco Lombardi, *Paloma de papel,* de Fabrizio Aguilar, y *La teta asustada,* de Claudia Llosa; y obras de teatro tales como *Adiós Ayacucho* y *¿Hasta cuándo corazón?,* ambas del Grupo Cultural Yuyachkani.

ACTIVIDADES

A. Comprensión Conteste las siguientes preguntas, según la lectura.

1. ¿Qué es Sendero Luminoso? ¿Cuáles son sus tendencias políticas?
2. ¿Quién fue el líder del grupo? ¿Dónde está ahora?
3. ¿Cuáles son algunos de los hechos cometidos por Sendero Luminoso?
4. ¿En qué época se sintió más la fuerza y violencia de Sendero Luminoso?
5. ¿Sigue activo el grupo ahora? Explique.
6. ¿Qué es la Comisión de la Verdad y la Reconciliación? ¿Qué hace?
7. ¿Por qué es importante que escritores y artistas creen obras que retratan esa época?

REACCIONAR

R **H**

RECOMENDAR HIPÓTESIS

B. ¿Qué dirían? En parejas, terminen las siguientes oraciones como si Uds. fueran las personas designadas.

UN COLEGA DE ABIMAEL GUZMÁN QUE ENSEÑABA CON ÉL
1. Es horripilante que…
2. Si yo hubiera sabido de sus tendencias maoístas…

UN SENDERISTA
3. Nunca dudaba que…
4. Si yo pudiera,…

UN CAMPESINO
5. Es preocupante que…
6. Si no hubiera tanta violencia…

UNA ARTISTA PERUANA DE HOY
7. Me parece triste que… Sin embargo, creo que…
8. Si yo hubiera creado obras criticando a Sendero Luminoso,…

Lectura

José Cardona-López, un colombiano radicado en los Estados Unidos, es profesor de literatura hispanoamericana en la Texas A&M International University. Ha dictado cursos de creación literaria en la Escuela Española de Middlebury College y ha publicado varias obras literarias, incluyendo la novela *Sueños para una siesta* (1986), los volúmenes de cuentos *La puerta del espejo* (1983), *Todo es adrede* (1993), *Siete y tres nueve* (2003) y el libro de investigaciones *Teoría y práctica de la nouvelle* (2003). Su cuento «El candidato» trata de un personaje político que se preocupa más por su imagen y por su individualidad que por el trabajo que realizaría si fuera elegido.

Antes de leer

A. **Para comentar** En grupos de tres, contesten las siguientes preguntas.

1. ¿Han escuchado Uds. alguna vez un buen discurso político u otro muy aburrido? ¿Qué características se asocian con un buen discurso político?

2. ¿Conocen a un político / una mujer político a quien admiran? ¿Por qué lo/la admiran? Si no conocen a ninguno, en su opinión, ¿cómo debe ser un buen político / una buena mujer político?

3. Muchas veces durante las campañas políticas, el público se cansa de la retórica de los candidatos porque sabe que no puede contar con sus promesas. ¿Qué opinan Uds. de la siguiente afirmación?

   Las palabras son baratas, pero la acción cuesta.

B. **Acercándose al tema** Lea el título de la ficha y las nueve palabras asociadas con los candidatos. Con un compañero / una compañera, decida si los espacios en blanco requieren un sustantivo, un verbo o un adjetivo. Luego, escoja la palabra apropiada de la ficha para completar las oraciones.

El candidato		
la campaña	el ensayo[1]	el pecho[2]
eliminar	esconderse	inaugurar
entumecido/a[3]	obsesionado/a	ubicuo/a

[1]*rehearsal* [2]*chest* [3]*numb*

1. Aicardo Umaña inició su candidatura a la presidencia de la república con una _____ para eliminar el déficit, pavimentar calles y repartir[1] juguetes en diciembre.

2. En sus discursos, Aicardo constantemente usa la palabra **yo** (*Yo soy tal, yo haré esto, yo prometo, etcétera*) y empuja[2] con vigor el índice[3] derecho contra su _____ cuando dice el «yo».

3. Una vez, en un discurso de 90 minutos para _____ una exposición, el narrador le contó 87 yoes. La mano del candidato terminó _____.

4. El narrador concluye que su manera de señalarse[4] a sí mismo cuando pronuncia el «yo» es un movimiento que ha requerido mucho _____.

5. El narrador está _____ con contar el número de veces que Aicardo dice «yo» en cada discurso que da.

6. Cuando asiste a los discursos de Aicardo, el narrador _____ detrás de un árbol para que el candidato no lo vea.

7. En todas las fotos que salen en la prensa, se ve ese _____ dedo fusilándole el pecho,[5] y la boca abierta como una O mayúscula.[6]

[1]*give out* [2]*pushes* [3]*index finger* [4]*pointing* [5]*fusilándole… shooting into his chest* [6]*upper case*

El candidato

Después de no verlo por casi quince años, ahora Aicardo Umaña se ha convertido en candidato a la presidencia de la república. Su ascenso hasta la candidatura lo inició con campañas para pavimentar calles de barrios y <u>periféricos</u> de la capital y para repartir juguetes en diciembre. Fue diputado,[1] más tarde senador, y en algunas reuniones internacionales presentó <u>ponencias</u> para que el país pudiera salir del subdesarrollo. Ahora, por la televisión promete, cito:[2] «eliminar el déficit en nuestra <u>balanza de pagos</u> y de paso rescatar al país de las pezuñas de apátridas noches infaustas», fin de cita.[3]

Recuerdo que él tenía vena de candidato para todo, de líder. En el colegio ayudó a organizar el voluntariado infantil de la Cruz Roja y el cuerpo de los *Boy Scouts*. En cada izado[4] de la bandera a cargo de nuestro curso era el animador, el orador y el declamador de turno. Aicardo es abogado y en Francia estudió política internacional. Luego que el doctor Severo Umaña dejó la embajada, le <u>costeó</u> a Aicardo, su hijo, un viaje de seis años por todos los países de Europa. ¡Cómo hubiera sido de bueno encontrármelo en Roma! Hubiéramos[5] bebido vino entre las ruinas del Foro y después él hubiera[6] dicho un discurso lleno de <u>floripondios</u> junto a algo que tocó César Augusto, mientras dos gatos y yo lo escuchábamos. Bueno, por lo menos nos habría sobrado risa.[7]

[1](congressional) delegate   [2](I) quote   [3]fin... end quote   [4]raising   [5]Habríamos   [6]habría   [7]nos... there would have been extra laughter to go around

VOCABULARIO

VERIFICAR

¿Quién(es)? ¿Dónde? ¿Qué pasó?

Durante estos dos últimos años he seguido paso a paso su carrera de candidato presidencial, pero me he tomado el cuidado de no presentármele,* de no dejarme ver de él. Lo he visto por la televisión haciendo su campaña.

---

*In this context **presentármele** means: «**presentarme ante él**».

VISUALIZAR

VISUALIZAR

VOCABULARIO

VISUALIZAR

VOCABULARIO

Con esa sonrisa de foto de cumpleaños[v] instalada en su cara robusta, dice: «Yo soy tal, yo haré esto, yo prometo, yo haré lo otro, hasta yo podría, seré yo quien, si yo hubiera sido escuchado, yo dije.» Y empuja con vigor el índice derecho contra su pecho cuando dice el yo.[v]

He concluido que su manera de señalarse a sí mismo cuando pronuncia el yo es un movimiento que ha requerido mucho <u>ensayo</u>. Me lo imagino todas las mañanas ante el espejo,[8] en práctica de su única gimnasia digital. Antes que diga el yo, su mano derecha ya está empuñada[9] y el índice dispuesto a disparársele.[10] Llega el yo y es como el instante cero para los cohetes espaciales en Houston:[v] el índice de Aicardo va directo al esternón.[11] De acuerdo con la cantidad de <u>yoes</u> que diga en su intervención, su mano derecha permanecerá empuñada o no todo el tiempo. Una ocasión, en un discurso de noventa minutos para inaugurar una exposición internacional de cañas para saxofones altos le conté ochenta y siete yoes. Creo que ese día su mano terminó entumecida.

Cuando lo entrevistan por la radio no puedo mirarle su mano derecha con el índice tieso,[12] pero alcanzo a escuchar el ruido seco y afelpado[13] de la punta digital sobre la corbata, a la altura del esternón. En las plazas públicas, que es donde estoy más cerca de él, su mano permanece por horas a la intemperie[14] de la tarde y de mis ojos. No hago más que mirarla y contar los yoes que él dice. A veces mi conteo adquiere el ritmo del corazón del atleta que está a punto de culminar alguna prueba de fondo, y debo contar a pares con el fin de no quedarme atrás. Por el temor a que él de pronto perciba mi mirada y entonces responda mirándome, siempre me

VISUALIZAR

VOCABULARIO

VISUALIZAR

escondo detrás de un árbol[v] o me hago en el marco de una puerta. A decir verdad, le temo más a los ojos de Rosita, su esposa. Mientras él habla, ella está a su lado con un ramo de flores. Sonríe, estira el cuello y <u>gira</u> la cabeza como un periscopio.[v] En casa le dirá a Aicardo que allá estaba Fulanito de Tal o Sutanito de Cual.[15] Además, como no es mucha la gente que asiste a las plazas, cada vez debo mantenerme más escondido.

[8]*mirror* [9]*in a fist* [10]*shoot at him* [11]*sternum* [12]*taut* [13]*velvety* [14]*a... al aire libre*
[15]Fulanito... *What's-his-name or So-and-so*

VERIFICAR

¿Quién(es)? ¿Dónde? ¿Qué hacía?

La campaña electoral está por terminarse y Aicardo ha llegado a la completa punta de su publicidad. A diario la prensa lo muestra en grandes fotos y posando de mil maneras, menos su índice y su boca. Ese dedo está

VISUALIZAR

siempre fusilándole el pecho[v] y la boca abierta como una O mayúscula, subrayando la vocal del consabido[16] yo.

VISUALIZAR

En las fotos está de *smoking*[v] [17] en un lujoso salón y brinda con champaña, de sport y casco amarillo carga un niño y mira una obra que construyen, de saco y corbata en una conferencia o en una mesa redonda, todo de

VISUALIZAR

blanco en un campo de golf, en traje de baño en la piscina de su casa.[v] Precisamente en la última foto que le vi estaba asomado al borde de su

[16]*aforementioned* [17]*tuxedo*

piscina. Acababa de terminar la braceada,[18] el cabello chorreaba mucha agua. Tenía la boca abierta, como haciendo un gesto de vencedor. Los brazos en palanca para levantar el cuerpo, la pierna izquierda ya sobre el borde. El índice derecho estaba recto y dirigido hacia arriba, en actitud bélica. ¡Cómo me reí de ese dedo! Me reí hasta cuando miré su pecho. Recordé que siendo jóvenes, los dos fuimos muchas veces a balnearios[19] y que jamás le vi un lunar[20] grande en el pecho. Seguí mirándole el pecho, observándolo con mucho detalle. Vi una <u>mancha</u> redonda, oscura, un bajo relieve sobre el esternón. Esa mancha era nada menos que un hueco profundo en la piel que a lo mejor le llegaba hasta la espalda.[v]

[18]*breast stroke* [19]*spas* [20]*mole*

¿Quién(es)? ¿Dónde? ¿Qué pasó?

Después de leer

A. Comprensión Conteste las siguientes preguntas, según el cuento.

1. ¿Quién es Aicardo Umaña? ¿Qué relación tiene con el narrador?
2. ¿De qué manera se preparó Aicardo Umaña para ser candidato presidencial?
3. Cuando Aicardo estaba en Europa, ¿se encontró con el narrador en Roma? ¿Cómo lo sabe Ud.?
4. ¿Qué movimiento hace Aicardo que le fascina al narrador?
5. ¿Con qué palabra que dice el protagonista corresponde ese movimiento?
6. ¿Qué papel desempeña la esposa del candidato?
7. ¿Cuáles son algunas de las fotos del candidato que el narrador describe?
8. ¿Qué ve en la foto del candidato sin camisa cuando este salía de la piscina? ¿Entiende Ud. la relación entre el hueco que ve en la foto y el gesto frecuente de Aicardo?

PASADO   HIPÓTESIS

B. Como si fuera Dios

Paso 1 En parejas, completen el siguiente relato inquietante con la forma apropiada del pretérito o del imperfecto y, en el caso de una situación contraria a la realidad, con el pasado de subjuntivo.

Durante la campaña electoral, Aicardo siempre _____[1] (circular) por las calles dando la mano a todos y besando a los bebés como si _____[2] (ser) la persona más importante del mundo. Un día, cuando _____[3] (pararse) enfrente de un edificio estatal para dar su discurso habitual, un grupo de indígenas _____[4] (empezar) a gritarle. Aicardo _____[5] (tratar) de seguir con su discurso como si no los _____[6] (escuchar), pero no _____[7] (ser) posible porque de repente _____[8] (llegar) cientos de personas en una manifestación contra su candidatura. Los indígenas _____[9] (caminar) hacia Aicardo como si _____[10] (avanzar) hacia un enemigo de guerra. En ese momento, Aicardo _____[11] (sentirse) como si no _____[12] (tener) ningún aliado en este mundo.

Paso 2 En parejas, hablen de qué harían si fueran Aicardo después de haber experimentado esa situación tan inquietante.

Paso 3 En parejas, piensen en una situación polémica en su universidad, ciudad o país. Describan a una de las personas involucradas en esa controversia, usando oraciones con **como si.** Utilicen distintos verbos.

MODELO: El nuevo presidente del gobierno estudiantil presentaba sus ideas como si fuera la persona más brillante del mundo.

C. ¿Los líderes nacen o se hacen?

Paso 1 ¿Por qué y para qué entran las personas en la política? Ponga las siguientes razones en orden del 1 (la más importante) al 9 (la menos importante). Después, comparta sus respuestas con un compañero / una compañera.

_____ para ayudar a las personas de pocos recursos	_____ para pasar a la historia
	_____ por dinero
_____ para cambiar el mundo	_____ por poder
_____ para combatir las injusticias	_____ por fama
_____ para relacionarse con personas famosas	_____ por responsabilidad cívica

Paso 2 ¿Qué hacen las personas para prepararse para una carrera política? Complete las siguientes oraciones con un compañero / una compañera.

1. Estudian…
2. Trabajan en…
3. Participan en organizaciones como…
4. Se inscriben en…
5. Hacen de voluntarios en…
6. Tratan de conocer a…

Paso 3 Ahora vuelvan a considerar los **Pasos 1** y **2** pensando en la situación de Aicardo Umaña. ¿Por qué y para qué entró en la política? ¿Qué hizo para prepararse?

Paso 4 ¿Qué le parece el estilo de Aicardo Umaña? Imagínese que Ud. es experto/a en publicidad y va a ayudar a Aicardo a mejorar su imagen pública. Dele recomendaciones concretas sobre cómo cambiar su mensaje y su estilo para causar mejor impresión en los ciudadanos de su país.

D. Para discutir
En grupos de tres, contesten las siguientes preguntas. Luego, compartan sus respuestas con el resto de la clase.

1. ¿Qué promesas hace Aicardo Umaña como candidato presidencial? ¿Cuáles son algunas de las promesas que hacen los candidatos políticos en este país?
2. ¿Cree Ud. que los candidatos tienen la intención de cumplir con sus promesas? En general, ¿son confiables (*trustworthy*) los políticos? Explique sus respuestas.
3. Cuando Ud. votó por primera vez, ¿cómo decidió por quién votar? ¿Cuáles eran los criterios más importantes para Ud.?
4. ¿Cuáles son las cualidades personales y profesionales que Ud. busca en un líder político / una líder política? ¿Cuánto pesa en su decisión su carisma, su habilidad oratoria, su edad, su experiencia, su esposo/a?
5. ¿Cuáles son las cuestiones sociales o políticas que más influyen en su voto? Explique por qué estos temas son importantes para Ud.

Escoja una persona, un lugar o un tema cultural mencionado en este capítulo para investigar más a fondo. Debe incluir en su reportaje por lo menos cuatro de las metas comunicativas. Puede presentar su investigación en un informe escrito o hacer una presentación oral delante de la clase. Siga las indicaciones en el **Apéndice 2: Yo experto/a** como guía para su reportaje.

PERSONAS	LUGARES	TEMAS

José Cardona-López
Martín Chambi
Gonzalo Endara Crow
Alberto Fujimori
Oswaldo Guayasamín
Abimael Guzmán
Evo Morales
	Ayacucho, Perú
	Cartagena, Colombia
	Cuzco, Perú
	Las Islas Galápagos,
	   Ecuador
	La Paz, Bolivia
	Machu Picchu, Perú
	Otavalo, Ecuador
		la CONAIE
		la guerrilla en los países
		   andinos
		la medicina tradicional
		la música andina
		los otavaleños
		el Pacto Andino
		Sendero Luminoso
		la vida política de los
		   jóvenes hispanos

Ahora que Ud. ha terminado el **Capítulo 5,** complete los ejercicios correspondientes del *Online Learning Center* (**www.mhhe.com/ pyaexpanded**) para repasar el vocabulario, gramática y temas culturales de este capítulo.

CAPÍTULO 6

El porvenir

Centroamérica

El futuro, algunos niños de Managua, Nicaragua

MULTIMEDIA

	Estampillas musicales
	Lugares fascinantes
CENTRO	Online *Manual:* **www.mhcentro.com**
www	Online Learning Center: **www.mhhe.com/pyaexpanded**

PARTE A

Un mundo más verde y conectado

Puntos clave

FUTURO

Temas centrales

- predicciones para el futuro
- la tecnología
- el ambientalismo

Un sueño virtual

En esta parte del **Capítulo 6,** Ud. va a explorar el tema del mundo del futuro.

Preguntas para considerar

- ¿Cuáles son los problemas más graves del medio ambiente y cómo se resolverán en el siglo XXI?
- ¿Habrá más gente comprometida con el ambientalismo en el futuro?
- ¿Se considera Ud. optimista o pesimista ante los problemas mundiales?
- ¿Qué innovaciones tecnológicas cambiarán la vida para siempre?
- ¿Cuáles son las ventajas y desventajas del acceso constante a la tecnología?
- La escena que se ve en esta página representa a una niña guatemalteca obsesionada con el Internet. ¿Cómo cambiarán las comunidades aisladas con el acceso al Internet?

🎧 Preparativos

Soñando con las vacaciones

Situación: Sara, Diego y Javier hablan sobre sus planes para escaparse a Nicaragua juntos antes de que termine el año y todos se vayan a distintos lugares. Pasarán una semana en Finca Esperanza Verde, una reserva natural privada que ofrece programas de turismo ecológico. Lea el diálogo y conteste las preguntas que lo siguen. **¡OJO!** Preste especial atención al uso del vocabulario nuevo, que está **en negrita.**

DIEGO: Ya está todo. Tenemos reservaciones en Esperanza Verde por siete días. Yo pasaré unos días en Guatemala antes para comprar artesanías y, cuando termine, los veré en Managua.

JAVIER: ¡Chévere! Es increíble que hayamos podido arreglar esto tan fácilmente.

SARA: Más **asombroso** aún es que todos estén dispuestos a quedarse en un lugar tan remoto sin acceso al Internet.

JAVIER: En realidad es **inimaginable** que tú, Diego, entre todos, estés desconectado por siete días sin **chatear, mandar mensajes de texto** o meterte a Facebook.

DIEGO: Será difícil, pero me viene bien el desafío.

SARA: Pues para mí será fácil. Ya que terminé y entregué la tesis, tengo ganas de desconectarme completamente.

DIEGO: Fran me dijo que la finca es alucinante. Es parte de un proyecto internacional de **desarrollo sostenible.** Podremos ver su cafetal, que **cultiva** café bajo sombra, aprender todo lo que hacen para **proteger el medio ambiente** allí, hacer caminatas y montar a caballo por **el bosque lluvioso.**

JAVIER: ¿Cuánto hace que no montas a caballo?

DIEGO: Hace mucho. Les **aseguro** que Sergio y yo ya tenemos planes de montar a caballo todos los días.

SARA: Será un viaje genial y aprenderemos un montón. Pero **me pregunto** si, al volver, podremos resistir a la tentación de escribir un artículo o **un blog** sobre el turismo responsable.

DIEGO: Pues me imagino que la experiencia nos **impactará** mucho. Y si queremos **tomar en serio** nuestra responsabilidad ecológica, haremos algo para compartir esta experiencia.

JAVIER: El gran desafío será relajarnos y absorber todo nuestro entorno sin pensar en lo que haremos cuando volvamos.

SARA: Desafío aceptado.

ACTIVIDADES

A. Detective   Busque en el diálogo ejemplos de las siguientes metas comunicativas: Narración en el pasado (P), Reacciones y recomendaciones (R), Hablar del futuro (F) y Hablar de los gustos (G). Subraye cada palabra o frase que represente una (o una combinación) de estas metas comunicativas. Luego, escriba al margen la(s) letra(s) que corresponde(n) a cada ejemplo subrayado (P, R, F o G).

MODELOS: Pues para mí <u>será</u> fácil. (F)

Fran me <u>dijo</u> que la finca es alucinante. (P)

B. Comprensión   Conteste las siguientes preguntas, según el diálogo.

1. ¿Por qué pasarán los amigos una semana en Nicaragua?

2. ¿Dónde se quedarán?

3. ¿Qué inconveniente tiene ese lugar?

4. ¿Qué les interesa a los amigos de ese lugar?

5. ¿Qué piensa que los cinco amigos harán cuando vuelvan de este viaje?

REACCIONAR

R

RECOMENDAR

C. Reacciones y recomendaciones   Complete las siguientes oraciones sobre el diálogo, utilizando un conector en cada oración.

MODELO: A Javier le sorprende que…

A Javier le sorprende que hayan podido arreglar el viaje tan fácilmente porque los cinco siempre están tan ocupados con su trabajo y sus estudios.

1. Es bueno que Diego…

2. Es interesante que Esperanza Verde…

3. Es obvio que los cinco amigos…

4. Qué bueno que en Nicaragua…

Conectores

aunque
en cambio
para que   *+ subjuntivo*
por lo tanto
porque
puesto que
sin embargo
ya que

D. Diálogo   En parejas, preparen un diálogo entre Francisco y Diego en el que Diego le exprese que se siente un poco nervioso de estar desconectado por tanto tiempo. Fran le asegura que la tienda está en buenas manos y que no pasará nada malo en una semana. Presenten el diálogo a la clase.

Acciones para hablar del futuro

adivinar	to guess, divine
aportar	to contribute
asegurar	to assure
eliminar	to eliminate
enfrentar	to face, confront
implementar	to implement
predecir	to predict
(*like* decir)*	
preguntarse	to wonder, ask oneself
tener un impacto	to impact

Para describir un futuro positivo

asombroso/a	astonishing
disponible	available
ingenioso/a	ingenious
inimaginable	unimaginable
innovador(a)	innovative
intrigante	intriguing
pacífico/a	peaceful
provechoso/a	helpful, beneficial
renovable	renewable
sano/a	healthy
sostenible	sustainable

Para describir los problemas del futuro

amenazante	threatening
catastrófico/a	catastrophic
desastroso/a	disastrous
grave	grave, serious
inesperado/a	unexpected
insalubre	unhealthy
peligroso/a	dangerous

Acciones para hablar del medio ambiente

acabarse	to run out of
amenazar	to threaten
cultivar	to grow, cultivate
empeorar	to worsen
(mal)gastar	to use (waste)
prohibir	to forbid
proteger	to protect

¿Por qué es chistosa esta tira cómica? ¿Qué nos revela del futuro?

reciclar	to recycle
tomar en serio	to take seriously

Para hablar de la responsabilidad ecológica

el ambientalismo	environmentalism
el bosque lluvioso	rain forest
el calentamiento global	global warming
la capa de ozono	ozone layer
el comercio justo	fair trade
la contaminación	pollution
la deforestación	deforestation
el desarrollo sostenible	sustainable development
el dióxido de carbono	carbon dioxide
el efecto invernadero	greenhouse effect
la energía solar	solar energy
la escasez	lack, scarcity
los hábitos de consumo	habits of consumption
el reciclaje	recycling
la sobrepoblación	overpopulation

---

*Predecir is like **decir** except in the future and conditional: **predeciré, predecirás, predecirá,… ; predeciría, predecirías, predeciría,…**

Para describir a la gente que piensa en verde

comprometido/a	committed
consciente	aware
minimalista	minimalist
respetuoso/a	respectful

Para hablar de la tecnología

el aparato	apparatus, gadget
el avance	advance
la computadora portátil	laptop
la conexión inalámbrica	wireless connection
el enlace	link
la red social	social network
el teléfono móvil/celular	cell phone
el teletrabajo	telecommuting
bloguear	to blog
chatear	to chat
escribir un mensaje de texto	to text
navegar	to browse
teclear	to type

COGNADOS: **el ciberespacio, el Internet, la página Web, la realidad virtual, la tecnología digital, las videoconferencias**

ACTIVIDADES

A. ¿Se realizará antes del 2050? Indique si Ud. cree que las siguientes predicciones se realizarán o no para el año 2050. Explique por qué sí o por qué no.

	SÍ	NO
1. Habrá más trabajos «verdes» que serán muy lucrativos.	☐	☐
2. El 25 por ciento de la población hará su trabajo por medio del teletrabajo.	☐	☐
3. Dejaremos de usar papel y todas las comunicaciones serán por aparatos tecnológicos.	☐	☐
4. El 50 por ciento de los productos en el mercado internacional será de comercio justo.	☐	☐
5. Toda la comida insalubre dejará de ser popular.	☐	☐
6. No tendremos que teclear porque nuestros pensamientos aparecerán en la pantalla por telepatía.	☐	☐
7. Los que hayan hecho inversiones en las compañías de reciclaje serán ricos.	☐	☐
8. La deforestación y las emisiones de dióxido de carbono empeorarán el calentamiento global.	☐	☐
9. El costo de una computadora portátil bajará a 100 dólares.	☐	☐
10. Para recibir fondos federales, las universidades tendrán que implementar medidas para proteger el medio ambiente y requerir una clase de ecología para todos.	☐	☐
11. Todo el mundo podrá tomar clases virtuales gratis en cualquier universidad.	☐	☐
12. Para evitar la sobrepoblación, se prohibirá que las parejas tengan más de un hijo / una hija.	☐	☐
13. Se descubrirá la cura para el cáncer por medio de una planta del bosque lluvioso de Centroamérica.	☐	☐

HIPÓTESIS

B. Me pregunto cómo sería la vida si… En la opinión de las siguientes personas, ¿cómo sería la vida si pasara lo siguiente? En parejas, completen las oraciones con diferentes adjetivos de la siguiente lista. Luego, añadan el derivado de otro adjetivo de la lista para describir las emociones de las personas afectadas. Sigan las indicaciones del número 1 como modelo.

alarmante	desastroso/a	intrigante
alucinante	emocionante	preocupante
asombroso/a	fascinante	relajante
degradante	frustrante	repugnante
deprimente	horripilante	sorprendente

Ojo

Para describir las emociones, utilice adjetivos que terminan en **-ado** o **-ido: alucinado/a, emocionado/a, sorprendido/a,** etcétera.

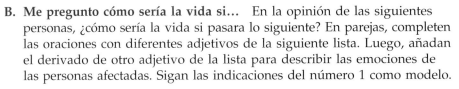

1. Una persona muy extrovertida: Si el teletrabajo reemplazara el trabajo de la oficina, *la vida sería* **deprimente.** *Yo me sentiría* **frustrada** *porque…*

2. Un corredor de maratones: Si la contaminación fuera tan grave que fuera difícil respirar…

3. Un ambientalista: Si implementaran leyes estrictas para controlar la contaminación…

4. Un adolescente adicto al Internet: Si mis padres me amenazaran con desconectar la conexión inalámbrica por un mes…

5. Una persona innovadora: Si el gobierno invirtiera más dinero en los avances tecnológicos…

6. Una médica: Si no tomáramos en serio el problema de la comida insalubre…

7. Un ecologista comprometido: Si hubiera más fondos para enfrentar el calentamiento global…

8. Una estudiante consumista: Si mi nueva compañera de cuarto fuera una minimalista radical…

9. Unas adolescentes: Si cerraran todos los centros comerciales y sólo pudiéramos hacer compras a través del Internet…

10. Un estudiante inseguro: Si alguien no me aceptara como amigo en Facebook…

SÍNTESIS

C. Preguntas personales En parejas, contesten las siguientes preguntas, utilizando el vocabulario nuevo. Mientras escuchen a su compañero/a, reaccionen con algunas de las expresiones de **Para conversar mejor.**

Para conversar mejor

¿En serio?	Me sorprende que creas eso.
Yo también.	Puede ser.
Sería horripilante.	Sería fenomenal.
Estoy de acuerdo.	¡Qué chévere/guay/padre!
Es verdad.	¡Qué pena!
Tienes razón.	¡Qué bueno!
¿Tú crees?	

1. ¿Cuánto tiempo pasa al día pegado/a a un aparato electrónico? ¿Qué aparato usa más? ¿Siente una necesidad o una responsabilidad de estar conectado/a constantemente? ¿Cómo se sentiría si tuviera que pasar una semana en un lugar sin conexión inalámbrica?

2. ¿Por qué cree Ud. que Facebook y otras redes sociales parecidas, como Twitter, son tan populares?

3. En su opinión, ¿cuál ha sido el avance tecnológico más importante durante su vida? ¿De qué manera ha cambiado la vida de los seres humanos? ¿Cuál será la novedad más importante en el futuro?

4. ¿Cómo participa Ud. en los esfuerzos «verdes»? ¿Qué hacen organizaciones como Greenpeace para promover el ambientalismo?

5. ¿Son populares en su universidad los productos de comercio justo? ¿Presta Ud. atención al origen de los productos que usa? ¿Qué productos de comercio justo compra Ud.? ¿Hay productos que no compre o lugares donde prefiera no comprar porque sabe que a esos negocios no les importa el comercio justo?

6. ¿Cuáles serán las profesiones más necesarias en el futuro? ¿Qué impacto social o global tendrán esas profesiones? ¿Cree Ud. que su especialización académica le prepara bien para tener un trabajo impactante cuando se gradúe? ¿Cómo podrá usar sus estudios y su futura profesión para tener un impacto en la sociedad?

D. Universidad EARTH   ¿Qué tan verde es tu universidad?

Entrada a las instalaciones de la Universidad E.A.R.T.H.

Paso 1   Mire la descripción de una universidad en Costa Rica dedicada al ambientalismo. Después, contesten en parejas las preguntas que siguen.

1. Si hubiera más universidades como esta, ¿serían populares entre sus amigos?

2. ¿Por qué es importante ofrecer cursos en ética y pensamiento crítico en un programa de ciencias agrícolas y recursos naturales?

Creada en 1990, **Universidad EARTH,** localizada en Costa Rica, ofrece una educación universitaria en ciencias agrícolas y recursos naturales para contribuir al desarrollo sostenible de los trópicos. Su modelo educacional se basa en cuatro principios fundamentales: el compromiso social, la consciencia ambiental, una mentalidad empresarial y el desarrollo de valores humanos. Estudiantes de todas partes del mundo estudian con profesores y agricultores locales para aprender a ser líderes en desarrollo sostenible en sus propios países. El énfasis es promover el desarrollo sin explotar los ecosistemas frágiles de las zonas tropicales.

- Muestra de cursos ofrecidos: Producción de cultivos tropicales; El ser humano y el desarrollo del Trópico; Ética y pensamiento crítico; Economía, política y ambiente; Sistemas alimentarios y economía mundial.

Paso 2 Indiquen si en su universidad se realizan las siguientes prácticas «verdes».

_____ reciclar papel
_____ invertir en proyectos de energía renovable
_____ reciclar botellas y latas
_____ prestar bicicletas para el transporte en el campus o la ciudad
_____ prometer tener emisiones neutras de carbono
_____ comprar productos locales
_____ cultivar parte de la comida que se sirve en la universidad
_____ usar energía solar
_____ ofrecer una especialidad en estudios del medio ambiente
_____ ¿ ?

Paso 3 En grupos de tres, escriban una carta al presidente / a la presidenta de su universidad exigiendo que la universidad adopte tres prácticas verdes específicas (use **Es urgente que... , Es esencial que... ,** etcétera). Después de cada demanda, explique cómo estas prácticas beneficiarán a la universidad en el futuro.

E. **Problemas repentinos** Entre todos, revisen los siguientes problemas y hagan una lista de palabras nuevas de este capítulo y de los capítulos anteriores que los ayuden a conversar con facilidad sobre cada problema repentino. Después, en parejas, preparen un diálogo espontáneo sobre cada problema.

1. Un profesor / Una profesora de matemáticas acaba de enterarse de que su universidad va a ofrecer más clases virtuales. En unas de estas clases virtuales implementarán el uso de avatares de los profesores. El professor / La profesora piensa que perderá el trato personal con los estudiantes y que eventualmente perderá su trabajo. En cambio, su decano predice que las clases virtuales serán un éxito provechoso para todos y que el uso de avatares impactará positivamente el aprendizaje de los estudiantes. Además, está convencido de que la universidad ahorrará dinero.

2. Un(a) estudiante quiere convencer al director / a la directora de servicios alimenticios[1] de su universidad de que sólo use productos de comercio justo. Al director / A la directora le preocupan los precios altos de dichos productos.

[1]servicios... _food services_

NOTA CULTURAL • El Internet en el mundo hispano

Hay muchas iniciativas para cerrar la brecha digital en Centroamérica. Un ejemplo es Enlace Quiché, empezado por USAID en 2000 y ahora operado de manera independiente en Guatemala. El proyecto entrena a gente indígena en zonas rurales a usar computadoras y el Internet. En Panamá, el gobierno ha abierto Infoplazas, centros comunitarios con acceso al Internet, programas educativos e información a bajo costo para todos los ciudadanos. En cada vez más zonas rurales de Latinoamérica los niños se han beneficiado del proyecto «Un portátil por niño», cuya meta es distribuir una computadora portátil a todos los niños y asegurar acceso al Internet en las zonas más remotas.

Además de iniciativas masivas, en más y más ciudades y pueblos se encuentran cibercafés y tiendas pequeñas desde donde uno puede mandar mensajes por correo electrónico, buscar información a través del Internet o hablar por Skype con seres queridos en otras partes del mundo.

El Internet también sirve como foro para proveerle información a un público internacional. Por ejemplo, organizaciones como la Fundación Rigoberta Menchú, fundada por la indígena guatemalteca que ganó el Premio Nobel en 1992, elaboran páginas Web para informar al mundo sobre sus actividades y sobre injusticias cometidas en contra de la gente indígena de Guatemala. Por otra parte, el Internet puede ser una buena fuente para comprar y vender productos de comercio justo. PEOPLink, por ejemplo, lleva computadoras y cámaras de vídeo a los pueblos y les enseña a los artistas a vender sus productos directamente al público por medio del Internet.

Preguntas

1. ¿Considera Ud. que el acceso a la tecnología debe ser un derecho humano? ¿Por qué?
2. ¿Cómo cambiaría la vida de los niños en zonas rurales si todos tuvieran acceso a una computadora portátil y una conexión inalámbrica?

Actividad

HIPÓTESIS Una organización de su universidad ha recibido una donación grande para invertir en un proyecto en Centroamérica. Su universidad ha decidido comprar quince computadoras para una escuela en Metapán, El Salvador. La organización también pagará un viaje de un mes para tres estudiantes cuyo trabajo será instalarlas y entrenar al personal de la comunidad. En grupos de tres, imagínense que Uds. son posibles candidatos para llevar a cabo el proyecto. Digan qué harían si fueran elegidos para hacer el proyecto.

Puntos clave

F Hablar del futuro

FUTURO

En esta sección del capítulo, Ud. va a practicar la meta comunicativa **Hablar del futuro.** Para hacerlo bien, hay que utilizar las estructuras gramaticales (los puntos clave) de la siguiente tabla que pertenecen a la meta comunicativa. Antes de continuar, estudie las explicaciones de estas estructuras gramaticales en las páginas verdes (310–355) que están al final del libro.

LA META COMUNICATIVA DE ESTE CAPÍTULO		
ICONO	META COMUNICATIVA	PUNTOS CLAVE
F FUTURO	Hablar del futuro	• el futuro • el subjuntivo en cláusulas adverbiales

PRUEBA DIAGNÓSTICA

Máscaras guatemaltecas de Chichicastenango

Diego quiere colaborar con una organización de comercio justo para buscar nuevas artesanías para su tienda. Diego y Laura conversan sobre el viaje que él hará a Guatemala antes de su viaje a Nicaragua. Complete su diálogo con la forma correcta de los verbos que están entre paréntesis. **¡OJO!** El diálogo habla del futuro e incluye conjeturas e hipótesis que emplean conjugaciones en el futuro.

DIEGO: Cuando Martín y yo _____¹ (llegar) a Guatemala el lunes, _____² (reunirse) con un grupo de artesanos mayas.

LAURA: ¡Qué interesante! ¿Has estudiado el maya quiché para que _____³ (poder comunicarse) con la gente indígena?

DIEGO: Creo que los líderes _____⁴ (ser) bilingües. De todas maneras, con tal de que yo _____⁵ (mantener) la mente abierta y les _____⁶ (demostrar) que respeto su cultura, seguramente _____⁷ (llevarse, nosotros) bien. Trabajar directamente con los artesanos me _____⁸ (asegurar) que reciban una compensación justa por su trabajo.

LAURA: ¿Qué tipos de artesanía _____⁹ (importar) para la tienda?
DIEGO: A menos que _____¹⁰ (haber) problemas en la aduana, _____¹¹ (traer, yo) máscaras, tejidos y objetos de plata y jade. En cuanto _____¹² (regresar, nosotros), tú, Javi, Sergio y Sara _____¹³ (saber) todos los detalles.
LAURA: ¡_____¹⁴ (Venir, tú) con muchas aventuras que contar!

Expresiones útiles

CONJUNCIONES A SPACE* (SIEMPRE LLEVAN EL SUBJUNTIVO)

Antes de que	*before*
Sin que	*without*
Para que	*so that*
A menos que	*unless*
Con tal de que	*provided that*
En caso de que	*in case*

CONJUNCIONES THE CD* (PUEDEN LLEVAR EL INDICATIVO O SUBJUNTIVO)

Tan pronto como	*as soon as*
Hasta que	*until*
En cuanto	*as soon as*
Cuando	*when*
Despúes de que	*after*

ACTIVIDADES

FUTURO

Las siguientes actividades le darán la oportunidad de practicar las metas comunicativas. Habrá un énfasis particular en hablar del futuro utilizando las cláusulas adverbiales y el subjuntivo.

A. Las bolas de cristal

Paso 1 En parejas, consulten su bola de cristal y predigan lo que le pasará a nuestro planeta. Conjuguen el verbo que está entre paréntesis y completen las oraciones con sus predicciones.

1. Cuando _____ (eliminarse) las emisiones de dióxido de carbono…
2. En cuanto _____ (invertirse) en más proyectos de energía renovable…
3. A menos que nosotros _____ (proteger) los océanos…
4. Sin que los agricultores _____ (cultivar) más productos orgánicos…

***A SPACE** and **THE CD** are mnemonic devices. They are created from the first letter of each of the conjunctions in these lists. See pp. ●●●–●●● of the **Explicación gramatical** section in the green pages for more information about these conjunctions.

Paso 2 Ahora, en parejas, hagan predicciones sobre el futuro de los siguientes temas para el año 2050. ¿En qué se parecerán a su estado actual? ¿En qué serán diferentes?

1. la apariencia física de los jóvenes
2. la familia
3. el romance
4. el ocio
5. la gente indígena
6. la política
7. la tecnología
8. el medio ambiente

Paso 3 Ahora, escriba tres predicciones sobre su propio futuro. Puede hablar de su apariencia física cuando sea mayor, su futura vida amorosa; su familia, trabajo, diversiones, etcétera. Puede basar sus predicciones en algo que Ud. espera que se realice o en unos sueños locos. Luego, comparta sus predicciones con un compañero / una compañera. Su compañero/a reaccionará ante sus predicciones, utilizando frases como **No creo que... , Es posible que... , Dudo que... , Supongo que...**

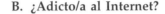

B. ¿Adicto/a al Internet?

Paso 1 ¿Conoce Ud. a alguna persona adicta al Internet, a Facebook o a su iPhone? ¿Cómo es? En parejas, comenten cómo ayudar a alguien que sufre de esta adicción.

Paso 2 En parejas, lean los siguientes trozos de noticias tomados de un periódico hispano. Luego, completen las oraciones con la forma correcta de los verbos que están entre paréntesis. Expliquen por qué se usa la conjugación en cada caso.

1. Netahólicos Anónimos, un grupo en línea que tiene un programa de doce pasos muy similar a los doce pasos de Alcohólicos Anónimos, ofrece esta oración de la serenidad: «Concédeme la serenidad de saber cuándo desconectarme.»

   a. En caso de que una persona adicta al Internet _____ (necesitar) ayuda para resistir a la tentación de conectarse, hay una oración que puede darle la fuerza necesaria.

   b. Tan pronto como la persona adicta al Internet _____ (pronunciar) la oración de la serenidad, pudo desconectarse y salir de la casa.

   c. Cuando las personas adictas _____ (asistir) a las reuniones de gente que sufre de los mismos problemas, se sienten apoyadas y comprendidas.

2. Algunos de los síntomas de un netahólico / una netahólica: Cuando no está en línea, exhibe agitación psicomotriz (ciberataques), tiene sueños o fantasías relacionados con el Internet o exhibe movimientos involuntarios de teclear con los dedos.

   a. Cuando Alfonso no _____ (estar) en línea por más de cuatro horas, empieza a sufrir de agitaciones psicomotrices.

   b. Hasta que no _____ (admitir) que es adicto al Internet, Alfonso seguirá teniendo estos síntomas sin remedio.

   c. Tan pronto como su esposa _____ (reconocer) que Alfonso sufría de ciberataques, llamó a un psicólogo para concertar una cita.

Paso 3 En grupos de tres, discutan las siguientes preguntas.

1. ¿Es Ud. adicto/a al Internet? ¿Cómo lo sabe?

2. ¿Qué aparato o aplicación podría dejar de usar? ¿Cuál sería imposible dejar de usar? Explique.

C. **¿Nos matarán la conectividad constante y la vida ultra acelerada?**

REACCIONAR
R
RECOMENDAR

Paso 1 En grupos de tres, reaccionen ante las citas siguientes utilizando expresiones como **No es sorprendente que… , Estoy seguro/a de que… , Es increíble / ridículo que… , No creo que… , Dudo que…**

- *Cada mes hay 31 mil millones* de búsquedas en Google, cada día intercambiamos más de 6 millones de mensajes de texto. Hay 1.66 mil millones de usuarios de Internet en el planeta y entre estos usuarios hay más de 8 millones que han creado sus propios blogs.*

- *El inventor del correo electrónico, Raymond S. Tomlinson, no tiene teléfono móvil y se dedica a criar ovejas[1].*

- *El movimiento «slow» resiste la tendencia a trabajar 24 horas al día. Según sus seguidores, «la vida feliz será imposible mientras no simplifiquemos nuestros hábitos y no moderemos nuestros deseos.*

  [1]*criar… raise sheep*

F
FUTURO

Paso 2 En los mismos grupos, hagan predicciones sobre los siguientes fenómenos.

1. el uso exponencial de las redes sociales, como Facebook y Twitter, y la conectividad constante

2. los esfuerzos para concientizar a la gente de la necesidad de desacelerar sus vidas

D. **Hacer de voluntario/a**

Paso 1 Lea los anuncios en la página siguiente sobre oportunidades para dedicar su tiempo, conocimiento, empatía, creatividad y generosidad a los demás.

---

*Recuerde que en español, ***mil millones*** (*1,000 million*) se usa para expresar «*billion*», y que ***billón*** se usa para expresar «*trillion*».

¡Más allá de la playa!

Pasa el verano haciendo de voluntario en el bosque lluvioso de Costa Rica.

- Investigaciones sobre los pájaros, monos y tortugas costarricenses
- Identificación de orquídeas
- Proyectos de ecoturismo
- Colaboración en el desarrollo de agricultura orgánica

«Aprendimos tanto de la naturaleza y de la generosidad de la gente. Esta experiencia cambió cómo entendemos nuestro lugar en el mundo. ¡Gracias, Costa Rica!»

Claudia, Albany, NY, EE UU

¡Tu grano de arena* para un futuro mejor!

Ven a Antigua a trabajar con niños guatemaltecos.

- Dar clases de español básico a niños de primaria
- Atender a los niños de un orfanato
- Dar clases de arte a adolescentes
- Ofrecer instrucción en baloncesto

«Los niños son increíbles. Me enseñaron a ver el mundo con ojos diferentes. Ha sido una experiencia alucinante.»

Gabriel, Reno, NV, EE UU

FUTURO

Paso 2 Imagínense que Ud. y un compañero / una compañera han decidido participar en estos programas. Uno/a de Uds. (estudiante A) irá a Costa Rica; el otro / la otra (estudiante B) irá a Guatemala. Háganse las siguientes preguntas y sean creativos/as en sus respuestas.

PREGUNTAS PARA ESTUDIANTE A

1. Cuando _____ (estar) en Costa Rica, ¿en cuál de los cuatro proyectos trabajarás?
2. Para que _____ (no haber) problemas de comunicación con tus colegas costarricenses, ¿qué harás para mejorar tu español?
3. Antes de que _____ (empezar) el programa, ¿qué harás para estar en buena condición física?
4. Tan pronto como _____ (terminar) el proyecto, ¿volverás directamente a casa o viajarás?

PREGUNTAS PARA ESTUDIANTE B

1. Antes de que _____ (ir) a Guatemala, ¿qué tienes que hacer?
2. Con tal de que la agencia te _____ (permitir) escoger el grupo con el que quieres trabajar, ¿con qué edad estarás más cómodo/a?
3. En caso de que _____ (tener) que dar clases de arte, ¿qué materias llevarás de casa para estar preparado/a?
4. En cuanto _____ (llegar) a Antigua, ¿qué harás para integrarte en la cultura guatemalteca?

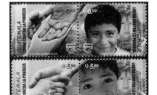

Paso 3 Si tuviera que preparar una página Web para hacer propaganda para un viaje de trabajo voluntario, ¿qué incluiría en la página? Escriba una sección de una página Web publicitando uno de los lugares aquí anunciados. Incluya cinco actividades que el viajero / la viajera hará cuando llegue.

---

*La expresión **aportar tu grano de arena** quiere decir *to do your part* (*to contribute your grain of sand*). Se usa para referirse a un proyecto grande al que todos contribuyen un poco para realizarlo: Si todos **aportamos nuestro grano de arena...**

E. Esperanza

Paso 1 En grupos de tres, hablen de las siguientes iniciativas. Usen las siguientes frases u otras parecidas para expresar sus reacciones ante las iniciativas, hacer hipótesis y hablar del futuro.

Es alentador que…   Si pudiera,…   Si yo fuera…

Creo que…   Cuando haya…   Es increíble que…

Me alegro de que…   Espero que…   No dudo que…

La selva costarricense

1. **Ecología en Costa Rica** Los avances que se han hecho en este país para proteger sus recursos naturales y para apoyar a sus cafetaleros[1] han sido impresionantes. Hoy en día, Costa Rica es el país con el mayor porcentaje de tierra protegida en el mundo. Sus cafetaleros ahora reciben un precio más justo por el cultivo sostenible de café porque los consumidores son más conscientes del concepto de comercio justo.

2. **La Fundación Rigoberta Menchú Tum** Cuando la indígena maya-quiché Rigoberta Menchú ganó el Premio Nobel de la Paz en 1992, fundó una organización para dedicar sus ganancias a ayudar a la gente indígena de su país natal, Guatemala, con iniciativas para la educación, los derechos humanos, el autodesarrollo y la participación ciudadana. Parte de su programa incluye proyectos de desarrollo sostenible y

Rigoberta Menchú

protección y recuperación de los recursos naturales en varias comunidades indígenas de Guatemala.

Las artesanas de Comasagua

3. **Arte Comasagua** En 2001, un terremoto[2] desastroso dejó el pueblo de Comasagua, El Salvador, completamente destruido. Muchas familias se quedaron sin sus tierras, casas y trabajos. Como respuesta, un grupo de mujeres locales empezaron Arte Comasagua, un proyecto de artesanías. Las artesanas usan materiales locales y de bajo costo —flores y plantas secas— para crear hermosas tarjetas y cuadros para vender. Su meta es crear una artesanía ecológica que contribuya a la economía local y que las ayude a preservar a sus familias, su pueblo y su futuro.

[1]*coffee growers*   [2]*earthquake*

Paso 2 Si Uds. fueran a donar dinero a una de estas inciativas, ¿a cuál donarían dinero? ¿Por qué? Y, si quisieran trabajar de voluntarios/as en una de las organizaciones, ¿en cuál trabajarían? Expliquen.

Centroamérica

El Canal de Panamá

Tikal, Guatemala

1. **El Canal de Panamá**   La construcción de este inmenso canal empezó en 1904 y terminó diez años después. Además de ser una maravilla de la ingeniería moderna, el canal ofrece otros atractivos. Un visitante puede ver cómo pasan los barcos por las esclusas[1] de Miraflores, Pedro Miguel y Gatún. Al lado del canal, hay algunos jardines botánicos, un zoológico[2] y caminos ecológicos. En medio del canal, hay un lago artificial, creado por la presa[3] Gatún, que contiene la Isla Barro Colorado, un bosque lluvioso donde se encuentra el Instituto de Investigación Tropical Smithsonian.

2. **Ruinas mayas en Guatemala, Honduras y El Salvador** La civilización maya, una de las más importantes en la historia del mundo, dejó huellas[4] impresionantes en Centroamérica. Los mayas construyeron templos, pirámides, plazas enormes y ciudades que hoy se pueden admirar y apreciar por su valor artístico y destreza arquitectónica. **Tikal,** Guatemala, es la ciudad mejor restaurada de todas las ruinas de la civilización maya. Hay tumbas de reyes, edificios ceremoniales, palacios residenciales y administrativos y una cancha para juegos de pelota. En **Copán,** Honduras, se encuentran extraordinarios ejemplos del talento innovador de los mayas, como las estelas,[5] que son nueve enormes esculturas verticales de piedra elaborada. También de gran interés son los jeroglíficos que decoran los monumentos de Copán. La Escalinata de los Jeroglíficos incluye el texto escrito más largo que se ha descubierto en todos los sitios mayas. Este texto conmemora eventos importantes durante el reinado de los doce primeros reyes de Copán. Luego, **Cerén,** en El Salvador, conocida como «La Pompeya de América», se encuentra en el Parque Arqueológico Joya de Cerén. La ciudad fue cubierta de cenizas[6] de un volcán por miles de años hasta que fue descubierta en el año 1976. Los interesados en la arqueología se sentirían privilegiados de caminar por las ruinas de Centroamérica.

[1]*locks*   [2]*zoo*   [3]*dam*   [4]*traces*   [5]*monumentos*   [6]*ashes*

El Lago de Nicaragua

Tortugas en la playa del Parque Nacional Tortuguero

3. **El Lago de Nicaragua**   Con una extensión de 8.157 kilómetros cuadrados, este es el lago más grande de Centroamérica y uno de los diez más grandes del mundo. También es el único lago de agua dulce[7] donde habitan tiburones.[8] En la parte sur del lago se encuentra un archipiélago de 38 islas que se conoce como «Solentiname». En 1965 el sacerdote católico y poeta Ernesto Cardenal estableció en Solentiname una vivienda colectiva para artistas, poetas y artesanos. Estos interactuaban y colaboraban con los más de 1.000 habitantes campesinos nativos de las islas. El proyecto se basaba en los principios de la justicia social y la colaboración comunitaria de la llamada «Teología de la Liberación».

4. **El Parque Nacional Tortuguero, Costa Rica**   Santuario de flora y fauna, Tortuguero sirve de vivienda a siete especies de tortuga, tres tipos de mono, perezosos[9] y otros mamíferos y más de 300 especies de ave. También hay lagartos[10] de un metro de extensión que parecen pequeños dinosaurios. De pequeños, estos lagartos pueden correr sobre el agua, así que se les conoce como «lagartos de Jesucristo». Este es sólo uno de los muchos parques nacionales de Costa Rica dedicados a la conservación de la naturaleza y al ecoturismo.

[7]de... *freshwater*   [8]*sharks*   [9]*sloths*   [10]*lizards*

 ¡Viaje conmigo a Centroamérica!

Vea el vídeo para saber lo que Santiago les mandó a Javier y Sara sobre su viaje a Centroamérica.

Video footage provided by

BBC Motion Gallery

ACTIVIDADES

A. En parejas, contesten las siguientes preguntas sobre los lugares fascinantes.

1. Además de la maravillosa ingeniería del canal mismo, ¿qué atracciones turísticas hay en el Canal de Panamá?

2. ¿Cuáles son tres de los sitios arqueológicos de la civilización maya? ¿Qué se puede apreciar en cada uno?

(*continúa*)

3. ¿Por qué a un arquitecto le interesaría visitar las ruinas?

4. ¿Qué animal especial se encuentra en el Lago de Nicaragua?

5. ¿Qué se estableció en Solentiname en 1965?

6. ¿Qué animal o animales le interesaría(n) ver si fuera al Parque Nacional Tortuguero?

B. Localice los cuatro lugares fascinantes en el siguiente mapa de Centroamérica y ponga un número del 1 al 4 para indicar el grado de interés que Ud. tiene en visitar estos lugares. Turnándose con un compañero / una compañera, explique por qué a Ud. le interesa más el número 1 y por qué le interesa menos el número 4. Haga por lo menos tres comparaciones entre los dos lugares cuando presente su explicación.

C. Ahora que ha leído sobre los lugares y ha visto el videoblog de Santiago, escriba una entrada en su blog sobre un viaje imaginario que Ud. haya hecho con unos amigos ecologistas a uno de los lugares fascinantes de Centroamérica. Siga el siguiente bosquejo.

MODELO: Acabamos de volver de _____. El viaje fue…

Nos quedamos en un eco-albergue fabuloso. Tenía…

El primer día… Otro día…

Nos encantó/encantaron… Nos molestó/molestaron…

Para los que piensen ir a _____, recomiendo que…

Si pudiera hacer de voluntario/a allí,…

El Servicio Voluntario Universitario (SVU) en Nicaragua es parte del programa de Voluntarios de Naciones Unidas que les da a los estudiantes universitarios nicaragüenses la oportunidad de desarrollar sus destrezas profesionales y brindar sus aportes a proyectos que mejoran las condiciones de la vida humana. ¿Cree Ud. que a su universidad le interesaría ofrecer este tipo de oportunidad como parte integral de la formación de sus estudiantes? Explique.

A. Lluvia de ideas   En grupos pequeños, hagan una lista de (1) los países o ciudades adonde posiblemente su universidad mandaría a sus estudiantes para hacer de voluntarios, (2) los proyectos que los estudiantes podrían realizar y (3) las acciones concretas que llevarían a cabo en este lugar.

B. Composición: Una propuesta   Escoja un lugar, un proyecto y algunas de las acciones concretas que se apuntaron en la **Actividad A** para presentar a la administración de su universidad. Apoye la idea de ofrecer crédito universitario por esta labor.

1. escoger un título en forma de una pregunta
2. escribir un párrafo introductorio sobre el valor de trabajar como voluntario/a durante su carrera universitaria y el impacto que esto puede tener a nivel internacional
3. describir un lugar ideal y un proyecto en particular que sirvan de programa piloto para esta iniciativa
4. presentar las razones por las que cree que los estudiantes deben recibir crédito universitario por su labor
5. escribir una conclusión

C. Diálogo   En grupos de tres, lean las propuestas de sus compañeros y luego escojan la que sería más apropiada para el programa piloto de su universidad.

Hablando del tema

Antes de empezar a conversar con sus compañeros de clase sobre los siguientes temas, prepare una ficha para la conversación, otra para el debate y otra para la reacción ante la cita.

A. Conversación: Conexiones globales   Revise las expresiones de **Para conversar mejor.** Luego, en parejas o en grupos de tres, contesten las siguientes preguntas.

- ¿Cuáles son los problemas mundiales que podemos resolver con la tecnología? Explique.
- Hoy en día, la gente joven está siempre conectada por aparatos electrónicos con sus compañeros. ¿Es posible que llegue a un momento cuando sean mayores en que busquen la tranquilidad y una vida más desconectada y desacelerada? Explique.
- ¿Qué ventajas habría si los cursos universitarios usaran Facebook, blogs, wikis o Skype para discutir los temas del curso con estudiantes de otros países?

B. Debate: Estudios en otro país   Revise las expresiones de **Para debatir mejor.** Después, prepare tres argumentos a favor y tres en contra de la necesidad de estudiar en otro país. Luego, presente sus argumentos en un debate. No sabrá qué lado tendrá de defender.

Vivir en otra cultura puede cambiar sus perspectivas y entendimiento del mundo. Por eso, debe ser un requisito para cualquier especialidad pasar un tiempo estudiando en otro país.

La realidad virtual, más las redes sociales como Facebook, Twitter, Skype y blogs nos dan una entrada a las culturas extranjeras y una manera de conectarnos con personas reales de otras partes del mundo. Así que ahora no es tan necesario viajar a diferentes países para entender a otras sociedades.

C. Reacción: Dudar sobre el calentamiento del planeta   Revise las expresiones de **Para reaccionar mejor.** Luego, reaccione ante la cita siguiente. Añada razones que apoyen sus opiniones.

Hoy en día, el porcentaje de estadounidenses que creen que la Tierra está calentándose a causa de la actividad humana ha disminuido notablemente, a pesar de que hay cada vez más evidencia científica que lo prueba.

Un sueño virtual

D. Volver a considerar En esta parte del **Capítulo 6,** Ud. exploró el tema del mundo del futuro. En parejas, contesten las siguientes preguntas. Noten cómo ha mejorado su habilidad de expresarse sobre estos temas.

- ¿Qué aspectos tecnológicos cambiarán la vida para siempre?
- ¿Cuáles son los problemas más graves del medio ambiente y cómo se resolverán en el siglo XXI?
- ¿Qué tipo de formación profesional y experiencia práctica necesitará la gente joven para poder resolver los problemas globales?
- ¿Encontraremos vida en otros planetas?
- La escena que se ve en el cuadro representa a una niña guatemalteca obsesionada con el Internet. ¿Cómo cambiarán las comunidades aisladas del mundo con el acceso omnipresente al Internet?

E. *Un sueño virtual* En parejas, hablen del cuadro con todos los detalles posibles, tratando de utilizar todas las metas comunicativas.

SÍNTESIS

  REACCIONAR

DESCRIBIR   COMPARAR   RECOMENDAR   GUSTOS   PASADO   FUTURO   HIPÓTESIS

PARTE B

La globalización y las carreras del futuro

Puntos clave

SÍNTESIS

Temas centrales

- la globalización y la colaboración mundial
- la erradicación de la pobreza
- el comercio justo
- las carreras del futuro
- la Revolución sandinista

Reflexiones sobre la paz, *de Yelba Ubau* (*Nicaragua, 1950– *)

En esta parte del **Capítulo 6,** Ud. va a explorar el tema de la globalización.

Preguntas para considerar

- ¿Cree Ud. que la globalización es un fenómeno positivo para el mundo? Explique.
- ¿Cree que es posible erradicar la pobreza mundial antes del año 2025? Explique.
- ¿Cree que el consumerismo rampante es necesario para el desarrollo de una economía fuerte? Explique.
- ¿Le importa saber de dónde vienen los productos que Ud. usa? Explique.
- En vista de la crisis económica de 2009, ¿ha repensado sus opciones profesionales? Explique.
- ¿Qué siente Ud. al contemplar el cuadro que se ve en esta página?

La globalización y las culturas indígenas

Situación: Para su programa de radio, Sara entrevista a la doctora Mari Luz Sosa, una socióloga hondureña que estudia los efectos de la globalización en las culturas indígenas. Lea el diálogo y conteste las preguntas que lo siguen. **¡OJO!** Preste especial atención al uso del vocabulario nuevo, que está **en negrita.**

Una artesana guatemalteca

SARA: Hoy la socióloga hondureña Mari Luz Sosa está con nosotros para hablar de los efectos de la **globalización** en las sociedades indígenas de Centroamérica. Sus estudios, así como los de otros, ponen en duda el beneficio de la globalización para las comunidades locales. Bienvenida, Dra. Sosa.

SOSA: Gracias por invitarme, Sara. Pues sí, mucha gente entiende que la globalización es la fuente de muchas oportunidades para la expansión rápida de **intercambios** tanto comerciales como personales. Si explotamos el potencial que la globalización nos puede **proveer** sin **fijarnos** en sus efectos en las poblaciones indígenas, entonces habrá consecuencias dañinas.

SARA: Algunos dicen que quienes se benefician de la globalización es la **élite** y que los que **proveen** la **mano de obra** siempre se quedarán excluidos de las ventajas y los beneficios de la globalización.

SOSA: La **prioridad** tiene que ser el **reconocimiento** de que una economía global impacta todos los aspectos de la vida, y que la **supervivencia** de la diversidad cultural vale mucho. Por ejemplo, puede que **a corto plazo** una comunidad se enriquezca por las **inversiones** económicas de una compañía multinacional, pero que **a largo plazo** pierda su autonomía. Nosotros debemos luchar para **garantizar** la supervivencia de nuestras culturas indígenas.

SARA: He leído mucho sobre los esfuerzos de las organizaciones no gubernamentales para **fomentar** una colaboración mundial más **justa** para todos. Hablando de estos esfuerzos, ¿nos puede decir algo sobre su trabajo con «Colores del Pueblo»?

SOSA: «Colores del Pueblo» es una organización **sin fines de lucro** que se especializa en vender productos **artesanales** y **agrícolas** orgánicos de Latinoamérica. Practicamos los valores del **comercio justo** para **asegurar** que los productores reciban una buena compensación por su trabajo. También **promovemos** el **desarrollo sostenible** en las comunidades donde trabajamos.

SARA: Sé que aquí, a nivel nacional, los productos de comercio justo son cada vez más populares… Bueno, casi se nos acaba el tiempo y quiero que nos hable de su taller sobre las carreras del futuro. Ese evento les interesará mucho a nuestros radioyentes universitarios.

SOSA: Con mucho gusto. Desde la crisis financiera del 2009, hemos visto un cambio hacia las **empresas** sociales. De hecho el taller se llama «Carreras al servicio de la sociedad».

SARA: Estoy segura de que este taller les llamará la atención de muchos.

SOSA: Lo que haremos es hablar del nuevo enfoque de los profesionales del futuro en general, y en particular, les daremos a los participantes ideas de las profesiones que **tendrán más salida** en Latinoamérica. Les **animaremos** a **repensar** sus opciones, a buscar trabajo **enriquecedor** tanto a nivel personal como a nivel global.

SARA: Fenomenal. Sin duda será un éxito redondo.

ACTIVIDADES

A. Comprensión Conteste las siguientes preguntas, según la entrevista.

1. ¿Por qué dice la Dra. Sosa que la globalización no es siempre positiva para todos?
2. Cuando se habla de los efectos de la globalización, ¿cuál debe ser la prioridad, según la Dra. Sosa?
3. ¿Qué hace la organización «Colores del Pueblo»?
4. ¿Sobre qué será la presentación de la Dra. Sosa en el congreso?
5. ¿Tiene razón la Dra. Sosa que las carreras al servicio de la sociedad serán cada día más atractivas? Explique.

B. ¿Qué opina Ud.? Indique si Ud. está de acuerdo o no con las siguientes afirmaciones. Luego, comparta sus opiniones con un compañero / una compañera.

	ESTOY DE ACUERDO.	NO ESTOY DE ACUERDO.
1. Es importante estudiar la globalización y sus efectos.	☐	☐
2. Las culturas indígenas no reciben ningún beneficio de la globalización.	☐	☐
3. Es importante saber de dónde vienen los productos que usamos.	☐	☐
4. Es necesario usar productos de comercio justo.	☐	☐
5. Entre mis amigos habrá más y más interés en carreras al servicio de la sociedad.	☐	☐

C. Conversación En parejas, contesten las siguientes preguntas.

1. ¿Debemos aceptar el hecho de que la globalización es el futuro del mundo? Expliquen.
2. ¿Creen Uds. que la subcontratación de trabajos a otros países es bueno para este país? ¿Es bueno para los países pobres que reciben los nuevos trabajos? ¿Cuáles son las ventajas y desventajas de la subcontratación de trabajos?
3. ¿Debemos encontrar caminos para salvar los aspectos únicos de las culturas del mundo? Expliquen.
4. Cuando empezó sus estudios universitarios, ¿qué carrera le parecía atractiva? ¿y ahora? Explique.

Vocabulario del tema

Para hablar de la globalización

animar (a)	to encourage
beneficiarse (de)	to benefit (from)
culpar*	to blame
erradicar	to eradicate
fijarse (en)	to notice
fomentar	to foster, promote
garantizar	to guarantee
invertir (ie, i)	to invest
proveer	to provide
recaudar fondos	to fundraise
tener la culpa (de)	to be at fault*

Para hablar de la economía y política globales

la codicia	greed
la conciencia	awareness
el consumismo	consumerism
la desigualdad	inequality
la filantropía	philanthropy
la inversión	investment
la mano de obra	labor
la Organización de Naciones Unidas (la ONU)	United Nations (UN)
la supervivencia	survival

Para hablar de las carreras

el ambiente laboral	work atmosphere
la bolsa de valores	stock market
el crecimiento	growth
la destreza	skill
el empeño	determination
la empresa	business
el ingreso	income
la habilidad	ability
la herramienta	tool
la investigación	research

ampliar	to expand
dedicarse a	to devote oneself to (referring to work)
diseñar	to design
enfocarse (en)	to focus (on)
especializarse en	to specialize or major in
ganarse la vida	to earn a living
repensar	to rethink
satisfacer	to satisfy; to fulfill
tener salida	to have good prospects

Para describir a un(a) trabajador(a) o jefe

ambicioso/a	ambitious
capacitado/a	trained
capaz	capable
codicioso/a	greedy
corrupto/a	corrupt
emprendedor(a)	driven
filantrópico/a	philanthropic
(in)justo/a	(un)fair
tener don de gentes	to have people skills

Para describir las carreras

enriquecedor(a)	enriching
estimulante	stimulating
lucrativo/a	lucrative
prometedor(a)	promising
rentable	profitable
sin fines de lucro	nonprofit

Expresiones útiles

a largo/corto plazo	in the long/short term
en vista de	in light of
por medio de	by means of
tan(to)... como...	as (much/many) . . . as . . .

ACTIVIDADES

A. Vocabulario en contexto   En parejas, escojan la palabra apropiada para completar las siguientes oraciones e indiquen si están de acuerdo con ellas o no. Luego, expliquen sus opiniones.

---

*Por ejemplo, **Tu tienes la culpa**—*It's your fault* (*you are at fault*).

1. El _____ (empeño / consumismo) rampante en algunos países es una de las causas principales de la desigualdad. ☐ ☐

2. Para que los indígenas se beneficien de la globalización tenemos que _____ (repensar / fijarnos) una manera más justa para distribuir la riqueza. ☐ ☐

3. Sería difícil _____ (fomentar / ganarse) la vida trabajando en una organización sin fines de lucro. ☐ ☐

4. Para salvar el medio ambiente, debemos _____ (fomentar / erradicar) el desarrollo sostenible en las zonas rurales. ☐ ☐

5. Con suficiente _____ (empeño / empresa), en esta sociedad uno puede lograr cualquier cosa. ☐ ☐

6. En vista de la crisis económica reciente, sería un error _____ (erradicar / especializarse) en las humanidades. ☐ ☐

7. Tener _____ (codicia / don de gentes) es una ventaja en una entrevista de trabajo. ☐ ☐

8. Para conseguir mejores trabajos en el futuro, uno debe _____ (ampliar / satisfacer) su conocimiento de Latinoamérica. ☐ ☐

9. Para mí, tener un trabajo _____ (capacitado / enriquecedor) es más importante que tener un trabajo lucrativo. ☐ ☐

10. Los estudiantes que quieren trabajar en la bolsa de valores son más _____ (emprendedor / justo) que los que buscan trabajos en los sectores sin fines de lucro. ☐ ☐

B. Carreras del futuro

Paso 1 En parejas, hablen sobre sus estudios universitarios. ¿Los preparan bien para el futuro? ¿Qué destrezas les proveen sus especializaciones? Después de graduarse, ¿qué tipo de trabajo buscarán? ¿Creen que sus futuros trabajos serán rentables? ¿enriquecedores?

Paso 2 Imagínese que este verano su universidad ofrece tres pasantías (*internships*) en Centroamérica. En parejas, lea sobre cada una y decida cuál sería la oportunidad más provechosa para su compañero/a. Teniendo en cuenta la especialización de su compañero/a, hágale recomendaciones para la pasantía más cercana a sus intereses profesionales del futuro. Dígale cómo esta pasantía puede proveerle las herramientas, destrezas y conocimientos para un buen futuro profesional. Use cuánto vocabulario nuevo que pueda.

1. Una organización que se dedica a la agricultura y el desarrollo sostenible busca un estudiante para ayudar con un programa que provee préstamos pequeños a microempresas agrícolas en comunidades rurales en El Salvador.

2. Una organización nacional de estudiantes de medicina quiere empezar un proyecto de telemedicina en Santiago Atitlán, Guatemala. Por medio de este programa, los pacientes que normalmente tienen poco acceso a la medicina moderna podrán consultar a expertos en todas partes del mundo. Necesitan recaudar fondos en este país y mandar estudiantes de medicina, enfermeros, técnicos e intérpretes a Guatemala.

3. Como es de suponer, no hay bibliotecas en las escuelas rurales más pobres de Panamá. Una organización educativa va a establecer una biblioteca escolar en la provincia de Coclé. Además de libros para prestar, tendrán computadoras donde los niños pueden tomar clases virtuales o comunicarse con niños en otras partes del mundo. Necesitan constructores para el edificio, personal para entrenar a los bibliotecarios y técnicos de computación.

C. **El turismo médico y las carreras del futuro**

Paso 1   Lea el siguiente párrafo y subraye el vocabulario nuevo. Después, haga las actividades a continuación.

Todos saben que el turismo es una fuente de ingreso importante para los países centroamericanos. Pero quizás Ud. desconoce que Costa Rica es un destino importante del llamado «turismo médico» también. Cada año, millones de estadounidenses toman «vacaciones médicas» a otros países para hacerse cirugías cosméticas, oculares[1] y dentales que su seguro médico no paga, o para buscar un precio más económico. De ellos, miles van a Costa Rica, donde hay médicos bilingües capacitados en los Estados Unidos y Europa. El gobierno fomenta el crecimiento de esta industria turística porque beneficia la economía local —además de pagar sus servicios médicos, los turistas y sus familiares disfrutan de los hoteles y restaurantes, hacen viajes ecológicos y compran artesanías. Es una empresa lucrativa.

[1]*eyes*

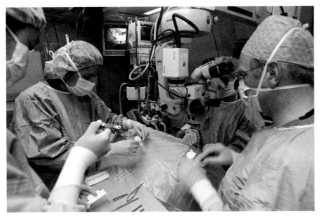

Unos cirujanos plásticos en Costa Rica

Paso 2 En parejas, completen las oraciones a continuación con la forma correcta del verbo entre paréntesis y digan a cuál de las siguientes personas corresponde. Después, reaccionen a la actitud del personal de la clínica.

a. una enfermera con conciencia patriótica

b. un administrador corrupto

c. un jefe de promoción ambicioso

d. un médico con don de gentes

e. un agente de viajes emprendedor

1. «Para que las familias de los pacientes _____ (beneficiarse) al máximo de su estancia en Costa Rica, proveeremos vuelos más baratos.»

   ¿Quién habla? _____

   Reacción:

2. «A menos que Uds. _____ (garantizar) que la gente local pueda usar sus servicios, no puedo seguir trabajando para los turistas.»

   ¿Quién habla? _____

   Reacción:

3. «Cuando nosotros _____ (ampliar) el hospital, mi hermano diseñará el nuevo edificio y mi primo será el inspector.»

   ¿Quién habla? _____

   Reacción:

4. «A menos que Uds. _____ (invertir) más dinero inmediatamente en el mercadeo (*marketing*), buscaré otro puesto.»

   ¿Quién habla? _____

   Reacción:

5. «Señora, antes de que _____ (salir) del hospital, quiero asegurarme que Ud. se sienta perfectamente bien y que su familia entienda cómo debe cuidarle.»

   ¿Quién habla? _____

   Reacción:

Paso 3 En grupos de tres, discutan las siguientes preguntas.

1. ¿Es adecuado el sistema de salud en su país?

2. Si necesitara un procedimiento vital caro que su seguro no pagara, ¿iría a otro país para buscarlo?

3. ¿Iría a otro país para hacerse una cirugía opcional, como una cirugía plástica?

D. La globalización En grupos de tres, discutan las siguientes preguntas sobre el impacto de la globalización en el mundo y sus propias vidas.

1. Algunos dicen que hoy en día no hay naciones sino compañías multinacionales. ¿Piensa Ud. que las compañías multinacionales controlen el mundo más que los gobiernos nacionales?

2. ¿Qué opinan de la subcontratación (*outsourcing*) de trabajos a otros países? ¿Cómo impacta su vida esta práctica?

3. ¿Cómo ayudan las redes sociales como Facebook, Twitter y YouTube™ a crear una comunidad global?

4. ¿Ud. se considera una persona «globalizada»? Explique.

Puntos clave

En esta sección del capítulo, Ud. va a seguir practicando la meta comunicativa **Hablar del futuro,** pero trabajará con las otras metas comunicativas también. Antes de continuar, estudie las explicaciones de las estructuras gramaticales en las páginas verdes (310–355) que están al final del libro.

PRUEBA DIAGNÓSTICA

DESCRIBIR COMPARAR PASADO REACCIONAR/RECOMENDAR GUSTOS HIPÓTESIS FUTURO

Una pasantía perfecta para Gabriela Ruiz Complete los espacios en blanco con la forma apropiada de la palabra en paréntesis. Como ya llegamos al final del semestre, encontrará casi todos los puntos clave. **¡OJO!** A veces hay que elegir entre dos palabras o transformar los verbos en adjetivos. No es tan fácil como parece... ¿o sí?

Gabriela trabaja con un niño nicaragüense.

Gabriela Ruiz y su madre _____ (estar) muy contentas cuando _____ (saber) que ella _____ (ser/estar) aceptada a su universidad _____ (preferir) en Oregón. Durante el colegio, Gabriela _____ (ser/estar) una estudiante diligente y trabajadora; _____ (ser/estar) _____ (involucrar) en muchas actividades extra curriculares. Cuando su madre le recomendó que _____ (considerar) la idea de tomar un año libre en vez de asistir a la universidad inmediatamente, a Gabriela no _____ (gustar) la idea. Pero poco a poco _____ (darse) cuenta de que no _____ (estar) tan lista para empezar su carrera universitaria _____ (que/como) pensaba. Entonces _____ (decidir) ir a Nicaragua para mejorar su español y cargar las pilas.

Ahora Gabriela _____ (ser/estar) en Managua donde _____ (hacer) de voluntaria más _____ (que/de) treinta horas por semana en un orfanato para niños minusválidos.[1] Al llegar, _____ (tener) una idea brillante. A través de Skype, cada semana, _____ (llamar) a su mentora, la directora de una escuela para niños minusválidos en los Estados Unidos donde _____ (trabajar) de voluntaria cuando _____ (ser/estar) en la secundaria. Así que desde su segunda semana allí, la directora _____ (observar) a tres niños cada semana, _____ (evaluar) su situación y le _____ (dar) a Gabriela

[1]*disabled*

recomendaciones. Trabajar en el orfanato _____ (ser) una experiencia extraordinaria para Gabriela. Los niños no quieren que Gabriela _____ (irse). La verdad es que si _____ (poder), _____ (volver) cada verano para trabajar con estos niños. Con esta experiencia tan impactante en Nicaragua, Gabriela sabe que cuando _____ (regresar) a sus estudios, _____ (especializarse) en educación especial internacional. Actualmente, _____ (ser/estar) muy _____ (agradecer) de que su madre la _____ (animar) a esperar antes de asistir a la universidad.

ACTIVIDADES

A. El trabajo futuro de los cinco amigos   Teniendo en cuenta el trabajo y los estudios a que se dedican los cinco amigos ahora, en parejas traten de adivinar qué tipo de trabajo tendrán los cinco en diez años. Puede ser algo similar o algo completamente diferente. Luego, compartan y comparen sus predicciones con la clase. **¡OJO!** Tengan mucho cuidado con los tiempos verbales al completar las oraciones.

Los cinco amigos en Ruta Maya

SARA (Radioanfitriona): Con tal de que Sara _____ (seguir) gozando de su trabajo en la radio, es muy posible que…

LAURA (Estudiante especializándose en la salud rural): A menos que _____ (ganarse) la lotería, creo que Laura…

SERGIO (Promotor musical): Tan pronto como Sergio _____ (establecerse) como un gran promotor de música en el mundo del entretenimiento, no me sorprendería si…

DIEGO (Dueño de Tesoros): Para que Diego _____ (tener) más éxito en su vida personal y profesional, será necesario que…

JAVIER (Periodista): Cuando _____ (publicar) su primer libro sobre Latinoamérica, estará listo para…

B. Una universidad para el futuro

Paso 1   Lea el siguiente párrafo sobre la Universidad para la Paz.

La Universidad para la Paz fue fundada en 1980 bajo el auspicio de la ONU. Ofrece un programa universitario para personas interesadas en promover y obtener la paz mundial. Su objetivo principal es: «promover entre todos los seres humanos un espíritu de entendimiento, tolerancia y coexistencia pacífica, estimular la cooperación entre los pueblos y ayudar a disminuir los obstáculos y amenazas a la paz y el progreso mundiales». La sede está en Costa Rica, país conocido por su compromiso con la paz y la democracia, y hay academias e instituciones afiliadas en muchos otros países.

- la ley internacional y los derechos humanos
- los recursos naturales y el desarrollo sostenible
- el género y la paz

- la paz en la educación
- los niños, la juventud y los conflictos armados
- la psicología de la violencia y la paz

Paso 2   En grupos de cuatro, contesten las siguientes preguntas, según el párrafo.

1. ¿Qué les interesa a Uds. de esta universidad? ¿Qué cursos les interesan? Expliquen.

2. Si tuvieran la oportunidad de estudiar un semestre en esta universidad u otra similar, ¿lo harían? Expliquen.

3. Si hubiera más universidades como esta, ¿cambiaría el mundo? ¿De qué forma cambiaría? Expliquen.

4. ¿Se ofrecen en su universidad especialidades como las que ofrece la Universidad para la Paz? ¿Cuáles son?

Paso 3   En parejas, hagan el papel de un(a) estudiante que empezará a estudiar en la Universidad para la Paz el año que viene. Terminen sus pensamientos respecto a sus expectativas sobre el futuro.

1. Tan pronto como _____ (llegar) a la universidad,...

2. Antes de que _____ (terminar) mis estudios,...

3. En cuanto yo _____ (graduarse),...

4. Después de que mis compañeros y yo _____ (hacer) una pasantía en la ONU, _____ (estar) preparados para...

5. Cuando _____ (obtener) mi licenciatura (*bachelor's degree*),...

Paso 4   Escoja uno de los cursos mencionados en el **Paso 1,** o invente otro curso, y escriba una descripción del curso para el catálogo de la universidad. Su descripción debe explicar qué se estudiará, qué se hará y cuáles son las expectativas del curso. **¡OJO!** Debe usar el futuro en su descripción.

C. **Expertos en megatendencias: Nuevos horizontes profesionales**

Unos expertos predicen que las profesiones más prometedoras para el futuro serán relacionadas con la tecnología: la informática, telefonía celular, ingeniería genética, biotecnología, realidad virtual e información multimedia. Otras carreras prometedoras son las que tienen que ver con el cuidado a distancia para los mayores: la teleasistencia sanitaria, la robótica, la gerontología y la inteligencia artificial. Y, por supuesto, habrá muchas carreras que se enfocan en el medio ambiente —abogados ambientales, ingenieros solares, planificadores urbanos.

Paso 1   De las profesiones prometedoras mencionadas, ¿cuál le parece la más intrigante? ¿Por qué? ¿Será importante el estudio de lenguas extranjeras para los científicos del futuro? Explique. A los que no les interesen las ciencias, ¿cuáles son unas profesiones en las humanidades que tendrán salida en el futuro?

OPTATIVO

Paso 2 Comparta con un compañero / una compañera cómo sería el trabajo ideal para Ud. Complete las siguientes oraciones teniendo en cuenta que se usa el subjuntivo en cláusulas adjetivales cuando no hay certeza en cuanto a la existencia de la persona, lugar o cosa descrito.

Busco una carrera que…

Funciono mejor en un ambiente laboral en que…

Necesito trabajar con un jefe / una jefa que…

No quiero un trabajo que…

D. **¿Cómo aportará cada profesión a un futuro más positivo?**

Paso 1 En grupos de tres, describan las destrezas y características que los siguientes profesionales deben tener para ser exitosos en su profesión. Luego comenten sobre qué aportará cada uno/a para mejorar el mundo.

Creo/Opino/Supongo que…

Es importantísimo que…

Deben preocuparse de / tener interés en… poseer habilidades para…

1. un diplomático / una diplomática
2. un líder religioso / una líder religiosa
3. un/a cineasta de películas documentales
4. un entrenador / una entrenadora de vida (*life coach*)
5. un instructor / una instructora de yoga
6. un agricultor orgánico / una argicultora orgánica
7. un/a guía de turismo ecológico
8. un diseñador / una diseñadora de videojuegos

Paso 2 Ahora, vuelvan a la lista de profesiones y completen la frase «Para mejorar el mundo, este tipo de profesional…»

E. **La riqueza y la filantropía internacional**

Paso 1 En grupos de tres, conversen sobre las siguientes preguntas.

1. En su opinión, ¿es moralmente problemático ser ultra rico? ¿Cuál es el límite de dinero que una sola persona debe poseer (si lo hay)? Explique.
2. ¿Cuál es su opinión sobre los bonos enormes que reciben algunos dirigentes de los grandes empresas y bancos?
3. En 2010 los multimillionarios Bill Gates y Warren Buffet crearon la campaña «Promesa de Dar» (*Giving Pledge*) que pide que los ricos donen al menos 50 por ciento de su fortuna para la filantropía. ¿Creen Uds. que los ricos tienen un deber de dar de su dinero, tiempo y/o recursos para ayudar a los pobres? O, por haber trabajado duro o heredado una fortuna, ¿tienen el derecho de hacer lo que quieran con su dinero, sin sentirse culpable de nada? Explique.
4. ¿Tienen los países ricos la responsabilidad de apoyar a los países pobres? ¿O es que los países en vías de desarrollo tienen la responsabilidad de mejorar su economía? Explique.

Una **organización no gubernamental (ONG)** es una organización sin fines de lucro (*nonprofit*) que no se asocia a ningún gobierno nacional ni organización legal internacional y que se dedica a una causa determinada. Algunas ONGs cuyos nombres Ud. reconocerá son Amnistía Internacional, Greenpeace, Centro Internacional de Derechos Humanos, Hábitat para la Humanidad y Médicos Sin Fronteras.

Óscar Arias Sánchez

Paso 2 Entre los ultra ricos hay los que han contribuido muchísimo dinero a sus propias fundaciones sin fines de lucro. Miren la lista de algunas fundaciones y unos proyectos que se han beneficiado de su generosidad. Luego en grupos de tres, imagínense que Uds. han inventado un producto que les ha hecho multimillonarios y ahora quieren crear una fundación. Decidan el nombre de su fundación y discutan cuál será la misión principal de su fundación y cuál será su primer proyecto.

- La Fundación Oprah Winfrey (una escuela para niñas en Sudáfrica)
- La Fundación Óscar Arias (campañas para la prevención de la violencia armada en Centroamérica)
- La Fundación Bill y Melinda Gates (investigaciones sobre el SIDA y la malaria)
- La Fundación Whole Planet de Whole Foods Market (proyectos de préstamos a microempresas en Guatemala)
- ALAS de Shakira (proyectos para fomentar la buena alimentación infantil)

Paso 3 En los mismos grupos, discutan lo siguiente: ¿Creen Uds. que las ONGs o las fundaciones filantrópicas privadas tienen más impacto mundial que las iniciativas políticas de los gobiernos? Expliquen.

F. Las carreras múltiples de Rubén Blades

PASADO

Paso 1 Lea la siguiente descripción de la vida de Rubén Blades. Preste atención a los verbos **en negrita.** Después, decidan por qué se usó el pretérito o el imperfecto en cada caso.

Rubén Blades canta en San Juan, Puerto Rico

Desde su nacimiento en la Ciudad de Panamá en 1948, Rubén Blades estaba rodeado de música —su padre tocaba el bongó y su madre era pianista, cantante y actriz de radio. En 1970 grabó su primer disco de salsa en Nueva York, pero no tuvo éxito comercial, así que volvió a Panamá para terminar una carrera de Derecho en la Universidad de Panamá. Trabajó como abogado por un rato, pero nunca dejó de interesarse en la música. Por eso, regresó a Nueva York donde colaboró con Willie Colón, un gran músico de salsa. Entre los álbumes que hicieron juntos, *Siembre* (1978) fue uno de los álbumes de salsa más famosos. Blades es conocido por escribir canciones bailables sobre temas sociales importantes. Ha grabado más de veinte CDs y ha recibido cuatro premios Grammy. En 1982 empezó otra carrera —la de actor. Ha actuado en la televisión y en películas como *The Milagro Bean Field War, The Cradle Will Rock, Once Upon a Time in Mexico* y *All the Pretty Horses.*

A los promotores de música que trabajan con él no les sorprendió cuando en 1985 tomó la decisión de matricularse en la Escuela de Derecho de Harvard para cursar su Maestría en Derecho Internacional.

En 1990 Blades empezó a sentir la contradicción de ganarse la vida escribiendo canciones sobre problemas sociales mientras las condiciones de las que cantaba no mejoraban. Así que en 1994 se postuló para la presidencia de Panamá. No ganó esa elección pero siguió involucrándose activamente en la política. En 2000 fue nombrado Embajador Mundial contra el racismo por la ONU y de 2004 a 2009 fue Secretario de Turismo de Panamá, un puesto importante dado que el turismo genera más ingresos para su país que el Canal de Panamá. Ahora ha vuelto a la música. Su CD *Cantares de Subdesarrollo* que salió en 2009 ha tenido mucho éxito y una canción en particular, «País portátil», ha atraído mucha atención. Blades dice que a pesar de que muchas de las canciones en su nuevo CD son pesimistas y se enfocan en la corrupción y la violencia, todavía se siente optimista de poder despertar en sus compatriotas la esperanza de un porvenir mejor.

Rubén Blades se reúne con el presidente Obama

Paso 2   En parejas, reaccionen ante la información que acaban de leer sobre las carreras de Rubén Blades. Usen algunas de las siguientes frases: **Es asombroso/ inesperado/intrigante/admirable que…** Acuérdense de que para reaccionar al pasado, tendrán que usar el pasado del subjuntivo.

REACCIONAR

R

RECOMENDAR

H

HIPÓTESIS

F

FUTURO

Paso 3   Si pudieran entrevistar a Rubén Blades, ¿qué preguntas le harían?

Paso 4   Después haber experimentado tantas desilusiones como éxitos en sus diversas carreras, ¿cuáles son las características que Blades debe poseer para poder seguir adelante? Dado que Blades está dispuesto a hacer cambios profesionales inesperados, ¿qué predicen Uds. que hará en el futuro?

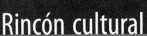

Rincón cultural

Una mola panameña

Unas artistas hispanas
Las indias kunas de Panamá y sus molas

A nivel mundial, los artistas más desconocidos y olvidados son los artesanos, los hombres y mujeres que trabajan en lo que se llama el «arte folclórico» o la artesanía. Aunque esta se considera arte «menor», ocupa un lugar muy importante en cualquier comunidad. Aporta mucho a la economía de una región y sirve para mantener las tradiciones, creencias y leyendas de cualquier cultura. Se puede decir que el trabajo de los artesanos sirve para unir el pasado, el presente y el futuro de un pueblo.

Una mola muy detallada

También es importante señalar que, mientras el mundo del arte formal suele estar dominado por los hombres, el mundo artesanal les brinda oportunidades a ambos sexos. Las indias kunas, por ejemplo, se han hecho famosas a nivel mundial por sus coloridas molas, telas (*cloths*) bordadas de muchos colores brillantes que se aplican al frente y al dorso de sus blusas tradicionales. Los kunas habitan el archipiélago de Kuna Yala (o San Blas), un grupo de 300 islas en la costa noreste de Panamá. La sociedad es matrilineal y las molas forman la mayor parte del ingreso de cualquier familia.

Los diseños distintos de las molas se hacen con varias capas[1] de telas de diferentes colores. Las telas de encima se cortan y se cosen (*are sewn*) para revelar los colores de abajo. Los temas más típicos son mitológicos, religiosos, de animales, del mar, de personas o de diseños geométricos. Las kunas asocian la calidad de una mola con la simetría, el número de telas usadas, la complejidad del diseño y la perfección del cosido que debe ser casi invisible a simple vista.

Hoy es posible comprar molas en tiendas de artesanía en países desarrollados y aun por el Internet. Hay varias compañías de comercio justo que trabajan con las kunas para ayudarlas a vender sus molas. La globalización del mercado se demuestra hasta en los cambios de diseños. ¡Ahora se encuentran molas con diseños de elefantes y jirafas!

[1]*layers*

PREGUNTAS

En parejas, contesten las siguientes preguntas.

1. Miren las dos molas. ¿Qué representan sus diseños? ¿Les gustan? ¿Por qué sí o por qué no?
2. ¿Por qué creen que las molas les interesan a los extranjeros?
3. ¿Por qué es raro que haya elefantes o jirafas en algunas molas?

COMPARAR

ACTIVIDAD

En otros países hay mujeres artesanas que también han creado artesanías muy valiosas, representativas de su cultura. Un ejemplo son las arpilleras (*burlap tapestries*) de Chile. En el Internet, busque imágenes de arpilleras chilenas y más ejemplos de molas de las indias kunas y compare las dos. ¿En qué se parecen y en qué se diferencian? Piense en los materiales, los colores, las imágenes y los temas representados.

La música guatemalteca

La marimba es un xilófon largo, de madera, que se usa por toda Centroamérica y en las costas de Colombia y el Ecuador. Para la gente de Guatemala, el sonido de la marimba inspira un sentido de orgullo nacional y de nostalgia, especialmente entre los guatemaltecos exiliados. Probablemente la marimba llegó a esa zona a principios del siglo XVI, traída por esclavos africanos que

Una marimba, Antigua, Guatemala

sabían cómo hacerla y tocarla. Desde entonces, han aparecido tres tipos de marimba principales. La marimba de tecomate[1] es la más vieja y la más parecida a las marimbas que se encuentran en el sur de África. Otra es la marimba sencilla. Estas dos se usaban sobre todo para interpretar música religiosa. La tercera, que Ud. escuchará en la canción «Monseñor Mario Molina», es la marimba doble o cromática. Con esta, la marimba dejó de ser exclusividad de la Iglesia y empezó a usarse en ambientes seculares. Desde los años 70, la música de marimba es la forma musical más prestigiosa de Guatemala, hecho que se puede apreciar en las obras maestras ejecutadas en la llamada «marimba de concierto».

A consecuencia de la violencia de la guerra civil de los años 80, la marimba volvió a sus raíces espirituales como una manera de fortalecer las relaciones entre la Iglesia y las comunidades indígenas que sufrían bajo la opresión gubernamental y guerrillera.

[1]marimba… *gourd marimba*

ACTIVIDADES

A. Antes de cantar La canción «Monseñor Mario Molina» fue escrita por el Padre José Augustín Mateo Suar, un sacerdote de la iglesia del Quiché en Guatemala, para darle la bienvenida a un nuevo obispo a la diócesis en 2005. El grupo que toca la canción se compone de jóvenes músicos adolescentes. Tocan dos marimbas: una grande tocada por cuatro músicos y una tenor, tocada por tres músicos. Hay también un bajo, conchas de tortuga (*turtle shells*) y tambores. Conteste las siguientes preguntas.

1. ¿Qué tipo de vocabulario espera Ud. encontrar en una canción con la cual se celebra la llegada de un nuevo obispo?

2. ¿Conoce Ud. algunas canciones religiosas populares? ¿de qué tipo? ¿de qué tradición cultural vienen? ¿Por qué cree Ud. que la música es importante para muchas religiones?

3. ¿Prefiere oír música contemporánea en los servicios religiosos en vez de canciones tradicionales? Explique.

4. La marimba es un instrumento musical de las clases populares. ¿Qué efecto cree Ud. que tiene el uso de la marimba en los servicios religiosos dirigidos a la gente indígena en particular?

B. ¡A cantar! Escuche la canción «Monseñor Mario Molina» que se puede encontrar en el CD *Estampillas musicales*.

Monseñor Mario Molina

[*Coro*]
Hoy la iglesia del Quiché
se alegra con su pastor
Monseñor Mario Molina
que ha venido a guiar nuestro pueblo.
[*Se repite.*]

Gracias damos al Padre
por enviarnos un obispo
quien con el pueblo santificará
a la Iglesia. [*al coro*]

Auxilia[1] con tu gracia Padre
a tu hijo elegido
su ministerio sea edificar
a tu Iglesia. [*al coro*]

María, Madre de Dios
acompaña en la misión
a nuestro obispo en la construcción
del Reino. [*al coro*]

[1]Ayuda

C. Después de cantar En parejas, contesten las siguientes preguntas sobre la canción «Monseñor Mario Molina».

1. ¿Cuáles son las palabras clave que los/las ayudaron a entender el tema principal?
2. ¿Cómo se siente la gente con la llegada del Monseñor Mario Molina?
3. ¿Qué emociones evoca la canción en Uds.?

D. ¡A escuchar! Para apreciar más la marimba, vaya a YouTube™ y escuche Marimba de Concierto de Bellas Artes (Guatemala), Himno de Honduras Marimba o Marimba Marionetas. Para conocer mejor la música contemporánea de Centroamérica, escuche a Rubén Blades (salsa de Panamá), Pavel Quintanilla (rock de El Salvador), Grupo Gandhi (reggae y son de Costa Rica), Walter Gavitt (calipso de Costa Rica), Alux Nahaul (rock de Guatemala) o Evolución (rock de Costa Rica). Luego, comparta sus impresiones de los artistas y sus canciones con sus compañeros de clase, utilizando frases como **Me gusta(n)… porque…** , **Me encanta que…** , **Es impresionante/fantástico que…** , **Me sorprende que…** y **Es evidente que…**

Un momento histórico
La Revolución sandinista

Revise el **Vocabulario útil** y lea el resumen sobre la Revolución sandinista.

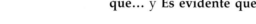

Vocabulario útil	
mandar + *inf.*	to have (*something done*)
perecer	to perish
tomar a pecho	to take seriously
la alcaldía municipal	town hall
el cese de fuego	ceasefire
encubierto/a	covert
marxista	Marxist

En el aniversario de la revolución, Managua, Nicaragua

En 1979, el Frente Sandinista de Liberación Nacional (FSLN) ganó una guerra civil en contra de la tiranía de la familia Somoza y tomó control del gobierno de Nicaragua. Los sandinistas, encabezados por Daniel Ortega, formaron una junta dirigente heterogénea, pero con claras disposiciones marxistas. Heredaron una difícil situación nacional. La deuda externa llegaba a los $1,6 mil millones de dólares, y unas 50.000 personas (el 2 por ciento de la población) habían muerto durante la guerra. Inmediatamente, la junta inició procesos de reforma agraria, de recuperación y reestructuración económica y de mejoramiento de los servicios sociales, tales como la educación, la salud y la vivienda. También hubo esfuerzos serios para mejorar la situación de la mujer en Nicaragua. Sin embargo, el nuevo gobierno enfrentó varias dificultades, tanto nacionales como internacionales. Se reconoce que bajo el gobierno sandinista se cometieron abusos contra los derechos humanos. Preocupados por la expansión del comunismo en Latinoamérica, los Estados Unidos intervinieron en forma de un bloqueo económico y la organización de un grupo guerrillero, los llamados «contras» (contrarrevolucionarios). Con el apoyo económico y militar de los Estados Unidos, los contras realizaron una guerrilla que era, en efecto, una guerra encubierta de los Estados Unidos contra Nicaragua.

En 1987, el Presidente de Costa Rica, Óscar Arias Sánchez, convocó a una reunión de los presidentes de Guatemala, El Salvador, Honduras y Nicaragua para proponer medidas para lograr la paz en la región. Estas medidas incluían el cese de fuego entre los sandinistas y los contras. Los esfuerzos de Arias le ameritaron el Premio Nobel de la Paz y los sandinistas tomaron a pecho su promesa de llevar a cabo elecciones nacionales.

En 1990, hubo elecciones democráticas, y para sorpresa de muchos, ganó la candidata de la oposición, Violeta Chamorro. Algunos opinan que los sandinistas perdieron más por el estado pésimo de la economía y el cansancio de los ciudadanos con la guerrilla que por la insatisfacción con los ideales sandinistas.

El impacto de la Revolución sandinista en la Nicaragua de hoy

- Los escritores más importantes de Nicaragua, el sacerdote católico y poeta Ernesto Cardenal, la poeta y novelista Gioconda Belli y el novelista Sergio Ramírez, fueron miembros activos de la Revolución sandinista. (Cardenal fue miembro del primer gabinete y Ramírez llegó a ser vice presidente en 1984.) Estos intelectuales son fuertes voces políticas a nivel nacional e internacional hoy en día.

- El FSLN es todavía una fuerza política importante en Nicaragua. En 2002, Daniel Ortega, el ex presidente sandinista, se postuló de nuevo para la presidencia, y perdió por 11 puntos electorales. Pero se postuló otra vez en 2006 y ganó.

- Algunos de los líderes de la Revolución sandinista inicial, como Dora María Téllez, critican fuertemente a Daniel Ortega. Dicen que ahora Ortega actúa como uno de los dictadores autoritarios que él antes odiaba. Téllez y otros líderes importantes se negaron a asistir a las celebraciones del aniversario de 30 años de la Revolución sandinista, que tomaron lugar el 19 de julio de 2009.

- En 1980, el pintor chileno Víctor Canifrú pintó una serie de murales con temas revolucionarios en la Avenida Bolívar, en Managua. La alcaldía municipal durante el régimen de Chamorro los mandó destruir, un acto que algunos llamaron «muralcidio». En 2005, un grupo de artistas jóvenes se juntó para proponer un nuevo arte urbano para reemplazar los murales perdidos. Su iniciativa se llama «Murales de octubre».

ACTIVIDADES

A. Comprensión   Conteste las siguientes preguntas, según la lectura.

1. ¿Cuándo llegaron al poder los sandinistas? ¿Quién era su líder principal?

2. ¿En qué situación estaba el país al principio del gobierno sandinista? ¿Qué medidas tomaron los sandinistas para mejorar la situación?

3. ¿Cuál fue la actitud de los Estados Unidos ante el nuevo régimen? ¿Por qué fue así?

4. ¿Cómo terminó el gobierno sandinista?

5. ¿Es importante todavía la presencia sandinista en Nicaragua hoy en día? Explique.

6. ¿Qué intelectuales nicaragüenses formaron parte de la Revolución sandinista?

7. ¿Qué opina Dora María Téllez sobre Daniel Ortega?

8. ¿Qué es el proyecto «Murales de octubre»?

DESCRIBIR   HIPÓTESIS

B. ¿Qué harían?   En parejas, imagínense que unos muralistas van a pintar un mural en su ciudad universitaria sobre la justicia social y la paz. ¿Qué imágenes pedirían Uds. que pintaran en el mural? Expliquen por qué.

Lectura

La escritora Gioconda Belli nació en Managua, Nicaragua, en 1948. Además de ser renombrada poeta, novelista y ensayista, ha estado siempre muy involucrada en la política de su país. Durante los años 60, trabajó con los sandinistas, un movimiento revolucionario marxista que estuvo en el poder en Nicaragua de 1979 a 1990 (vea **Un momento histórico** en las páginas 303–305). Como escritora ha ganado un sinnúmero de premios, incluyendo el prestigioso premio literario de Casa de las Américas en 1978 por su colección de poemas, *Línea de fuego*. Sus numerosas publicaciones incluyen, además, *De la costilla de Eva* (poesía, 1987), *La mujer habitada* (novela, 1988) y *Waslala, Memorial al futuro* (novela, 1996). En 2001, publicó sus memorias sobre su trabajo con los sandinistas, *Este país bajo mi piel,* y en 2008 su novela *El infinito en la palma de la mano* ganó el prestigioso Premio Biblioteca Breve Seix Barral en España y el Premio Sor Juana en México. El poema que va a leer, «Uno no escoge», nos habla de la responsabilidad que cada uno tiene para mejorar el mundo. Además, nos hace pensar en la huella que dejaremos a las generaciones que nos sigan.

Antes de leer

Para comentar   En grupos de tres, contesten las siguientes preguntas.

1. ¿De qué forma habría sido diferente su vida si hubiera nacido en otro país o durante otro siglo? Puede especular, por ejemplo, sobre cómo habría sido nacer en uno de los países que estudiaron este semestre/ trimestre o en un tiempo antes de la llegada de Cristóbal Colón a América.

2. ¿Cuánto control tiene una persona sobre la sociedad en la que vive? ¿Puede una persona impactar sus alrededores? ¿de qué manera?

Uno no escoge

Uno no escoge el país donde nace;
pero ama el país donde ha nacido.

Uno no escoge el tiempo para venir al mundo;
pero debe dejar huella[1] de su tiempo.

Nadie puede evadir[2] su responsabilidad.

Nadie puede taparse[3] los ojos, los oídos,
enmudecer[4] y cortarse las manos.[v]

Todos tenemos un deber de amor por cumplir,
una historia que nacer
una meta que alcanzar.

No escogimos el momento para venir al mundo:
Ahora podemos hacer el mundo
en que nacerá y crecerá
la semilla[5] que trajimos con nosotros.

[1]dejar... *leave a mark*   [2]*avoid*   [3]*cover*   [4]*to become mute*   [5]*seed*

Después de leer

A. Comprensión y análisis   En parejas, contesten las siguientes preguntas.

1. ¿Qué es lo que uno no escoge, según el poema?

2. ¿Qué significa el verso: «pero debe dejar huella de su tiempo»?

3. ¿Qué es «la semilla que trajimos con nosotros»?

4. En su opinión, ¿cuál es el tema principal del poema? ¿Está Ud. de acuerdo con Belli?

B. Si hubiera nacido en otro país u otra época... Belli dice que uno no escoge ni el tiempo ni el país donde nace. Imagínese que ha nacido en otro país, en otra época, y complete las siguientes oraciones.

Si hubiera vivido en España durante la dictadura represiva de Francisco Franco,...

Si hubiera sido amigo/a del Che Guevara cuando empezó la Revolución cubana,...

Si hubiera luchado al lado de Pancho Villa en la Revolución mexicana,...

Si hubiera sido un niño robado / una niña robada durante la guerra sucia en la Argentina,...

Si hubiera nacido en un pequeño pueblo quichua en Ecuador,...

Si hubiera trabajado al lado de Gioconda Belli durante la Revolución sandinista,...

C. La expresión artística Leer poesía es una experiencia muy individual; cada persona tiene una reacción única y personal al leer un poema. La poesía nos habla a través de las imágenes, los símbolos, las metáforas y conexiones con nuestras experiencias. Pero otros tipos de expresión artística pueden ser más directos y más fáciles de entender. ¿Hay unas películas, canciones y libros que expresen el mismo mensaje que ha expresado Belli en «Uno no escoge»? En grupos de tres, piensen en ejemplos específicos de lo siguiente.

1. películas que presentan a una persona o un grupo que trata de cambiar su país o comunidad

2. canciones o cantantes que comunican una conciencia social y un deseo de cambiar el mundo

3. libros que hablan de personas que han impactado su sociedad

D. El amor por la patria En grupos de tres, contesten las siguientes preguntas.

1. Belli dice que uno ama el país donde nace. ¿Está Ud. de acuerdo con esa afirmación? ¿Qué es lo que uno normalmente ama de su país? ¿Ama Ud. el país donde nació?

2. También sugiere que uno tiene la obligación de trabajar para mejorar el país donde nació. ¿Está Ud. de acuerdo? ¿De qué manera trabaja o podría trabajar para mejorar su país natal?

3. ¿Hay amores peligrosos? Es decir, ¿es posible ser demasiado patriótico o nacionalista?

4. En este mundo globalizado, ¿importan tanto las naciones como antes? ¿Qué ganaríamos si no hubiera países independientes? ¿Qué perderíamos?

5. ¿Qué pasaría si no hubiera fronteras entre países? ¿Cómo cambiaría la vida en este país si no hubiera fronteras entre México, los Estados Unidos y Canadá?

E. En busca de la felicidad   Belli sigue siendo una crítica social influyente. Tiene un blog muy popular en la que habla sobre las crisis y los problemas económicos, sociales y éticos a nivel social. Ahora le interesa el proceso de la globalización, pero su enfoque es distinto —quiere concientizarnos a la globalización de compasión, igualdad y justicia. Para ella es la única manera de prevenir guerras entre el mundo desarrollado y el mundo en vías de desarrollo. Al hablar sobre los conflictos entre el socialismo y el capitalismo en este mundo globalizado, Belli comenta lo siguiente

> *No hay que perder de vista que el objetivo no es defender un conjunto de ideas, sino alcanzar la igualdad en un sistema ético, armónico y favorable a la vida y al desarrollo del potencial de cada persona. ¿Por qué aferrarnos[1] a definiciones sistémicas, como si sólo dentro de uno de estos sistemas estuviese nuestra salvación? Yo propongo un nuevo sistema: el felicismo... el que persiga la felicidad. Los reto[2] a definirlo.*

[1] *hold on*   [2] *I challenge*

1. En grupos de tres o cuatro, acepten el reto de Belli. Definan un nuevo sistema mundial que busque la felicidad de todos como primer objetivo. ¿Cómo sería ese sistema?

2. En 1972, el rey del pequeño país asiático Bhutan estableció el índice de «Felicidad nacional bruto» (*Gross National Happiness*) como contrapunto al «Producto Nacional Bruto» (*Gross Domestic Product*) para medir el nivel de desarollo y modernidad de su país. Ahora, varias organizaciones miran el nivel de la felicidad de naciones o estados para medir el bienestar de sus habitantes. ¿Qué factores se tomarán en cuenta para analizar el nivel de felicidad? ¿Qué hace falta para tener una sociedad feliz? En una lista de lugares felices, ¿cómo saldría su propia comunidad o país en comparación con otros? ¿Por qué?

F. Yo poeta   ¡Sea creativo/a! Trabajen solos/as o en parejas para crear un poema sencillo de tipo «quintilla», que consiste en cinco líneas. Vean la descripción de una quintilla y lean el siguiente modelo. Luego escriban un poema utilizando uno de los siguientes temas: **la paz, la globalización, la felicidad,** o **la crisis mundial.**

UNA QUINTILLA

Línea 1: el sujeto en una palabra (un sustantivo)

Línea 2: el sujeto con dos palabras (dos adjetivos o un sustantivo y un adjetivo)

Línea 3: acciones relacionadas con el sujeto en tres palabras (verbos en el infinitivo o el gerundio)

Línea 4: una emoción sobre el sujeto en cuatro o cinco palabras

Línea 5: el sujeto con otra palabra que refleje el contenido del poema (un sustantivo)

MODELO: Esperanza
Sueño lindo
Amar, animar, asegurar
Un mundo feliz y justo
Sueño

Escoja una persona, un lugar o un tema cultural mencionado en este capítulo para investigar más a fondo. Debe incluir en su reportaje por lo menos cuatro de las metas comunicativas. Puede presentar su investigación en un informe escrito o hacer una presentación oral delante de la clase. Siga las indicaciones en el **Apéndice 2: Yo experto/a** como guía para su reportaje.

PERSONAS	LUGARES	TEMAS CULTURALES
Óscar Arias Sánchez Gioconda Belli Rubén Blades Víctor Canifrú Ernesto Cardenal Violeta Chamorro Rigoberta Menchú Daniel Ortega	el Canal de Panamá Cerén, El Salvador Tikal, Guatemala Copán, Honduras el Lago de Nicaragua el Parque Nacional Tortuguero, Costa Rica	los artesanos indígenas Colores del Pueblo el comercio justo los «contras» el desarrollo sostenible el FSLN la globalización las indias kunas y sus molas la música centroamericana los sandinistas la Universidad para la Paz

Ahora que Ud. ha terminado el **Capítulo 6,** complete los ejercicios correspondientes del *Online Learning Center* (**www.mhhe.com/pyaexpanded**) para repasar el vocabulario, gramática y temas culturales de este capítulo.

LOS PUNTOS CLAVE

DESCRIBIR

Descripción

The following grammar summaries on (A) agreement, (B) **ser** and **estar,** (C) past participles used as adjectives, and (D) uses and omission of articles will help you give more accurate descriptions in Spanish.

A. Agreement

Although you learned about subject/verb agreement and noun/adjective agreement when you first started to learn Spanish, you may still have problems with agreement (**concordancia**), especially when the person, place, or thing continues to be alluded to in a longer text. At this point, you are probably able to assign adjectives the correct gender when they are close to the noun they modify, but you may lose sight of the gender if the sentence continues. Note the following examples.

> *Incorrect:* Las rosas amarillas que Javi le dio a Sara eran **bonitos.**
> *Correct:* **Las rosas amarillas** que Javi le dio a Sara eran **bonitas.**

Remember that adjectives agree in number and gender with the nouns they modify. Adjectives ending in **-e** agree in number only (**un chico amable, una chica amable**). The plural is formed by adding **-s** to nouns and adjectives that end in a vowel (**la rosa roja, las rosas rojas**) and **-es** to nouns and adjectives that end in a consonant (**un joven alto, unos jóvenes altos**).

One roadblock to students' mastery of agreement is the existence of words that are not obviously masculine or feminine. The following lists contain some common nouns and rules that should help you.

1. Most nouns that end in **-a** or that refer to females are feminine.

la brisa	la madre	la mujer	la reina

2. Most nouns that end in **-o** or that refer to males are masculine.

el libro	el padre	el rey	el viento

3. Most nouns that end in **-ción, -sión, -d, -z, -ie, -is,** and **-umbre** are feminine.

la actitud	la incertidumbre	la superficie
la canción	la pensión	la universidad
la costumbre	la realidad	la virtud
la crisis	la serie	la voz

4. Most nouns that end in **-l, -n, -r,** and **-s** are masculine.

el amor	el fin	el mes
el árbol	el interés	el papel
el camión	el jamón	el perfil
el color	el lunar	el tenedor

5. Even though they end with **-a,** many words ending in **-ma, -pa,** and **-ta** are masculine.

el clima	el drama	el planeta	el programa
el cometa*	el idioma	el poema	el sistema
el diploma	el mapa	el problema	el tema

6. Feminine nouns that begin with a stressed **a-** or stressed **ha-** use masculine articles when they are singular, but feminine articles when they are plural. Remember that these feminine nouns always use feminine adjectives.

el agua fría	las aguas frías
un alma gemela	unas almas gemelas
un hacha larga	unas hachas largas

- Note that this rule applies only when the stress is on the first syllable, hence: **la atmósfera, la audición.**
- Also note that the word **arte** is generally masculine when it appears in the singular and feminine when it appears in the plural, hence: **el arte moderno, las artes gráficas.**

7. Some common words are shortened from their original feminine form. Although the shortened form ends in **-o,** the gender is still feminine.

la fotografía → la foto   la motocicleta → la moto

8. Many nouns ending in **-e** don't follow any specific gender rules. The gender of these nouns must be memorized. Most nouns ending in **-ante** or **-ente** that refer to a person can be masculine or feminine, depending upon the sex of the person to whom they refer.

el café	el/la estudiante
la gente	el/la gerente

9. Nouns and adjectives ending in **-ista** can be either masculine or feminine, depending on the gender of the person to whom they refer.

el/la artista	el presidente progresista
el/la dentista	la mujer realista
el/la periodista	

10. Finally, there are some nouns that do not follow any of the preceding rules. You will have to memorize their gender as you encounter them. Here are a few you may already know.

la cárcel	la mano	la miel	la sal

¡A practicar!

A. For each of the following words, indicate the number of the corresponding rule of gender found in the preceding explanation.

1. _____ el águila
2. _____ el archivo
3. _____ la crisis
4. _____ la cumbre
5. _____ el día
6. _____ la flor
7. _____ la foto
8. _____ la luz
9. _____ la mano
10. _____ la moto
11. _____ la mujer
12. _____ la nariz
13. _____ el pan
14. _____ el papel
15. _____ la playa
16. _____ la voz

*Note that **el cometa** means *comet*, but **la cometa** means *kite*.

B. Indicate the appropriate articles and adjectives for each of the following sentences.

1. _____ gente de mi barrio es muy _____. (simpático)
2. _____ aguas de los dos lagos son _____. (frío)
3. _____ fotos de mi novio, Francisco, son _____. (bonito)
4. _____ problema con _____ voz de Margarita es que es muy _____. (bajo)
5. _____ canciones que Leo canta son _____. (fabuloso)
6. _____ crisis con _____ clima en California es _____. (malo)
7. _____ nariz de Pepe, mi hermano menor, es muy _____. (largo)
8. _____ mapa de _____ ciudad que queremos visitar es _____. (pequeño)
9. _____ sol en las montañas es muy _____. (fuerte)
10. _____ árboles que están en _____ jardín son _____. (gigantesco)

B. **Ser** and **estar**

The irregular verbs **ser** and **estar** are used when describing people, places, and things. Here are some of the more common uses of **ser** and **estar.**

SER	ESTAR
1. to express inherent characteristics or the perceived norm with adjectives (I) Eva Perón **era** una mujer **elegante** y **sofisticada.** Ana **es** médica. 2. with **de** to indicate origin (O) José **es de** Costa Rica. 3. with **de** to indicate possession (PO) Las flores **son de** Camila. 4. to indicate time (T) and date (D) **Eran las 11:00** cuando Sara llegó. Mañana **es el 15 de septiembre.** 5. to express where an event takes place (E) ¿Dónde **es** el examen final? El concierto **es** en ese teatro.	1. to express the location of a physical entity (L) ¿Dónde **está** el bolígrafo? La foto **está en mi coche.** 2. to express a condition, such as health, mental state, or a change from the perceived norm (C) La profesora no puede hablar porque **está cansada.** Los niños **estaban** más animados ayer. Mariola, ¡**estás lindísima** hoy! 3. to form the progressive (P) El atleta **estaba sudando** (*sweating*) profusamente. María **está estudiando** con Pepe.

Note how the use of **ser** or **estar** in the following sentences changes their meaning.

1. La paella **es** muy rica.   *Paella is delicious. (It always is.)*
   La paella **está** muy rica.   *The paella tastes delicious. (this paella that I'm eating now)*
2. Horacio **es** nervioso.   *Horacio is nervous. (He is a nervous person.)*
   Héctor **está** nervioso.   *Héctor is nervous. (Something must have happened to make him nervous.)*

3. Susana **es** guapa. *Susana is pretty. (She's a pretty woman.)*
   Lola **está** muy guapa. *Lola looks very pretty. (She looks especially pretty today.)*

4. Ramón **es** aburrido. *Ramón is boring. (He's a boring person.)*
   Pepe **está** aburrido. *Pepe is bored. (right now)*

5. Paco **es** listo. *Paco is smart. (He's an intelligent person.)*
   Juana **está** lista. *Juana is ready. (She's prepared to begin/go.)*

¡A practicar!*

A. Select the correct word or phrase from those given to complete each of the following sentences.

1. La familia de Diego es _____.
   (en México, cerca de San Antonio, de México, tristes)

2. Los padres de Sergio estaban _____.
   (ricos, de San Francisco, norteamericanos, preocupados)

3. Laura creía que Sara era _____.
   (tímida, en otra tienda, llorando, con ella)

4. Sara estaba _____ cuando oyó las noticias.
   (joven, tomando un café, cruel, una trabajadora)

5. Javier es _____.
   (periodista, en Ruta Maya, frustrado, escribiendo un artículo)

B. Indicate the letter(s) (from the list of common uses of **ser** and **estar** at the beginning of this section) that explain(s) why **ser** or **estar** is used in each of the following sentences.

   I = description of inherent characteristics
   O = origin
   PO = possession
   T = time
   D = date

   E = event
   L = location
   C = description of state or condition
   P = progressive

1. _____ *Soy* de Miami. ¿Y tú?
2. _____ ¿*Está* pensando en mudarse a Puerto Rico?
3. _____ Su casa natal *está* en San Juan.
4. _____ Tengo que irme; ya *son* las 3:30.
5. _____ La reunión *es* en la casa de Cristina.
6. _____ *Estamos* preparados para el examen.
7. _____ *Era* la 1:00 cuando Laura llegó al laboratorio.
8. _____ Ellos *son* de Cuba, pero sus antepasados *eran* de España.
9. _____ La reunión *fue* en la oficina del presidente.
10. _____ *Es* una mujer muy lista y capaz.
11. _____ El coche rojo *es* de Diego.
12. _____ Marisol *estaba* muy contenta de oír la voz de su esposo.
13. _____ *Estuvo* estudiando durante tres horas.
14. _____ Los muebles antiguos *son* de sus abuelos.
15. _____ Hoy *es* el 30 de abril.

---

*There are more practice exercises in the *Online Learning Center* and the *Manual*.

C. Fill in the blanks with the correct form of **ser** or **estar.**

Los cinco amigos viven en Austin, la capital de Texas. Austin _____¹ una ciudad de tamaño mediano, aunque _____² experimentando un gran crecimientoª en la población. Austin _____³ conocido por su actividad en el campo de la música, por eso le gusta a Sergio vivir allí. Muchos de los conciertos _____⁴ en la Calle Seis, que _____⁵ muy cerca del centro de la ciudad. Uno de los lugares más tradicionales para ir a escuchar nueva música _____⁶ el Continental Club. A veces toca allí un grupo de música cubana que se llama «Son Yuma». Bueno, en realidad los músicos de este grupo _____⁷ estudiantes de los Estados Unidos. Pero los muchachos _____⁸ muy dedicados; el año pasado fueron a Cuba a estudiar con músicos cubanos para perfeccionar su estilo. La chica que canta con ellos tiene una voz increíble. Ella _____⁹ de Dallas, pero su español _____¹⁰ tan bueno que parece _____¹¹ cubana. Este viernes, el grupo presentará un concierto de nueva música. El concierto _____¹² en el Club Palmeras, una salsateca importante. El club _____¹³ de un primo de uno de los músicos. Los miembros del grupo _____¹⁴ muy emocionados porque va a _____¹⁵ un promotor musical de Nueva York para escucharlos. También _____¹⁶ nerviosos, pero _____¹⁷ seguro que todo saldrá bien.

ªgrowth

C. Past participles used as adjectives

The past participle can be used as an adjective to modify a noun. This type of adjective is frequently used with **estar,** as it often describes the state or condition that results from an action or change. Remember that the rules of agreement apply.

- Regular past participles are formed by adding **-ado** to the stem of **-ar** verbs and **-ido** to the stem of **-er** and **-ir** verbs.

    Laura está **frustrada** con Sara. (frustrar)
    Diego y Sergio estaban **sorprendidos** porque había tanta gente en el café aquel día. (sorprender)
    Javier estaba **dormido** durante la reunión porque era **aburrida.** (dormir, aburrir)

- Some verbs have irregular past participles, whereas others simply add a written accent to maintain the appropriate stress.

COMMON IRREGULAR PAST PARTICIPLES		ADDED ACCENT
abrir: abierto	morir: muerto	caer: caído
cubrir: cubierto	poner: puesto	creer: creído
decir: dicho	resolver: resuelto	leer: leído
descubrir: descubierto	romper: roto	oír: oído
escribir: escrito	ver: visto	traer: traído
hacer: hecho	volver: vuelto	

¡A practicar!

Fill in the blanks with the appropriate form of the past participle of the verbs in parentheses.

Cuando Laura llegó a su laboratorio el domingo pasado, se llevó una sorpresa. La puerta, que normalmente está _____¹ (cerrar) con llave, estaba _____² (abrir). Con mucha precaución, Laura entró en el laboratorio y descubrió que todo estaba _____³ (hacer) un desastre. Había muchas probetasª _____⁴ (romper) y papeles _____⁵ (tirar) por el piso, y algunos de los ratones de prueba estaban _____⁶ (morir). Otras jaulas,ᵇ de algunos animales que se habían escapado, estaban _____⁷ (abrir). Laura llamó inmediatamente a la policía. Era obvio que

ªtest tubes ᵇcages

alguien había entrado en el laboratorio maliciosamente, tal vez con la intención de robar algo. Y qué lástima porque el trabajo de muchas personas estaba totalmente _____[8] (perder). Hasta hoy, el caso no está _____[9] (resolver) todavía.

D. Uses and omission of articles

DEFINITE ARTICLES

In Spanish, the definite article (**el/la/los/las**) is necessary in many cases in which no article is used in English. Although you will find exceptions, the following rules will serve as a general guideline to help you decide whether or not to use the definite article.

1. The definite article is needed before nouns that refer to concepts and abstract things and to nouns used in a general sense.

    El amor nos ayuda a sobrevivir.   *Love helps us to survive.*
    Los deportes son importantes para   *Sports are important for young people.*
      la gente joven.
    El dinero puede causar problemas en   *Money can cause problems instead of solving them.*
      vez de resolverlos.

2. The definite article is used with nouns that refer to a general group.

    La gente sin recursos necesita   *People without resources need our help.*
      nuestra ayuda.
    Los inmigrantes han aportado   *Immigrants have contributed a lot to our country.*
      mucho a nuestro país.

3. The definite article is used for dates, seasons, meals, and hours.

    Vamos a México **el 3 de enero** para   *We're going to Mexico on January third to spend*
      pasar **el invierno** en la playa.   *the winter at the beach.*
    Sirven **la cena** a eso de **las 8:00** de **la noche.**   *They serve dinner at about 8:00 P.M.*

4. The definite article is used in place of a possessive adjective for parts of the body and clothing.

    Me puse **las sandalias** para ir a la playa.   *I put on my sandals to go to the beach.*
    Rafael se lavó **la cara** con agua fría   *Rafael washed his face with cold water to wake up.*
      para despertarse.

5. The definite article precedes most professional titles or titles of respect, including **señor(a) (Sr[a].)** and **doctor(a) (Dr[a].)** when talking about people. The masculine plural article **los** is used with the singular surname when referring to a family.

    La Sra. Romo fue a ver **al Dr.** Peña.   *Mrs. Romo went to see Dr. Peña.*
    Los Rivera y **los Smith** son amigos.   *The Riveras and Smiths are friends.*

6. The definite article is used before names of sciences, skills, school subjects, and languages when they are the subjects of a sentence or the object of a preposition other than **de** or **en.** When languages are objects of a verb, the article is not used.

    El español es mi clase favorita, pero tengo   *Spanish is my favorite class, but I have problems*
      problemas con **la conjugación** de los   *with verb conjugations.*
      verbos.
but No estoy muy interesado en **química.**   *I'm not very interested in chemistry.*
    El libro de **alemán** cuesta más de 40 dólares.   *The German book costs more than $40.00.*
    Estoy tomando **historia, matemáticas**   *I'm taking history, math, and Spanish.*
      y **español.**

7. The definite article is used with **cama, cárcel, colegio, escuela, guerra, iglesia,** and **trabajo** when they are preceded by a preposition.

Si vuelves de **la escuela** antes de las 3:30, todavía estaré en **la iglesia.**

If you return from school before 3:30, I will still be in church.

8. The masculine singular definite article **el** forms a contraction with the prepositions **de** and **a.** These are the only such contractions in Spanish.

No encuentro las llaves **del coche.**

I can't find the car keys.

but No encuentro las llaves **de la casa.**

I can't find the house keys.

Ayer fui **al centro comercial** para comprar zapatos.

Yesterday I went to the mall to buy shoes.

but Ayer fui **a la zapatería,** pero no me gustaron los precios de allí.

Yesterday I went to the shoe store, but I didn't like the prices there.

INDEFINITE ARTICLES

In Spanish, the indefinite article (**un/una/unos/unas**) is used less frequently than in English. Therefore, the rules in Spanish deal mostly with the omission of the article.

1. No indefinite article is used after the verb **ser** when referring to professions, nationalities, or political and religious affiliations. But whenever these items are modified by an adjective, the indefinite article must be used.

No quiere ser **administradora.**

She doesn't want to be an administrator.

Era republicano, pero ahora es **un demócrata apasionado.**

He was a Republican, but now he's a fervent Democrat.

2. No indefinite article is used before **otro/a, medio/a, cierto/a, mil, cien,** or **ciento.**

No hay **otra manera** de hacer la receta excepto con **media libra** de tomates frescos.

There's no other way to make the recipe except with a half pound of fresh tomatoes.

El libro cuesta **mil** ciento cincuenta **pesos.**

The book costs one thousand one hundred fifty pesos.

¡A practicar!

For the following narration, indicate the appropriate definite or indefinite article, according to the context of the story. ¡**OJO!** In some cases, no article is required.

_____[1] primo de Sara es _____[2] maestro en _____[3] escuela secundaria cerca de _____[4] frontera[a] entre España y Portugal. Enseña _____[5] inglés y _____[6] matemáticas. En total tiene _____[7] cien estudiantes de _____[8] inglés y _____[9] ciento veinte estudiantes de _____[10] matemáticas.

_____[11] Sr. Garrudo es _____[12] jefe de estudios[b] de _____[13] secundaria e insiste en que _____[14] maestros lleguen _____[15] hora antes de que empiecen _____[16] clases para hablar sobre _____[17] mejor manera de ayudar a _____[18] estudiantes con _____[19] problemas de _____[20] aprendizaje.[c] Es _____[21] administrador comprensivo y dedicado a _____[22] desarrollo académico y psicológico de _____[23] estudiantes de su escuela. Él cree de todo corazón[d] que _____[24] dedicación, _____[25] paciencia y _____[26] amor son _____[27] componentes necesarios para asegurar[e] _____[28] éxito[f] de todos _____[29] estudiantes.

[a]*border* [b]*jefe... principal* [c]*learning* [d]*de... wholeheartedly* [e]*ensure* [f]*success*

Comparación

When describing people, places, things, emotions, and actions, we often compare them with others that are the same or different. In this section, you will review (A) comparisons of equality, (B) comparisons of inequality, (C) irregular comparative forms, and (D) superlatives.

A. Comparisons of equality

When you compare people, places, and things that are equal, use the following formulas.

1. **tan** + *adjective* + **como** (Note that the adjective always agrees with the noun it modifies.)

   Laura es **tan lista como** Sergio.
   Javi y Jacobo son **tan ambiciosos como** su padre.

2. **tan** + *adverb* + **como**

   Javier habla **tan rápidamente como** Sara.
   Laura duerme **tan profundamente como** Sara.

3. **tanto/a/os/as** + *noun* + **como** (Note that **tanto** agrees in number and gender with the noun it modifies.)

   Su tío tiene **tanto dinero como** su padre.
   Cristina ha traído **tantos regalos como** Diego.
   Marisol tiene **tantas amigas como** Sean.

4. *verb* + **tanto como**

   Felipe **gasta tanto como** yo.
   Jorge no **come tanto como** su hermano.

B. Comparisons of inequality

When you compare people, places, or things that are not equal, use the following formulas.

1. **más/menos** + *adjective, adverb*, or *noun* + **que**

   Marisol estaba **más contenta** con el Hotel Regina **que** tú.
   Uds. viajan **más frecuentemente que** nosotros.
   Este plan tiene **menos actividades que** el otro.

2. *verb* + **más/menos** + **que**

   Pablo siempre **paga menos que** Roberto.
   Por lo general, los europeos **fuman más que** los norteamericanos.

3. **más de/menos de** + *number*

   El viaje a Madrid le costará **menos de 1.000 dólares.**
   Hay **más de 55 personas** apuntadas (*signed up*) para esta excursión.

C. Irregular comparative forms

Some adjectives have an irregular comparative form.

mejor	*better*	mayor	*older; greater*
peor	*worse*	menor	*younger; lesser*

Esta clase es **mejor que** la del semestre pasado.
Carolina es **menor que** Sara pero **mayor que** Claudia.
Los efectos del terremoto (*earthquake*) son **peores que** los del huracán.

D. Superlatives

Superlative comparisons rank one member of a group as the highest or lowest example of its kind. In general, superlatives are formed as follows.

> *definite article* + *noun* + **más/menos** + *adjective* + **de**

> Pancho es **el estudiante más entretenido** (*entertaining*) **de** todos.

¡OJO! Irregular forms precede the noun in this type of comparison. **Más/menos** is not used in these constructions.

> Dormir en la playa es **la peor idea del** mundo porque hay muchos mosquitos.

¡A practicar!*

A. Write comparisons in complete sentences, using your imagination, the clues given, and the information from the following chart.

NOMBRE	EDAD	HERMANOS	SALARIO	COCHE
Javier	28	1	$2.000/mes	1990 Volkswagen
Laura	27	3	$1.200/mes	2004 Toyota Prius
Diego	32	3	$6.000/mes	Mercedes Benz

1. Laura **/** Diego **/** tener hermanos
2. Laura **/** Javier **/** joven
3. el coche de Javier **/** el coche de Laura **/** bueno
4. Diego **/** Javier **/** ganar dinero
5. Javier **/** Laura **/** rico
6. Laura **/** Diego **/** salir a comer
7. Javier **/** Diego **/** tomar el autobús

B. Translate the following sentences into Spanish.

1. Diego is the most serious of the five friends.
2. I think Austin is the most beautiful city in Texas.
3. Javier is the best person for giving advice.
4. Sara is the youngest one in her family.
5. That place is the best café in the city, but its bathrooms are the worst.

Narración en el pasado

P

PASADO

Narrating in the past requires that you know the past-tense verb forms and that you study and practice using the preterite, the imperfect, the present perfect, and the pluperfect tenses. To help you master this **meta comunicativa,** this section contains (A) a review of the verb forms for the preterite and imperfect; (B) hints for understanding the relationship and differences between them through the use of the **carne/columna** metaphor, an explanatory chart, and symbols to show how events take place in time and in relation to each other; (C) a list of verbs with different meanings in the preterite and imperfect; (D) a review of the present perfect and pluperfect tenses; and (E) **hace… que** constructions.

---

*There are more practice exercises in the *Online Learning Center* and the *Manual.*

A. Formation of the preterite and imperfect

1. Preterite forms

- Here is a review of preterite verb forms, including high-frequency irregular forms.

REGULAR PRETERITE FORMS					
HABLAR: hablé	hablaste	habló	hablamos	hablasteis	hablaron
COMER: comí	comiste	comió	comimos	comisteis	comieron
VIVIR: viví	viviste	vivió	vivimos	vivisteis	vivieron
IRREGULAR PRETERITE FORMS					
DAR: di	diste	dio	dimos	disteis	dieron
DECIR: dije	dijiste	dijo	dijimos	dijisteis	dijeron
ESTAR: estuve	estuviste	estuvo	estuvimos	estuvisteis	estuvieron
HACER: hice	hiciste	hizo*	hicimos	hicisteis	hicieron
IR:† fui	fuiste	fue	fuimos	fuisteis	fueron
PODER: pude	pudiste	pudo	pudimos	pudisteis	pudieron
PONER: puse	pusiste	puso	pusimos	pusisteis	pusieron
QUERER: quise	quisiste	quiso	quisimos	quisisteis	quisieron
SABER: supe	supiste	supo	supimos	supisteis	supieron
SER:† fui	fuiste	fue	fuimos	fuisteis	fueron
TENER: tuve	tuviste	tuvo	tuvimos	tuvisteis	tuvieron
TRAER: traje	trajiste	trajo	trajimos	trajisteis	trajeron
VENIR: vine	viniste	vino	vinimos	vinisteis	vinieron

- Verbs that end in **-car, -gar,** and **-zar** show a spelling change in the first-person singular of the preterite.

  buscar: busqué, buscaste, buscó,…
  pagar: pagué, pagaste, pagó,…
  empezar: empecé, empezaste, empezó,…

- An unstressed **-i-** between two vowels becomes **-y-** in the preterite.

  creer: creió → creyó   leer: leió → leyó
      creieron → creyeron   leieron → leyeron

- Although **-ar** and **-er** stem-changing verbs have no stem change in the preterite (**me acuesto → me acosté; pierde → perdió**), **-ir** stem-changing verbs do have a change in the preterite, but only in the third-person singular and plural. Thus, the stem vowels **e** and **o** change to **i** and **u,** respectively. You will notice in this text that some verbs are listed with two sets of letters in parentheses.

  conseguir (i, i)   divertirse (ie, i)   dormir (ue, u)

---

*The **-c-** in the preterite stem is replaced here with **-z-** to maintain the [s] sound ([θ] in Spain).
†Note that **ir** and **ser** share the same preterite forms. Context will determine meaning: **Mis tíos** fueron **a Londres para las vacaciones. Hace mucho tiempo que los dos** fueron **maestros.**

The first set of letters indicates a stem change in the present tense and the second set represents a change in both the preterite and the present participle.

PRETERITE FORMS OF STEM-CHANGING VERBS

Verbs like PEDIR (i, i)		Verbs like DORMIR (ue, u)	
PRESENT	PRETERITE	PRESENT	PRETERITE
pido	pedí	duermo	dormí
pides	pediste	duermes	dormiste
pide	pidió	duerme	durmió
pedimos	pedimos	dormimos	dormimos
pedís	pedisteis	dormís	dormisteis
piden	pidieron	duermen	durmieron
PRESENT PARTICIPLE		PRESENT PARTICIPLE	
pidiendo		durmiendo	

2. Imperfect forms

- Here is a review of regular and irregular imperfect forms. Please note that there are only three irregular verbs in the imperfect.

REGULAR IMPERFECT FORMS

HABLAR:	hablaba	hablabas	hablaba	hablábamos	hablabais	hablaban
COMER:	comía	comías	comía	comíamos	comíais	comían
VIVIR:	vivía	vivías	vivía	vivíamos	vivíais	vivían

IRREGULAR IMPERFECT FORMS

IR:	iba	ibas	iba	íbamos	ibais	iban
SER:	era	eras	era	éramos	erais	eran
VER:	veía	veías	veía	veíamos	veíais	veían

B. Using the preterite and imperfect

A general rule of thumb to help you understand the distinction between the preterite and the imperfect is that the preterite is used to report events that were completed in the past. The focus may be on the beginning of an event (**Empezó a llorar.**), the end of an event (**Terminó de escribir el informe.**), or on the totality of an event from beginning to end (**Compró otro coche.**). On the other hand, when the focus is on an action that was in progress, with no concern for when it started or ended, the imperfect is used. Think of the preterite verbs as those that move the story line forward (the backbone of the story) and the imperfect as the descriptive filler (the flesh) used to enhance the listener's ability to picture more fully the circumstances of the past event being described. This distinction will be presented in three ways: (1) as a metaphor to guide you as you analyze and create past-tense discourse, (2) as a general explanation of when to use the preterite or the imperfect, and (3) as an explanation of how events take place in time.

1. The metaphor*

The backbone/flesh metaphor can help you understand the relationship between the preterite and the imperfect. Think of the backbone (**la columna**) as the information that moves a story forward, a series of completed actions (preterite). As each event ends (represented with an **X**), a new event begins, which in turn moves the story forward in time. Notice that, in the events narrated below, each preterite verb moves the story line forward from the point of Santiago's waking up to the point of his leaving. The preterite is the backbone of the story.

Santiago se despertó temprano.	X	X	
Comió rápidamente.	X	X	
Salió corriendo de la casa.	X	X	backbone
Llegó a la oficina a las 8:00.	X	X	(**la columna**)
Firmó el documento.	X	X	
Salió para Lima.	X	X	

Verbs in the imperfect do not introduce new events into the story and therefore do not move the story line forward. The imperfect stops the story line to fill in descriptive details or to "flesh out" the story. Hence the reference to the imperfect as the flesh (**la carne**) of the story. Note how the imperfect adds details.

FLESH (LA CARNE)	BACKBONE (LA COLUMNA)	FLESH (LA CARNE)
	Santiago se despertó temprano.	Era una mañana lluviosa.
	Comió rápidamente.	No tenía mucha hambre.
Quería llegar temprano.	Salió corriendo de la casa.	Estaba un poco nervioso.
	Llegó a la oficina a las 8:00.	Su jefe lo esperaba.
Temblaba un poco.	Firmó el documento.	Tenía que ser valiente.
	Salió para Lima.	

---

*This metaphor was devised and articulated by Dr. Ruth Westfall of the University of Texas at Austin.

Notice how the imperfect refers to a time specified by the preterite story line.

- At the time he woke up, it was a rainy morning.
- At the time of eating, he wasn't very hungry.
- He ran from his house because he wanted to arrive early. At the time of leaving, he was feeling a little nervous.
- At the time of his arrival at the office, his boss was waiting for him.
- He was shaking at the time of signing the document, but he had to be brave.
- Then he left for Lima.

This metaphor can be very helpful as you create your own stories in the past, and it is also helpful in analyzing existing texts in Spanish. Read the following narrative. On a separate sheet of paper, indicate the **columna** and the **carne** found in the narration, using the previous example as a model.

El año pasado, Sara fue a Andalucía para pasar las vacaciones de primavera. Hacía muy buen tiempo. El sol brillaba[1] cada día. Primero, Sara paró en Granada, donde visitó la Alhambra. Era un lugar impresionante. Tenía vistas increíbles. Después, se marchó[2] a Sevilla para ver la famosa Semana Santa. Había flores por todas partes y las calles estaban llenas de gente de todas partes. Decidió entonces volver allí para hacer un reportaje para la emisora de radio.

[1]*was shining*   [2]*se… se fue*

This metaphor can also be very useful when you are reading a text in Spanish. If you are confused about what happened in a particular passage, try focusing only on the preterite verbs, so you get the backbone of the story. Each verb in the preterite accounts for the forward movement of the narrative.

2. Usage chart

Here is a brief summary of some of the more common uses of the preterite and the imperfect.

PRETERITE X	IMPERFECT ~~~~~
completed action **Fui** al concierto. Me **puse** furiosa y **decidí** irme. El picnic **terminó** cuando **empezó** a llover.	*progression of an action with no focus on beginning or end* Lo **leía** con gran interés. **Dormía** tranquilamente. Mientras su padre **trabajaba,…**
completed actions in succession Se **levantó, comió** y **llamó** a Ana.	*habitual action* Siempre **comía** rápidamente.
completed action within a specific time period **Estudié** por dos horas anoche. **Vivió** cuatro años en Madrid.	*description of physical and emotional states, including past opinions and desires* El chico **era** alto y delgado. **Tenía** miedo de todo. **Quería** escaparse.
summary or reaction statement **Fue** un verano perfecto.	*background information such as time, weather, and age* **Eran** las 2:00 de la tarde y ya **hacía** frío. En 1978, ella **tenía** 13 años.

3. Uses of the preterite: expansion

a. *Completed action.* Completed actions may refer to events that happened and ended quickly: *Se sentó* **en el sillón y** *cerró* **los ojos.** They may refer to the beginning or end of an action: *Decidió* **investigarlo.** *Terminaron* **la investigación.** Or they may refer to actions that started and ended in the past: *Limpió* **la casa entera.**

b. *Completed actions in succession.* The preterite is used for a series of actions, in which one ended before the other began: *Tomó* **el desayuno,** *limpió* **la casa y** *cortó* **el césped** (*grass*). In this example, each action had a definite beginning and a definite end.

c. *Completed action within a specific time period.* The preterite is used to describe an event that took place within a closed interval of time: **Diego** *estudió* **en Monterrey por cuatro años.** (He studied there during a closed interval of time—four years.)

d. *Summary or reaction statement.* The preterite is also used in a summary statement or a reaction to a series of events packaged as a whole: **¿Qué tal la película? Me** *encantó.* **¡***Fue* **fenomenal!** (overall reaction to the movie as a whole); **¿Qué tal el viaje?** *Fue* **maravilloso.** (The whole trip was wonderful.)

4. Uses of the imperfect: expansion

a. *Progression of an action with no focus on the beginning or end.* The imperfect is used to express what was in the process of happening at a given moment of the story in the past.

Elena **preparaba** la comida mientras su esposo **bañaba** a los niños.	*Elena was preparing the meal while her husband was bathing the children.* (beginning and end of both actions not specified)

b. *Habitual action.* The imperfect is used to describe an activity that used to occur in the past when no definite length of time is mentioned.

Siempre **escuchaba** su música favorita en la sala.	*She always used to listen to her favorite music in the living room.* (habitual action)

c. *Description of physical and emotional states, including past opinions and desires.* The imperfect is also used to describe characteristic states in the past.

Llevaba un traje elegante. **Estaba** guapísimo, pero **estaba** muy nervioso.	*He wore an elegant suit. He was looking extremely handsome, but he was very nervous.* (description of his physical and mental states)
Quería aprender más…	*He wanted to learn more . . .* (His desire was ongoing in the past.)

d. *Background information such as time, weather, and age.* The imperfect is used to set the scene by giving background information.

Era una noche oscura.	*It was a dark night.* (background information)

• Note that the imperfect can also be used to refer to the future in a past statement.

Me dijo que **iba** a romper con Diego.	*She told me she was going to break up with Diego (in the near future).*
Afirmó que **venía** a la fiesta.	*He stated that he was coming to the party.*

5. How events take place in time

You may use the following symbols to help you remember the usage of the preterite and the imperfect in Spanish.

At a specific point in time
Decidió mudarse.
X

Continuous, in progress
De niño, **tocaba** el piano.
~~~~~

Sequential
Hice las tortillas, **cené** y **lavé** los platos.
X X X

Continuous, interrupted by another action
Me **bañaba** cuando **sonó** el teléfono.
~~~X~~~

¡A practicar!*

A. In this exercise you will work only with the four uses of the preterite listed in Section 3 (p. 323). Give the appropriate letter (a–d) for each verb in *magenta italics* to indicate which type of completed action is being expressed. Study the explanations again, if you wish.

1. Marisol y Sean *abrieron* _____ el café Ruta Maya en 1989.
2. El día que *inauguraron* _____ el café *fue* _____ fenomenal para ellos.
3. Todos sus amigos *llegaron* _____, *tomaron* _____ café y los *felicitaron* _____.
4. La madre de Marisol no *pudo* _____ asistir, pero *trató* _____ de llamarla durante todo el día.
5. En 1994, *celebraron* _____ el quinto aniversario del café; la madre de Marisol los *sorprendió* _____ y *llegó* _____ sin avisarlos.
6. *Fue* _____ una sorpresa muy especial.
7. ¡La celebración *duró* _____ tres días!

B. In this exercise you will work only with the four uses of the imperfect mentioned in Section 4 (p. 323). Give the appropriate letter (a–d) for each verb in *magenta italics* to indicate which type of ongoing activity or state is being described. Study the explanations again, if you wish.

1. El día de la apertura (*opening*) de Ruta Maya, Marisol *sentía* _____ un orgullo tan grande que no *podía* _____ contenerlo.
2. *Era* _____ un día perfecto. El sol *brillaba* _____, pero no *hacía* _____ demasiado calor.
3. Sean *limpiaba* _____ el nuevo bar mientras Marisol *preparaba* _____ las bebidas para la fiesta.
4. Marisol *llevaba* _____ un vestido nuevo y Sean le dijo que *estaba* _____ muy guapa.
5. Siempre *encendían* _____ unas velas especiales antes de cualquier ocasión importante.
6. Los dos *pensaban* _____ que su nuevo café *iba*[†] a ser un gran éxito.

C. Verbs with different meanings in the preterite and imperfect

The meanings of the following verbs change depending on whether they are used in the preterite or the imperfect.

---

*There are more practice exercises in the *Online Learning Center* and the *Manual*.
[†]Remember that the imperfect may be used to refer to the future in a past statement. None of the four uses of the imperfect as stated readily applies in this case.

PRETERITE X		IMPERFECT ~~~~
conocer	*to meet* Por fin, los amigos **conocieron** a la madre de Javier. *Finally, the friends met Javier's mother.*	*to know, be acquainted with* Todos **conocían** la tienda de Diego. *Everyone was acquainted with Diego's store.*
saber	*to find out* **Supieron** la noticia. *They found out the news.*	*to know (facts)* **Sabían** que ella venía. *They knew that she was coming.*
poder	*to be able to (to try and to succeed)* **Pudieron** subir a la cima de la montaña. *They were able (tried and succeeded) to climb to the top of the mountain.*	*to be able to (no knowledge of attempt or success)* Dijo que **podía** bailar bien. *He said he could dance well. (no indication of attempt or success, only of his self-declared ability)*
no poder	*to try but fail* **No pudo** traducirlo. *He couldn't (tried but failed to) translate it.*	*to be incapable of* **No podía** traducirlo. *He wasn't capable of translating it. (no indication of attempt or success)*
querer	*to try (but ultimately not achieve)* **Quisimos** comprarlo. *We tried to buy it (but weren't able to for some reason).*	*to want* **Queríamos** comprarlo. *We wanted to buy it.*
no querer	*to refuse* **No quiso** terminar. *She refused to finish.*	*not to want* **No quería** terminar. *She didn't want to finish.*
tener	*to receive* **Tuvo** dos cartas hoy. *He received two letters today.*	*to have* **Tenía** mucho tiempo libre. *He had a lot of free time.*
tener que	*to have to (and to do)* Laura **tuvo que** ir al médico. *Laura had to go (and went) to the doctor.*	*to have the obligation to* Estaba preocupada porque **tenía que** estudiar. *She was worried because she had (the obligation) to study.*
costar	*to cost, be bought for* El suéter **costó** 150 pesos. *The sweater cost (and I bought it for) 150 pesos.*	*to cost, be available for* El abrigo **costaba** 500 pesos. *The coat cost (was priced at) 500 pesos.*

¡A practicar!*

A. For the following sentences, indicate the use of each verb in *magenta italics*. Use **P** for preterite and **I** for imperfect, plus the letter explaining the usage (a–d from Section B, points 3 and 4 on p. 323) for each. Follow the model.

MODELO: Ayer *fue* un día fatal. → P:d

1. Sara *vivió* _____ en Salamanca de 1978 a 1995.
2. Antes *vivía* _____ en un pueblo cerca de Portugal.
3. Su apartamento en Salamanca *era* _____ pequeño pero muy acogedor (*cozy*).
4. Casi todos los días, *tomaba* _____ su cafecito en el bar de abajo.
5. Un día mientras *desayunaba* _____, *recibió* _____ la noticia de su beca (*scholarship*).
6. Cuando su hermana lo *supo* _____, *lloró* _____. Pero le *dijo* _____ que *quería* _____ lo mejor para ella.
7. Sara *fue* _____ a Madrid tres veces para arreglar sus papeles.
8. La última vez que *estuvo* _____ en Madrid, *había* _____ una larga cola y *tuvo* _____ que esperar mucho tiempo.
9. Desafortunadamente, *llevaba* _____ tacones altos (*high heels*).
10. *Fue* _____ un día horrible para ella.

B. Complete each blank with the appropriate preterite or imperfect form of the verb in parentheses.

Cuando Sergio _____¹ (ser) joven, _____² (ir) todos los veranos con su familia a México para visitar a la familia de su madre. Siempre le _____³ (gustar) ver a sus primos, tíos y abuelos y pasar tiempo con ellos. Además, su abuela _____⁴ (ser) una cocinera excelente y a Sergio le _____⁵ (encantar) su comida. Una vez, cuando Sergio _____⁶ (tener) 10 años, la familia entera _____⁷ (ir) a pasar tres meses en Acapulco. Sus padres y sus tíos _____⁸ (alquilar) una casa enorme cerca de la playa. Acapulco _____⁹ (ser) una ciudad lindísima y/e _____¹⁰ (hacer) muy buen tiempo, así que los primos _____¹¹ (poder) ir a la playa casi todos los días. Desafortunadamente, un día Sergio _____¹² (saber) que su otra abuela, la madre de su papá que _____¹³ (vivir) en Boston, _____¹⁴ (estar) enferma. El padre de Sergio _____¹⁵ (tener) que ir a Boston urgentemente. Sergio _____¹⁶ (querer) que su padre se quedara, pero también _____¹⁷ (estar) preocupado por su abuelita. Cuando por fin Sergio y su madre _____¹⁸ (estar) listos para salir, todos _____¹⁹ (sentirse) tristes. A pesar de la enfermedad de su abuela paterna, Sergio lo _____²⁰ (pasar) muy bien ese verano. _____²¹ (ser) unas vacaciones inolvidables.

D. The present perfect and pluperfect

1. Formation

The present perfect and pluperfect tenses are formed by combining the auxiliary verb **haber** and the past participle (for a review of past participles, see Section C of **Descripción** [p. 314]). In contrast to the past participle used as an adjective, the past participle in these tenses never changes in number or gender.

---

*There are more practice exercises in the *Online Learning Center* and the *Manual*.

PRESENT PERFECT		PLUPERFECT	
he vivido	hemos vivido	había hecho	habíamos hecho
has vivido	habéis vivido	habías hecho	habíais hecho
ha vivido	han vivido	había hecho	habían hecho

2. Usage

- The present perfect expresses an action that began in the past and has relevance to the present.

  ¡Qué sorpresa! Sara **ha terminado** el examen antes que los otros. Los padres de Sara **han decidido** ir a los Estados Unidos para pasar la Navidad con ella.

- On the other hand, the pluperfect expresses an action that had already happened before another action took place in the past.

  Javi nos dijo que **había trabajado** ocho días seguidos antes de tomar un descanso. Javier ya **había salido** de Ruta Maya cuando Sara llamó por él.

¡A practicar!*

A. Since the five friends in Austin met, some changes have occurred in their lives. Complete the following sentences with the appropriate present perfect form of the verb in parentheses.

1. Sergio _____ (conseguir) un contrato con Santana.
2. Javier _____ (romper) con su novia.
3. Laura no _____ (volver) a ver a Manuel en el Ecuador.
4. Diego _____ (tener) mucho éxito con Tesoros.

B. Complete the following sentences with the appropriate pluperfect form of the verb in parentheses to indicate that the actions took place before the change mentioned in **Actividad A.**

1. Antes de trabajar con Santana, Sergio _____ (trabajar) con grupos poco conocidos.
2. Antes de romper con su novia, Javier _____ (soñar) con tener relaciones duraderas.
3. Antes de volver a los Estados Unidos, Laura le _____ (prometer) a Manuel que volvería a Quito dentro de tres meses.
4. Antes de tener éxito en su negocio, Diego _____ (hacer) una inversión (*investment*) muy grande.

E. Hace... que

1. To express that an action *has been going on* over a period of time and is still going on, use the phrase **hace** + *period of time* + **que** + *present tense*.

   —¿Cuánto tiempo **hace que estudias** aquí? —*How long have you been studying here?*
   —**Hace dos años que estudio** aquí. —*I've been studying here for two years.*

2. To express how long *ago* something happened, use the **hace... que** construction with the *preterite*.

   Hace dos años que fui a Lima. *I went to Lima two years ago.*

*There are more practice exercises in the *Online Learning Center* and the *Manual*.

3. To express an action that *had been going on* prior to a past point in time, use the imperfect and **hacía** instead of **hace.**

Hacía cinco años que no la **veía** cuando decidió llamarla.

He hadn't seen her for five years when he decided to call her.

4. To express an action that *had already been completed* prior to a past point in time, use the pluperfect and **hacía** instead of **hace.**

No lo podía creer—**hacía 25 años que había llegado** a Caracas.

She couldn't believe it—she had arrived in Caracas 25 years earlier.

5. This type of construction may sometimes be used without the **que.**

—¿Cuánto tiempo **hace que estudias** aquí?
—**Hace dos años.**
Recibimos la revista **hace un mes.**

—How long have you been studying here?
—(I've been studying here for) Two years.
We received the magazine a month ago.

¡A practicar!

Translate the following sentences into Spanish.

1. I'm sorry! How long have you been waiting?
2. I've wanted to eat at this restaurant for a long time.
3. How long ago were you born?
4. Aura left for Buenos Aires six years ago and never returned.
5. Celia had been studying for six hours when Sergio called her.
6. Matías wasn't surprised; he had read about the problem three years earlier.

Reacciones y recomendaciones

When reacting to situations or making recommendations in Spanish, you will often need to use the subjunctive mood. To help you master the concepts of the subjunctive, this section contains a review of (A) present subjunctive forms, (B) past subjunctive forms, (C) the use of the subjunctive in noun clauses, and (D) formal and informal commands.

A. Formation of the present subjunctive

1. The present subjunctive is formed by dropping the **-o** from regular present-tense first-person singular indicative forms, then adding **-e** endings to **-ar** verbs and **-a** endings to **-er/-ir** verbs.

FORMATION OF THE PRESENT SUBJUNCTIVE					
AYUDAR ayudo → ayud-		**LEER** leo → le-		**VIVIR** vivo → viv-	
ayude	ayudemos	lea	leamos	viva	vivamos
ayudes	ayudéis	leas	leáis	vivas	viváis
ayude	ayuden	lea	lean	viva	vivan

2. Verbs that undergo spelling changes or that are irregular in the first-person singular indicative retain this irregularity throughout the present subjunctive.

conocer: conozco → conozca, conozcas, conozca,…
escoger: escojo → escoja, escojas, escoja,…
salir: salgo → salga, salgas, salga,…

3. There are only six irregular verbs in the present subjunctive. Note that the first letters of the infinitives of these irregular verbs, taken together, spell out the word DISHES.

dar: dé, des, dé, demos, deis, den
ir: vaya, vayas, vaya, vayamos, vayáis, vayan
saber: sepa, sepas, sepa, sepamos, sepáis, sepan
haber: haya, hayas, haya, hayamos, hayáis, hayan
estar: esté, estés, esté, estemos, estéis, estén
ser: sea, seas, sea, seamos, seáis, sean

4. Stem-changing **-ar** and **-er** verbs do not undergo a stem change in the subjunctive for the **nosotros** and **vosotros** forms. Stem-changing **-ir** verbs, however, do retain a stem change for those forms.

-ar: sentarse (ie) me siente, nos sentemos, os sentéis
-er: volver (ue) vuelva, volvamos, volváis
-ir: pedir (i, i) pida, pidamos, pidáis; sentir (ie, i) sienta, sintamos, sintáis; morir (ue, u) muera, muramos, muráis

B. Formation of the past subjunctive

1. The past subjunctive of all verbs is formed by dropping the **-ron** from the third-person plural preterite form* and replacing it with endings that include **-ra**.† Note the written accents on the first-person plural forms.

FORMATION OF THE PAST SUBJUNCTIVE					
AYUDAR ayudaron → ayuda-		COMER comieron → comie-		VIVIR vivieron → vivie-	
ayudara	ayudáramos	comiera	comiéramos	viviera	viviéramos
ayudaras	ayudarais	comieras	comierais	vivieras	vivierais
ayudara	ayudaran	comiera	comieran	viviera	vivieran

2. Some argue that there are *no* irregular verbs in the past subjunctive, because any irregularities come from the third-person plural preterite form, which is the basis for the past subjunctive stem.

dormir: durmieron → durmiera, durmieras, durmiera,…
leer: leyeron → leyera, leyeras, leyera,…
sentir: sintieron → sintiera, sintieras, sintiera,…
ser: fueron → fuera, fueras, fuera,…

---

*See the previous section, **Narración en el pasado,** for a review of preterite forms.
†An alternative ending that includes **-se** is also possible, but it's much less common. Here's an example of **escribir** conjugated in this manner: **escribieron → escribiese, escribieses, escribiese, escribiésemos, escribieseis, escribiesen.**

C. Using the subjunctive in noun clauses

Sentences that use the subjunctive have two clauses: an independent (main) clause and a dependent (subordinate) clause. The two clauses are generally separated by the connector **que**.

INDEPENDENT CLAUSE   DEPENDENT CLAUSE

Yo recomiendo + **que** + ella tenga más paciencia.
I recommend + *(that)* + *she have more patience.*

Note that in English the connector *that* is optional, whereas **que** is not.

1. Conditions for the use of subjunctive in Spanish

   - The two clauses must have different subjects.

     (Yo) Quiero que **ellos** lleguen temprano.   *I want them to arrive early.*

   - If there is no change of subject, use the infinitive in the dependent clause.

     Quiero llegar temprano.   *I want to arrive early.*

   - The verb in the independent clause must be in the indicative and express (W) willing/wish, (E) emotion, (I) impersonal expressions, (R) requests and recommendations, (D) doubt or denial, or (O) **ojalá** (*I wish* or *Here's hoping*). If the verb in the independent clause does *not* fall into any of the above WEIRDO categories, the verb in the dependent clause must be in the indicative (even if the two clauses have different subjects). Compare the following paired examples, also noting how the sequence of tenses comes into play.

Quiero que ellos **estén** contentos en su nueva casa.	(W: *wish expressed*)
Sé que ellos **están** contentos en su nueva casa.	(*certainty expressed*)
Recomiendo que Loli **tenga** su propio dormitorio.	(R: *recommendation expressed*)
Estoy seguro de que Loli **tiene** su propio dormitorio.	(*certainty expressed*)
Tenía miedo de que **hubiera** cucarachas en la cocina.	(E: *emotion expressed*)
Era cierto que **había** cucarachas en la cocina.	(*certainty expressed*)

   - Impersonal expressions or generalizations that express willing/wish, emotion, request, doubt, or denial are followed by an infinitive. When one of these generalizations is personalized (made to refer to a specific entity), however, it is followed by the subjunctive in the dependent clause.

Es necesario matar las cucarachas.	(*general*)
Es necesario que **Javier mate** las cucarachas.	(*personalized*)

Era horrible tener cucarachas en casa.	(*general*)
Era horrible que **yo tuviera** cucarachas en casa.	(*personalized*)

   - Here are some expressions that use the subjunctive.

     W: willing/wish; R: requests (these expressions indicate a direct or implicit command)

(no) decir (*irreg.*) que (when **decir** means *to tell someone to do something*)	(no) necesitar que
	(no) querer (*irreg.*) que
	(no) recomendar (ie) que
(no) desear que	(no) sugerir (ie, i) que

E: emotion; O: **ojalá**

(no) alegrarse de que	(no) sentir (ie, i) que
(no) esperar que	(no) temer (*to fear*) que
(no) es una lástima que	ojalá (que)
(no) gustar que	

I: impersonal expressions (indicate opinion or a subjective reaction)

más vale que (*it's better that*)	(no) es mejor que
(no) es bueno que	(no) es necesario que
(no) es difícil que	(no) es posible que
(no) es importante que	(no) es probable que
(no) es imposible que	(no) puede ser que
(no) es increíble que	

D: doubt or denial*

dudar (*to doubt*) que	no es evidente/obvio que
negar (ie)† (*to deny*) que	no estar seguro de que
no creer que	no es verdad que
no es cierto que	no pensar (ie) que

2. Sequence of tenses

   a. If the verb in the main clause is in the present and denotes what the speaker perceives to be an objective opinion, then the action in the subordinate clause is expressed by an indicative tense based on the appropriate time frame.

MAIN CLAUSE (OBJECTIVE OPINION)	SUBORDINATE CLAUSE (INDICATIVE)	TIME FRAME OF ACTION IN SUBORDINATE CLAUSE
Sé que	comprendías.	
Creo que	has comprendido.	past
Supongo que	comprendiste.	
Opino que	comprendes.	present
Pensamos que	vas a comprender.	future
Me parece que	comprenderás.	

---

*Note that in cases where certainty is expressed, the indicative is used: No estoy segura de **que Elena** tenga **razón, pero** es cierto **que ella** sabe **mucho.**

†With **no negar,** either the indicative or the subjunctive may be used, although the tendency is to use the subjunctive: No niego **que** sea **verdad.**

b. If the verb in the main clause is in the present and denotes a subjective comment from the WEIRDO list, then the action in the subordinate clause is expressed by a subjunctive tense based on the appropriate time frame.

MAIN CLAUSE (SUBJECTIVE OPINION *WEIRDO* LIST)	SUBORDINATE CLAUSE (SUBJUNCTIVE)	TIME FRAME OF ACTION IN SUBORDINATE CLAUSE
No creo que Me alegro de que	hayas comprendido. comprendieras.	past
Dudo que Es importante que	comprendas.	present or future

c. If the verb in the main clause is in the past and denotes what the speaker perceives to be an objective opinion, then the action in the subordinate clause is expressed by an indicative tense based on the appropriate time frame in relation to that of the main clause.

MAIN CLAUSE (OBJECTIVE OPINION)	SUBORDINATE CLAUSE (INDICATIVE)	TIME FRAME OF ACTION IN SUBORDINATE CLAUSE
Pensábamos que	ya se habían ido.	previous
Sabía que	lo quería.	simultaneous
Era obvio que	llegarían pronto.	subsequent

d. If the verb in the main clause is in the past and denotes a subjective comment from the WEIRDO list, then the action in the subordinate clause is expressed by a subjunctive tense based on the appropriate time frame in relation to that of the main clause.

MAIN CLAUSE (SUBJECTIVE OPINION *WEIRDO* LIST)	SUBORDINATE CLAUSE (SUBJUNCTIVE)	TIME FRAME OF ACTION IN SUBORDINATE CLAUSE
No creíamos que	hubieras comprendido.	previous
Temía que Era necesario que	comprendieras.	simultaneous or subsequent

¡A practicar!*

REACCIONAR

R

RECOMENDAR

A. Complete the following sentences with the corresponding indicative, subjunctive, or infinitive forms.

1. Los profesores insisten en que Laura _____ (asistir) a la recepción.

2. Es ridículo que Diego _____ (comprar) otro coche caro.

3. Es imposible que Juanito no _____ (saber) leer ese libro.

4. Niegan que tú _____ (ser) extranjero.

5. Alguien me dice que Uds. no _____ (ser) hermanos.

6. ¿Te sorprende que tu hermano _____ (ser) mi enemigo?

7. Creemos que Bárbara _____ (ir) a la playa durante el verano.

8. Espero que todos _____ (traer) su cuaderno de ejercicios.

9. Es necesario que nosotros _____ (trabajar) por la noche.

10. Dudan que yo _____ (poder) resolver el problema.

B. Complete the following sentences according to the context of each situation.

1. Javier fuma dos cajetillas (*packs*) de cigarrillos cada día.
   Es horrible que…
   El médico recomienda que…

2. Sara nunca sale con sus amigos porque siempre está estudiando.
   Es triste que…
   Es evidente que…

3. La novia de Diego siempre coquetea con otros hombres.
   Sugiero que Diego…
   Es obvio que su novia…
   A Diego no le gusta que su novia…

C. Fill in the blanks with the appropriate form of the verb in *magenta italics*.

1. Javier *bebe* demasiado café.
   Sé que Javier _____ demasiado café.
   Es horrible que Javier _____ demasiado café.

2. Antes, Javier *tomaba* muchos licuados.
   Todos sabemos que antes Javier _____ muchos licuados.
   Era increíble que antes Javier _____ tantos licuados y que no engordara.

3. Laura siempre *recibe* notas muy altas.
   Estoy seguro/a de que Laura también _____ notas muy altas cuando tenía 10 años.
   Es fantástico que Laura _____ notas muy altas el año pasado.

4. Pero en su primera clase de quechua, Laura *sacó* C en una prueba.
   Después, su padre supo que Laura _____ C en su primera prueba de quechua.
   Él pensaba que era sorprendente que su hija _____ C en su primera prueba de quechua.

5. Cuando era joven, Sara *quería* ser cantante.
   Todos pensaban que era chistoso que Sara _____ ser cantante, ya que cantaba muy mal.
   De sus amigos actuales, sólo Sergio sabe que antes Sara _____ ser cantante.

6. Sergio *hizo* tres viajes para llevar el equipo de sonido al concierto.
   —¿Quién le pidió que _____ los viajes?
   —Los músicos. Después, estaban muy contentos de que Sergio _____ tantos viajes para ayudarlos.

_____
*There are more practice exercises in the *Online Learning Center* and the *Manual*.

D. Commands

1. With few exceptions, the forms used for commands are exactly the same as those used for the present subjunctive. Only the affirmative **tú** commands and the affirmative **vosotros** commands are formed differently.

   - To form regular affirmative **tú** commands, use the third-person singular (present indicative) form of the verb.
   - Here are the eight irregular affirmative **tú** commands.

decir → di	ir → ve*	salir → sal	tener → ten
hacer → haz	poner → pon	ser → sé†	venir → ven

   - To form all affirmative **vosotros** commands, replace the final **-r** of the infinitive with **-d.**

COMMANDS				
	UD.	**UDS.**	**TÚ**	**VOSOTROS**
hablar	hable no hable	hablen no hablen	habla no hables	hablad no habléis
comer	coma no coma	coman no coman	come no comas	comed no comáis
dar	dé no dé	den no den	da no des	dad no deis
decir	diga no diga	digan no digan	di no digas	decid no digáis
ir	vaya no vaya	vayan no vayan	ve no vayas	id no vayáis

2. Pronouns (reflexive, indirect object, direct object) attach to the end of affirmative commands and precede the conjugated verb in negative commands. In the case of more than one pronoun, the order is always reflexive, indirect, direct (RID). (See the **Hablar de los gustos** section of these green pages [pp. 336–342] for more on the use of direct and indirect object pronouns.)

   - Written accents are added if attaching pronouns to affirmative commands moves the stress to the third-to-last syllable or further back. This is done to maintain the stress of the original affirmative command form.

---

*The affirmative informal command for **ir** has the same form as that of **ver: ve.** Context will determine meaning: ¡Ve **a casa!,** ¡Ve **esa película!**

†The informal command form of **ser** is the same as the first-person singular indicative form of **saber: sé.** Again, context will determine meaning.

- When attaching the reflexive pronoun **os** to an affirmative **vosotros** command, remove the **-d** of the command form before attaching the **os** pronoun. (EXCEPTION: **id** retains the **-d** when adding this pronoun.) Additionally, remember to add an accent to the **i** preceding the **os** pronoun in the case of the affirmative **vosotros** commands of reflexive **-ir** verbs.

COMMANDS WITH PRONOUNS				
	UD.	**UDS.**	**TÚ**	**VOSOTROS**
hacerlo	hágalo no lo haga	háganlo no lo hagan	hazlo no lo hagas	hacedlo no lo hagáis
dármela	démela no me la dé	dénmela no me la den	dámela no me la des	dádmela no me la deis
levantarse	levántese no se levante	levántense no se levanten	levántate no te levantes	levantaos no os levantéis
divertirse	diviértase no se divierta	diviértanse no se diviertan	diviértete no te diviertas	divertíos no os divirtáis
irse	váyase no se vaya	váyanse no se vayan	vete no te vayas	idos no os vayáis

3. To express suggestions and collective commands, such as *Let's leave, Let's speak, Let's not sing,* and so forth, use the present subjunctive **nosotros** form.

- The one exception to this rule is the affirmative form of **ir.** Use **vamos,** not **vayamos.**
- In the affirmative form of reflexive verbs, the final **-s** is dropped before attaching the pronoun **nos.**

NOSOTROS COMMANDS		
	AFFIRMATIVE	**NEGATIVE**
hablar	hablemos	no hablemos
ir	vamos	no vayamos
llamarlo	llamémoslo	no lo llamemos
levantarse	levantémonos	no nos levantemos
irse	vámonos	no nos vayamos

¡A practicar!*

A. Provide the affirmative and negative forms of the **Ud., Uds., tú,** and **nosotros** commands of the following phrases, substituting the correct pronouns for any *magenta italicized* words according to the models.

MODELOS: hacer *la tarea* →

      Hágala. No la haga.

      Háganla. No la hagan.

      Hazla. No la hagas.

      Hagámosla. No la hagamos.

1. ponerse *los zapatos*
2. escribir *a los padres*
3. decir *la verdad*
4. leer *los capítulos*
5. irse de aquí

B. Translate the following commands.

1. Let's buy it. (**la alfombra**)
2. Let's sit down.
3. Bring it. (**la cerveza, tú**)
4. Play it. (**la guitarra, Ud.**)
5. Don't lose them. (**las llaves, Uds.**)
6. Let's not get up.
7. Wait for him. (**Ud.**)
8. Leave. (**tú**)
9. Don't do it. (**tú**)
10. Give it to them. (**la respuesta, Uds.**)

Hablar de los gustos

Expressing likes and dislikes in Spanish can be confusing to English speakers, since the verb **gustar** is not used in the same way as other verbs you have learned. Indirect object pronouns are a necessary element in the construction with **gustar,** so before it is explained, we will review (A) direct object pronouns, (B) the personal **a,** (C) indirect object pronouns, and (D) double object pronouns. Then (E) **gustar** and similar verbs will be reviewed.

A. Direct object pronouns

1. A direct object receives the action of a verb and answers the questions *whom?* or *what?* in relation to that action. Note the direct objects in the following examples.

Consiguió **el aumento.**   *He got the raise.* (What *did he get?* **el aumento**)
No vi a **Sara** anoche.   *I didn't see Sara last night.* (Whom *did I not see?* **Sara**)

---

*There are more practice exercises in the *Online Learning Center* and the *Manual.*

2. A direct object pronoun, like a direct object noun, receives the action of the verb and answers the questions *whom?* or *what?* These pronouns take the place of their corresponding nouns to avoid unnecessary repetition. Here is a complete list of direct object pronouns in Spanish.

DIRECT OBJECT PRONOUNS			
me	*me*	nos	*us*
te	*you (fam., s.)*	os	*you (fam., pl., Sp.)*
lo/la	*you (form., s.)*	los/las	*you (form., pl.)*
lo	*him, it (m.)*	los	*them (m.)*
la	*her, it (f.)*	las	*them (f.)*

Third-person direct object pronouns should be used only after the direct object noun has been identified. That is, if it is already known that the conversation is about Sara, we can refer to her as *her* rather than say *Sara* each time she's mentioned.

3. Direct object pronouns are placed immediately before a conjugated verb.

(Consiguió **el aumento.**)   **Lo** consiguió ayer.
(No vi a **Sara** anoche.)   No **la** vi anoche.
(No he hecho **la tarea** todavía.)   No **la** he hecho* todavía.

There are only three exceptions to this rule. (See number 4.)

4. Direct object pronouns *may* be attached to an infinitive and to the progressive form, but *must* be attached to *affirmative* commands.

Debe conseguir**lo.** = **Lo** debe conseguir.
No quería ver**la** anoche. = No **la** quería ver anoche.
Está preparándo**lo.** = **Lo** está preparando.
Prepáre**lo.** *but* No **lo** prepare.

Remember that when you attach a pronoun to a progressive form or affirmative command, a written accent is used to keep the original stress of the word: preparando → preparándolo.

5. The following verbs are commonly associated with direct objects and direct object pronouns.

admirar	conocer	invitar	querer
adorar	conseguir	llamar	ver
ayudar	escuchar[†]	mirar	visitar
buscar[†]	esperar[†]	necesitar	

---

*Remember that the two elements that make up perfect tenses (a form of **haber** and the past participle) can never be separated. Accordingly, any pronouns that accompany a perfect tense verb will always appear before the conjugated form of **haber.**

[†]Note that **buscar** means *to look for,* **escuchar** means *to listen to,* and **esperar** means *to wait for.* The *to* and *for* that are part of the expression in English are simply part of the verb itself in Spanish, so the object pronoun used with the verb is a direct object pronoun, not the pronoun object of a preposition.

GUSTOS

B. The personal **a**

In Spanish, the word **a** precedes the direct object of a sentence when the direct object refers to a specific person or personified thing. Indefinite pronouns that refer to people, such as **alguien, nadie,** and **quien,** are also preceded by the personal **a.** There is no equivalent for the personal **a** in English. Note the following examples in which the personal **a** is used.

Sara buscó **a** Javier.   (*a specific person*)
Perdí **a** mi perro en el mercado.   (*an animal that is close to you*)
Tenemos que defender **a** nuestro país.   (*a personification of one's country*)
¿**A** quién llamaste?   (*the* whom *refers to a person*)
No llamé **a** nadie.   (**alguien** *and* **nadie** *always take the personal* **a** *when they are direct objects*)

but   Busco un tutor nuevo.   (*No personal* **a** *is used since the direct object is not a specific person.*)

C. Indirect object pronouns

1. Like a direct object, an indirect object also receives the action of a verb, but it answers the questions *to whom?* or *for whom?* the action is performed.

    Sergio **le** escribió a **Sara.**   Sergio wrote to Sara. (*To whom did Sergio write?* **a Sara**)
    No **les** mandó el cheque.   He didn't send them the check. (*To whom did he not send the check?* **a ellos**)

2. Review the following chart of indirect object pronouns. Note that indirect object pronouns have the same form as direct object pronouns except in the third-person singular and plural, represented by **le** and **les,** respectively.

INDIRECT OBJECT PRONOUNS			
me	*to me, for me*	nos	*to us, for us*
te	*to you, for you (fam., s.)*	os	*to you, for you (fam., pl., Sp.)*
le	*to you, for you (form., s.)*	les	*to you, for you (form., pl.)*
le	*to him, for him*	les	*to them, for them (m.)*
le	*to her, for her*	les	*to them, for them (f.)*

3. The placement rules for indirect object pronouns are the same as those for direct object pronouns.

    Laura **me** dio su número.
    Laura va a dar**me** su número. = Laura **me** va a dar su número.
    Laura está buscándo**me.** = Laura **me** está buscando.
    Da**me** tu número. *but* No **me** des tu número.

4. Because **le** and **les** have several equivalents, their meaning is often clarified with the preposition **a** followed by a noun or pronoun. **¡OJO!** Although the clarifying noun or pronoun is often optional, indirect object pronouns are not.

    Sergio **le** escribió (**a Sara**).   *Sergio wrote to Sara.*
    Diego **les** prepara una buena   *Diego is preparing a good soup for you.*
      sopa (**a Uds.**).
    Va a mandar**le** la receta (**a ella**).   *He's going to send her the recipe.*

5. When trying to figure out whether to use a direct or an indirect object pronoun, if you can answer the question *to whom* or *for whom*, you know that the indirect pronoun **le** or **les** is required.

I help her every day.	Do you say "I help to her" or "I help for her"? No, so you use the direct object pronoun **la,** which answers the question *whom do I help?* not *to whom do I help?:* **La** ayudo cada día.
I send him letters often.	Do you say "I send letters to him often"? Yes, so you use the indirect object pronoun **le,** which answers the question *to whom do I send letters?:* **Le** mando cartas a menudo.

6. The following verbs are commonly associated with indirect objects and indirect object pronouns.

dar	hablar	preguntar	regalar
decir	mandar	prestar	servir
escribir	ofrecer	prometer	traer
explicar	pedir	recomendar	

D. Double object pronouns

1. It is common to have both a direct and an indirect object pronoun in the same sentence. When this occurs, the indirect object pronoun always precedes the direct object pronoun. Remember the acronym (RID) (reflexive, indirect, direct) to help you recall the sequence of pronouns.

Sara **nos los** regaló.	*Sara gave them to us.*
Diego **me la** prestó.	*Diego lent it to me.*
Javi quiere dár**mela.**	*Javi wants to give it to me.*

2. When both the indirect and direct object pronouns begin with the letter *l* (such as **le lo** or **les la**), the indirect object pronoun always changes to **se.**

Laura **le** compró **unas galletas.** → Laura **se las** compró.
Estoy trayéndo**les los libros.** → Estoy trayéndo**selos.**

Because **se** can mean **le** or **les,** easily standing for any number of referents—*to him, to her, to you* (singular or plural), *to them*—it is often necessary to clarify its meaning by using **a** plus a noun or pronoun.

Laura **se las** compró **a Sara.**	*Laura bought them for Sara.*
Estoy trayéndo**selos a Uds.**	*I'm bringing them to you.*

¡A practicar!*

Identify the direct object (*whom? / what?*) and the indirect object (*to/for whom? to/for what?*) in the following sentences. Then translate the sentences into Spanish, replacing each object with the appropriate object pronoun.

1. Javier served the clients coffee.
2. Sara told Laura that she wouldn't be home until late.
3. Diego, show Mr. Galindo the paintings, please.
4. Sergio had to call the musicians and then listen to the CDs.
5. Laura was preparing a surprise dinner for Javier.

*There are more practice exercises in the *Online Learning Center* and the *Manual.*

6. Javier, thank (**agradecer**) Laura for the dinner.

7. Sara used to visit her uncle in Salamanca every Sunday.

8. Sergio can buy the flowers for us.

9. Javier and Diego won't tell me the truth.

10. Sara wanted to sing us a song with her horrible voice.

E. **Gustar** and similar verbs

1. As you have learned in your prior Spanish studies, **gustar** means *to please* or *to be pleasing*. Thus, the subject of sentences with **gustar** and similar verbs is the person or thing that is pleasing, not the person to whom it is pleasing. Sentences with **gustar** and similar verbs use the following formula.

INDIRECT OBJECT PRONOUN	+	*GUSTAR*	+	SUBJECT
me　　nos	+	**gust**a **gust**a	+	*infinitive* (comer) (*article*) *singular noun* (el café)
te　　os				
le　　les		**gust**an		(*article*) *plural noun* (los tacos)

¿**Te gusta** cantar?	*Is singing pleasing to you?* (*Do you like singing / to sing?*)
Les gustó mucho la película.	*The movie was very pleasing to them.* (*They liked the movie a lot.*)
Me gustan los libros de Stephen King.	*Stephen King's books are pleasing to me.* (*I like Stephen King's books.*)

2. Note that subject pronouns are not generally used before the **gustar** construction. The most frequent mistake that students make with this construction is to forget that the person to whom something is pleasing is not the subject of the sentence. Note the following examples.

Incorrect: Ana le gustó el gato.
　Correct: **A** Ana le gustó el gato. (**El gato** is the subject of the sentence, not **Ana:** *The cat was pleasing to Ana.*)

He likes those cookies.	= A él **le gustan** esas galletas. 　(*Those cookies* [plural] *are pleasing to him* [**le**].)
Sergio and Diego like fried fish.	= A Sergio y a Diego **les gusta** el pescado frito. 　(*Fried fish* [singular] *is pleasing to them* [**les**].)

3. Here are some other verbs that use the same construction as **gustar.** Note that in all the examples the verb matches the person or thing that is interesting, delightful, fascinating, and so on.

VERBOS COMO *GUSTAR*	
aburrir (*to bore*)	Me aburren las películas lentas.
asustar (*to frighten*)	Le asustan las películas de horror a mi hermana.
caer bien/mal (*to like/dislike someone*)	El nuevo profesor me cae muy bien.
convenir (*to be beneficial / a good idea*)	Te conviene estudiar esta lección.
dar asco (*to disgust; to turn one's stomach*)	Me dan asco las cucarachas.
dar ganas de (*to give the urge*)	—Ver ese anuncio me da ganas de llamar por una pizza ahora mismo.
dar igual (*to be all the same; not to matter*)	—¿Quieres salir ahora? —Me da igual.
disgustar (*to dislike*)	—¡Fuchi! (*Yuck!*) Me disgusta la pizza.
encantar (*to delight*)	—Pues, a mí me encanta la pizza.
fascinar (*to fascinate*)	A Javi le fascina todo tipo de música.
fastidiar (*to annoy; to bother*)	Te fastidian las personas tacañas, ¿verdad?
importar (*to matter*)	A Juan Carlos no le importa el precio.
interesar (*to interest*)	¿Te interesan las noticias internacionales?
molestar (*to annoy; to bother*)	¿Te molesta si fumo?
preocupar (*to worry*)	Me preocupa que la profesora nos dé una prueba mañana.
sorprender (*to surprise*)	Nos sorprende su actitud tan liberal.

¡A practicar!*

A. Complete the following sentences with the appropriate indirect object pronoun and the correct form of the verb in parentheses.

1. ¿A ti _____ _____ (gustar: *preterite*) la comida que sirvió?
2. A mí _____ _____ (encantar: *imperfect*) mirar la tele con mis padres cuando era joven.
3. A Laura y a Sara _____ _____ (fascinar: *preterite*) la película *La lengua de las mariposas.*
4. A mi hermana _____ _____ (dar: *present*) asco la comida frita.
5. A sus abuelos _____ _____ (molestar: *present*) la música de sus nietos.

---

*There are more practice exercises in the *Online Learning Center* and the *Manual.*

B. Form complete sentences according to the model.

MODELO: mis vecinos **/** molestar **/** las fiestas que tenemos cada fin de semana →
A mis vecinos les molestan las fiestas que tenemos cada fin de semana.

1. yo **/** dar asco **/** los perritos calientes (*hot dogs*) con mostaza (*mustard*)
2. los profesores **/** fastidiar **/** los estudiantes que no estudian
3. mi amigo **/** fascinar **/** las películas violentas
4. nosotros **/** encantar **/** estudiar astrología
5. los niños pequeños **/** interesar **/** los dibujos animados
6. los jóvenes **/** molestar **/** las reglas de las residencias universitarias

Hacer hipótesis

In this section, you will review how to express hypothetical situations. Hypothetical situations express what you or someone else would do given certain circumstances: *If I were president of the United States, I would first look for a diplomatic resolution to the conflict.* To form such hypothetical situations in Spanish, you will need to review (A) the past subjunctive, (B) the conditional, and (C) the various rules that govern the formation and use of hypothetical situations.

A. Past subjunctive and sequence of tenses

1. Past subjunctive

   For a review of the formation of the past subjunctive, see p. 328.

2. Sequence of tenses

   Remember that, if the main clause is in the past (and fits one of the WEIRDO categories), the subordinate clause will contain the past subjunctive. (See "Sequence of tenses" on pp. 331–332.)

   Es importante que los niños **duerman** la siesta.
   Era importante que los niños **durmieran** la siesta.

   La maestra **recomienda** que Luis **coma** algo antes de llegar a clase.
   La maestra **recomendó** que Luis **comiera** algo antes de llegar a clase.

   No le **gusta** que sus hijos **vivan** tan lejos.
   No le **gustaba** que sus hijos **vivieran** tan lejos.

B. The conditional

1. The conditional tense (*I would* go, I would speak,* and so on) of regular verbs is formed by adding the conditional endings to the entire infinitive of the verb. Note that the endings are the same for all **-ar, -er,** and **-ir** verbs. Here are some regular verbs in the conditional.

---

*When communicating the English idea of *would* in Spanish, you need to be careful. If *would* refers to a conditional action, often the result of a hypothetical situation, then use the conditional.

      Iría si no tuviera que trabajar.   *I would go if I didn't have to work.*

However, if *would* refers to a habitual action that used to occur in the past, use the imperfect.

      Iba a la playa todos los días.   *I would go (I used to go) to the beach every day.*

FORMATION OF THE CONDITIONAL					
VIAJAR		**BEBER**		**DORMIR**	
viajaría	viajaríamos	bebería	beberíamos	dormiría	dormiríamos
viajarías	viajaríais	beberías	beberíais	dormirías	dormiríais
viajaría	viajarían	bebería	beberían	dormiría	dormirían

2. Irregular verbs in the conditional have slightly different stems but take the same endings as regular ones. The twelve irregular verbs can be grouped into the following three categories.

SHORTENED STEMS

decir: dir- → diría, dirías, diría,...
hacer: har- → haría, harías, haría,...

-e- REMOVED FROM THE INFINITIVE

caber:* cabr- → cabría, cabrías, cabría,...
haber: habr- → habría, habrías, habría,...
poder: podr- → podría, podrías, podría,...
querer: querr- → querría, querrías, querría,...
saber: sabr- → sabría, sabrías, sabría,...

-dr- ADDED TO THE STEM

poner: pondr- → pondría, pondrías, pondría,...
salir: saldr- → saldría, saldrías, saldría,...
tener: tendr- → tendría, tendrías, tendría,...
valer: valdr- → valdría, valdrías, valdría,...
venir: vendr- → vendría, vendrías, vendría,...

C. Hypothesizing

1. A major component of expressing hypothetical situations is wondering "what if?". In this section, you will work with two types of *if* clauses: (1) those that represent a probable situation that is likely to happen or that represent a habitual action and (2) those that represent situations that are hypothetical or contrary to fact. Note the following examples.

   (1) Si estudio, recibiré una «A». (*there's still time for this to happen*) Si estoy preocupado, hablo con mi mejor amiga. (*habitual*)

   (2) Si **estuviera** en México, **visitaría** las ruinas mayas. (*I'm not in Mexico, so the statement is contrary to fact*)

---

*caber = to fit

2. Here are some formulas that use *if* clauses.

si + *present indicative* + *future* or *present* = probable or habitual

Si **tengo** tiempo, **iré** al cine contigo.	*If I have time, I will go to the movies with you.* (probable)
Si ella **toma** buenos apuntes, **saca** buenas notas.	*If she takes good notes, she gets good grades.* (habitual)

si + *past subjunctive* + *conditional* = hypothetical (contrary to fact):

Si yo **fuera** Laura, no **iría** a Colombia.	*If I were Laura, I wouldn't go to Colombia.* (contrary to fact: I am not Laura)

3. To express hypothetical, contrary-to-fact situations about the past, use the following formula.

si + *pluperfect subjunctive* + *conditional perfect* = hypothetical (contrary to fact)

Si yo **hubiera vivido** en el siglo XV, **habría sido** muy pobre.	*If I had lived in the 15th century, I would have been very poor.* (hypothetical, contrary to fact: I didn't live then)
Si **me hubiera casado** a los 17 años, no **habría terminado** mis estudios.	*If I had married at 17, I wouldn't have finished my studies.* (hypothetical, contrary to fact: I didn't get married)

¡A practicar!*

A. Complete the following sentences with the appropriate form of the verbs in parentheses. **¡OJO!** Not all sentences express hypothetical situations.

1. Si yo hablara mejor el español, _____ (conseguir) un puesto en el Perú.
2. Si mi jefe me pagara más dinero, _____ (trabajar: yo) más horas.
3. Si no tomo el desayuno, _____ (tener) poca energía.
4. Si pudiera cambiar de nombre, me _____ (poner) el nombre de _____.
5. Si viera un asesinato, _____ (llamar) a la policía.
6. Si yo _____ (ser) líder de este país, cambiaría muchas cosas.
7. Si _____ (lograr: yo) conseguir las entradas, te llamaré.
8. Si _____ (estar: yo) en Buenos Aires, iría a un bar de tango.

B. Change the following sentences to indicate that the situation is hypothetical. Then translate each sentence into English.

1. Si voy a España, visitaré el Museo del Prado en Madrid.
2. Si Luis tiene suficiente dinero, te mandará un boleto para ir a las Islas Galápagos.
3. Si estudio en Puerto Rico, asistiré a la Universidad Interamericana de San Germán.

Hablar del futuro

F

FUTURO

As you know, the **ir** + **a** + *infinitive* construction is often used to express future actions and states, usually with regard to the immediate future. Spanish also has a future tense with its own set of endings. In this section, you will review (A) the future tense, (B) another use of the future tense: the future of probability, and (C) talking about pending future actions by using the subjunctive in adverbial clauses.

---

*There are more practice exercises in the *Online Learning Center* and the *Manual*.

A. The future tense

1. The future tense, like the conditional (see the section on **Hacer hipótesis** [pp. 342–344]), is easy to form, adding future endings to the infinitive for regular forms.

FORMATION OF THE FUTURE					
ESCUCHAR		**COMER**		**VIVIR**	
escucharé	escucharemos	comeré	comeremos	viviré	viviremos
escucharás	escucharéis	comerás	comeréis	vivirás	viviréis
escuchará	escucharán	comerá	comerán	vivirá	vivirán

2. The same twelve verbs that are irregular in the conditional are also irregular in the future; their stems have the same irregularities as in the conditional, and their endings are regular.

SHORTENED STEMS

decir: dir- → diré, dirás, dirá,...
hacer: har- → haré, harás, hará,...

-e- REMOVED FROM THE INFINITIVE

caber: cabr- → cabré, cabrás, cabrá,...
haber: habr- → habré, habrás, habrá,...
poder: podr- → podré, podrás, podrá,...
querer: querr- → querré, querrás, querrá,...
saber: sabr- → sabré, sabrás, sabrá,...

-dr- ADDED TO THE STEM

poner: pondr- → pondré, pondrás, pondrá,...
salir: saldr- → saldré, saldrás, saldrá,...
tener: tendr- → tendré, tendrás, tendrá,...
valer: valdr- → valdré, valdrás, valdrá,...
venir: vendr- → vendré, vendrás, vendrá,...

B. The future of probability

The future can also be used to express probability or to conjecture about what is happening now. This can be tricky for speakers of English, because the English words and phrases used to indicate probability, such as *must, probably, wonder,* and so on, are not directly expressed in Spanish.

—¿Dónde **estará** Javi?
—Es lunes. **Estará** trabajando en
Ruta Maya.

—*I wonder where Javi is. (Where could Javi be?)*
—*It's Monday. He's probably (must be)
working at Ruta Maya.*

¡A practicar!*

A. Replace the **ir** + **a** + *infinitive* construction with the future in the following paragraph. **¡OJO!** Pay attention to pronoun placement.

Mamá, mañana tú *vas a despertarme*[1] temprano para que yo tenga tiempo de hacerlo todo bien. *Voy a ponerme*[2] un traje muy elegante para causarle una buena impresión a la entrevistadora. Cuando llegue a la oficina, *voy a saludarla,*[3] y ella me *va a decir*[4] que me siente. *Va a hacerme*[5] muchas preguntas sobre mis estudios y mi experiencia, y yo las *voy a contestar*[6] con cuidado y cortesía. No *voy a ponerme*[7] nerviosa. Cuando termine la entrevista, ella y yo *vamos a despedirnos*[8] cordialmente. ¡Estoy segura de que *van a llamarme*[9] muy pronto para ofrecerme el puesto!

B. Use the future of probability to make a conjecture about the following situations. Then translate the sentences into English.

1. Mario tiene el pelo canoso y muchas arrugas. _____ (Tener) por lo menos 70 años.
2. Alicia me dijo que llegaría a las 7:00, pero ya son las 7:30. _____ (Haber) mucho tráfico.
3. Pablo tiene un Rolls Royce y una casa en Boca Ratón. _____ (Ganar) mucho dinero.
4. La nueva película de mi primo ha sido un éxito maravilloso. _____ (Estar) muy contento.
5. Ricky Martin canta en inglés y español. _____ (Vender) muchos discos en el mercado internacional.

C. Using the subjunctive in adverbial clauses

It is important to remember that talking about future events often requires adverbial phrases (conjunctions) that refer to some pending time in the future or in the past. Here you will concentrate on two groups of frequently used conjunctions. The first group (A SPACE) denotes contingency, or actions that are contingent upon the completion of other actions, and the second group (THE CD) contains conjunctions of time. A SPACE conjunctions are always followed by the subjunctive (present or past). Use indicative after THE CD conjunctions if the action is habitual or completed (present or past indicative) and use subjunctive if the action is pending or has not yet materialized (present or past subjunctive).

A SPACE SUBJUNCTIVE	THE CD INDICATIVE OR SUBJUNCTIVE
antes de que sin que para que a menos que con tal (de) que en caso de que	tan pronto como hasta que en cuanto cuando después de que

---

*There are more practice exercises in the *Online Learning Center* and the *Manual*.

A SPACE (SUBJUNCTIVE)

Llámame **antes de que salgas** para el aeropuerto.

No voy a Jamaica este año **a menos que** me **den** más días de vacaciones.

Saldré contigo este viernes **con tal (de) que** no **vayamos** al cine.

No iba a aceptar el puesto **sin que** le **ofrecieran** más dinero.

El Sr. Mercado trabajaba mucho **para que** sus hijos **tuvieran** más oportunidades de las que él tenía.

Te di el número de teléfono **en caso de que** lo **necesitaras.**

THE CD (INDICATIVE OR SUBJUNCTIVE)

Juanito se pone triste **tan pronto como sale** su mamá. (*habitual in present: present indicative*)

Te llamo **tan pronto como llegue** mi esposo. (*pending in present: present subjunctive*)

Nuestro perro siempre comía **hasta que se enfermaba.** (*habitual in past: past indicative*)

Hasta que no pagara la multa (*fine*), no saldría de la cárcel. (*pending in past: past subjunctive*)

De niña, salía corriendo de la casa **en cuanto llegaba** su padre del trabajo. (*habitual in past: past indicative*)

Laura irá a Bolivia y Colombia **en cuanto tenga** suficiente dinero. (*pending in present: present subjunctive*)

Cuando llegó a Costa Rica, se fue al bosque lluvioso. (*completed action: past indicative*)

Nos sentiremos mucho más aliviados **cuando deje** de llover. (*pending in present: present subjunctive*)

Después de que Ema **salió** de la casa, su amiga Frida la llamó por teléfono. (*completed action: past indicative*)

Después de que aprendiera bien el español, le darían un aumento de sueldo. (*pending in past: past subjunctive*)

- Note that without the word **que,** the phrases **después de, antes de, para,** and **sin** become prepositions and are therefore followed by the infinitive.

Carmen vendrá **después de comer.**

Antes de tomar la pastilla, sugiero que llames al médico.

Para salir bien en el examen, debes estudiar más.

No vas a salir bien en este examen **sin estudiar.**

¡A practicar!*

Complete the following sentences with the appropriate form of the verb in parentheses. Then indicate whether the action is contingent (**CN**), pending or not completed (**P**), completed (**C**), or whether it denotes habitual behavior (**H**).

1. Iré a comprar las entradas antes de que _____ (llegar) mi hermano.

2. Hasta que no _____ (terminar) la tesis, Marta estaba muy nerviosa.

3. Marisa arregla su cuarto para que su madre _____ (estar) contenta.

4. Pensamos hacer caminatas (*to take long walks*) en las montañas a menos que _____ (llover) este fin de semana.

5. No me gusta viajar en avión cuando _____ (hacer) mal tiempo.

6. ¡Está bien! Iremos a Isla Mujeres con tal de que me _____ (ayudar: tú) con los niños.

*There are more practice exercises in the *Online Learning Center* and the *Manual.*

7. Te dejo un poco de dinero en caso de que los niños _____ (querer) merendar algo.

8. Cuando era joven, yo salía de casa sin que me _____ (ver) mis padres.

9. Joaquín siempre se baña antes de _____ (desayunar).

10. Cuando _____ (escuchar: yo) música clásica, me pongo muy relajado.

11. Llámeme tan pronto como _____ (saber: Ud.) algo, por favor.

12. Voy a estar en la biblioteca hasta que _____ (llegar: tú).

13. El otro día, después de que _____ (despedirse: nosotros), vi un accidente horrible.

14. Cuando _____ (mudarse: ella) a Nueva York el año pasado, no conocía a nadie.

15. Después de _____ (firmar) el contrato, Sergio se sintió emocionado.

Referencia de gramática

Los otros puntos gramaticales

A. Reflexive and reciprocal pronouns

1. Reflexive verbs usually express an action that one does to or for oneself. In English, this is understood but not always stated. Here are some of the more common reflexive verbs in Spanish.

acostarse (ue)	*to go to bed*	entristecerse (zc)	*to become sad*
afeitarse	*to shave*	levantarse	*to get up; to stand up*
alegrarse	*to become happy*	llamarse	*to be called*
asustarse	*to become afraid*	perderse (ie)	*to get lost*
bañarse	*to bathe*	ponerse (irreg.)	*to put on (clothing)*
deprimirse	*to get depressed*	preocuparse	*to become worried*
despertarse (ie)	*to wake up*	quitarse	*to take off (clothing)*
divertirse (ie, i)	*to have a good time*	reírse (i, i)	*to laugh*
ducharse	*to take a shower*	sentarse (ie)	*to sit down*
enfermarse	*to get sick*	vestirse (i, i)	*to get dressed*
enojarse	*to become angry*		

- Note that the reflexive pronouns attached to these infinitives change to correspond with the subject performing the action.

me baño	**nos** bañamos
te bañas	**os** bañáis
se baña	**se** bañan

- The placement of reflexive pronouns is the same as that of direct and indirect object pronouns. (See the discussion of direct object pronouns in the section on **Hablar de los gustos** [pp. 336–342].)

Tienes que bañar**te** ahora. = **Te** tienes que bañar ahora.
Los niños están bañándo**se**. = Los niños **se** están bañando.

2. The plural reflexive pronouns **nos, os,** and **se** can be used to express reciprocal actions that are expressed in English with *each other* or *one another.*

Nos queremos.	*We love each other.*
¿**Os** ayudáis?	*Do you help one another?*
Se admiran.	*They admire each other.*

3. Reflexive verbs may cease to be reflexive and instead take direct objects when the action is done to someone else.

acostar   *to put (someone else) to bed*   acostarse   *to go to bed*

A las 7:00 Marta **acuesta** a sus hijos.
Ella no **se acuesta** hasta las 11:30.

levantar   *to raise, pick up; to lift*   levantarse   *to get up; to stand up*

Rosa no puede **levantar** a su hijo porque es muy grande.
Rosa **se levanta** a las 7:00, pero no **nos levantamos** hasta las 8:00.

- Some verbs can also change their meaning when a reflexive pronoun is added.

dormir   *to sleep*   dormirse   *to fall asleep*

No **duermo** bien cuando bebo mucho.
Me duermo en clase cuando bebo mucho la noche anterior.

poner   *to put, place; to turn on*   ponerse   *to put on (clothing)*

Mi compañero de cuarto **pone** el aire acondicionado muy bajo.
Por eso tengo que **ponerme** un suéter aunque estamos en agosto.

¡A practicar!

Fill in the blanks with the correct forms of the appropriate verbs in parentheses.

Tengo una familia numerosa y todos tenemos un horario diferente. Yo _____[1] (acostarse/despertarse) a las 6:00 de la mañana y empiezo a _____[2] (ponerse/vestirse). Mi hermano, sin embargo, ya está despierto a esa hora y no puedo entrar en el baño porque él _____[3] (ducharse/sentarse). Él _____[4] (alegrarse/enojarse) si lo molesto. Mis hermanas gemelas, que _____[5] (llamarse/ponerse) Elena y Eloísa, son estudiantes de medicina. Cuando les toca el turno nocturno,[a] ellas llegan por la mañana y _____[6] (acostarse/levantarse) inmediatamente. Los demás _____[7] (divertirse/sentarse; nosotros) a la mesa para desayunar. Mis hermanos son muy cómicos y todos _____[8] (deprimirse/reírse; nosotros) un montón. Estoy segura de que tú no _____[9] (divertirse/entristecerse) tanto con tu familia como yo con la mía.

[a]les… *it's their turn to work the night shift*

B. Prepositions and verbs that take prepositions

1. The only verb form that can follow a preposition is the infinitive.

a	*to; at*	durante	*during*
antes de	*before*	en	*in; on; at*
con	*with*	hasta	*until*
de	*of; from*	para	*for; in order to*
después de	*after*	por	*for; because of*

¿Qué haces **para aprender** el vocabulario?
¿Lees **antes de dormir?**
¿Qué te gusta hacer **después de tomar** un examen?

2. Many verbs are accompanied by a preposition when preceding an infinitive (*inf.*) and/or a noun (*n.*). Here are some of the more common verbs of this type.

VERBS ACCOMPANIED BY A

acostumbrarse a + *inf.* or *n.*	ayudar a + *inf.*	enseñar a + *inf.*
adaptarse a + *inf.* or *n.*	comenzar (ie) a + *inf.*	invitar a + *inf.* or *n.*
animarse a + *inf.*	dedicarse a + *inf.* or *n.*	parecerse a + *n.*
aprender a + *inf.*	empezar (ie) a + *inf.*	volver (ue) a + *inf.** or *n.*

VERBS ACCOMPANIED BY CON

casarse con + *n.*	contar (ue) con + *inf.* or *n.*	enfrentarse con + *n.*
chocar con + *n.*	cumplir con + *n.*	soñar (ue) con + *inf.* or *n.*

VERBS ACCOMPANIED BY DE

acabar de + *inf.*	despedirse (i, i) de + *n.*	encargarse de + *inf.* or *n.*
acordarse (ue) de + *inf.* or *n.*	disfrutar de + *n.*	enterarse de + *n.*
aprovecharse de + *n.*	divorciarse de + *n.*	olvidarse de + *inf.* or *n.*
depender de + *n.*	enamorarse de + *n.*	tratar de + *inf.*

VERBS ACCOMPANIED BY EN

basarse en + *inf.* or *n.*	consistir en + *inf.* or *n.*	fijarse en + *inf.* or *n.*
confiar en + *inf.* or *n.*	entrar en† + *n.*	insistir en + *inf.*

VERBS ACCOMPANIED BY POR

disculparse por + *inf.* or *n.*	optar por + *inf.* or *n.*	preocuparse por + *inf.* or *n.*

3. Two verbs require **que** before an infinitive.

Hay que salir temprano.   **Tiene que** aumentar los sueldos.

---

*The phrase **volver a** + *infinitive* means *to do something again.*

Espero otros cinco minutos. Si no llega, vuelvo a llamarlo.
I'll wait another five minutes. If he doesn't arrive, I'll call him again.

†Some native speakers use the preposition **a** instead of **en** after the verb **entrar.**

e preposition (**a, con, de, en**).

cho _____ su padre.

asó _____ el Ecuador, Laura nunca se animó _____ comer cuy

a soñado _____ un hombre rico y guapo. El sábado pasado, se
sueños.

upa _____ el bienestar (*welfare*) de su hijo.

_____ mí.

unas encuestas telefónicas realizadas la semana pasada. Pero
tas telefónicas.

_____ que tiene que aumentar los sueldos _____ sus empleados.

plir _____ sus promesas, pronto su novia Cristina va a
_____ otro hombre.

ces of information. When followed by an infinitive, **saber**
ng.

> *They don't know the boss's address.*
> *Do you know how to use that machine?*

acquainted (*familiar*) *with* a person, place, or thing. It can also
sonal **a** is used before mention of a specific person.

ble.

> *We know (are familiar with) a very pleasant café.*
> *Do you want to meet my parents?*
> *I don't know the owner.*

form of the verb **saber** or **conocer**.

restaurante por aquí? Tengo ganas de salir a comer esta
e ir.

restaurante por aquí! Hay un restaurante argentino a tres
que no requieren reservación, pero creo que debes llegar
gente esperando una mesa. _____⁵ muy bien al dueño,
amiga mía, él te dará una de las mejores mesas. Don
a sus clientes especiales. Y si tienes la oportunidad, debes
el hijo de don Mario, es bastante guapo, soltero y que yo

simple sentences into one complex sentence. In the
que replaces the repeated element in the second simple
complex sentence.

iene información sobre la artesanía boliviana.
información sobre la artesanía boliviana.

1. The pronoun **que** refers to things and people and expresses *that; which; who.*

Tengo el libro **que** querías.	*I have the book (that) you wanted.*
Es una persona **que** sabe mucho.	*He's a person who knows a lot.*

2. The pronoun **quien(es)** refers only to people, *may* be used in a nonrestrictive clause,* and *must* be used after a preposition or as an indirect object to express *who* or *whom.*[†]

Sara, **quien** es de España, vive en Austin.	*Sara, who is from Spain, lives in Austin.*
El chico **con quien** ella se quedaba es rico.	*The guy with whom she stayed is rich.*
El jefe, **a quien** no le gustan las fiestas, está allí.	*The boss, who doesn't like parties, is there.*

3. The pronouns **que** and **quien(es)** are the preferred choice in the Spanish-speaking world for informal speech. In writing and more formal speech situations, however, many native speakers prefer to use a set of compound relative pronouns after a preposition or to introduce a nonrestrictive clause. These compound relative pronouns are **el/la/los/las que** and **el/la/los/las cual(es)** and are used to express *that, which,* or *who/whom.* There is usually no semantic difference between the **que** or **cual** variants of these pronouns; the choice is a matter of personal preference.

Esa artesanía boliviana, **la que** buscaba Diego, es hermosa.	*Those Bolivian handicrafts, the ones that Diego was looking for, are beautiful.*
El cine **al cual** van está en el centro.	*The movie theater to which they are going is downtown.*

   Additionally, the **el/la/los/las que** set can appear at the beginning of a sentence when the subject that the pronoun is replacing is already known or implied. In this case, these pronouns express *the one(s) that.*

La que me gustó más fue la falda verde.	*The one that I liked most was the green skirt.*

4. **Lo cual** refers to a concept or idea, will almost always appear in the middle of sentence, and expresses *which.*

El examen fue difícil, **lo cual** nos sorprendió.	*The exam was difficult, which surprised us.*

5. **Lo que** refers to a concept or idea. It is commonly used at the beginning of a sentence, but may also appear in the middle, to express *what* or *that which.*

Lo que no quiero es meterme en más líos.	*What I don't want is to get into more trouble.*
Eso es **lo que** te dije.	*That's what I told you.*

6. **Cuyo/a/os/as** is a possessive relative pronoun and is used like its English equivalent, *whose.* Note that it agrees in number and gender with the person or thing possessed.

El niño **cuyos** padres se marcharon está llorando.	*The child whose parents left is crying.*
La dueña **cuyo** negocio fracasó quiere empezar de nuevo.	*The owner whose business failed wants to start again.*

---

*A nonrestrictive clause is a clause embedded in a complex sentence and is usually set off by commas. These embedded elements represent afterthoughts or asides that can be removed without changing the fundamental meaning of the sentence. In nonrestrictive clauses that refer to people, either **que** or **quien(es)** may be used. However, many native speakers prefer to use **quien(es)** in all such cases.

[†]**Quien(es)** can be used as a direct object, but most native speakers omit the **a quien(es)** and introduce the embedded element with **que,** especially in informal speech. **La mujer** a quien **vimos en la tienda era muy alta.** → **La mujer** que **vimos en la tienda era muy alta.**

7. **Donde** can be used as a relative pronoun to express *where*.

Necesito trabajar en un lugar **donde** haya silencio absoluto.

I need to work in a place where there is absolute silence.

¡A practicar!

Fill in the blanks with the appropriate relative pronoun.

1. Javier, _____ es puertorriqueño, es una persona _____ sabe mucho.
2. _____ Diego no quiere es que Cristina se enamore de otro hombre.
3. El Museo de Arte, _____ tú buscabas, está cerrado hoy, pero hay otro museo _____ te puede interesar.
4. El restaurante en _____ pensaban almorzar sólo abre en la noche, así que fueron a una cafetería de _____ había escuchado buenas cosas.
5. ¿Las canciones? _____ más me gustaron eran las de *Los Lonely Boys*. ¿Los CDs? _____ me prestaste están encima de la mesa.

E. **Por** and **para**

The Spanish prepositions **por** and **para** both mean *for*. Each has additional meanings, however, some of which are presented here.

1. Uses of **por**

by, by means of	Vamos **por tren.***
	Debemos hablar **por teléfono** primero.
through, along	Caminamos **por el parque** y **por la playa.**
during, in (time of day)	Nunca estudio **por la mañana.**
because of, due to	Estoy nerviosa **por la entrevista.**
for = in exchange for	Piden $55 **por el libro.**
	Gracias **por todo.**
for the sake of	Quiero hacerlo **por ti.**
for = duration (often omitted)	Vivieron en España **(por) cuatro años.**
per	Hay dos premios **por grupo.**

   • In addition, **por** is used in a number of phrases, some of which are included here.

por ejemplo	*for example*
por eso	*that's why, therefore*
por favor	*please*
por fin	*finally*
por lo general	*generally, in general*
por lo menos	*at least*
por si acaso	*just in case*
¡por supuesto!	*of course!*

2. Uses of **para**

in order to	Vienen a las 2:00 **para pintar** el cuarto.
for = destined for	El regalo es **para mi esposa.**
for = by (deadline, specified future time)	**Para mañana,** debe tenerlo listo.

---

*Many native speakers prefer using the preposition **en** instead of **por** with modes of transportation: **en avión, en bicicleta, en coche,** and so on.

for = toward, in the direction of	Salió **para Bolivia** ayer.
for = to be used for	Es **para guardar** la ropa.
for = as compared with others,	**Para ellos,** no es importante. **Para (ser) tan**
in relation to others	**joven,** es muy maduro.
for = in the employ of	Trabajan **para IBM** ahora.

¡A practicar!

Fill in the blanks with **por** or **para**.

_____[1] llevar una vida equilibrada, hago muchas cosas. _____[2] lo general, como bien y hago ejercicios _____[3] la mañana todos los días. A veces levanto pesas y a veces corro _____[4] el parque central de la ciudad. Tengo que decir que _____[5] la edad que tengo, me veo mucho más joven. El ejercicio no es tan importante _____[6] mis colegas de trabajo; _____[7] eso es que algunos ya están un poco gorditos. Bueno, ¡es _____[8] la falta de ejercicio y _____[9] lo mucho que comen! No es que yo quiera vivir _____[10] siempre; es que quiero estar aquí cuando mis hijos se casen y tengan sus propios hijos. Si me ofrecieran un millón de dólares _____[11] dejar la vida sana que tengo, _____[12] supuesto no lo aceptaría. La salud vale más que el oro.

F. Using the subjunctive in adjective clauses

An adjective clause describes a preceding noun. In the following example, the relative pronoun **que** introduces an adjective clause that describes what type of place the Ruta Maya café is.

El café Ruta Maya es un lugar **que atrae a gente diversa.**

Adjective clauses can also be introduced by **donde** if they describe a place, in the same way that the relative pronoun *where* is used in English.

Hay una mesa en Ruta Maya **donde siempre me siento.**

Note that the indicative (**atrae, siento**) is used in the adjective clause of the two preceding sentences. This is because the speaker is expressing an opinion or fact based on previous experience with the noun that each adjective clause describes (**un lugar** and **una mesa en Ruta Maya**). In the speaker's mind, the Ruta Maya café attracts a diverse mix of clients, and his or her special table exists.

1. When an adjective clause describes something of which the speaker has no prior knowledge (in other words, an unspecified or unknown person, place, or thing), the subjunctive is used in the adjective clause.

UNSPECIFIED OR UNKNOWN NOUN [−KNOWLEDGE] (SUBJUNCTIVE)	SPECIFIC OR KNOWN NOUN [+KNOWLEDGE] (INDICATIVE)
Necesito una clase que **empiece** antes de las 11:00.	Tengo una clase que **empieza** antes de las 11:00.
Buscamos un café que **sirva** café turco.	Buscamos el café que **sirve** café turco.
Busco un empleado* que **hable** español y chino.	Busco a la empleada* que **habla** español y chino.
Busco a alguien* que **juegue** al tenis bien.	Conozco a la persona* que **juega** bien.

---

*The personal **a** is not used with direct objects that refer to unspecified or unknown persons. However, remember that **alguien** and **nadie,** when used as direct objects, are always preceded by the personal **a.**

2. When the noun described by the adjective clause is part of a negative expression, the subjunctive is used in the adjective clause because, in effect, it is describing something that does not exist in the speaker's mind.

NEGATIVE EXPRESSION [−EXISTENCE] (SUBJUNCTIVE)	AFFIRMATIVE EXPRESSION [+EXISTENCE] (INDICATIVE)

No hay nadie en mi clase que **fume**.
No conozco ningún hotel por
   aquí que **tenga** precios bajos.
	Hay varios estudiantes en mi clase que **fuman**.
	Conozco un hotel por aquí que
	   tiene precios bajos.

3. When a noun and the adjective clause describing it are part of a yes-or-no question, the subjunctive is used in the adjective clause because the speaker is uncertain whether the noun exists. (That's why the speaker is posing the question in the first place!) In answering such questions affirmatively, of course, the indicative is used; the subjunctive is used in answering them negatively.

YES-OR-NO QUESTION [−EXISTENCE] (SUBJUNCTIVE)	AFFIRMATIVE ANSWER [+EXISTENCE] (INDICATIVE)
¿Hay alguien aquí que **sepa** la dirección? ¿Tienes un bolígrafo que me **prestes?**	Sí, Marta la **sabe**. Sí, aquí **tienes** uno.

YES-OR-NO QUESTION [−EXISTENCE] (SUBJUNCTIVE)	NEGATIVE ANSWER [+EXISTENCE] (SUBJUNCTIVE)

¿Hay una tienda por aquí
   donde **vendan** jamón serrano?
¿Conoce Ud. a alguien que **hable** ruso?
	No, no hay ninguna tienda por
	   aquí que **venda** jamón serrano.
	No, no conozco a nadie que **hable** ruso.

¡A practicar!

Fill in the blanks with the appropriate form of the verbs in parentheses.

MAURA: ¿Hay un lugar en Austin donde la gente _____ [1] (poder) relajarse y tomar café?

MIGUEL: Sí, Ruta Maya es un lugar donde la gente _____ [2] (relajarse) y _____ [3] (tomar) café todos los días.

MAURA: Pero busco un lugar que _____ [4] (vender) café de comercio justo y donde _____ [5] (haber) gente que _____ [6] (hablar) español. ¿Existe un lugar así?

Diego necesita un empleado que _____ [7] (saber) español y que _____ [8] (ser) bueno para los negocios.

Desgraciadamente, Diego cree que no hay nadie que _____ [9] (trabajar) tan bien como él. La verdad es que no hay nadie que _____ [10] (cumplir) con sus expectativas (*expectations*).

Apéndice 1: ¡A practicar! Answer Key

Descripción

A. Agreement

A.

1. el águila, 6
2. el archivo, 2
3. la crisis, 3
4. la cumbre, 3
5. el día, 10
6. la flor, 10
7. la foto, 7
8. la luz, 3
9. la mano, 10
10. la moto, 7
11. la mujer, 1
12. la nariz, 3
13. el pan, 4
14. el papel, 4
15. la playa, 1
16. la voz, 3

B. 1. La, simpática 2. Las, frías 3. Las, bonitas 4. El, la, baja 5. Las, fabulosas 6. La, el, mala 7. La, larga 8. El, la, pequeño 9. El, fuerte 10. Los, el, gigantescos

B. Ser and **estar**

A. 1. de México 2. preocupados 3. tímida 4. tomando un café 5. periodista

B. 1. O 2. P 3. L 4. T 5. E 6. C 7. T 8. O, O 9. E 10. I 11. PO 12. C 13. P 14. PO 15. D

C. 1. es 2. está 3. es 4. son 5. está 6. es 7. son 8. son 9. es 10. es 11. ser 12. es/será 13. es 14. están 15. estar 16. están 17. es

C. Past participles used as adjectives

1. cerrada 2. abierta 3. hecho 4. rotas 5. tirados 6. muertos 7. abiertas 8. perdido 9. resuelto

D. Uses and omission of articles

1. El 2. – 3. una 4. la 5. – 6. – 7. – 8. – 9. – 10. – 11. El 12. el 13. la 14. los 15. una 16. las 17. la 18. los 19. – 20. – 21. un 22. al 23. los 24. la 25. la 26. el 27. los 28. el 29. los

Comparación

A. 1. Laura tiene tantos hermanos como Diego. 2. Laura es menor que Javier. 3. El coche de Javier es peor que el (coche) de Laura. 4. Diego gana más (dinero) que Javier. 5. Javier es más rico que Laura. 6. Laura sale a comer menos que Diego. 7. Javier toma el autobús más que Diego.

B. 1. Diego es el más serio de los cinco amigos. 2. Pienso que Austin es la ciudad más bella de Texas. 3. Javier es la mejor persona para dar consejos. 4. Sara es la menor de su familia. 5. Ese lugar es el mejor café de la ciudad, pero sus baños son los peores.

Narración en el pasado

B. Using the preterite and imperfect

A. 1. a 2. a, d 3. b, b, b 4. a, c 5. a, a, a 6. d 7. c

B. 1. c, c 2. d, d, d 3. a, a 4. c, c 5. b 6. c

C. Verbs with different meanings in the preterite and imperfect

A. 1. P:c   2. I:b   3. I:c   4. I:b   5. I:a, P:a   6. P:a, P:a; P:a, I:c   7. P:a   8. P:a, I:d, P:c   9. I:c   10. P:d

B. 1. era   2. iba   3. gustaba   4. era   5. encantaba   6. tenía   7. fue   8. alquilaron   9. era   10. hacía   11. pudieron   12. supo   13. vivía   14. estaba   15. tuvo   16. quería   17. estaba   18. estaban   19. se sentían   20. pasó   21. Fueron

D. The present perfect and pluperfect

A. 1. ha conseguido   2. ha roto   3. ha vuelto   4. ha tenido

B. 1. había trabajado   2. había soñado   3. había prometido   4. había hecho

E. Hace... que

1. ¡Lo siento! ¿Cuánto tiempo hace que esperas?   2. Hace mucho tiempo que quiero comer en este restaurante.   3. ¿Cuánto tiempo hace que naciste?   4. Aura salió para Buenos Aires hace seis años y nunca volvió. / Hace seis años que Aura salió para Buenos Aires y nunca volvió.   5. Hacía seis horas que Celia estudiaba cuando Sergio la llamó.   6. Matías no se sorprendió; hacía tres años que había leído del problema. /...había leído del problema hacía tres años.

Reacciones y recomendaciones

C. Using the subjunctive in noun clauses

A. 1. asista   2. compre   3. sepa   4. seas   5. son   6. sea   7. va   8. traigan   9. trabajemos   10. pueda

B. (*possible answers*)   1. ...fume tanto; ...deje de fumar   2. ...no se divierta; ...le gusta estudiar   3. ...rompa con ella; ...es muy extrovertida; ...hable con otros hombres

C. 1. bebe; beba   2. tomaba; tomara   3. recibía; recibiera   4. había sacado; hubiera sacado   5. quisiera; quería   6. hiciera; hubiera hecho

D. Commands

A. 1. Póngaselos. No se los ponga. / Pónganselos. No se los pongan. / Póntelos. No te los pongas. / Pongámonoslos. No nos los pongamos.   2. Escríbeles. No les escriba. / Escríbanles. No les escriban. / Escríbeles. No les escribas. / Escribámosles. No les escribamos.   3. Dígala. No la diga. / Díganla. No la digan. / Dila. No la digas. / Digámosla. No la digamos.   4. Léalos. No los lea. / Léanlos. No los lean. / Léelos. No los leas. / Leámoslos. No los leamos.   5. Váyase de aquí. No se vaya de aquí. / Váyanse de aquí. No se vayan de aquí. / Vete de aquí. No te vayas de aquí. / Vámonos de aquí. No nos vayamos de aquí.

B. 1. Comprémosla.   2. Sentémonos.   3. Tráela.   4. Tóquela.   5. No las pierdan.   6. No nos levantemos.   7. Espérelo.   8. Sal.   9. No lo hagas.   10. Dénsela.

Hablar de los gustos

D. Double object pronouns

1. DO: coffee; IO: the clients; Javier se lo sirvió.   2. DO: that she wouldn't be home until late; IO: Laura; Sara se lo dijo.   3. DO: the paintings; IO: Mr. Galindo; Diego, muéstraselas, por favor.   4. DO: the musicians, the CDs; Sergio tuvo que llamarlos y escucharlos.   5. DO: a surprise dinner; IO: Javier; Laura se la estaba preparando / estaba preparándosela.   6. DO: the dinner; IO: Laura; Javier, agradécesela.   7. DO: her uncle; Sara lo visitaba en Salamanca todos los domingos.   8. DO: the flowers; IO: us; Sergio nos las puede comprar / puede comprárnoslas.   9. DO: the truth; IO: me; Javier y Diego no me la dirán.   10. DO: a song; IO: us; Sara nos la quería cantar / quería cantárnosla con su voz horrible.

E. Gustar and similar verbs

A. 1. te gustó   2. me encantaba   3. les fascinó   4. le da   5. les molesta

B. 1. (A mí) Me dan asco los perritos calientes con mostaza.   2. A los profesores les fastidian los estudiantes que no estudian.   3. A mi amigo le fascinan las películas violentas.   4. (A nosotros) Nos encanta estudiar astrología.   5. A los niños pequeños les interesan los dibujos animados. 6. A los jóvenes les molestan las reglas de las residencias universitarias.

Hacer hipótesis

A. 1. conseguiría   2. trabajaría   3. tendré (tengo)   4. pondría   5. llamaría   6. fuera 7. logro   8. estuviera

B. 1. Si fuera… visitaría (If I went to Spain, I would visit the Prado Museum in Madrid.)   2. Si Luis tuviera… te mandaría (If Luis had enough money, he would send you a ticket to . . .)   3. Si estudiara… asistiría (If I studied in Puerto Rico, I would attend the International University . . .)

Hablar del futuro

B. The future of probability

A. 1. me despertarás   2. Me pondré   3. la saludaré   4. dirá   5. Me hará   6. contestaré   7. me pondré   8. nos despediremos   9. me llamarán

B. 1. Tendrá… (He must be at least 70.)   2. Habrá… (There must be a lot of traffic.)   3. Ganará… (He must earn a lot of money.)   4. Estará… (He must be very happy.)   5. Venderá… (He must sell a lot of records on the international market.)

C. Using the subjunctive in adverbial clauses

1. llegue, CN   2. terminó, C   3. esté, CN   4. llueva, CN   5. hace, H   6. ayudes, CN   7. quieran, CN   8. vieran, CN   9. desayunar, H   10. escucho, H   11. sepa, P   12. llegues, P   13. nos despedimos, C   14. se mudó, C   15. firmar, C

Los otros puntos gramaticales

A. Reflexive and reciprocal pronouns

1. me despierto   2. vestirme   3. se ducha   4. se enoja   5. se llaman   6. se acuestan   7. nos sentamos   8. nos reímos   9. te diviertes

B. Prepositions and verbs that take prepositions

1. a   2. en, a   3. con, con, de   4. de, por   5. de   6. en, en   7. de, de, de   8. a, con, de, de

C. Saber and **conocer**

1. conoces   2. sé   3. conozco   4. Sé   5. Conozco   6. sabe   7. conocer   8. sepa

D. Relative pronouns

1. quien, que   2. Lo que   3. el cual / el que / que, que   4. el cual / el que / que, la cual / la que / que   5. Las que, Los que

E. Por and **para**

1. Para   2. Por   3. por   4. por   5. para   6. para   7. por   8. por   9. por   10. para   11. por   12. por

F. Using the subjunctive in adjective clauses

1. pueda   2. se relaja   3. toma   4. venda   5. haya   6. hable   7. sepa   8. sea   9. trabaje   10. cumpla

Apéndice 2: Conectores y palabras de transición

Secuencia de tiempo

primero	*first*
segundo	*second*
tercero	*third*
al mismo tiempo	*at the same time*
desde entonces	*from then on, since then*
después	*after*
durante	*during*
finalmente, al final	*finally, in the end*
luego	*then*
mientras	*while*
por último	*last of all*

Resultado

a causa de	*on account of*
por eso	*therefore, for that reason*
por esta razón	*for this reason, because*
por lo tanto	*therefore*

Concesión

a pesar de	*in spite of, despite*
por eso	*nevertheless*
por esta razón	*but*
por lo tanto	*nevertheless*

Contraste

al contrario	*on the contrary*
en cambio	*on the other hand, instead*
por otro lado	*on the other hand*
sino	*but (rather)*

Para añadir

además	*besides*
es más	*besides*
incluso	*even*
también	*also*

Opinión

Desde mi punto de vista…	*From my point of view…*
En mi opinión…	*In my opinion…*
Que yo sepa…	*As far as I know…*
Según…	*According to…*

Condición

a menos que	*unless*
con tal (de) que	*provided that*
para que	*so that*
puesto que	*since, given that*
tan pronto como	*as soon as*
ya que	*since, given that*

Conclusión

Así que…	*So…*
En conclusión…	*In conclusion…*
Para concluir…	*To conclude…*

Apéndice 3: Verb Charts

A. Regular Verbs: Simple Tenses

INFINITIVE / PRESENT PARTICIPLE / PAST PARTICIPLE	INDICATIVE					SUBJUNCTIVE		IMPERATIVE
	PRESENT	IMPERFECT	PRETERITE	FUTURE	CONDITIONAL	PRESENT	PAST	
hablar hablando hablado	hablo hablas habla hablamos habláis hablan	hablaba hablabas hablaba hablábamos hablabais hablaban	hablé hablaste habló hablamos hablasteis hablaron	hablaré hablarás hablará hablaremos hablaréis hablarán	hablaría hablarías hablaría hablaríamos hablaríais hablarían	hable hables hable hablemos habléis hablen	hablara hablaras hablara habláramos hablarais hablaran	habla / no hables hable hablemos hablad / no habléis hablen
comer comiendo comido	como comes come comemos coméis comen	comía comías comía comíamos comíais comían	comí comiste comió comimos comisteis comieron	comeré comerás comerá comeremos comeréis comerán	comería comerías comería comeríamos comeríais comerían	coma comas coma comamos comáis coman	comiera comieras comiera comiéramos comierais comieran	come / no comas coma comamos comed / no comáis coman
vivir viviendo vivido	vivo vives vive vivimos vivís viven	vivía vivías vivía vivíamos vivíais vivían	viví viviste vivió vivimos vivisteis vivieron	viviré vivirás vivirá viviremos viviréis vivirán	viviría vivirías viviría viviríamos viviríais vivirían	viva vivas viva vivamos viváis vivan	viviera vivieras viviera viviéramos vivierais vivieran	vive / no vivas viva vivamos vivid / no viváis vivan

B. Regular Verbs: Perfect Tenses

INDICATIVE					SUBJUNCTIVE	
PRESENT PERFECT	PLUPERFECT	PRETERITE PERFECT	FUTURE PERFECT	CONDITIONAL PERFECT	PRESENT PERFECT	PLUPERFECT
he has ha hemos habéis han } hablado comido vivido	había habías había habíamos habíais habían } hablado comido vivido	hube hubiste hubo hubimos hubisteis hubieron } hablado comido vivido	habré habrás habrá habremos habréis habrán } hablado comido vivido	habría habrías habría habríamos habríais habrían } hablado comido vivido	haya hayas haya hayamos hayáis hayan } hablado comido vivido	hubiera hubieras hubiera hubiéramos hubierais hubieran } hablado comido vivido

C. Irregular Verbs

INFINITIVE / PRESENT PARTICIPLE / PAST PARTICIPLE	INDICATIVE PRESENT	IMPERFECT	PRETERITE	FUTURE	CONDITIONAL	SUBJUNCTIVE PRESENT	PAST	IMPERATIVE
andar andando andado	ando andas anda andamos andáis andan	andaba andabas andaba andábamos andabais andaban	anduve anduviste anduvo anduvimos anduvisteis anduvieron	andaré andarás andará andaremos andaréis andarán	andaría andarías andaría andaríamos andaríais andarían	ande andes ande andemos andéis anden	anduviera anduvieras anduviera anduviéramos anduvierais anduvieran	anda / no andes ande andemos andad / no andéis anden
caber cabiendo cabido	quepo cabes cabe cabemos cabéis caben	cabía cabías cabía cabíamos cabíais cabían	cupe cupiste cupo cupimos cupisteis cupieron	cabré cabrás cabrá cabremos cabréis cabrán	cabría cabrías cabría cabríamos cabríais cabrían	quepa quepas quepa quepamos quepáis quepan	cupiera cupieras cupiera cupiéramos cupierais cupieran	cabe / no quepas quepa quepamos cabed / no quepáis quepan
caer cayendo caído	caigo caes cae caemos caéis caen	caía caías caía caíamos caíais caían	caí caíste cayó caímos caísteis cayeron	caeré caerás caerá caeremos caeréis caerán	caería caerías caería caeríamos caeríais caerían	caiga caigas caiga caigamos caigáis caigan	cayera cayeras cayera cayéramos cayerais cayeran	cae / no caigas caiga caigamos caed / no caigáis caigan
dar dando dado	doy das da damos dais dan	daba dabas daba dábamos dabais daban	di diste dio dimos disteis dieron	daré darás dará daremos daréis darán	daría darías daría daríamos daríais darían	dé des dé demos deis den	diera dieras diera diéramos dierais dieran	da / no des dé demos dad / no deis den
decir diciendo dicho	digo dices dice decimos decís dicen	decía decías decía decíamos decíais decían	dije dijiste dijo dijimos dijisteis dijeron	diré dirás dirá diremos diréis dirán	diría dirías diría diríamos diríais dirían	diga digas diga digamos digáis digan	dijera dijeras dijera dijéramos dijerais dijeran	di / no digas diga digamos decid / no digáis digan
estar estando estado	estoy estás está estamos estáis están	estaba estabas estaba estábamos estabais estaban	estuve estuviste estuvo estuvimos estuvisteis estuvieron	estaré estarás estará estaremos estaréis estarán	estaría estarías estaría estaríamos estaríais estarían	esté estés esté estemos estéis estén	estuviera estuvieras estuviera estuviéramos estuvierais estuviera	está / no estés esté estemos estad / no estéis estén
haber habiendo habido	he has ha hemos habéis han	había habías había habíamos habíais habían	hube hubiste hubo hubimos hubisteis hubieron	habré habrás habrá habremos habréis habrán	habría habrías habría habríamos habríais habrían	haya hayas haya hayamos hayáis hayan	hubiera hubieras hubiera hubiéramos hubierais hubieran	

C. Irregular Verbs (continued)

INFINITIVE PRESENT PARTICIPLE PAST PARTICIPLE	INDICATIVE PRESENT	IMPERFECT	PRETERITE	FUTURE	CONDITIONAL	SUBJUNCTIVE PRESENT	PAST	IMPERATIVE
hacer haciendo hecho	hago haces hace hacemos hacéis hacen	hacía hacías hacía hacíamos hacíais hacían	hice hiciste hizo hicimos hicisteis hicieron	haré harás hará haremos haréis harán	haría harías haría haríamos haríais harían	haga hagas haga hagamos hagáis hagan	hiciera hicieras hiciera hiciéramos hicierais hicieran	haz / no hagas haga hagamos haced / no hagáis hagan
ir yendo ido	voy vas va vamos vais van	iba ibas iba íbamos ibais iban	fui fuiste fue fuimos fuisteis fueron	iré irás irá iremos iréis irán	iría irías iría iríamos iríais irían	vaya vayas vaya vayamos vayáis vayan	fuera fueras fuera fuéramos fuerais fueran	ve / no vayas vaya vayamos id / no vayáis vayan
oír oyendo oído	oigo oyes oye oímos oís oyen	oía oías oía oíamos oíais oían	oí oíste oyó oímos oísteis oyeron	oiré oirás oirá oiremos oiréis oirán	oiría oirías oiría oiríamos oiríais oirían	oiga oigas oiga oigamos oigáis oigan	oyera oyeras oyera oyéramos oyerais oyeran	oye / no oigas oiga oigamos oíd / no oigáis oigan
poder pudiendo podido	puedo puedes puede podemos podéis pueden	podía podías podía podíamos podíais podían	pude pudiste pudo pudimos pudisteis pudieron	podré podrás podrá podremos podréis podrán	podría podrías podría podríamos podríais podrían	pueda puedas pueda podamos podáis puedan	pudiera pudieras pudiera pudiéramos pudierais pudieran	
poner poniendo puesto	pongo pones pone ponemos ponéis ponen	ponía ponías ponía poníamos poníais ponían	puse pusiste puso pusimos pusisteis pusieron	pondré pondrás pondrá pondremos pondréis pondrán	pondría pondrías pondría pondríamos pondríais pondrían	ponga pongas ponga pongamos pongáis pongan	pusiera pusieras pusiera pusiéramos pusierais pusieran	pon / no pongas ponga pongamos poned / no pongáis pongan
predecir prediciendo predicho	predigo predices predice predecimos predecís predicen	predecía predecías predecía predecíamos predecíais predecían	predije predijiste predijo predijimos predijisteis predijeron	predeciré predecirás predecirá predeciremos predeciréis predecirán	predeciría predecirías predeciría predeciríamos predeciríais predecirían	prediga predigas prediga predigamos predigáis predigan	predijera predijeras predijera predijéramos predijerais predijeran	predice / no predigas prediga predigamos predecid / no predigáis predigan
querer queriendo querido	quiero quieres quiere queremos queréis quieren	quería querías quería queríamos queríais querían	quise quisiste quiso quisimos quisisteis quisieron	querré querrás querrá querremos querréis querrán	querría querrías querría querríamos querríais querrían	quiera quieras quiera queramos queráis quieran	quisiera quisieras quisiera quisiéramos quisierais quisieran	quiere / no quieras quiera queramos quered / no queráis quieran

C. Irregular Verbs (continued)

INFINITIVE PRESENT PARTICIPLE PAST PARTICIPLE	INDICATIVE						SUBJUNCTIVE		IMPERATIVE
	PRESENT	IMPERFECT	PRETERITE	FUTURE	CONDITIONAL		PRESENT	PAST	
saber siendo sabido	sé sabes sabe sabemos sabéis saben	sabía sabías sabía sabíamos sabíais sabían	supe supiste supo supimos supisteis supieron	sabré sabrás sabrá sabremos sabréis sabrán	sabría sabrías sabría sabríamos sabríais sabrían		sepa sepas sepa sepamos sepáis sepan	supiera supieras supiera supiéramos supierais supieran	sabe / no sepas sepa sepamos sabed / no sepáis sepan
salir saliendo salido	salgo sales sale salimos salís salen	salía salías salía salíamos salíais salían	salí saliste salió salimos salisteis salieron	saldré saldrás saldrá saldremos saldréis saldrán	saldría saldrías saldría saldríamos saldríais saldrían		salga salgas salga salgamos salgáis salgan	saliera salieras saliera saliéramos salierais salieran	sal / no salgas salga salgamos salid / no salgáis salgan
ser siendo sido	soy eres es somos sois son	era eras era éramos erais eran	fui fuiste fue fuimos fuisteis fueron	seré serás será seremos seréis serán	sería serías sería seríamos seríais serían		sea seas sea seamos seáis sean	fuera fueras fuera fuéramos fuerais fueran	sé / no seas sea seamos sed / no seáis sean
tener teniendo tenido	tengo tienes tiene tenemos tenéis tienen	tenía tenías tenía teníamos teníais tenían	tuve tuviste tuvo tuvimos tuvisteis tuvieron	tendré tendrás tendrá tendremos tendréis tendrán	tendría tendrías tendría tendríamos tendríais tendrían		tenga tengas tenga tengamos tengáis tengan	tuviera tuvieras tuviera tuviéramos tuvierais tuvieran	ten / no tengas tenga tengamos tened / no tengáis tengan
traer trayendo traído	traigo traes trae traemos traéis traen	traía traías traía traíamos traíais traían	traje trajiste trajo trajimos trajisteis trajeron	traeré traerás traerá traeremos traeréis traerán	traería traerías traería traeríamos traeríais traerían		traiga traigas traiga traigamos traigáis traigan	trajera trajeras trajera trajéramos trajerais trajeran	trae / no traigas traiga traigamos traed / no traigáis traigan
valer valiendo valido	valgo vales vale valemos valéis valen	valía valías valía valíamos valíais valían	valí valiste valió valimos valisteis valieron	valdré valdrás valdrá valdremos valdréis valdrán	valdría valdrías valdría valdríamos valdríais valdrían		valga valgas valga valgamos valgáis valgan	valiera valieras valiera valiéramos valierais valieran	vale / no valgas valga valgamos valed / no valgáis valgan
venir viniendo venido	vengo vienes viene venimos venís vienen	venía venías venía veníamos veníais venían	vine viniste vino vinimos vinisteis vinieron	vendré vendrás vendrá vendremos vendréis vendrán	vendría vendrías vendría vendríamos vendríais vendrían		venga vengas venga vengamos vengáis vengan	viniera vinieras viniera viniéramos vinierais vinieran	ven / no vengas venga vengamos venid / no vengáis vengan

C. Irregular Verbs (continued)

INFINITIVE PRESENT PARTICIPLE PAST PARTICIPLE	INDICATIVE					SUBJUNCTIVE		IMPERATIVE
	PRESENT	IMPERFECT	PRETERITE	FUTURE	CONDITIONAL	PRESENT	PAST	
ver viendo visto	veo ves ve vemos veis ven	veía veías veía veíamos veíais veían	vi viste vio vimos visteis vieron	veré verás verá veremos veréis verán	vería verías vería veríamos veríais verían	vea veas vea veamos veáis vean	viera vieras viera viéramos vierais vieran	ve / no veas vea veamos ved / no veáis vean

D. Stem-Changing and Spelling Change Verbs

INFINITIVE PRESENT PARTICIPLE PAST PARTICIPLE	INDICATIVE					SUBJUNCTIVE		IMPERATIVE
	PRESENT	IMPERFECT	PRETERITE	FUTURE	CONDITIONAL	PRESENT	PAST	
construir (y) construyendo construido	construyo construyes construye construimos construís construyen	construía construías construía construíamos construíais construían	construí construiste construyó construimos construisteis construyeron	construiré construirás construirá construiremos construiréis construirán	construiría construirías construiría construiríamos construiríais construirían	construya construyas construya construyamos construyáis construyan	construyera construyeras construyera construyéramos construyerais construyeran	construye / no construyas construya construyamos construid / no construyáis construyan
creer (y [3rd-pers. pret.]) creyendo creído	creo crees cree creemos creéis creen	creía creías creía creíamos creíais creían	creí creíste creyó creímos creísteis creyeron	creeré creerás creerá creeremos creeréis creerán	creería creerías creería creeríamos creeríais creerían	crea creas crea creamos creáis crean	creyera creyeras creyera creyéramos creyerais creyeran	cree / no creas crea creamos creed / no creáis crean
dormir (ue, u) durmiendo dormido	duermo duermes duerme dormimos dormís duermen	dormía dormías dormía dormíamos dormíais dormían	dormí dormiste durmió dormimos dormisteis durmieron	dormiré dormirás dormirá dormiremos dormiréis dormirán	dormiría dormirías dormiría dormiríamos dormiríais dormirían	duerma duermas duerma durmamos durmáis duerman	durmiera durmieras durmiera durmiéramos durmierais durmieran	duerme / no duermas duerma durmamos dormid / no durmáis duerman
pedir (i, i) pidiendo pedido	pido pides pide pedimos pedís piden	pedía pedías pedía pedíamos pedíais pedían	pedí pediste pidió pedimos pedisteis pidieron	pediré pedirás pedirá pediremos pediréis pedirán	pediría pedirías pediría pediríamos pediríais pedirían	pida pidas pida pidamos pidáis pidan	pidiera pidieras pidiera pidiéramos pidierais pidieran	pide / no pidas pida pidamos pedid / no pidáis pidan
pensar (ie) pensando pensado	pienso piensas piensa pensamos pensáis piensan	pensaba pensabas pensaba pensábamos pensabais pensaban	pensé pensaste pensó pensamos pensasteis pensaron	pensaré pensarás pensará pensaremos pensaréis pensarán	pensaría pensarías pensaría pensaríamos pensaríais pensarían	piense pienses piense pensemos penséis piensen	pensara pensaras pensara pensáramos pensarais pensaran	piensa / no pienses piense pensemos pensad / no penséis piensen

D. Stem-Changing and Spelling Change Verbs (continued)

INFINITIVE PRESENT PARTICIPLE PAST PARTICIPLE	INDICATIVE					SUBJUNCTIVE		IMPERATIVE
	PRESENT	IMPERFECT	PRETERITE	FUTURE	CONDITIONAL	PRESENT	PAST	
producir (zc, j) produciendo producido	produzco produces produce producimos producís producen	producía producías producía producíamos producíais producían	produje produjiste produjo produjimos produjisteis produjeron	produciré producirás producirá produciremos produciréis producirán	produciría producirías produciría produciríamos produciríais producirían	produzca produzcas produzca produzcamos produzcáis produzcan	produjera produjeras produjera produjéramos produjerais produjeran	produce / no produzcas produzca produzcamos producid / no produzcáis produzcan
reír (i, i) riendo reído	río ríes ríe reímos reís ríen	reía reías reía reíamos reíais reían	reí reíste rió reímos reísteis rieron	reiré reirás reirá reiremos reiréis reirán	reiría reirías reiría reiríamos reiríais reirían	ría rías ría riamos riáis rían	riera rieras riera riéramos rierais rieran	ríe / no rías ría riamos reíd / no riáis rían
seguir (i, i) (g) siguiendo seguido	sigo sigues sigue seguimos seguís siguen	seguía seguías seguía seguíamos seguíais seguían	seguí seguiste siguió seguimos seguisteis siguieron	seguiré seguirás seguirá seguiremos seguiréis seguirán	seguiría seguirías seguiría seguiríamos seguiríais seguirían	siga sigas siga sigamos sigáis sigan	siguiera siguieras siguiera siguiéramos siguierais siguieran	sigue / no sigas siga sigamos seguid / no sigáis sigan
sentir (ie, i) sintiendo sentido	siento sientes siente sentimos sentís sienten	sentía sentías sentía sentíamos sentíais sentían	sentí sentiste sintió sentimos sentisteis sintieron	sentiré sentirás sentirá sentiremos sentiréis sentirán	sentiría sentirías sentiría sentiríamos sentiríais sentirían	sienta sientas sienta sintamos sintáis sientan	sintiera sintieras sintiera sintiéramos sintierais sintieran	siente / no sientas sienta sintamos sentid / no sintáis sientan
volver (ue) volviendo vuelto	vuelvo vuelves vuelve volvemos volvéis vuelven	volvía volvías volvía volvíamos volvíais volvían	volví volviste volvió volvimos volvisteis volvieron	volveré volverás volverá volveremos volveréis volverán	volvería volverías volvería volveríamos volveríais volverían	vuelva vuelvas vuelva volvamos volváis vuelvan	volviera volvieras volviera volviéramos volvierais volvieran	vuelve / no vuelvas vuelva volvamos volved / no volváis vuelvan

Vocabulario español-inglés

This Spanish-English Vocabulary contains all the words that appear in the text, with the following exceptions: (1) most close or identical cognates that do not appear in the thematic vocabulary lists; (2) most conjugated verb forms; (3) most diminutives and augmentatives; (4) most adverbs ending in **-mente;** (5) days of the week, months of the year, basic colors, and most numbers; (6) subject, object, and demonstrative pronouns; (7) possessive and demonstrative adjectives; (8) glossed vocabulary from realia and authentic readings. Only meanings used in the text are given. Numbers following translations indicate the chapter in which that meaning of the word was presented as active vocabulary.

Words containing **ch** and **ll** are alphabetized according to the individual letters of these consonant clusters. For example, words beginning with **ch** are found within the letter **c.** Also, **n** precedes **ñ** in alphabetical order.

The gender of nouns is indicated, except for masculine nouns ending in **-o** and feminine nouns ending in **-a.** Stem changes and spelling changes are indicated for verbs: **dormir (ue, u); llegar (gu); traducir (zc, j).**

The following abbreviations are used in this vocabulary.

abbrev.	abbreviation	*m.*	masculine
adj.	adjective	*Mex.*	Mexico
adv.	adverb	*n.*	noun
C.A.	Central America	*pers.*	person
Ch.	Chile	*pl.*	plural
coll.	colloquial	*p.p.*	past participle
f.	feminine	*P.R.*	Puerto Rico
fig.	figurative	*prep.*	preposition
ger.	gerund	*pret.*	preterite
gram.	grammatical term	*pron.*	pronoun
inf.	infinitive	*s.*	singular
inv.	invariable	*Sp.*	Spain
irreg.	irregular	*subj.*	subjunctive
lit.	literal	*v.*	verb

A

a to; **a continuación** following, next; **a corto plazo** in the short run (6B); **a favor** in favor of (1A); **a la izquierda** on the left; **a largo plazo** in the long run (6B); **a lo largo de** throughout; **a menos que** unless (6A); **a pesar de** in spite of; **a pie** on foot; **a primera vista** at first sight (1A); **a veces** sometimes; **al contrario** on the contrary (1B); **al final** in the end (3A); **al lado de** beside; **al mismo tiempo** at the same time (3A); **al principio pensaba que...** at the beginning I thought that . . . (3A); **al respecto** in regard to the matter
abajo downstairs; below

abandonar to leave; to abandon
abarrotado/a crammed, packed
abierto/a (*p.p. of* **abrir**) open (2A)
abnegación *f.* self-denial, abnegation
abogado/a lawyer
abrazar (c) to hug (3A)
abrigo coat
abrir (*p.p.* **abierto**) to open
abrumado/a overwhelmed (2B)
absoluto/a absolute; **en absoluto** (not) at all; **no estoy de acuerdo en absoluto** I don't agree at all (1B)
abstracto/a abstract
absurdo/a absurd; **es absurdo que...** it's absurd that . . . (4A)

abuelo/a grandfather/grandmother; *pl.* grandparents
abundar to abound, be plentiful
aburrir to bore; **aburrirse** to get bored; **me aburre(n)** I'm bored by (4A)
abuso abuse
acá here
acabar to end; to finish, complete; **acabar de** + *inf.* to have just (*done something*); **acabarse** to run out of
académico/a academic
acaso: por si acaso just in case; **si acaso** if
acción *f.* act; action; plot
aceptable acceptable
acerca de about

acercarse (qu) (a) to approach
acero: fábrica de acero steel mill
aclamado/a acclaimed
acogedor(a) cozy, welcoming
acoger (j) to accept
acomodado/a well-off
acomodarse (a) to adapt (to)
acompañar to accompany, go with
acondicionado/a: aire acondicionado air conditioning
aconsejar to advise (2A)
acontecimiento event
acordarse (ue) (de) to remember
acostar (ue) to put to bed; acostarse to go to bed
acostumbrarse (a) to adjust (to) (2A); to become accustomed to (4B)
actitud f. attitude
actividad f. activity
activista n., m., f. activist (5A)
activo/a active
acto act
actor m. actor
actriz f. (pl. actrices) actress
actuación f. acting
actuar (actúo) to act
actual current (5B)
actualidad f.: en la actualidad at present, currently
actualización f. update
actualmente currently (5A)
acudir to go
acuerdo agreement; estoy completamente de acuerdo I agree completely (1B); estoy de acuerdo I agree (2A); llegar (gu) a un acuerdo to agree, come to an agreement; (no) estar (irreg.) de acuerdo (con) to (dis)agree (with); no estoy de acuerdo en absoluto I don't agree at all (1B); ponerse (irreg.) de acuerdo to agree, come to an agreement
adaptarse (a) to adapt, adjust (to)
adecuado/a right; adequate
adelantar to move forward
adelante: más adelante further on; seguir (i; i) (g) adelante to go on
adelanto advance
además besides (3A); moreover; además de besides, in addition to
adentro inside
adicional additional
adivinar to guess, divine (6A)
adjetivo adjective
adjuntar to enclose
adjunto/a a next to, beside
administración f. administration; administración de empresas business administration
admirador(a) fan
admirar to admire
admitir to admit
ADN m. DNA
¿adónde? (to) where?
adoptivo/a adopted; hijo/a adoptivo/a adopted child (2A)
adornar to adorn
adquirir (ie) to acquire
adquisición f. acquisition

adrede on purpose
aduana s. customs
advertencia warning
aeropuerto airport
afectar to affect
afecto affection
afeitarse to shave
afelpado/a fluffy
aferrarse to cling, clutch
afiche m. poster
aficionado/a fan (sports); lover (arts)
afirmación f. statement
afligir (j) to afflict
afortunado/a fortunate
afroamericano/a African-American
afrodescendiente m., f. of African descent (4B)
afrontar to confront (5A)
afrouruguayo/a Afro-Uruguayan
afueras: las afueras the outskirts
agobiado/a overwhelmed (4A)
agotado/a exhausted (4A)
agradable pleasant; agreeable (1A)
agradar to please
agradecer (zc) to thank (2A)
agrícola agricultural (6B)
agricultor(a) farmer
agrupación f. grouping
agruparse to form a group
agua f. (but el agua) water
aguacero downpour
aguafiestas m., f., s., pl. party pooper (4A)
águila f. (but el águila) eagle
agujerearse to make holes in
ahí there
ahora now; ahora viene lo peor now comes the worst part (3A)
ahorrar to save (money)
aire m. air; aire acondicionado air-conditioning; al aire libre outdoors
aislado/a isolated (2B)
ajo garlic
ajustado/a tight
alabanza praise
alabar to praise
alarmante alarming (5A); es alarmante que... it's alarming that . . . (6A)
alarmista m., f. alarmist (5A)
albergue m. hostel
alcahuete/a matchmaker
alcaldía municipal town hall (6B)
alcanzar (c) to reach, attain (6A)
alcázar m. fortress, citadel
alcohol m. alcohol
alcohólico/a alcoholic
alegar (gu) to claim
alegrarse (de) to be/become happy (about) (3B); me alegro de que... I'm glad that . . . (2A)
alegre happy
alegría happiness, joy
alejar to distance; alejarse to move away
alemán, alemana n., adj. German
Alemania Germany
alentador(a) encouraging (5B)
alfabetismo literacy
alfabetización f. literacy teaching
alfombra carpet

algo pron. something; te voy a contar algo increíble (estupendo, ridículo) que le pasó a... I'm going to tell you something incredible (wonderful, ridiculous) that happened to . . . (3A)
alguien pron. someone; caerle (irreg.) bien/mal a alguien to like/dislike someone (1A); dejar a alguien to leave someone (3A)
algún, alguno/a adj. some; any; pl. some; a few; alguna vez ever
aliado/a ally
aliarse (me alío) to join forces
alimentación f. nourishment (5A)
alimentar to feed
alimentario/a nutritional
alimenticio/a nutritional
alimento food, nourishment
aliviar to relive (4A)
allá there; más allá de beyond
allí there
alma f. (but el alma) soul; alma gemela soul mate (3A)
almorzar (ue) (c) to have lunch
alquilar to rent
alrededor (de) adv. around; a su alrededor around him/her/them; n. surroundings; pl. surrounding area
alto/a tall; high; clase alta upper class; en lo alto de high up; en voz alta aloud; saxofón alto alto saxophone
altruista m., f. altruistic (5A)
altura height; altitude
alucinado/a amazed (3A)
alucinante incredible, impressive (1A); amazing (3B); fue alucinante cuando en un episodio... it was incredible when in one episode . . . (1A); fue alucinante cuando... it was incredible when . . . (3A)
aludir a to allude to
alumno/a student, pupil
amable amiable, pleasant, kind
amanecer m. dawn
amante m., f. lover
amar to love
amargo/a bitter (4B)
amargura bitterness (2B)
Amazonas m. s. Amazon (region) (5B); río (m.) Amazonas Amazon River
amazónico/a pertaining to the Amazon
ambicioso/a ambitious
ambiental environmental (6A)
ambientalismo environmentalism
ambientalista m., f. environmentalist
ambientar to set
ambiente m. environment; surroundings; ambience; atmosphere (4B); medio ambiente environment
ámbito field
ambos/as pl. both
amenaza threat (5A)
amenazado/a threatened
amenazante threatening
americano/a American
ameritar to earn
amigo/a friend
amistad f. friendship (3A); amistades friends
amor m. love; loved one
amoroso/a adj. love

ampliar (amplío) to broaden; to expand
amplitud *f.* extent
amuleto lucky charm
amurallado/a fortified
analfabetismo illiteracy (2B)
analfabeto/a illiterate
anarquista *n., adj. m., f.* anarchist
ancho/a wide
anciano/a elderly man/woman; **asilo para ancianos** nursing home
andaluz(a) (*pl.* **andaluces**) Andalusian, of or pertaining to Andalusia in southern Spain
andino/a Andean (5B)
anfitrión, anfitriona host, hostess
angustiado/a distressed (4A)
anhelo wish, desire
anillo ring
animado/a in good spirits (4A); **dibujo animado** (animated) cartoon
animador(a) presenter
animalesco/a animal-like
animar to inspire; **animarse a** to feel like (*doing something*)
ánimo energy; mind; **estado de ánimo** spirits, mood; **levantar el ánimo** to lift the spirits (4A)
anoche *adv.* last night
anotar to make a note of
ansioso/a anxious
ante *prep.* before, in front of; in the presence of
anteayer *adv.* the day before yesterday
antemano: de antemano beforehand
antepasado/a ancestor (2B)
anterior previous, former
antes *adv.* before; previously; **antes de que** before (6A)
anticipar to anticipate
antiguo/a old (1B); old-fashioned; former; ancient
antropomórfico/a anthropomorphic
anunciar to announce; to advertise
anuncio advertisement; announcement
añadir to add
año year; **año pasado** last year; **cada año** every year; **el año que viene** next year; **tener** (*irreg.*)... **años** to be . . . years old
añorado/a yearned for
apadrinar to sponsor
aparato apparatus, gadget (6A)
aparecer (zc) to appear
aparente apparent
apariencia appearance; **apariencia física** physical appearance; **las apariencias engañan** looks are deceiving (1A)
aparte *adj. inv.* separate; **aparte de** *adv.* apart from; **punto y aparte** period, new paragraph
apasionadamente passionately
apasionado/a passionate (3A)
apasionar to excite; **apasionarse** to be/become passionate (3B)
apátrida *adj. inv.* stateless
apegado/a attached
apelativo name
apellido last name
apenado/a pained, sad (3A)
apenas hardly
apéndice *m.* Appendix

apertura opening
apetecer (zc) to appeal to; **me apetece(n)** I feel like (4A)
aplicar (qu) (a) to apply (to)
aportación *f.* contribution
aportar to contribute (5B)
aporte *m.* contribution
apóstol *m.* apostle
apoyar to support (1B)
apoyo support, aid
apreciar to appreciate (1B)
aprecio appreciation; esteem
aprender to learn
aprendiz(a) apprentice
aprendizaje *m.* learning
aprobar (ue) to pass (*a law*)
apropiación *f.* appropriation
apropiado/a appropriate
aprovechar to take advantage (1B); **aprovecharse de** to take advantage of (4A)
apuesto/a neat, elegant, good-looking
apuntar to jot down, make a note of; **apuntarse** to sign up
apuntes *m. pl.* notes; **tomar apuntes** to take notes
árabe *n., adj. m., f.* Arab (4B); *m.* Arabic (*language*)
aragonés, aragonesa Aragonese, of or pertaining to Aragon in northern Spain
árbol *m.* tree
arco iris rainbow
arena sand (1B); **aportar su grano de arena** to put in one's two cents
arenoso/a sandy (1B)
arete *m.* earring (1A)
argolla ring
argumentar to argue
argumento argument; plot
Aristóteles Aristotle
armonía harmony (2A)
armónico/a harmonious
arpillera *embroidered quilts created by women in Chile during Augusto Pinochet's regime*
arquitecto/a architect
arquitectónico/a architectural
arquitectura architecture
arraigo: fuerte arraigo deep-rooted tradition
arreglar to straighten up (*a room*); to sort out; to arrange; **arreglarse** to dress
arriba: hacia arriba upwards
arriesgar (gu) to risk
arroz *m.* rice
arruga wrinkle (1A)
arte *m., f.* art; **bellas artes** fine arts; **obra de arte** work of art
artesanal *adj.* artisan (6B)
artesanía craft, handicrafts
artículo article, item
artista *m., f.* artist
artístico/a artistic
asado mixed grilled meats
asalto attack
ascendencia descent
ascenso rise; ascent
asco: me da(n) asco I'm disgusted by (4A)
asegurar to assure (6B)
asesinar to assassinate (4B)
asesinato murder; assassination

asfixiar to suffocate, stifle
ashkenazita *n., adj. m., f.* Ashkenazi (*Jewish ethnic division*)
así *adv.* thus; that's how; in that way; like that; **así es** that's how it is (1A); **así que** therefore
asiento seat
asignar to assign
asilo: asilo de/para ancianos nursing home; **asilo político** political asylum
asimilarse to assimilate (2B)
asistir a to attend
asma *f.* (*but* **el asma**) asthma
asociado/a associated
asombrado/a surprised (2B)
asombroso/a amazing, astonishing (6A); **es asombroso que...** it's amazing, astonishing that . . . (6A)
aspecto aspect; appearance, trait; **aspecto físico** physical aspect
aspirar to breathe in
asqueado/a repulsed (3A)
asqueroso/a disgusting
astilla: de tal palo, tal astilla like father, like son
astrónomo/a astronomer
asumir to assume, take on
asustado/a frightened (3A)
asustar to frighten; **asustarse** to become frightened
ataque *m.* attack
atemorizar (c) to frighten
atención *f.* attention; **llamar la atención** to attract attention; **prestar atención a** to pay attention to
atender (ie) to attend to, help
ateo/a atheist
aterrorizado/a terrified
atleta *m., f.* athlete
atlético/a athletic
atractivo *n.* attraction, appeal
atractivo/a *adj.* attractive
atraer (*like* **traer**) to attract (3A)
atrapado/a trapped
atrás *adv.* back; **dejar atrás** to leave behind; **quedarse atrás** to fall behind
atrevido/a daring (1A)
atribuir (y) to attribute
atributo attribute
aumentar to increase (4A)
aumento increase, rise; **aumento de sueldo** pay raise
aún still, yet
aunque although, even though
ausencia absence
auspiciar to sponsor
auspicio sponsorship
auténtico/a authentic
autóctono/a indigenous, native
autodesarrollo self-development
autoestima self-esteem
automovilístico/a *adj.* car
autonomía autonomy
autónomo/a autonomous
autor(a) author
autoridad *f.* authority
autoritario/a authoritarian
autorretrato self-portrait

auxiliar to help
avance m. advance (6A)
avanzado/a advanced
avanzar (c) to advance (6A)
avaricia greed
ave f. (but el ave) bird
avenida avenue
aventura adventure
aventurero/a adventurous
avergonzado/a embarrassed (3A)
avergonzarse (c) to be/become ashamed (3B)
averiguar (gu) to find out
avión m. airplane
avisar to warn
ay oh
ayer yesterday
ayuda help; assistance
ayudar to help
azahar m. orange blossom
azotea flat roof
azteca n., adj. m., f. Aztec
azucar m., f. sugar
azucarero/a adj. sugar
azul blue
azulejo glazed tile

B

bachata type of music from the Dominican Republic
bahía bay
bailable danceable
bailador(a) dancer
bailar to dance
bailarín, bailarina dancer
baile m. dance; (act of) dancing
bajar to go down; to get off (the train)
bajo n. bass guitar; prep. under, beneath
bajo/a adj. short; low
ballena whale
balneario n. seaside resort; adj. resort
baloncesto basketball
balsa raft
banco bank; bench
banda band; banda sonora sound track
bandera flag
bando faction, party, side
bañar to give someone a bath; bañarse to take a bath
baño bath; bathroom; traje m. de baño swimsuit
bar m. Bar
barato/a cheap
barba beard (1A)
barbaridad f. gross remark; ¡qué barbaridad! how awful (1A)
¡bárbaro! fantastic (2A)
barcelonés, barcelonesa person from Barcelona
barco boat
barriada neighborhood
barril m. barrel
barrio neighborhood (4B)
barroco/a baroque
basar en to base on; basarse en to be based on
bastante adv. rather, quite
bebé m. baby
beber to drink

bebida drink
beca scholarship
béisbol m. baseball
beisbolista m., f. baseball player
bélico/a warlike
belleza beauty
bello/a beautiful; bellas artes fine arts
beneficiar(se) to benefit (2B)
beneficio benefit; advantage
benjamín, benjamina baby of the family (2A)
besar to kiss (3A)
beso kiss; dar (irreg.) un beso to kiss
biblioteca library
bibliotecario/a librarian
bicicleta bicycle
bien adj. good; bien conocido/a well known; caerle (irreg.) bien a alguien to like/dislike (someone) (1A); llevarse bien con to get along well with (1A); lo pasé muy bien I had a great time (4A); me cae(n) bien I really like (person or people) (4A); muy bien dicho very well said (2A); pasarlo bien to have a good time (4A); ¡qué bien! great! (2A); ¡qué lo pase/pases/pasen bien! have a good time! (4A)
bienestar m. well-being (4A)
bienvenido/a adj. welcome
bife m. steak (1B)
bigote m. moustache (1A)
bigotillo small moustache
bilingüe bilingual
biografía biography
biográfico/a biographical
bisabuelo/a great-grandfather/great-grandmother; pl. great-grandparents
bitácora blog
blanco/a white; en blanco blank, empty
blando/a soft
bloguear to blog
bloguero/a blogger
bloque m. block; bloc
bloqueo block; bloqueo económico economic sanctions
blusa blouse
boca mouth
boda wedding
bodega warehouse
bola ball
boleto ticket
boliche m. bar
bolígrafo pen
bolsa de valores stock exchange
bolsillo pocket
bolso purse
bomba type of Puerto Rican music; pasarlo bomba to have a great time
bombardeo bombing
bombilla straw used to drink mate tea
bombo bass drum
bondad f. kindness
bondadoso/a kind
bonito/a pretty
bono bonus
bordado/a embroidered
borde m. edge
boricua m., f. person from Puerto Rico
borracho/a drunk
borrar to erase

bosque m. forest; bosque lluvioso rain forest (6A)
bosquejo outline
bota boot
botella bottle
botellón m. traffic jam
braceada swimming
brazo arm
brecha gap; brecha digital digital/information gap (6A); brecha generacional generational gap (2A)
breve brief
brigada brigade (1B)
brillante brilliant; bright
brillar to shine
brindar to offer (5A)
británico/a British
broma practical joke (4A)
bromear to joke around (4A)
bromista n. m., f. joker; adj. Joking
brujo/a warlock/witch
bruto/a stupid, brutish (1A)
bucear to scuba dive
bueno interjection well
bueno/a good; nice; buenos/malos modales good/bad manners (2A); es bueno que... it's good that . . . (1A); estar (irreg.) de buen/mal humor to be in a good/bad mood (4A); qué bueno que... how great that . . . (2A); sacar (qu) buenas notas to get good grades; ser (irreg.) buena gente to be a good person (1A); tener (irreg.) buena/mala pinta to have a good/bad appearance (1A)
bulla bustle
buque m. ship
burguesía bourgeoisie (1B)
burlarse de to make fun of
burocrático/a adj. government
buscar (qu) to look for; to seek
búsqueda search (2B)

C

caballo horse
cabaña cabin (1B)
cabello hair
caber (yo quepo) to fit; no cabe duda there is no question/doubt (2A)
cabeza head; subírsele a alguien a la cabeza to go to one's head
cabo: llevar a cabo to carry out (5A)
cada inv. each; every; cada día every day; cada uno everyone; cada vez más more and more
cadáver m. (dead) body
cadena chain
caer irreg. (p.p. caído) to fall; caerle bien/mal (a alguien) to like/dislike someone (1A); me cae(n) bien/fenomenal I really like (person or people) (4A); me cae mal/fatal I don't like (person or people) (4A)
café m. coffee; café, coffee shop
cafetal m. coffee plantation
cafetalero/a coffee plantation owner
cafetería café
caja box
cajetilla pack (of cigarettes)

cajón *m.* a kind of box drum
calavera skull
calentamiento global global warming
calentarse (ie) to get hot
calidad *f.* quality
caliente hot; **pista caliente** hot tip
calificar (qu) to label
callado/a quiet (1A)
calle *f.* street
callejón *m.* alley
calma calm; **tomarlo con calma** to take it easy
calmar(se) to calm
calor *m.* heat
calvo/a bald (1A)
calzones underwear
cámara camera; chamber; **Cámara de Diputados** House of Deputies (*similar to the House of Representatives in the U.S. government*) (3B)
cambiar to change
cambio change; **en cambio** on the other hand (3A)
caminar to walk
caminata walk; **hacer** (*irreg.*) **caminatas** to go on walks
camino trail; path (*fig.*); **encontrar (ue) caminos** to find ways, paths (6B)
camión *m.* truck
camisa shirt
campaña campaign (5A)
campeonato championship
campesino/a peasant (3B)
campestre rural
campo field; countryside
Canarias: **Islas Canarias** Canary Islands
cancha court (*for sports*)
canción *f.* song
candidatura candidacy
canela cinnamon
canoa canoe
canoso/a: **pelo canoso** gray hair (1A)
cansado/a tired
cansancio weariness
cansarse to get tired
cantante *m., f.* singer
cantautor(a) singer-songwriter
cantar to sing
cante jondo *flamenco-style singing of Andalusian gypsy origin*
cantidad *f.* quantity
cantina bar
canto song
caos *m.* chaos
caña cane
cañón *m.* canyon
capa layer; **capa de ozono** ozone layer
capacidad *f.* capacity, ability
capacitado/a trained (6B)
capaz (*pl.* capaces) *m., f.* capable, able
capital *m.* capital (*city*) (6B)
capitán, capitana captain
Capitolio U.S. Capitol
capítulo chapter
capricho whim
captar to capture; to grasp
capturar to capture
cara face; **¡qué cara tiene!** what nerve he/she has! (2A); **tener** (*irreg.*) **(mucha) cara** to have (a lot of) nerve (1A)

carácter *m.* character, nature
característica *n.* characteristic, trait
característico/a *adj.* characteristic
caracterizar (c) to characterize (1B)
carbono: **dioxido de carbono** carbon dioxide
carcajadas: **reírse (i, i) a carcajadas** to laugh out loud (4A)
carcel *f.* prison
carcelario: **centro carcelario** correctional facility
carga loading; responsibility
cargar (gu) to carry; to load; to charge; **cargar las pilas** to recharge one's batteries (4A)
cargo: **a cargo de** in charge of; **hacerse** (*irreg.*) **cargo de** to take charge of
Caribe *m.* the Caribbean
caribeño/a Caribbean
caricatura política political cartoon
caridad *f.* charity
cariño affection
cariñoso/a loving (2A); warm
carne *f.* meat
caro/a expensive
carpeta folder
carrera career, profession; college major
carro car
carta letter
cartel *m.* poster
cartera wallet
casa house, home
casado/a married; **llevar muchos años de casados** to be married for a long time
casamiento marriage
casarse (con) to marry, get married (to) (3A)
cascada waterfall
casco helmet
caseta booth
casi almost
caso case, circumstance; question; **en caso de que** in case (6A); **en el caso de mi familia...** in my family's case . . . (2B); **en mi caso...** in my case . . . (2A); **en nuestro caso...** in our case . . . (3A); **hacer** (*irreg.*) **caso a** to pay attention to (2A)
castellano Spanish (language)
castigar (gu) to punish (2A)
castillo castle (1B)
catalán, catalana *n., adj.* Catalan, of or pertaining to Catalonia in northeastern Spain; *m.* Catalan (language)
catálogo catalogue
Cataluña Catalonia
¡cataplún! crash! (3A)
catarata waterfall
catástrofe natural natural disaster
catastrófico/a catastrophic (6A)
catedral *f.* cathedral
catedrático/a university professor
católico/a Catholic
causa cause; **a causa de** because of
causar to cause; to produce
cauteloso/a cautious (3A)
ceder to cede, give away
ceja eyebrow (1A)
celebración *f.* celebration
celebrar to celebrate
celoso/a jealous (3A)
celular: **teléfono celular** cell phone

cementerio cemetery
cena dinner, supper
cenar to have dinner
ceniza ash
Cenote Sagrado Sacred Cenote (*well in Chichén Itzá*)
censura censorship
centenar *m.* hundred
centenario centennial
centrarse en to focus on
centro center; downtown; heart (*of a town*); **centro comercial** shopping center
cerca de near, close to; **de cerca** close up
cercano/a close
cerrar (ie) to close
cerro hill
certeza certainty
certificado certificate
cervantino Cervantine, of Miguel de Cervantes
cerveza beer
cese *m.* **de fuego** ceasefire (6B)
césped *m.* lawn
chamán *m.* shaman, medicine man (5B)
champaña champagne
chapulín *m.* locust
chaqueta jacket
charco: **cruzar (c) el charco** to cross the pond (*Atlantic Ocean*)
charla talk
charlar to chat (4A)
charro cowboy
chasquillas bangs
chatear to chat (*online*)
cheque *m.* check
chévere awesome; **¡qué chévere!** (how) awesome! (1A)
chico/a boy/girl
chino/a Chinese
chisme *m.* gossip (4A)
chismear to gossip
chispa spark
chiste *m.* joke (4A)
chistoso/a funny (1A); **¡qué chistoso!** (4A)
chocante shocking (5A)
chocar (qu) con to collide with
choque *m.* clash; shock
chorrear to drip
ciberataque *m.* cyber attack
cibercafé *m.* internet café
cicatriz *f.* (*pl.* cicatrices) scar (1A)
ciclo cycle
ciegas: **cita a ciegas** blind date
cielo sky; **¡cielos!** good heavens!
ciencia science
científico/a *n.* scientist; *adj.* Scientific
ciento: **por ciento** percent
cientos hundreds
cierto/a true; certain (*thing*)
cifra figure
cigarrillo cigarette
cima top, summit
cine *m.* cinema, movies; movie theater; **estrella de cine** movie star
cineasta *m., f.* filmmaker
cinematográfico/a *adj.* movie
cinta tape
circular to circulate

círculo: hacer (*irreg.*)/poner (*irreg.*) un círculo to circle

circunstancia circumstance

cirugía surgery

cisma *m.* split

cita quote; date; cita a ciegas blind date

citar to quote

ciudad *f.* city

ciudadano/a citizen (5A)

civil civil; guerra civil civil war

claro *adv.* of course; claro que sí of course

claro/a clear (1B); dejar claro que to make clear that

clase *f.* class; compañero/a de clase classmate; dar (*irreg.*) clases to teach

clásico/a classic

cláusula clause

clave *n. f.* key; punto clave key point

cliente *m., f.* client, customer

clientela *s.* customers, clientele

clima *m.* climate

cobrar to charge

coche *m.* car

cochinillo suckling pig

cocina kitchen; cuisine (4B)

cocinar to cook

cocinero/a cook

coco coconut

codicia greed (6B)

codicioso/a greedy (6B)

codo: hablar por los codos to talk a lot (1A)

cofradía religious brotherhood order

coger (j) to pick up

cohete *m.* espacial rocket

coincidir to coincide

cola line

colaborar (con) to collaborate (with) (5A)

colega *m., f.* colleague

colegio primary or secondary school

colgar (ue) (gu) to hang

collar *m.* necklace

colmo last straw; ¡esto es el colmo! this is the last straw! (2A)

colocar (qu) to place

colorido *n.* color; *adj.* colorful

colosal colossal

columna column

combatir to combat

combinación *f.* combination

combinar to combine

comentar to comment

comentario commentary; comment, remark

comenzar (ie) (c) to begin, start

comer to eat

comercial: centro comercial shopping center

comercio commerce; comercio justo fair trade

cometer to commit

cómico/a comical, funny; tira cómica comic strip

comida food (4B)

comienzo beginning

comiquísimo/a hilarious (4A)

comisura corner

como like, as; como mínimo at least; tal(es) como such as; tan... como as . . . as; tan pronto como as soon as (6A); tanto/a/os/as... como as much/many . . . as

cómodo/a comfortable

compañero/a partner, companion; compañero/a de clase classmate; compañero/a de cuarto roommate

compañía company

comparación *f.* comparison

comparar to compare

compartir to share (2A)

compás *m.*: al compás de to the beat of

compatriota *m., f.* compatriot

competencia competition

complacer (zc) to please

complejidad *f.* complexity

complejo *n.* penitenciario correctional facility

complejo/a *adj.* complicated

complemento: complemento indirecto indirect object

completamente completely; estoy completamente de acuerdo I agree completely (1B)

completo/a complete; por completo completely; se me olvidó por completo I totally forgot (2A)

complicado/a complicated

complot *m.* plot

componer (like poner) (*p.p.* compuesto) to make up

comportamiento behavior (2A)

comportarse to behave oneself

composición *f.* composition (4B)

compositor(a) composer

comprar to buy

compras: hacer (*irreg.*) compras to shop; ir (*irreg.*) de compras to go shopping

comprender to understand

comprensión *f.* comprehension; understanding

comprensivo/a understanding (2A)

comprometido/a committed

compromiso commitment (3A)

computadora computer; computadora portátil laptop

común common, ordinary; tener (*irreg.*) en común to have in common

comunicación *f.* communication

comunicativo/a communicative

comunidad *f.* community

comunista *n., m., f.* communist

comunitario/a *adj.* community (6A)

con with; con respecto a with respect to, with regard to; con suerte luckily; con tal de que provided that (6A); contar (ue) con to count on (2A); soñar con to dream about

conceder to grant

concentrarse to focus, concentrate

concha shell

conciencia conscience (6B)

concientizar (c) to raise awareness

concierto concert

concluir (y) to conclude

conclusión *f.* conclusion

concordancia agreement

concordar (ue) to match

concreto/a concrete

concursante *m., f.* contestant

concurso contest

condenar to sentence

condicional conditional condiscípulo/a classmate

conducir *irreg.* to drive

conductor(a) driver

conector connector

conexión inalámbrica wireless connection

confesar (ie) to confess

confiable trustworthy

confianza trust

confiar (confío) en to trust in (3A)

conflicto conflict

confrontación *f.* confrontation

confundido/a confused (2B)

confundirse to be/become confused (3B)

confuso/a confusing (3B)

conjetura speculation

conjunto band; group; conjunto musical band, musical group

conmovedor(a) moving (5B)

conmover (ue) to move

Cono Sur Southern Cone (*region comprised of southernmost countries of South America*)

conocer (zc) to know; to meet; to become acquainted with; to be familiar with; nos conocimos en... we met in . . . (3A)

conocido/a: poco conocido little known

conocimiento knowledge

conquista conquest

conquistador(a) conqueror

conquistar to conquer

consabido/a usual

consciencia conscience

consciente aware (6B)

conseguir (like seguir) to get, obtain; to achieve

consejero/a adviser; counselor

consejo advice

conservador(a) *adj.* conservative (2A)

considerar to consider; to regard

consistir en to consist of

consolar to comfort (4B)

constitución *f.* constitution

constitucional constitutional

construcción *f.* construction

constructor(a) builder

construir (y) to construct, build

consultar to consult

consumidor(a) consumer

consumismo consumerism (6B)

consumista *adj. m., f.* consumer

consumo consumption; hábitos de consumo habits of consumption

contacto contact; mantenerse (like tener) en contacto to maintain contact (2B); ponerse (*irreg.*) en contacto to contact

contagiar to transmit

contagioso/a contagious

contaminación *f.* pollution (6A)

contar (ue) to count; contar con to count on (2A)

contemporáneo/a contemporary

contenedor *m.* container

contener (like tener) to contain

contenido content

contento/a happy, contented; estoy súper contento/a de que... I'm super-happy that . . . (2A)

conteo counting

contestar to answer

contexto context

continuación *f.* continuation; a continuación following, next

continuar (continúo) to continue

contra against; **en contra de** opposing, against (1A)

contraataque *m.* counterattack

contraer (*like* **traer**): **contraer matrimonio** to marry

contrapartida compensation

contrario/a opposite; **al contrario** on the contrary (1B); **todo lo contrario** quite the opposite (2A)

contraste *m.* contrast; **en contraste** in contrast

contratar to hire

contrato contract

contribución *f.* contribution (4B)

contribuir (y) to contribute

contribuyente *m., f.* contributor

controlar to control

convencer (z) to convince

convenir (*like* **venir**) to be convenient; to be a good idea

conversación *f.* conversation

conversar to converse, talk

convertir (ie, i) to change; **convertir(se) en** to change, turn into

convivencia coexistence (4B)

convivir to live with (6B)

convocar (qu) to summon

copa cup (*sports*); **Copa Mundial** World Cup

copia copy

coquetear to flirt (3A)

coqueteo flirting

coquetería flirting

corazón *m.* heart

corbata tie

cordillera (mountain) range

coreano/a Korean (4B)

coro chorus

correo electrónico e-mail

correr to run; **correr peligro** to be in danger; **salir** (*irreg.*) **corriendo** to run out

corresponder a to correspond

corresponsal *m., f.* news correspondent

corrida (de toros) bullfight

corrido *traditional Mexican song*

corriente *n. m.* movement; *adj.* **común y corriente** ordinary

corrupto/a corrupt (6B)

cortar to cut

corte *f.* (royal) court; **corte** *m.* **de pelo** haircut

cortejar to date

cortés *adj. m., f.* polite, courteous

cortesía courtesy

cortina de cuentas beaded curtain

corto/a short; **a corto plazo** in the short run (6B)

cosa thing

cosecha harvest

coser to sew

cosido needlework

cosmopolita *adj. m., f.* cosmopolitan

costa coast (4B)

costar (ue) to cost

costarricense *m., f.* Costa Rican

costear to pay

costo cost, price

costoso/a expensive

costumbre *f.* custom (4B)

cotidiano/a everyday; daily (6B)

cotizado/a sought-after

creador(a) creator

crear to create

crecer (zc) to grow; to grow up

crecimiento growth (6A)

creencia belief (5B)

creer (y) (*p.p.* **creído**) to believe; to think; **creo que...** I think/believe that . . . (1A); **me sorprende que creas eso** it surprises me that you believe that (1B); **no creo que...** I don't think that . . . (5A); **no lo podía creer** I couldn't believe it (1A); **no lo puedo creer** I can't believe it (2A); **yo creo que...** I think/believe that . . . (1B)

cresta Mohawk haircut; top

criar(se) (me crío) to bring up; to be raised (2A)

crimen *m.* crime

criollo/a *person of Spanish descent in the Americas* (5B)

crisis *f.* crisis

cristiano/a *n., adj.* Christian

criterio criterion

crítica criticism; review

criticar (qu) to criticize

crítico/a *n.* critic; *adj.* critical

crudo/a harsh

Cruz Roja Red Cross

cruzar (c) to cross; **cruzar el charco** to cross the pond (*Atlantic Ocean*)

cuaderno de ejercicios workbook

cuadrado/a square

cuadro painting

cuál *pron.* which (one), what (one), who; **¿cuál?** which (one)?, what (one)?, who?

cual *pron.* which, what, who; **la razón por la cual** the reason why

cualidad *f.* quality

cualquier *adj. inv.* any

cuando when (6A); **de vez en cuando** once in a while (3A)

cuanto how much; **en cuanto** as soon as (6A); **en cuanto a** as far as . . . is concerned (5A)

cuánto/a how much; *pl.* how many; **¿cuánto/a?** how much?; *pl.* how many?

cuarto room; **compañero/a de cuarto** roommate

cubano/a *n., adj.* Cuban

cubrir (*p.p.* **cubierto**) to cover

cucaracha cockroach

cuello neck

cuenta bead; **darse** (*irreg.*) **cuenta de** to realize (1A); **hay que tener en cuenta que...** it's necessary to keep in mind that . . . (6A); **se dio cuenta de que...** he/she realized that . . . (3A); **tener** (*irreg.*) **en cuenta** to take into account

cuento story

cuero leather

cuerpo body; **Cuerpo de Paz** Peace Corps

cuestión *f.* issue

cueva cave

cuidado care; **con cuidado** carefully; **¡cuidado!** careful!; **tener** (*irreg.*) **cuidado** to be careful

cuidadoso/a careful

cuidar to take care of (2A); **cuidar de** to take care of

culinario/a culinary (4B)

culpa: por culpa de because of; **tener** (*irreg.*) **la culpa** to be one's fault

culpable guilty

culpar to blame

cultivar to grow, cultivate

cultivo farming; **cultivo sostenible** sustainable farming

culto/a well-educated (1A)

cultura culture

cumbre *m.* top

cumpleaños *s.* birthday

cumplir to carry out; to serve (*a sentence*); to end; **cumplir con** to fulfill; **cumplirse** to come true

cuna cradle

cura cure

curador(a) curator

curar to cure (6A)

curiosidad *f.* curiosity

curioso/a curious

cursi tasteless, pretentious, corny (1A)

curso course

cuyo/a whose

D

daga dagger

danza dance

dañar to be damaging

dañino/a harmful (3A)

daño harm; **hacer** (*irreg.*) (*p.p.* **hecho**) **daño** to hurt

dar *irreg.* to give; to give up; to present; to carry out; to overlook; **dar clases** to teach; **dar ejemplos** to give examples; **dar miedo** to frighten; **dar un beso** to kiss; **dar un paseo** to take a walk; **dar una fiesta** to throw a party; **darle gusto a alguien** to be pleased; **darse cuenta de** to realize (1A); **me da igual** I don't care (4A); **me da(n) asco** I'm disgusted by (4A); **me da(n) ganas de** I feel like (4A); **me da(n) lo mismo** I don't care (about) (4A); **se dio cuenta de que...** he/she realized that . . . (3A)

datar de to date back to

dato fact; *pl.* data, information

de of; from; **de al lado** next-door; **de golpe** suddenly (3A); **de hecho** in fact (5A); **de la noche** P.M.; **de la tarde** in the afternoon; **de mal gusto** in poor taste (4A); **de moda** fashionable; **de ninguna manera** no way (3A); **de nuevo** again; **de pronto** suddenly; **de repente** suddenly (3A); **de segunda mano** second-hand; **¿de veras?** really? (1A); **¿de verdad?** really?; **de vez en cuando** once in a while (3A); **menos de** + *number* less than *number*

debatir to debate

deber *m.* duty (2B)

deber *v.* ought to, should, must; to owe; **deber de** + *inf.* ought to (*do something*); **debe...** he/she should (5A)

debido a due to

década decade

decano/a dean

decena dozen

decepcionado/a disappointed (2A); **estoy decepcionado/a de/porque...** I'm disappointed by/because . . . (2A)

decidir to decide

decir *irreg.* (*p.p.* **dicho**) to say; to tell; to pronounce; **es decir** that is to say; **no sabes lo que dices** you don't know what you're saying (1A); **pero, ¿qué dices?** but what do you mean? (1B); **querer** (*irreg.*) **decir** to mean

decisión *f.* decision; **tomar una decisión** to make a decision

declamador(a) reciter

declarar to declare; to state; to express

decorado/a decorated

decreto decree

dedicarse (qu) to commit oneself

dedo finger

defender (ie) to defend

defensor(a) defender, advocate

definitivo/a definitive

deforestación *f.* deforestation (6A)

degradante degrading (1A)

dejar to leave; to let, allow; to give up; **dejar a alguien** to leave someone; **dejar claro** to make clear; **dejar de** + *inf.* to stop (*doing something*); **dejar en paz** to leave alone; **dejar huella** to leave a mark/trace; **dejar plantado/a** to stand (someone) up (3A)

delante de in front of

delfín *m.* dolphin

delgado/a thin, slim

delicado/a delicate

delicioso/a delicious

delito crime

demás: los/las demás others

demasiado/a *adj.* too much; *pl.* too many; *adv.* too, too much

democracia democracy

democrático/a democratic

demonio devil, demon

demostrar (ue) to demonstrate

dentro de in, inside of, within

depender (de) to depend (on) (6B)

deporte *m.* sport

deportista *n. m., f.* athlete

deportivo/a sports, athletic; casual

deprimente depressing (1A); **es/fue deprimente cuando...** it is/was depressing when . . . (2A)

deprimido/a depressed (3A)

deprimirse to be/become depressed (3B)

derecha *n.* (political) right (4B)

derechista *adj. m., f.* right-wing (1B)

derecho *n.* right; privilege; **derecho de** + *inf.* the right to + *inf.*; **derechos humanos** human rights (5A); **reservarse el derecho de** to reserve the right to; **tener** (*irreg.*) **derecho a** + *inf.* to have the right to + *inf.*

derecho/a *adj.* right

derramarse to spill

derrocar (qu) to overthrow

desacelerar to slow down

desacuerdo disagreement

desafiante challenging (2B)

desafío challenge

desafortunadamente unfortunately

desagradable unpleasant

desanimado/a bummed (4A)

desaparecer (zc) to disappear

desarrollado/a developed

desarrollar to develop (5A)

desarrollo development; **desarrollo sostenible** sustainable development (6B); **en vías de desarrollo** developing

desastre *m.*: **estar** (*irreg.*) **hecho un desastre** to be a mess

desastroso/a disastrous (6A)

desayunar to have breakfast

desayuno breakfast

descalzo/a barefoot

descansado/a rested (4A)

descansar to rest

descanso rest

descapotable: coche *m.* **descapotable** convertible car

descarga unloading

descender (ie) to descend

desconectado/a out-of-touch

desconfianza lack of trust

desconocer (zc) to be unaware

desconocido/a *n.* stranger; *adj.* unknown

describir (*p.p.* **descrito**) to describe

descripción *f.* description

descrito/a (*p.p.* of **describir**) described

descubierto/a (*p.p.* of **descubrir**) discovered

descrubrimiento discovery

descubrir (*p.p.* **descubierto**) to discover

desde from; since; **desde hace mucho** for a long time; **desde... hasta...** from . . . till . . .; **desde luego** of course; **desde mi punto de vista...** from my point of view . . . (1B)

desear to wish

desembocar (qu) to end, culminate

desempeñar un papel to play a role

desempleado/a unemployed

desempleo unemployment

desenterrar (ie) to exhume, dig up

deseo wish

desesperado/a desperate, hopeless

desesperante infuriating

desesperanza desperation

desesperarse to despair

desfile *m.* parade; **desfile de moda** fashion show

desgracia disgrace; misfortune; **por desgracia** unfortunately

desgraciadamente unfortunately (5A)

desierto desert (4B)

desierto/a *adj.* deserted

desigual uneven; unequal

desigualdad *f.* inequality (6B)

desilusión *f.* disappointment (2A)

desilusionante disappointing (5A)

desmentir (*like* **mentir**) to refute

desmoronarse to collapse

desnudarse to undress

desnutrición *f.* malnutrition (5A)

despacho office

despedirse (i) to say good-bye

despejado/a clear

desperdiciar to waste

despertar(se) (ie) to wake (up)

despierto/a *adj.* awake

despistado/a absent-minded (1A)

desplazado/a out of place; displaced

desprecio contempt

después *adv.* after, afterward (3A); later (3A); **después de que** after (6A); **poco después** soon after

destacado/a prominent

destacar(se) (qu) to stand out

destinado/a a aimed at

destreza skill

destrozado/a shattered; devastated

destrozar (c) to destroy (3B)

desvelarse to stay awake all night (4A)

desventaja disadvantage (2B)

detalle *m.* detail

detenido/a detained (4B); arrested

detrás de behind

día *m.* day; **cada día** everyday; **hoy (en) día** nowadays (5A); **ponerse** (*irreg.*) **al día** to catch up (4A)

diálogo dialogue

diamante *m.* diamond

diario *n.* diary, journal

diario/a *adj.* daily

dibujar to draw

dibujo drawing, sketch; **dibujo animado** (animated) cartoon

dicho (*p.p.* of **decir**) said; **muy bien dicho** very well said (2A)

dictadura dictatorship (4B)

dictar to dictate

diferencia difference; **a diferencia de** unlike

diferenciarse to differ, differentiate

diferente different; **mi situación ha sido diferente** my situation has been different (2A)

difícil difficult, hard; **es difícil que...** it's difficult that . . . (2A)

dificultad *f.* difficulty

difundir to spread

digital digital; **brecha digital** digital/ information gap (6A)

dignidad *f.* dignity

dilema *m.* dilemma

Dinamarca Denmark

dinero money

dios(a) god/goddess

diputado/a deputy; **Cámara de Diputados** House of Deputies (*similar to the House of Representatives in the U.S. government*) (3B)

dirección *f.* direction; address

directivo/a: junta directiva board of directors

directo/a direct

dirigente ruling (5B)

dirigir (j) to direct

discoteca discotheque

discrimen *m.* discrimination (5B)

disculpa: mil disculpas a thousand pardons (2A)

discurso speech

discusión *f.* debate; argument

discutir to argue (3A); to discuss

diseñador(a) designer

diseñar to design

diseño design

disfraz *m.* (*pl.* **disfraces**) costume

disfrutar de to enjoy (4A)

disfuncional dysfunctional (2A)

disgustado/a upset

disgustar to dislike; **me disgusta(n)** I don't like

disgusto displeasure

disidente *m., f.* dissident (2B)

disminuir (disminúo) to reduce (2B); to decrease

disparar to shoot
disponer (*like* **poner**) (*p.p.* **dispuesto**) to have available
disponible available (6A)
dispuesto/a (a) (*p.p. of* **disponer**) willing (to) (4A)
distinguido/a distinguished
distinguir (g) to distinguish
distinto/a different, distinct
distribuir (y) to distribute
distrito district
diversidad *f.* diversity (4B)
diversión *f.* fun
diverso/a diverse; *pl.* various
divertido/a fun, enjoyable (1B)
divertirse (ie, i) to have a good time; to have fun; **¡qué se divierta/te diviertas/se diviertan!** have a good time! (4A)
división *f.* division
divorciarse (de) to get a divorce (from) (3A)
documento document
dólar *m.* dollar
dolor *m.* pain
doloroso/a painful
dominar to dominate; to master (*a language*)
Domingo de Resurrección Easter Sunday
dominical *adj.* Sunday
don/doña *title of respect used with a man's/woman's first name*
donar to donate (5A)
dondequiera wherever
dormido/a sleepy
dormir (ue, u) to sleep; **dormirse** to fall asleep
dormitorio bedroom
dorso back
droga drug
ducharse to take a shower
duda doubt; **no cabe duda** there is no question/doubt (2A); **no hay ninguna duda que...** there is not doubt that . . . (3A); **sin duda** without a doubt; **sin lugar a dudas** unquestionably
dueño/a owner; proprietor
dulce sweet; gentle(1A)
duquesa duchess
duradero/a lasting (3A)
durante during; for
durar to last
duro/a hard, difficult; harsh

E

ecléctico/a eclectic
económico/a economic; inexpensive
edad *f.* age; **Edad Media** Middle Ages
edificar (qu) to build
edificio building (1B)
educación *f.* education; manners; **de mala educación** rude
educado/a polite (1A)
educativo/a educational
efectividad *f.* effectiveness
egoísta *m., f.* selfish (2A)
ejecutado/a performed
ejecutivo/a executive
ejecutor(a) executor
ejemplo example; **dar** (*irreg.*) **ejemplos** to give examples; **por ejemplo** for example

ejercicio exercise; **hacer** (*irreg.*) **ejercicio** to exercise
ejército army
elección *f.* election
eléctrico/a electric
electrizante electrifying
electrónico/a: correo electrónico e-mail
elegante elegant
elegir (i, i) (j) to choose; to elect (5A)
elemento element
eliminar to eliminate (6A)
élite *n. f.* elite (6B)
elitista *adj. m., f.* exclusive
embajada embassy
embajador(a) ambassador
embarazada pregnant
embarcación *f.* boat
embarcarse (qu) to board, embark
embargo: sin embargo nevertheless
emborracharse to get drunk
embustero/a cheat, liar
emigrar to emigrate (2B)
emisora de radio radio station
emoción *f.* emotion; excitement (2B)
emocionado/a excited (3A)
emocionante exciting (1A)
emocionar to excite; **emocionarse** to be overcome with emotion (3B); **me emociona(n)** I'm excited by (4A)
empanada pastry turnover (4B)
empapar to drench
empedrado/a cobbled
empeño determination
empeorar to worsen
emperador *m.* emperor
empezar (ie) (c) to begin; **empezar a + inf.** to begin to (*do something*)
empleado/a employee
emplear to use
empleo job
empollón(a) nerd
emprendedor(a) entrepreneurial
emprender to launch
empresa business
empresarial *adj.* business
empresario/a businessman/businesswoman
empujar to push
empuñado/a clutching
en in; **en cambio** instead (3A); **en caso de que** in case (6A); **en contra** against, opposing (1A); **en cuanto** as soon as (6A); **en cuanto a** as far as . . . is concerned (5A); **en el caso de mi familia...** in my family's case . . . (2B); **en general** in general; **en honor de** in honor of; **en mi opinión...** in my opinion . . . (1B); **en primer lugar** in the first place; **¿en serio?** really?; **en vez de** instead of; **en vivo** live
enamorado/a in love
enamorarse (de) to fall in love (with) (3A)
encabezado/a led
encantador(a) charming (1A)
encantar to charm, delight; **al público le encanta ver...** the audience loves to see . . . (1A); **me encanta que...** I love that . . . (2A); **me encantaba(n)** I loved/really liked (4A); **me encanta(n)** I love, really like (4A)
encarcelado/a incarcerated

encarcelar to jail (4B)
encargado/a in charge
encargarse (gu) de to deal with
encender (ie) to light
encima de on top of; **por encima de** over
encontrar (ue) to find; **encontrar caminos** to find paths/ways (6B); **encontrarse con** to meet up with/run into
encubierto/a covert (6B)
encuesta survey
enemigo/a enemy
energía energy
enfadado/a angry (3A)
énfasis *m. inv.* emphasis
enfatizar (c) to emphasize
enfermarse to get sick
enfermedad *f.* illness
enfermero/a nurse
enfermo/a sick
enfocar (qu) to focus
enfoque *m.* focus
enfrentar(se) to face (2B)
enfrente de in front of
enganche *m.* horse hitch
engañar to deceive (2A); **las apariencias engañan** looks are deceiving (1A)
engaño deceit
engominado/a slicked down
engordar to gain weight
enigmático/a enigmatic
enlace *m.* link
enloquecerse (zc) to go crazy
enmarcado/a formed
enmudecer (zc) to fall silent
enojado/a angry (3A)
enojar to anger, make angry; **enojarse** to get angry
enorgullecerse (zc) (de) to be/become proud (3B)
enorme enormous
enriquecedor(a) enriching (2B)
enriquecer(se) (zc) to enrich, be enriched (2B)
ensayar to rehearse
ensayista *m., f.* essayist
ensayo essay
enseñanza education; teaching
enseñar to teach; to show; **enseñar a + inf.** to teach to (*do something*)
ensimismado/a self-centered (2A)
entender (ie) to understand
entendimiento understanding
enterarse (de) to find out, become informed (about) (5A)
entero/a entire
enterrado/a buried
entonces then
entorno environment
entrada entrance; (event) ticket; entry
entrar (en) to enter
entre between; among; in; **entre paréntesis** in parenthesis
entregar (gu) to bring
entrenador(a) coach
entrenamiento training (1B)
entrenar to train, teach
entretener(se) (*like* **tener**) to entertain (oneself) (4A)
entretenido/a entertaining (4A)

entretenimiento entertainment
entrevista interview
entrevistador(a) interviewer
entrevistar to interview
entristecerse (zc) to become sad (3B)
entrometido/a meddlesome (2A)
entumecido/a numb
entusiasmado/a enthusiastic (4A)
entusiasmarse to become enthusiastic (3B)
enumerar to list
enviar (envío) to send
envidioso/a envious (2A)
episodio: fue alucinante cuando en un
    episodio... it was impressive when in one
    episode . . . (1A)
época era; period (*time*)
equilibrado/a balanced
equilibrio balance (3A)
equinocio equinox
equipo team; equipment
equivocado/a wrong; mistaken; **temo que estés
    equivocado** I'm afraid you're mistaken
equivocarse (qu) to be wrong, mistaken;
    perdón, me equivoqué I'm sorry, I made
    a mistake (2A)
erradicar (qu) to eradicate (6B)
escala scale
escalera stairs, staircase
escalinata staircase, steps
escalofríos chills
escalón *m.* step
escándalo scandal
escapada escape
escapar(se) to escape
escaparate *m.* shop window
escapista *adj. m., f.* escapist
escena scene
escenario stage; setting
esclavo/a slave
escoger (j) to choose
escolar *adj.* school
esconder to hide (2A)
escribir (*p.p.* escrito) to write
escrito/a (*p.p. of* escribir) written
escritor(a) writer
escritura writing
escuadrón *m.* squad (4B)
escuchar to listen; **escucha lo que le sucedió
    a...** listen to what happened to . . . (3A)
escuela school
escultura sculpture
escupir to spit
esfuerzo effort (2B)
eso that, that thing, that fact; **eso es** that's it;
    eso no tiene sentido that doesn't make
    sense (2A); **¿me puedes hablar de eso un
    poco más?** could you tell me a little more
    about that? (2B); **me sorprende que creas
    eso** I'm surprised you believe that (1B); **no
    sabía eso** I didn't know that (2B); **nunca
    había pensado en eso** I had never thought
    of that (2B); **pero eso no fue nada** but that
    was nothing (3A); **por eso** therefore, for
    that reason (3A)
espacial: cohete *m.* espacial rocket
espacio space (4B); **espacio en blanco** blank
    space

espalda *n.* back
español(a) *n.* Spaniard; *adj.* Spanish
especial special
especialidad *f.* major (*academic*)
especialización *f.* major (*academic*)
especializar(se) (c) (en) to major (in);
    to specialize (in)
especialmente especially
especie *f.* species; type
específico/a specific
espectacular spectacular
espectáculo show, performance (4A)
espectador(a) spectator
especular to speculate
espejo mirror
esperanza hope (2B)
esperar to wait; to wait for, await; to hope
    (for); to expect
espíritu *m.* spirit
espléndido/a splendid (1B)
espontáneo/a spontaneous
esposo/a husband/wife; spouse
esqueleto skeleton
esquí *m.* ski
esquiar (esquío) to ski
esquina corner
estabilidad *f.* stability (2A)
estable stable (2A)
establecer (zc) to establish
estacionamiento parking
estadísticas *pl.* statistics
estado state; condition; **estado de ánimo**
    mood; **golpe** *m.* **de estado** coup (4B)
estadounidense *n. m., f.* United States citizen;
    adj. pertaining to the United States
estampilla stamp
estancia stay, visit
estar *irreg.* to be; **estar de buen/mal humor**
    to be in a good/bad mood (4A); **estar de
    moda** to be in style (1A); **estar de visita**
    to be visiting; **estar pasado/a de moda** to
    be out of style (1A); **estoy completamente
    de acuerdo** I agree completely (1B);
    estoy de acuerdo I agree (2A); **estoy
    decepcionado/a de/porque...** I'm
    disappointed by/because . . . (2A); **estoy
    orgulloso de que...** I'm proud that . . .
    (2A); **estoy súper contento/a de que...** I'm
    super-happy that . . . (2A); **no estoy de
    acuerdo en absoluto** I don't agree at all
    (1B); **temo que estés equivocado** I'm afraid
    you're mistaken (1A); **ya estoy harto/a (de
    que)...** I'm already fed up (that) . . . (2A)
estatal *adj.* state (4B)
estatua statue
estereotipado/a stereotyped
estereotipo stereotype
estilo style
estimular to stimulate
estimulante stimulating
estirar to stretch
esto this; **¡esto es el colmo!** this is the last
    straw! (2A)
estómago stomach
estrecho/a close (*relationship between people or
    things*) (2A)
estrella star; **estrella de cine** movie star
estrellarse to crash

estrés *m.* stress
estresado/a stressed (out) (4A)
estresante stressful
estricto/a strict (2A)
estructura structure
estudiante *m., f.* student; **residencia de
    estudiantes** student dormitory
estudiantil *adj.* student, pertaining to students
estudiantina student band
estudiar to study
estudio study; studio; **estudio de grabación**
    recording studio
estudioso/a studious
estupendo/a terrific; **te voy a contar algo
    etupendo que le pasó a...** I'm going to
    tell you something wonderful that
    happened to . . . (3A)
estupidez *f.* (*pl.* estupideces) stupidity
estúpido/a stupid
ETA *f.* (*abbrev. for* Euskadi ta Askatasuna)
    Basque Homeland and Freedom (*Basque
    separatist group in Spain*)
etapa stage
etcétera etcetera
ética *s.* ethics
ético/a ethical
etiqueta: de etiqueta formal
etnia ethnic group
étnico/a ethnic (4B)
etnicorracial ethno-racial
eufemismo euphemism
euro *m. monetary unit in continental Europe*
Europa Europe
europeo/a European
evento event
evidente evident; **para mí, es evidente que...**
    for me, it's evident that . . . (1A)
evitar to avoid
evocar (qu) to evoke
evolucionar to evolve
exacto exactly (1A)
examen *m.* exam, test; **examen de ingreso**
    entrance exam; **examen final** final exam
examinar to examine; to investigate
excelente excellent
excentricidad *f.* eccentricity
excéntrico/a eccentric
excepción *f.* exception
excesivo/a excessive
exceso excess
exclamar to exclaim
excluido/a excluded (5B)
excomulgar (gu) to excommunicate (3B)
exigente demanding (2A)
exigir (j) to demand
exiliado/a exiled
exilio exile
existir to exist
éxito success; **tener** (*irreg.*) **éxito** to be
    successful (4A)
exitoso/a successful (3A)
exótico/a exotic
expansor *m.* en la oreja ear expander
expectativa expectation (2A)
expedición *f.* expedition
experiencia experience (4B)
experimentar to experience (2B); to
experto/a expert

explicación *f.* explanation
explicar (qu) to explain
explorar to explore
explotación *f.* exploitation (5A)
explotar to exploit
exponer (*like* **poner**) (*p.p.* **expuesto**) to exhibit
exposición *f.* exposition
expresar to express
expresión *f.* expression
expulsar to throw out, expel
expulsión *f.* expulsion
exquisito/a exquisite (4B)
extraditar to extradite (4B)
extraer (*like* **traer**) to extract
extranjero/a foreigner
extrañar to miss (something/someone) (2A)
extraordinario/a extraordinary
extravagante extravagant
extremista *m., f.* extremist (5A)
extremo/a extreme
extrovertido/a extroverted

F

fábrica factory
fabricar (qu) to make
fábula fable
fabuloso/a fabulous
fácil easy
facilidad *f.* ease; **con facilidad** with ease
factor *m.* factor
facultad *f.* department (*university*)
falda skirt
fallecer (zc) to pass away
falso/a false
falta lack; absence
familia family; **en el caso de mi familia...** in my family's case ... (2B)
familiar *n. m.* family member; *adj.* pertaining to the family
famoso/a famous
fanático/a fan (*sports*)
fascinante fascinating; **es fascinante** it's fascinating (1A); **¡qué fascinante!** how fascinating! (2B)
fascinar to fascinate; **me fascina(n)...** I'm fascinated by ... (1A)
fascista *n., adj. m., f.* Fascist (1B)
fastidiar to annoy, bother; **me fastidia(n)** I'm annoyed/bothered by
fatal awful, terrible; **lo pasé fatal** I had a terrible time (4A); **me cae(n) fatal** I don't like (*person or people*) (4A)
favor *m.* favor; **a favor de** in favor of; **por favor** please
favorito/a favorite
fecha date (*calendar*)
felicidad *f.* happiness
~~congratulate~~

feroz (*pl.* **feroces**) ferocious
festival *m.* festival
ficha index card
fiel faithful; **ser** (*irreg.*) **fiel** to be faithful (3A)
fiesta party; festival; holiday
fiestero/a *n.* fun-loving person, party animal, partier; *adj.* party-going
figura figure
fijarse en to pay attention to; to notice
fijo/a specific
filantrópico/a philanthropic (6B)
filántropo/a philanthropist (6B)
filósofo/a philosopher
fin *m.* end; objective; purpose; **con el fin de** with the purpose of; **fin de semana** weekend; **poner** (*irreg.*) **fin** to end; **por fin** finally (3A); **sin fines de lucro** nonprofit (6B)
final *m.* end; **a finales de** at the end of; **al final** in the end (3A); **examen final** final exam
finalmente finally (3A)
financiar to finance (5A)
financiero/a financial
finca farm
Finlandia Finland
fino/a fine, sensitive
firmar to sign
físico/a *adj.* physical; **apariencia física** physical appearance; **aspecto físico** physical appearance
flamenco *n.* type of Spanish dance and music
flamenco/a *adj. relating to a type of Spanish dance and music*
flauta flute
flor *m.* flower; **en flor** blooming
florecer (zc) to bloom
fluidez *f.* (*pl.* **fluideces**): **hablar con fluidez** to speak fluently
fluido/a free-flowing
foca seal
folleto brochure
fomentar to promote, foster (6B)
fondo fund; **a fondo** in-depth; **en el fondo** deep down; **recaudar fondos** to raise money (6B)
forjado/a: hierro forjado wrought iron
forma form; figure; way
formación *f.* training; education; formation
formar to form; to make up; **formar parte de** to be part of; **formarse** to take shape
foro forum
fortalecer (zc) to strengthen
fortaleza fort
fosa común communal grave
foto(grafía) photo(graph)
fotógrafo/a photographer
fracasar to fail
fracaso failure (3A)
fragancia fragrance
frágil fragile
francamente frankly (5A)
francés, francesa *n., adj.* French
Francia France
franco/a frank
frase *f.* phrase
frecuencia: con frecuencia frequently, often
frecuentar to frequent, hang out in
freno break (*transportation*)
frente *m.* front; **frente a** facing, opposite

fresco/a fresh
frigidez *f.* (*pl.* **frigideces**) frigidity
frío/a cold
frito/a fried
frívolo/a frivolous (1B)
frondoso/a leafy
frontera border (6B)
fuego fire; **cese** *m.* **de fuego** ceasefire (6B)
fuente *f.* source; fountain
fuera de lo común out of the ordinary
fuerte strong, powerful; forceful; harsh, sharp
fuerza force (1B)
fulano/a de tal so-and-so
fumar to smoke
función *f.* function; event
funcionar to function, work
fundar to establish
funeraria funeral home
fusilamiento shooting
fusilar to execute, kill with a firearm
fusión *f.* fusion
fusionar to merge
fútbol *m.* soccer
futuro *n.* future (6A)

G

gabinete *m.* cabinet (*politics*)
gafas *f. pl.* (eye)glasses (1A)
galantería compliment
galés, galesa Welsh (4B)
gallego *n.* Galician (language)
gallego/a *n.* Galician; *adj.* Galician, of or pertaining to Galicia in northwestern Spain
galleta cookie; cracker
gallina hen
gana: me da(n) ganas de I feel like (4A); **tener** (*irreg.*) **ganas de** + *inf.* to feel like (*doing something*)
ganado cattle
ganador(a) winner
ganancias earnings
ganar(se) to win; **ganarse la vida** to earn a living (6B)
gansada silly thing to say or do
garantizar (c) to guarantee (6B)
garza heron
gastar to spend
gasto expense
gato cat
gauchesco/a *adj.* cowboy
gaucho *n.* cowboy (4B)
gemelo/a *n., adj.* twin (2A); **alma** (*f., but* **el alma**) **gemela** soul mate (3A)
generación *f.* generation
generacional: brecha generacional generation gap (2A)
general: en general/por lo general in general, usually
género genre; type; gender
generoso/a generous
genético/a genetic (6A)
genial wonderful (3A)
genio/a genius
gente *f. s.* people; **gente indígena** (*but* **los indígenas**) indigenous people (5A); **ser** *irreg.* **buena/mala gente** to be a good/bad person (1A)

geográfico/a geographic
gesto gesture
gigantesco/a gigantic
girar to turn
gitano/a n., adj. Gypsy
global: calentamiento global global warming
globalización f. globalization (6B)
globo balloon
glorificar (qu) to glorify
glorioso/a glorious
gobernador(a) governor
gobernante m., f. ruler
gobierno government
goloso/a person that has a sweet tooth
golpe m. blow; de golpe suddenly (3A); golpe de estado coup (4B)
gordo/a fat
gota drop
gótico/a Goth
gozar (c) de to enjoy (1B)
grabación f. recording; estudio de grabación recording studio
grabado n. engraving
grabar to record
gracia grace; gracias thank you; gracias a thanks to; tener (irreg.) gracia to be funny
gracioso/a funny
graduarse (me gradúo) to graduate
gramatical adj. grammar, grammatical
gran, grande great; big; large; huge
grandeza grandeur
grano: aportar su grano de arena to put in one's two cents
gratificante gratifying (3B)
gratis inv. free (2B)
gratuito/a free
grave grave, serious
gravedad f. seriousness
Grecia Greece
gritar to scream, yell
grosería rudeness
grosero/a rude (1A)
grupo group; grupo musical band
guante m. glove
guapo/a handsome, attractive
guaraní m. indigenous language of Paraguay (4B)
guardar to keep
guatemalteco/a n., adj. Guatemalan
guay inv. cool; ¡qué guay! (how) cool! (1A)
gubernamental adj. government; organización (f.) no gubernamental non-governmental organización (NGO)
guerra war (5A); guerra civil civil war
guerrilla guerrilla warfare/movement (5B)
guerrillero/a n. guerrilla fighter (5B); adj. guerrilla
guía m., f. guide
guiar (guío) to guide
guión m. script
guitarra guitar; tocar (qu) guitarra to play the guitar
guitarrista m., f. guitarist
gustar to please, be pleasing; to like; gustar + inf. to like to (do something); no me gusta que... I don't like that . . . (2A)

gusto pleasure; taste (4B); con mucho gusto with great pleasure; de mal gusto in poor taste (4A); me da mucho gusto + inf. it is my pleasure to (do something)

H

habano Havana cigar
haber irreg. to have (auxiliary verb); hay que tener en cuenta que... it's necessary to keep in mind that . . . (6A)
habilidad f. ability
habitación f. room
habitante m., f. inhabitant (5B)
habitar to inhabit; to dwell
hábito habit
hablador(a) talkative (1A)
hablar to speak; to talk; hablar por los codos to talk a lot (1A); hablar por teléfono to talk on the telephone; ¿hablas en serio? are you serious? (2A); ¿me puedes hablar de eso un poco más? could you tell me a little more about that? (2B); ¡ni hablar! no way! (2A)
hacer irreg. (p.p. hecho) to do; to make; to cause; desde hace mucho for a long time; hace + (period of time) ago; hace mucho tiempo a long time ago; hacer + inf. to order (something to be done) (4B); hacer caminatas to go on walks; hacer caso a to pay attention to (2A); hacer de voluntario/a to volunteer (5A); hacer ejercicio to exercise; hacer frío to be cold (weather); hacer hipótesis to form a hypothesis; hacer trabajos sueltos to freelance; hacer un papel to play a role; hacer una investigación to research; hacer una sugerencia to suggest; hacer uso de to make use of; hacerse to become
hacha f. (but el hacha) ax
hacia toward
halagado/a flattered (3A)
halagarse (gu) to be/become flattered (3A)
hallarse to be
hambre f. (but el hambre) hunger (5A); tener (irreg.) hambre to be hungry
hamburguesa hamburger
harto/a (de) fed up (with) (3A); ya estoy harto/a (de que)... I'm already fed up (that) . . . (2A)
hasta prep. until; up to; as far as; adv. even; desde... hasta... from . . . till . . .; hasta las narices fed up to here (4A); hasta mañana see you tomorrow; hasta muy tarde until very late; hasta que until (6A)
hazmerreír m. laughingstock
hecho n. fact; de hecho in fact (5A); el hecho de que the fact that (5A)
hecho/a (p.p. of hacer) done; made
heladería ice cream shop
helado ice cream
heredar to inherit (2A)
hereje m., f. heretic
herencia inheritance
herida wound
hermanastro/a stepbrother/stepsister (2A)
hermandad f. fraternity, sorority
hermandado/a having a sister city

hermano/a brother/sister; pl. siblings; medio/a hermano/a half brother/half sister (2A)
hermoso/a beautiful (1B)
héroe m. hero (5A)
herramienta tool
hervido/a boiled
hierba herb; plant; té m. de hierba herbal tea
hierro forjado wrought iron
hijo/a son/daughter; hijo/a adoptivo/a adopted child (2A); hijo/a único/a only child (2A); hijos children
hipocresía hypocrisy
hipótesis f. inv. hypothesis; hacer (irreg.) hipótesis to form a hypothesis
hispano/a n., adj. Hispanic
hispanohablante n. m., f. Spanish speaker; adj. Spanish-speaking
historia history; story
historiador(a) historian
histórico/a historical
hogar m. home
hoja leaf
holgado/a baggy
hombre m. man; hombre de negocios businessman
honesto/a honest
honor m. honor; en honor de in honor of
hora hour; time; ser (irreg.) hora de + inf. to be time to (do something)
horario schedule
horrible horrible; es horrible que... it's horrible that . . . (5A)
horripilante horrifying (3B)
horror m. horror; ¡qué horror! how awful! (2A)
horroroso/a adj. horrifying
hospedar to host; to house; hospedarse to stay
hoy today; hoy (en) día nowadays (5A)
hueco hole
huelga strike (5A)
huella: dejar la huella to leave a mark; huellas de manos handprints; huellas digitales fingerprints
huésped m., f. guest
huevo egg
huir(se) (y) to flee (2B)
humanitario/a humanitarian (6A)
humano/a adj. human, pertaining to humanity
humedecido/a moistened, dampened
humilde humble
humillar to humiliate
humor m. mood; humor; estar (irreg.) de buen/mal humor to be in a good/bad mood (4A)
húngaro/a n., adj. Hungarian
huracán m. hurricane (6A)

I

ibérico/a Iberian
icono icon
ida hustle and bustle
idealista m., f. idealistic (5A)
identidad f. identity
identificar (qu) to identify
idioma m. language
idolatrar to idolize
idóneo/a suitable

iglesia church
igual *adj.* equal; the same, similar; **ha sido igual para mí** it's been the same for me (2A); **me da igual** I don't care, it's all the same to me (4A); **me es igual** I don't care (4A); **sin igual** unequalled
igualdad *f.* equality
ilusionado/a excited (2B)
ilustración *f.* illustration
imagen *f.* image
imaginación *f.* imagination
imaginar(se) to imagine; **¡imagínate!** imagine that! (3A)
imbécil stupid
impaciente impatient
impactante powerful; that makes a difference
impactar to make a difference have an impact
impacto impact, difference
impartir to give
impedir (*like* **pedir**) to prevent
imperdonable unforgivable
imperfecto *n.* imperfect (tense)
imperio empire
implementar to implement
imponente imposing
imponer (*like* **poner**) to impose
importancia importance
importante important
importar to matter; to be important; to import; **me importa(n) tres narices/un pepino** I couldn't care less (2A); **(no) me importa(n)** I (don't) care about (4A)
imposibilitar to make impossible
imprescindible essential, indispensable
impresión *f.* impression
impresionante impressive (3B); **es impresionante que...** it's impressive that . . . (2A)
impresionarse to be/become impressed (3B)
impreso/a (*p.p. of* **imprimir**) printed
impuesto tax
impulso impulse
inalámbrico/a: conexión inalámbrica wireless connection
inapropiado/a inappropriate
incalculable unmeasurable
incansable tireless
incendiar to set on fire
incertidumbre *f.* uncertainty
incipiente incipient
incluir (y) to include
incluso including; even
incompetente incompetent
incomprendido/a misunderstood
inconcebible unfathomable
inconveniente *m.* drawback
increíble incredible; **te voy a contar algo increíble que le pasó a...** I'm going to tell you something incredible that happened to . . . (3A)
independencia independence
independiente independent
independizarse (c) to become independent
indicación *f.* indication
indicar (qu) to indicate
índice *m.* index finger
indicio sign, indication

indígena *n. m., f.* native; **gente** (*f.*) **indígena** (*but* **los indígenas**) indigenous people (5A)
indignado/a indignant
indirecto/a indirect
individuo individual
indolente lazy
indomable unbreakable
indulgente lenient (2A)
industrialización *f.* industrialization
inesperado/a unexpected (6A)
inevitable unavoidable
infancia childhood
infantil childish; children's
infatigable tireless
infausto/a ill-fated
infierno hell
inflexible inflexible, unyielding
influencia influence
influir (y) (en) to influence, have an influence (on)
influyente influential
información *f.* information
informática computer science (6A)
informe *m.* report
ingeniería engineering
ingeniero/a engineer
ingenio inventiveness
ingenioso/a ingenious (6A)
Inglaterra England
inglés, inglesa *n., adj.* English
ingresar to join
ingreso entrance; income (6B); **examen de ingreso** entrance exam
inicial initial
iniciativa initiative (6B)
inicio beginning, start
inimaginable unimaginable (6A); **es inimaginable que...** it's unimaginable that . . . (6A)
injusticia injustice (5A)
inmediato/a immediate
inmigración *f.* immigration
inmigrante *m., f.* immigrant
inmigrar to immigrate (2B)
innovador(a) innovative (6A)
inocuo/a innocuous
inolvidable unforgettable (3A)
inquietante disquieting (3B)
inquieto/a restless (2A)
insalubre unhealthy (6A)
inseguro/a insecure
insólito/a unusual
insoportable unbearable (2A)
inspirar to inspire
instalar to install
institución *f.* institution
instrumento instrument
integrar to integrate
integro/a whole, complete
intelecto intellect
intelectual intellectual
intemperie *f.*: **a la intemperie** exposed
intenso/a intense
interactuar (interactúo) to interact
intercambiar to exchange
intercambio exchange
interés *m.* interest; **tener** (*irreg.*) **interés** to be interested

interesante interesting; **¡qué interesante!** how interesting! (2B)
interesar to be interesting; **interesarse por** to be interested in; **(no) me interesa(n)** I'm (not) interested in (4A)
interminable endless
internacional international
internado/a confined
Internet *m.* Internet (6A)
interpretar to interpret; to decipher
interrogativo/a interrogative
interrumpir to interrupt
intervenir (*like* **venir**) to intervene
íntimo/a intimate; close-knit; close (*relationship between people*)
intolerancia intolerance
intrigante intriguing (6A)
intrigar (gu) to intrigue
introducción *f.* introduction
introductorio/a introductory
introvertido/a introverted
inundarse to be flooded
invasión *f.* invasion
inventar to invent
invernadero: efecto invernadero greenhouse effect
inverosímil out-of-place
inversión *f.* investment (5A)
invertir (i, i) to invest (6B)
investigación *f.* research; study; investigation
investigador(a) researcher
investigar (gu) to investigate; to (do) research
invierno winter
invitado/a guest
invitar to invite
involucrado/a involved (2A)
involucrar to involve; **involucrarse** to get involved
ir *irreg.* to go; **ir** + *ger.* to proceed, continue to (*do something*); **ir a** + *inf.* to be going to (*so something*); **ir a la moda** to dress fashionably (1A); **ir al teatro** to go to the theater; **irse** to leave; to go away; **te voy a contar algo increíble (estupendo, ridículo) que le pasó a...** I'm going to tell you something incredible (wonderful, ridiculous) that happened to . . . (3A)
irlandés, irlandesa Irish (4B)
ironía irony
isla island
Italia Italy
italiano/a *n., adj.* Italian
izquierda (political) left (4B); **a la izquierda** on the left
izquierdista *adj.* left-wing (1B)

J

jamás never, (not) ever
jamón *m.* ham
Japón Japan
japonés, japonesa *n., adj.* Japanese
jardín *m.* garden
jaula cage
jefe, jefa boss; head; **jefe de la familia** head of the household; **jefe de personal** personnel manager
jeroglífico hieroglyphic

Jesucristo Jesus Christ
jirafa giraffe
jondo/a: cante jondo *flamenco-style singing of Andalusian gypsy origin*
jorobado/a hunchback
joven *n. m., f.* young man, young woman; *adj.* young; **jóvenes** young people, youth
joya jewel
joyería jewelry
judío/a Jewish (4B)
juego game
juerguista *m., f.* fun-loving
juez *m., f.* judge
jugador(a) player (*sport, game*)
jugar (ue) (gu) to play
juguete *m.* toy
juguetón, juguetona playful
junta committee; junta (*military*); **junta directiva** board of directors
juntar(se) to join; to gather
junto a next to, near; **juntos/as** *pl.* together
jurar to swear
justo/a just, fair (6B); **comercio justo** fair trade (6B); **no es justo** it isn't fair (5A)
juvenil *adj.* youth
juventud *n. f.* youth
juzgar (gu) to judge

K

kalimotxo *drink made of equal parts of red wine and Coca-Cola*

L

laberinto labyrinth
labio lip
lado side; **al lado de** next to; **de al lado** next-door; **de un lado para otro** from side to side; **por otro lado** on the other hand; **por un lado** on one hand
ladrar *coll.* to yell
ladrillo brick
lagarto lizard
lago lake
laguna lake; lagoon
lamentar to regret (2A)
lamento regret
lancha motorboat
lanzar (c) to launch
lápiz *m.* (*pl.* **lápices**) pencil
largo/a long; length; **a lo largo de** throughout
lástima shame; **¡qué lástima!** what a shame! (5A)
lastimarse to hurt oneself
lata tin can
latín *m.* Latin (*language*)
latino/a *adj.* Latin
Latinoamérica Latin America
latinoamericano/a *n., adj.* Latin American
lealtad *f.* loyalty
lección *f.* lesson
leche *f.* milk
lectura reading
leer (y) (*p.p.* **leído**) to read
legado legacy (2B)
leído/a (*p.p. of* **leer**) read
lejos far

lengua language; tongue; **no tener** (*irreg.*) **pelos en la lengua** to speak one's mind (1A)
lenguaje *m.* language
lentes *m., pl.* (eye) glasses (1A)
lento/a slow
letra letter; lyrics
levantar to lift; **levantar el ánimo** to lift the spirits (4A); **levantarse** to get up
ley *f.* law
leyenda legend
liberador(a) liberating (2B)
libertad *f.* liberty (1B)
libra pound
libre free; **al aire** (*m.*) **libre** outdoors; **ratos libres** free time (4A)
librería bookstore
libro book
licenciatura bachelor's degree
licor *m.* liqueur
licuado shake
líder *m., f.* leader (5A)
liderazgo leadership
límite: fecha límite deadline
limpiar to clean
lindo/a pretty
línea: en línea online
lío complicated situation; mess; **meterse en líos** to get into trouble (3A); **¡qué lío!** what a mess! (1A)
liso/a straight (*hair*) (1A)
lista list
listo/a bright, clever; ready
literalmente literally
literario/a literary
literatura literature
llamar to call; **llamarse** to be called, named
llamativo/a showy, flashy (1A)
llano/a flat
llave *m.* key; **cerrar (ie) con llave** to lock
llegada arrival
llegar (gu) to arrive; to come; **llegar a** + *inf.* to come to (*do something*); to reach the point of (*doing something*); **llegar (gu) a un acuerdo** to agree, come to an agreement
llenar to fill
lleno/a full; filled
llevar to take; to carry; to wear; to lead; **llevar a cabo** to carry out (5A); **llevarse bien/mal (con)** to get along well/poorly (with) (1A)
llorar to cry
llover (ue) to rain
lluvia rain
lluvioso/a rainy; **bosque lluvioso** rain forest
local *m.* space
localidad *f.* seat, ticket
localizado/a located
localizar (c) to find; to locate
loco/a crazy; **volver (ue)** (*p.p.* **vuelto**) **loco/a a alguien** to drive somebody crazy; **volverse loco/a** to go crazy (3B)
locura craziness
lógico/a logical
lograr to achieve; **lograr** + *inf.* to succeed in (*doing something*)
logro accomplishment (2B)
Londres London
lucha fight (5A); struggle (5A)

luchar to fight; to struggle
lucro: sin fines de lucro nonprofit (6B)
luego then (3A); later (3A)
lugar *m.* place; **en primer lugar** in the first place; **tener** (*irreg.*) **lugar** to take place (1B)
lujo *n.* luxury; **de lujo** *adj.* luxury
lujoso/a luxurious
luminoso/a bright, luminous (1B)
luna moon
lunar *n. m.* beauty mark, mole (1A); *adj.* lunar
lunfardo *group of words in Argentine Spanish that come from other languages* (4B)
luto mourning
luz *f.* (*pl.* **luces**) light

M

madera wood
madrastra stepmother (2A)
madre *f.* mother
madrileño/a *n.* person from Madrid; *adj.* of/from Madrid
madrugada early morning (4A)
madrugar (gu) to get up early (4A)
maduro/a mature
maestría Master's degree
maestro/a *n.* teacher
mal *adv.* badly, poorly; **caerle** (*irreg.*) **bien/mal a alguien** to like/dislike someone (1A); **de mal gusto** in poor taste (4A); **estar** (*irreg.*) **de mal humor** to be in a bad mood (4A); **llevarse mal (con)** to get along poorly (with) (1A); **me cae(n) mal** I don't like (*person or people*) (4A); **para colmo de males** to top it all; **pasarlo mal** to have a bad time (4A)
malcriado/a ill-mannered (2A)
malentendido misunderstanding (2A)
malo/a *adj.* bad; ill; **es malo que...** it's bad that . . . (1A); **mala educación** rudeness, misbehavior, bad manners; **malos modales** bad manners (2A); **¡qué mala onda!** what a bummer! (1A); **¡qué mala pata!** what bad luck! (1A); **ser** (*irreg.*) **mala gente** to be a bad person/bad people (1A); **tener** (*irreg.*) **mala pinta** to have a bad appearance (1A)
maltrato mistreatment (5B)
mamífero mammal
mancha stain
mandar to send (6B); **mandar un texto** to text
mandato command
mandón, mandona bossy (2A)
manejar to drive; to handle
manera way; manner; **de ninguna manera** in no way (1A); **de todas maneras** at any rate, anyway
maní *m.* peanut
manifestación *f.* demonstration (5A)
manifestado/a manifested
manifestar (ie) to express
maniobra maneuver
manipulación *f.* manipulation
manipulador(a) manipulative
mano *f.* hand; **de segunda mano** second-hand; **mano de obra** labor (6B)
mantener(se) (*like* **tener**) to maintain, keep; **mantenerse en contacto** to stay in touch (2B)

manual *m.* manual, workbook; *adj.* manual

mapa *m.* map

mapuches *indigenous people of Chile* (4B)

maquillaje *m.* makeup

mar *m.* sea (1B)

maratón *m.* or *f.* marathon

maravilla wonder; **lo pasé de maravilla** I had a blast (4A)

maravilloso/a marvelous

marca brand, make

marcar (qu) to label

marcha social scene; **tener** (*irreg.*) **mucha marcha** to have a lively social scene (4A)

marcharse to leave

marco de una puerta door frame

mareo: dar (*irreg.*) **mareo** to make dizzy

margen *m.* margin

marginado/a marginalized (5B)

marido husband

marino/a *adj.* sea

mariposa butterfly

marxista *m., f.* Marxist (6B)

más more; **era más/menos... que** it was more/less . . . than (4A); **lo más mínimo** a bit; **más adelante** further on; **¿me puedes hablar un poco más de eso?** could you tell me a little more about that? (2B); **nadie más** nobody else; **ya no puedo soportarlo/la más** I can't stand it/him/her anymore (2A)

masaje *m.* massage

máscara mask

masticar (qu) to chew

matar to kill, murder

mate *m. a special herb tea* (4B)

matemáticas *pl.* mathematics

matemático/a mathematician

matrícula tuition

matricularse to enroll

matrimonial *adj.* marriage

matrimonio marriage

máximo/a greatest; **beneficiarse al máximo de** to make the most of

mayor *m., f.* older; oldest; greater; greatest; elderly

mayoría majority

mayormente mainly

mayúscula capital letter

mechas highlights

mediados: a mediados de in the middle of

mediano/a medium

medianoche *f.* midnight

mediante through, by means of

medicamento medicine

medida measure

medio *n.* middle; **de por medio** involved; **medio ambiente** environment; **por medio de** by means of; *pl.* means

medio/a *adj.* middle; half; **Edad Media** Middle Ages; **media naranja** other half (3A); **medio/a hermano/a** half brother/half sister (2A); **y media** half past the hour

mediodía *m.* noon

mediterráneo/a Mediterranean

mejor better; best; **lo mejor es que...** the best thing is that . . . (2A)

mejoramiento improvement

mejorar to improve (make better) (4A)

melancólico/a melancholic

memoria memory

mencionar to mention

menor *m., f.* minor (underage person); *adj.* younger; youngest; less; lesser; least; minor; **sin la menor duda** without the slightest doubt

menos less; least; **a menos que** unless (6A); **era menos... que** it was less . . . than (4A); **menos de** + *number* less than (*number*); **menos... que** less . . . than; **por lo menos** at least

mensaje *m.* message; **escribir un mensaje de texto** to text

mensual per month

mentir (ie, i) to lie

mentira lie

menudo: a menudo often, frequently

mercado market

merecer (zc) to deserve (3A)

merendar (ie) to snack

mes *m.* month

mesa table

mesero/a waiter/waitress

mestizaje *m.* cultural, ethnic and racial blending (5B)

mestizo/a *person of mixed Spanish and indigenous heritage* (5B)

meta goal

meter to put; to insert; **meter la pata** to put one's foot in one's mouth (1A); **meterse** to get involved; **meterse en líos** to get into trouble (3A)

método method

mexicano/a *n., adj.* Mexican

mexicanoamericano/a *n., adj.* Mexican-American

mezcla mixture

mezclar to mix

mezquita mosque

miedo fear; **dar** (*irreg.*) **miedo** to frighten; **tener** (*irreg.*) **miedo** to be afraid

miel *f.* honey

miembro member

mientras (que) while (3A); whereas

mil *m.* (one) thousand; **mil disculpas/perdones** a thousand pardons (2A)

milagro miracle

milagroso/a miraculous (6A)

militante militant

milla mile

millón *m.* (one) million

mimado/a spoiled (2A)

mina mine

minero/a mine worker

minimalista *m., f.* minimalist

mínimo *n.* minimum; **como mínimo** at least

mínimo/a *adj.* minimal, small; **hasta el más mínimo detalle** down to the last detail

minusválido/a handicapped

minuto minute

mirada look; glance

mirar to look; to look at; to watch

misión *f.* mission

mismo/a same; very; himself; yourself; **al mismo tiempo** at the same time (3A); **me da(n) lo mismo** I don't care (about) (4A)

misterio mystery

misticismo mysticism

mitad *f.* half

mítico/a mythical

mito myth

moda style; **de moda** fashionable; **estar** (*irreg.*) **de moda** to be in style (1A); **estar** (*irreg.*) **pasado/a de moda** to be out of style (1A); **ir** (*irreg.*) **a la moda** to dress fashionably (1A)

modales manners; **buenos/malos modales** good/bad manners (2A)

modelo *n. m., f.* (fashion) model; *m.* model; *adj. inv.* model

moderno/a modern (1B)

modificar (qu) to modify

modo way, manner

molestar to bother, annoy; **me molesta(n)...** I'm bothered by . . . (1A); **me molesta que...** it bothers me that . . . (5A)

molestia trouble

momento moment; **al momento de** at the time of; **del momento** at the time; **por el momento** for the time being

momia mummy

monarquía monarchy

mono monkey

montaña mountain (1B)

montañoso/a mountainous (1B)

montar to ride; to set up; **montarse** to get in

montón *m.*: **un montón** a lot

monumento monument

moreno/a dark-skinned; dark-haired

morir (ue, u) (*p.p.* **muerto**) to die

moro/a Moor

mosaico mosaic

mostaza mustard

mostrar (ue) to show

movida nightlife

móvil: teléfono móvil cell phone

movimiento movement

muchacho/a boy/girl

mucho/a much, a lot of; *pl.* many; a lot of; **hace mucho tiempo** a long time ago; **lo siento mucho** I'm really sorry (2A); **muchas veces** often; **tener** (*irreg.*) **mucha cara** to have a lot of nerve (1A); **tener** (*irreg.*) **mucha marcha** to have a lively social scene (4A)

mudanza move

mudarse to move (*residence*) (2A)

mueble *m.* piece of furniture

muerte *f.* death

muerto/a (*p.p. of* **morir**) *n.* dead, deceased person; *pl.* the dead; *adj.* dead

muestra example

mujer *f.* woman; wife; **mujer policía** female police officer

mula: trabajar como una mula to work like a dog (4A)

multa fine

múltiple *adj.* multiple

mundial *adj.* world, pertaining to the world

municipal: alcaldía municipal town hall (6B)

muralla (city) wall

museo museum

música music

musical musical; **conjunto musical** musical group

músico/a musician

muy very; **lo pasé muy bien** I had a great time (4A); **muy bien dicho** very well said (2A)

N

nacer (zc) to be born; to originate
nacimiento birth
nación *f.* nation; **Organización** *f.* **de Naciones Unidas (ONU)** United Nations (6B)
nacional national
nacionalidad *f.* nationality
nacionalista *m., f.* Nationalist (*supporter of Francisco Franco during the Spanish Civil War*)
nada *n.* nothing; *pron.* nothing, (not) anything; *adv.* not at all; **ni nada** or anything (*coll.*); **para nada** (not) at all; **pero eso no fue nada** but that was nothing (3A)
nadie nobody, (not) anybody; **nadie más** nobody else
naipe *m.* (*playing*) card
napoleónico/a Napoleonic
naranja orange; **media naranja** other half (3A)
naranjo orange tree
narcotraficante *m., f.* drug trafficker (5B)
narcotráfico drug traffic (5A); drug trafficking (5A)
nariz *f.* (*pl.* **narices**) nose; **hasta las narices** fed up to here (4A); **me importa tres narices** I couldn't care less (2A)
narración *f.* narration; story
narrar to narrate; to tell
narrativa narrative
natal *adj.* native; home
natural natural
naturaleza nature
naufragar (gu) to sink
navegar (gu) to browse
Navidad *f.* Christmas
necesario/a necessary; **es necesario que…** it's necessary that . . . (4A)
necesidad *f.* necessity
necesitar to need
negar (gu) to refuse
negativo/a negative
negocio *n.* business (2B); *pl.* business (*in general*); **de negocios** *adj.* business; **hombre/mujer de negocios** businessman/businesswoman
negrita: en negrita in bold face
negro/a black
neoyorquino/a *n.* New Yorker; *adj.* New York
nervioso/a nervous
netamente purely
neutro/a neutral
nevado/a snowcapped
ni neither; (not) either; nor; (not) even; **¡ni hablar!** no way! (2A); **ni nada** or anything (*coll.*); **ni… ni** neither . . . nor; **¡ni pensarlo!** don't even think about it!; **ni se te ocurra/ni lo pienses** don't even think about it (2A); **¡ni soñarlo!** in your dreams! (2A)
nieto/a grandson/granddaughter; *pl.* grandchildren
ningún, ninguno/a *adj.* no, (not) any; *pron.* none, not one; **de ninguna manera** no way (1A); **no hay ninguna duda que…** there's no doubt that . . . (3A)

niñez *f.* childhood
niño/a baby; little boy/little girl; *pl.* children
nivel *m.* level
no no; **no tener** (*irreg.*) **pelos en la lengua** to speak one's mind (1A)
noble *n., adj.* noble
noche *f.* night; **de la noche** P.M.; **por la noche** at night
nocturno/a *adj.* night, nocturnal
nombrar to name
nombre *m.* name
noreste *adj.* northeastern
normal normal; **es normal que…** it's natural that . . . (5A)
norte *m.* North; *adj.* north, northern
norteamericano/a *n., adj.* North American, of or pertaining to Canada and the United States
nostalgia nostalgia (2B); home sickness (2B)
nostálgico/a nostalgic (3A); homesick (3A)
nota note; grade; **sacar (qu) buenas notas** to get good grades
notar to note
noticia piece of news; *pl.* news
noticiero *s.* news (*TV*)
novedad *f.* new development (6A)
novela novel
novelista *m., f.* novelist
noviazgo courtship (3A)
novio/a boyfriend/girlfriend; bride/groom
nube *f.* cloud
nuera daughter-in-law
nuevo/a new; **de nuevo** again; **Nueva York** New York
numerado/a numbered
número number
numeroso/a numerous
nunca never, (not) ever; **nunca había pensado en eso** I'd never thought of that (2B)
nutritivo/a: valor nutritivo nutritional value
ñoñería fussiness

O

o or; **o… o** either . . . or
obedecer (zc) to obey (2A)
obispo bishop
obra work; **mano de obra** labor (6B); **obra de arte** work of art
obrero/a worker
observación *f.* observation
observar to observe
obstante: no obstante nevertheless
obtener (*like* **tener**) to get, obtain
obvio/a obvious
occidental western
ocio leisure
ocular *adj.* eye
ocultar to hide, keep secret
oculto/a hidden
ocupado/a busy
ocupar to occupy
ocurrir to occur; **ni se te ocurra** don't even think about it (2A); **se me ocurre que…** it occurs to me that . . . (2B)
odiar to hate (3A)
odio hatred
ofendido/a offended

ofensivo/a offensive
oficial official
oficina office
oficio occupation, profession
ofrecer (zc) to offer
ofrecimiento offer
ofrenda offering
oído inner ear
oír *irreg.* (*p.p.* **oído**) to hear
ojal *m.* buttonhole
ojalá (que) + *pres. subj./past subj.* let's hope that . . ./I wish that . . .
ojo eye; **¡ojo!** be careful!
ola wave (1B)
olla pot
olor *m.* smell
oloroso/a fragrant
olvidar to forget; **olvidarse de** to forget about; **se me olvidó por completo** I totally forgot . . . (2A)
ombligo navel (1A)
onda: ¡qué mala onda! what a bummer! (1A)
ondulado/a curvy
ONG *f.* **(Organización no Gubernamental)** NGO (Non-Governmental Organization)
ONU *f.* **(Organización de las Naciones Unidas)** UN (United Nations)
opinar to think, have an opinion; **opino que…** I think/belive that . . . (1A); **y tú, ¿qué opinas?** what do you think? (1A)
opinión *f.* opinion; **en mi opinión…** in my opinion . . . (1B)
oponerse (*like* **poner**) (*p.p.* **opuesto**) **a** to oppose
oportunidad *f.* opportunity
oportunista *m., f.* opportunist (5A)
oportuno/a suitable, appropriate
opositor(a) opponent
opresivo/a oppressive (2B)
oprimido/a oppressed (2B)
oprimir to oppress (2B)
optar por to choose
optativo/a optional
optimismo optimism
optimista *m., f.* optimistic (5A)
opuesto/a opposite
oración *f.* sentence
oratoria: habilidad *f.* **de oratoria** public speaking skills
orca killer whale
orden *m.* order
ordenar to order (*at a restaurant*)
oreja ear
orfanato orphanage
organización *f.* organization; **Organización de Naciones Unidas (ONU)** United Nations (UN) (6B); **Organización no Gubernamental (ONG)** Non-Governmental Organization (NGO)
organizado/a organized
organizar (c) to organize
orgullo pride
orgulloso/a proud (2A); **estoy orgulloso/a de que…** I'm proud that . . . (2A)
Oriente Medio Middle East
origen *m.* origin; **dar** (*irreg.*) **origen a** to give rise to; **estado de origen** home state
originario/a de native to

originar(se) to originate
orilla shore, bank (1B)
orinarse to wet oneself
oro gold
orquesta sinfónica symphony orquestra
orquídea orchid
oscuro/a dark (1B)
otoño autumn, fall
otorgar (gu) to grant (2B)
otro/a *pron., adj.* other; another; **de un lado para otro** from side to side; **otra vez** again; **por otro lado** on the other hand
oveja sheep
ozono: capa de ozono ozone layer

P

paciencia patience; **tener** (*irreg.*) **paciencia** to be patient
paciente *n. m., f.* patient; *adj.* patient
pacificar (qu) to pacify
pacífico/a peaceful (6A)
padecer *n. m.* suffering; *v.* to suffer
padrastro stepfather (2A)
padre *m.* father; *pl.* parents; **¡qué padre!** cool!
pagar (gu) to pay
página page; **página Web** Web page (6A)
pagos: balanza de pagos balance of payments
país *m.* country, nation; **País Vasco** Basque Country
paisaje *m.* landscape (4B)
paisano/a fellow countryman (4B)
paja straw
pájaro bird
palabra word
palacio palace (1B)
palanca lever
palma palm
palmera palm tree
palo stick, pole; **de tal palo, tal astilla** like father, like son
paloma pigeon; dove
palpitante burning
pampa grassy plains (4B)
pan *m.* bread
pandilla gang
pantalla screen
pantalones *m. pl.* pants
papa potato
papá *m.* Dad
papel *m.* paper; role
paquete *m.* package
par *m.*: **a la par** at the same time; **contar (ue) a pares** to count by twos; **un par de** a couple of
para for; to; in order to; by (*time, date*); **no es para tanto** it's not such a big deal (2A); **para mí, es evidente que...** for me, it's evident that . . . (1A); **para nada** (not) at all; **para que...** so that . . . (6A); **para siempre** forever
paraíso paradise
paralizar (c) to paralyze
parapente *m.* paragliding
parar to stop; **sin parar** non-stop
parecer (zc) to seem, appear; to seem like (1A); **parecerse a** to look like (1A)
parecido/a similar

pared *f.* wall
paredón *m.* wall
pareja pair; couple (3A); partner (3A)
parentesco relationship
paréntesis *m. inv.* parenthesis; **entre paréntesis** in parentheses
pariente *n. m., f.* relative
parlamentario/a parliamentary
parque *m.* park
párrafo paragraph
parrilla grill
parte *f.* part; portion; **de todas partes** from everywhere; **en alguna parte** somewhere; **formar parte de** to be part of
participación *f.* participation
participante *m., f.* participant
participar to participate
participio participle
particular particular; special
partida departure; **punto de partida** starting point
partido game, match; political party, faction
partir to leave; **a partir de** starting at; **a partir de entonces** from then on
pasado *n.* past
pasado/a *adj.* past; last; **estar** (*irreg.*) **pasado/a de moda** to be out of style (1A)
pasajero/a fleeting (3A)
pasantía internship
pasar to pass, go by; to happen; to spend (*time*); **¿cómo lo pasó/pasaste/pasaron?** how was it?, did you have a good time? (4A); **lo pasé muy bien/de maravilla/fatal** I had a great time/a blast/a terrible time (4A); **pasar tiempo** to spend time; **pasarlo bien/mal** to have a good/bad time (4A); **pasarse la vida** to spend one's life; **¡qué lo pase/pases/pasen bien!** have a good time! (4A); **¿qué pasa?** what's going on?; what's wrong?; **te voy a contar algo increíble (estupendo, ridículo) que le pasó a...** I'm going to tell you something incredible (wonderful, ridiculous) that happened to . . . (3A)
pasatiempo hobby
Pascua Easter
pasear to stroll, go for a walk (1B)
paseo stroll; **dar** (*irreg.*) **un paseo** to take a walk
pasillo hallway
pasión *f.* passion
paso step
pastilla pill
pata: meter la pata to put one's foot in one's mouth; **¡qué mala pata!** what bad luck! (1A)
patear to kick
patilla sideburn (1A)
patovica *m.* bouncer
patria homeland
patriótico/a patriotic
patrón, patrona: santo patrón, santa patrona patron saint
pauta rule (3B)
pavimentar to pave
payaso/a clown
paz *f.* (*pl.* **paces**) peace (5A); **Cuerpo de Paz** Peace Corps; **dejar en paz** to leave alone

peca freckle
pecho chest; **tomar a pecho** to take seriously (6B)
pedir (i, i) to ask (for), request; **pedir perdón** to apologize; **pedir permiso** to ask for permission
pegadizo/a catchy
pegado/a stuck
pegar (gu) to hit
peinado hairstyle
pelearse to fight (2A)
película movie; **ver** (*irreg.*) **películas** to watch movies
peligro danger
peligroso/a dangerous
pelirrojo/a *n.* redhead; *adj.* red-headed (1A)
pelo hair (1A); **no tener** (*irreg.*) **pelos en la lengua** to speak one's mind (1A)
pelota ball
peluche *m.*: **oso de peluche** teddy bear
pena pity; shame; **valer** (*irreg.*) **la pena** to be worth it (5A)
pendiente *m.* earring (1A)
península peninsula
penitenciario/a: complejo penitenciario correctional facility
pensador(a) thinker
pensar (ie) to think; to consider; **al principio pensaba que...** in the beginning I thought that . . . (3A); **¡ni lo pienses!** don't even think about it! (2A); **¡ni pensarlo!** don't even think about it!; **no había pensado en eso** I hadn't thought of that (2B); **pensaba que...** I thought that . . . (2A); **pensar de** to think of (*opinion*); **pensar en** to think about
peor worse; worst; **ahora viene lo peor** now comes the worst part (3A)
pepino: me importa un pepino I couldn't care less (2A)
pequeño/a little, small; young; brief
percepción *f.* perception
percibir to perceive; to sense
perder (ie) to lose; to miss; **perderse** to get lost
pérdida loss (2B)
perdido/a lost (2B)
perdón *m.* pardon; **mil perdones** a thousand pardons (2A); **pedir (i, i) perdón** to apologize; **perdón, me equivoqué** I'm sorry, I was wrong (2A)
perecer (zc) to perish (6B)
peregrino/a pilgrim
perezoso/a lazy
perfeccionar to perfect
perfeccionista *n., adj. m., f.* perfectionist
perfecto/a perfect
perfil *m.* profile
periférico beltway
periódico newspaper
periódico/a periodic
periodismo journalism
periodista *m., f.* journalist, reporter
período period (*time*)
permanecer (zc) to stay, remain
permiso permission; **pedir (i, i) permiso** to ask permission
permitir to permit, allow

pero but; **lo siento, pero...** I'm sorry, but . . . (1A); **pero eso no fue nada** but that was nothing (3A); **pero, ¿qué dices?** but what do you mean? (1B)

perro dog

perseguir (*like* **seguir**) to pursue

personaje *m.* character

personalidad *f.* personality

pertenecer (zc) to belong (2B)

peruano/a Peruvian

pesado/a conceited (1A)

pesar to weigh; to hinder; **a pesar de** in spite of

pesca fishing

pescado fish

pescador(a) fisherman, fisherwoman

pescar (qu) to fish, go fishing

pesimista *m., f.* pessimist (5A)

pésimo/a awful, terrible (2A)

peso weight

pezuña *coll.* paw

picante racy (*comment*)

pictórico/a pictorial

pie *m.* foot; base; **a pie** on foot; **mantener** (*like* **tener**) **en pie** to preserve

piedra stone

piel *f.* skin

piercing *m.* piercing

pierna leg

pieza room; piece

pila battery; pile; **cargar (gu) las pilas** to recharge one's batteries

pino pine

pinta: tener (*irreg.*) **buena/mala pinta** to have a good/bad appearance (1A)

pintar to paint

pintor(a) painter, artist

pintoresco/a picturesque

pintura *n.* painting

piropear to compliment (romantically) (3A)

piropo (romantic) compliment (3A)

pisar to step

piscina swimming pool

piso floor

pista (*tennis*) court; **pista caliente** hot tip

pizarra blackboard

placer *m.* pleasure

plan *m.* plan; program

planificador(a) urbano city planner

planta plant

plantado/a: dejar plantado/a to stand (someone) up (3A)

plata silver

plato plate; dish

playa beach (1B)

plaza plaza, (town) square

plazo: a corto plazo in the short run (6B); **a largo plazo** in the long run (6B)

plegaria prayer

población *f.* population

poblado *n.* settlement

poblar (ue) to settle, populate

pobre *n. m., f.* poor person; *adj.* poor

¡pobrecito/a! poor thing! (3A)

pobreza poverty (5A)

poco *n.* a little bit; a small amount; *adj.* little; few; **es poco probable que...** it's not very probable that . . . (3A); **hasta hace poco** until recently; **¿me puedes hablar un poco más de eso?** could you tell me a little more about that? (2B); **poco a poco** little by little; **poco después** soon after

poder *m.* power; authority (1B)

poder *v. irreg.* to be able to, can; **poder + inf.** to be able to (*do something*); **¿me puedes hablar un poco más de eso?** could you tell me a little more about that? (2B); **no lo podía creer** I couldn't believe it (1A); **no lo puedo creer** I can't believe it (2A); **podría ser** it could be (1A); **puede ser** it could be (2B); **ya no puedo soportarlo/la más** I can't stand it/him/her anymore (2A)

poderoso/a powerful (5B)

poesía poetry

poeta *m., f.* poet

polémico/a controversial (6A)

polerón (*m.*) **canguro** hoodie

policía *m.* police officer; *f.* the police; **mujer** (*f.*) **policía** female police officer

política *s.* politics (5A); policy (5A)

político, mujer político politician

político/a political

pollo chicken

poner *irreg.* (*p.p.* **puesto**) to put, place; to give (*a name, title, etc.*); to turn on; **poner a prueba** to put to the test; **poner un círculo** to circle; **ponerse** to put on; to get, become (3A); **ponerse al día** to catch up (4A); **ponerse de acuerdo** to come to an agreement; **ponerse en contacto** to contact

popular popular (5B); pertaining to the common people (5B)

popularidad *f.* popularity

por for; through; by; because of; **por + inf.** because of (*doing something*); **hablar por los codos** to talk a lot; **hablar por teléfono** to talk on the telephone; **interesarse por** to be interested in; **la razón por la cual** the reason why; **por completo** completely; **por ejemplo** for example; **por eso** therefore (3A); that's why (3A); **por favor** please; **por fin** finally (3A); **por la noche** at night; **por lo general** in general; **por lo menos** at least; **por lo tanto** therefore (3A); **por otro lado** on the other hand; **¿por qué?** why?; **por supuesto** of course; **por último** lastly (3A); **por un lado** on one hand

porcentaje *m.* percentage

portarse to behave (2A)

portátil portable; **computadora portátil** laptop

portavoz *m., f.* spokesperson

porteño/a of/from Buenos Aires

porvenir *n. m.* future

poseer (y) (*p.p.* **poseído**) to have, possess

posfranquista *adj.* post-Franco

posgrado *n.*: **curso de posgrado** graduate program; **estudios de posgrado** graduate studies

posguerra postwar period

posibilidad *f.* possibility

posible possible; **es posible que...** it's possible that . . . (1A)

posindustrial postindustrial

positivo/a positive

posponer (*like* **poner**) (*p.p.* **pospuesto**) to postpone (4A)

postal: tarjeta postal postcard

postre *m.* dessert

postularse to run for office (5A)

postura opinion, stance

práctica practice; experience

practicar (qu) to practice

precio price

precioso/a beautiful, gorgeous

precisamente precisely

preciso/a precise

predecir (*like* **decir**) (*p.p.* **predicho**) to predict (6A)

predilecto/a favorite

preferencia preference

preferido/a favorite

preferir (ie, i) to prefer

pregunta question

preguntar to ask; **preguntarse** to wonder, ask oneself (6A)

prejuicio prejudice (5A)

preliminar preliminary

premiado/a award winning

premio award, prize; **Premio Nobel** Nobel Prize

prenda: prenda de ropa article of clothing; **prenda de vestir** article of clothing

prensa *n.* press

preocupado/a worried

preocupante worrisome (1A); **fue preocupante cuando...** it's was worrisome when . . . (2A)

preocupar(se) (por) to worry (about); **me preocupa que...** I'm worried that . . . (5A); **me preocupa(n)** I'm worried about

preparar to prepare

preparativos *pl.* preparations

presa dam

presenciar to witness, see, watch

presentar to present; to introduce

preservado/a preserved

presión *f.* pressure (5B)

préstamo loan

prestar to lend, loan; **prestar atención a** to pay attention to

prestigioso/a prestigious

presumido/a conceited (1A)

pretérito preterite (*tense*)

prevenir (*like* **venir**) to prevent

primavera spring

primer, primero/a first (3A); **a primera vista** at first sight (1A); **en primer lugar** in the first place; **la primera vez** the first time; **primeras horas de la mañana** wee hours of the morning

primo/a cousin

princesa princess

principal main, principal; notable

príncipe *m.* prince

principio beginning; principle; **a principios de** in the beginning of; **al principio** at/in the beginning; **al principio pensaba que...** in the beginning, I thought that . . . (3A)

prioridad *f.* priority (6B)

prisionero/a prisoner

privacidad *f.* privacy

privado/a private

privilegiado/a privileged

probable probable; **es poco probable que...** it's not very probable that . . . (3A); **es probable que...** it's probable that . . . (6A)

probar (ue) to try; to prove; **probar suerte** to try one's luck

problema *m.* problem

procedimiento procedure

procesión *f.* procession

proclamar to proclaim, announce

producción *f.* production; output

producir (zc, j) to produce

producto product

productor(a) producer

profesión *f.* profession

profesional professional

profesor(a) professor

profundidad *f.* depth; **a profundidad** in depth

profundo/a profound, deep

programa *m.* program

programado/a planned

progresista *m., f.* progressive

prohibido/a prohibited

prohibir (prohíbo) to forbid, prohibit

prólogo foreword

promesa promise

prometedor(a) promising

prometer to promise

promotor(a) promoter

promover (ue) to promote (3B)

pronombre *m.* pronoun

pronto soon; **de pronto** suddenly; **tan pronto como** as soon as (6A)

pronunciar to pronounce

propiedad *f.* property

propio/a own

proponer (*like* **poner**) (*p.p.* **propuesto**) to propose

proporcionar to give

propósito objective

propuesta proposal; offer

protagónico/a leading

protagonista *m., f.* protagonist

protección *f.* protection (2A)

protector(a) protective (2A)

proteger (j) to protect

protesta protest

protestar contra/por to protest against (4B)

provechoso/a helpful, beneficial (6A)

proveer (y) (*p.p.* **proveído, provisto**) to provide (4B)

provenir (*like* **venir**) to come from

provincia province

provocador(a) provocative

provocar (qu) to provoke

próximo/a next; impending; **la próxima vez** next time

proyecto project

prueba quiz; test; **poner** (*irreg.*) **a prueba** to put to the test; **ratón** (*m.*) **de prueba** lab rat

psicología psychology

psicólogo/a psychologist

psicomotriz (*pl.* **psicomotrices**): **agitación psicomotriz** psychomotor agitation (*mental disorder*)

publicar (qu) to publish

publicidad *f.* advertising; publicity

público *n.* audience; public; people; **al público le encanta ver...** the audience likes to see . . . (1A)

público/a *adj.* public; **en la vía pública** in public

pucho *coll.* cigarette butt

pueblo town (5B); village; people (5B)

puerta door

puerto port

puertorriqueño/a *n., adj.* Puerto Rican

puesta: puesta del sol sunset

puesto *n.* position, job

puesto/a (*p.p. of* **poner**) put on; placed; *conj.* **puesto que** since

pulpería neighborhood store

punta peak

punto point; **desde mi punto de vista** from my point of view (1B); **estar** (*irreg.*) **a punto de** + *inf.* to be about to (*do something*); **punto clave** key point; **punto de vista** point of view

puntual punctual

puño fist

puro/a pure

Q

que that; which; what; who; **así que** therefore; **creo/opino/supongo que...** I think, believe/suppose that . . . (1A); **el hecho de que** + *subj.* the fact that + *subj.*; **es bueno/malo que...** it's good/bad that . . . (1A); **es evidente que...** it's evident that (1A); **es posible que...** it's possible that . . . (1A); **es verdad que...** it's true that . . . (1A); **menos... que** less . . . than; **mientras que** while; whereas; **temo que estés equivocado/a** I'm afraid you're wrong (1A); **ya que** since

qué which; what; who; **¿qué?** which?; what?; **pero, ¿qué dices?** but what do you mean? (1B); **¿por qué?** why?; **¡qué barbaridad!** how awful! (1A); **¡qué bien!** (how) great! (2A); **qué bueno que...** how great that . . . (2A); **¡qué cara tiene!** what nerve he/she has! (2A); **¡qué chévere/guay/padre!** cool! (1A); **¡qué chistoso!** how funny! (4A); **¡qué fascinante!** how fascinating! (2B); **¡qué horror!** how awful! (2A); **qué interesante** how interesting (2B); **¡qué lástima!** what a shame! (5A); **¡qué lío!** what a mess! (1A); **¡qué lo pase/pases/pasen bien!** have a good time! (4A); **¡qué mala onda!** what a bummer! (1A); **¡qué mala pata!** what bad luck! (1A); **¡qué se divierta/te diviertas/se diviertan!** have a good time! (4A); **¡qué suerte!** what (good) luck! (1A); **¡qué vergüenza!** how embarrassing! (1A); **y tú, ¿qué opinas?** what do you think? (1A)

quedar to be left; to remain; to be located; to be; **quedarse** to stay

quejarse (de) to complain (about) (2A)

quejón, quejona complaining (2A)

quemado/a burned out (4A)

quemar to burn

querella lawsuit

querer *irreg.* to love (3A); to want; **querer decir** to mean

querido/a dear; beloved

queso cheese

quicio: sacar (qu) de quicio a alguien to drive somebody crazy

quien who; whom

quién who; whom; **¿quién?** who? whom?

química chemistry

químico/a chemical

quitar to take away; to remove

quizá(s) perhaps

R

rabioso/a furious (3A)

racionalizar (c) to rationalize

radio *m.* radio (*apparatus*); *f.* radio (*programming*); **emisora de radio** radio station

radioanfitrión, radioanfitriona radio show host/hostess

radioyente *m., f.* (*radio*) listener

raíz *f.* (*pl.* **raíces**) root (2B)

rama branch

ramo bouquet

rápido/a rapid, quick

raro/a strange; odd; unusual (1A)

rascacielos *m. s.* skyscraper (1B)

rasgo trait, characteristic (1A)

rasqueo strum (*of a guitar*)

rato z(short) time, period (*of time*); **ratos libres** free time (4A)

ratón *m.:* **ratón de prueba** lab rat

razón *f.* reason; **la razón por la cual** the reason why; **tienes razón** you're right (1A)

razonable reasonable

reacción *f.* reaction

reaccionar to react

real royal; real

realidad *f.* reality; **realidad virtual** virtual reality (6A)

realizar (c) to accomplish; fulfill (a goal) (4A); to achieve; to attain; to carry out; to produce

rebelarse to rebel

rebelde *n. m., f.* rebel (2A); *adj.* rebellious

rebeldía rebelliousness

recaudar fondos to raise money (6B)

receta recipe

rechazar (c) to reject (1A)

rechazo rejection

recibir to receive; to welcome

reciclaje *m.* recycling (6A)

reciclar to recycle

recién recently, newly

reciente recent

recinto grounds

reclamo protest

reclutador(a) recruiter

reclutar to recruit

recoger (j) to pick up; to collect; to gather

recomendación *f.* recommendation

recomendar (ie) to recommend (2A)

reconciliar to reconcile

reconocer (*like* **conocer**) to recognize

reconocible recognizable

reconocido/a recognized

reconocimiento recognition (6B)

recordar (ue) to remember

recorrer to cover (*distance*)
recrear to recreate (4B)
recreo recreation (4A)
recto/a straight
recuerdo memory (2B)
recuperación *f.* recovery
recuperar to regain; to get back: to recover
recurrir (a) to resort (to) (4B)
recurso resource (5A)
red *f.* network; **red social** network
redondo/a round
reducido/a reduced
reducir *irreg.* to reduce
reemplazar (c) to replace (6A)
reestructuración *f.* restructuring
referencia reference
referirse (ie, i) a to refer to
reflejar to reflect (1B)
reflexionar to reflect on
reforzar (ue) (c) to reinforce
regalar to give (as a gift)
regalo gift
regañar to scold (2A)
régimen *m.* regime
región *f.* region
regla rule
reglamento rule, regulation
regresar to return
regreso return
reina queen
reinado reign
reino kingdom
reír(se) (i, i) (me río) (*p.p.* **reído**) to laugh; **reírse a carcajadas** to laugh out loud (4A)
relación *f.* relationship; connection
relacionado/a con related to
relajado/a relaxed (4A)
relajamiento loosening
relajante relaxing (3B)
relajarse to relax (1B)
relatar to recount, tell
relato story, narrative
relieve *m.* relief
religión *f.* religion
religioso/a religious
rellenar to fill
remediar to remedy
remedio remedy, cure
remodelado/a remodeled
renacimento revival, rebirth
renombrado/a renowned (4B)
renovable renewable
renovado/a renewed (4A)
renovar (ue) to renew
rentable profitable
renunciar a to resign something
repartir to distribute
repasar to review
repensar (*like* **pensar**) to reevaluate
repente: de repente suddenly (3A)
repentino/a sudden
repetir (i, i) to repeat
repleto/a jam-packed
replicar (qu) to reply
reportaje *m.* news report
representación *f.* representation; performance
representante *m., f.* representative
representar to represent

represión *f.* repression
reprimido/a repressed
republicano/a Republican (*forces that opposed Francisco Franco during the Spanish Civil War*)
repugnante disgusting (1A)
requerir (ie, i) to require
requisito requirement
resaca hangover (4A)
rescatar to rescue (6B)
resentimiento resentment (3A)
reseña review
reservado/a reserved (1A)
reservar to reserve; **reservarse el derecho** to reserve the right
residencia residence; **residencia de estudiantes** student dormitory
resistir(se) (a) to resist (2B)
resolver (ue) (*p.p.* **resuelto**) to resolve
respecto: con respecto a with respect to, with regard to; **respecto a** with regard to
respetar to respect (5A)
respeto respect
respetuoso/a respectful
respirar to breathe
responder to respond, answer
responsable responsible
respuesta answer, reply; response
resto rest, remainder; *pl.* remains
resultado result
resumen *m.* summary
resurrección *f.* resurrection; **Domingo de Resurrección** Easter Sunday
retar to challenge
retener (*like* **tener**) to keep
retirar to withdraw; **retirarse** to leave
reto challenge (2B)
retratar to portray
retrato portrait
reunión *f.* meeting; gathering
reunirse (me reúno) (con) to get together (with) (4A), meet (1B); to gather
revelar to reveal, show
revisar to review
revista magazine
revolución *f.* revolution
revolucionario/a revolutionary
rey *m.* king
rezar (c) to pray
rico/a rich
ridículo/a ridiculous; **es ridículo que...** it's ridiculous that . . . (4A); **te voy a contar algo ridículo que le pasó a...** I'm going to tell you something ridiculous that happened to . . . (3A)
riesgo risk (3A)
rincón *m.* corner
río river
riqueza wealth
risa laughter (4A)
ritmo rhythm
rito tradition; ritual
ritual *m.* ritual (4B)
rizado/a curly (*hair*) (1A)
rodear to surround
rogar (ue) (gu) to beg (2A)
rojo/a red
rol *m.* role

románico/a Romance
romántico/a romantic
romper (*p.p.* **roto**) to break; **romper con** to break up with (3A)
ropa clothing
rosa rose
rostro face (1A)
roto/a (*p.p. of* **romper**) broken
rueda wheel
rugir (j) to roar, bellow
ruido noise (1B)
ruidoso/a noisy (1B)
ruso/a Russian (4B)
ruta route, road
rutina routine

S

saber *irreg.* to know (*facts*); **no sabes lo que dices** you don't know what you're saying (1A); **no sabía eso** I didn't know that (2B); **saber** + *inf.* to know how to (*do something*)
sabiduría wisdom
sabor *m.* flavor
saborear to relish
sabroso/a delicious (4B)
sacabullas *m. s., pl.* bouncer
sacar (qu) to obtain, get; to take out; **sacar buenas notas** to get good grades
sacerdote *m.* priest
sagrado/a sacred (1B)
sal *f.* salt
sala room; auditorium
salario salary
salir *irreg.* to leave; to go out; to come out, emerge; to get out; **salir con** to date (3A)
salón *m.* room; **salón de clase** classroom; **salón de té** teahouse (4B)
salsa *musical/dance genre that combines various Caribbean rhythms with music of African origin*
salud *f.* health
saludable healthy
saludar to greet
salvar to save (*someone, something*) (5A)
san, santo/a *n.* saint; *adj.* holy; **santo patrón, santa patrona** patron saint; **Semana Santa** Holy Week
sanfermines *yearly festival in Pamplona, Spain*
sangre *f.* blood
sangriento/a bloody
sanguinario/a bloody (2B)
sano/a healthy
santuario sanctuary
saquear to sack, pillage (5B)
satisfacer *irreg.* (*p.p.* **satisfecho**) to satisfy
satisfecho (*p.p. of* **satisfacer**) satisfied (3A)
sección *f.* section
seco/a dry; skinny
secreto secret
sector *m.* sector
secuestrado/a kidnapped
secuestro kidnapping (5A); hijacking (5A)
secundaria *n.* secondary school; *adj.* **escuela secundaria** secondary school
sede *f.* headquarters; venue
seducir *irreg.* to seduce
seguidor(a) follower (1B)

seguir (i, i) (g) to follow; to continue; **seguir + ger.** to continue, keep (*doing something*)

según according to

segundo/a second (3A); **de segunda mano** second-hand

seguramente surely (5A)

seguridad *f.* security

seguro/a safe; sure, certain

selección *f.* selection

semana week; **fin** (*m.*) **de semana** weekend; **Semana Santa** Holy Week

semblante *m.* face, expression

sembrar (ie) to sow, plant

semejante similar

semestre *m.* semester

semilla seed

Senado Senate

sencillo/a simple

senderista *m., f.* member of Sendero Luminoso (5B)

sensación *f.* sensation

sensibilidad *f.* sensibility

sensible sensitive (1A)

sentarse (ie) to sit

sentido sense; **eso no tiene sentido** that doesn't make sense (2A)

sentimiento feeling (2B)

sentir (ie, i) to feel; to be sorry; **sentirse** to feel; **lo siento** I'm sorry (1A); **lo siento mucho** I'm very sorry (2A); **siento que...** I'm sorry that . . . (2A)

señal *f.* sign

señalar to point out

señor (Sr.) *m.* Mister (Mr.); man

señora (Sra.) Mrs.; woman

señorita (Srta.) Miss; young woman

separarse to separate

separatista *adj. m., f.* separatist

sepultar to bury

ser *irreg.* to be; **así es** that's how it is (1A); **era más/menos... que** it was more/less . . . than (4A); **es absurdo que...** it's absurd that . . . (4A); **es alarmante que...** it's alarming that . . . (6A); **es asombroso que...** it's amazing, astonishing that . . . (6A); **es bueno/malo que...** it's good/bad that . . . (1A); **es decir** that is to say; **es fascinante que...** it's fascinating that . . . (1A); **es horrible que...** it's horrible that . . . (5A); **es impresionante que...** it's impressive/awesome that . . . (2A); **es inimaginable que...** it's unimaginable that . . . (6A); **es necesario que...** it's necesario that . . . (4A); **es normal que...** it's natural that . . . (5A); **es posible que...** it's possible that . . . (1A); **es probable que...** it's probable that . . . (6A); **es ridículo que...** it's ridiculous that . . . (4A); **es una desgracia que...** it's a disgrace that . . . (5A); **es verdad que...** it's true that . . . (1A); **es vergonzoso que...** it's embarrassing that . . . (6A); **eso es** that's it (2A); **fue alucinante cuando en un episodio...** it was incredible when in one episode . . . (1A); **fue deprimente/preocupante cuando...** it's was depressing/worrisome when . . . (2A); **ha sido igual para mí** it's been the same for me (2A); **lo mejor es que...** the best thing is that . . . (2A); **manera de ser** way (of being); **me es igual** I don't care (4A); **mi situación ha sido diferente** my situation has been different (2A); **no es justo** it isn't fair (5A); **no es para tanto** it's not such a big deal (2A); **para mí, es evidente que...** for me, it's evident that . . . (1A); **pero eso no fue nada** but that was nothing (3A); **podría ser** it could be; **puede ser** it could be (2B); **ser buena/mala gente** to be a good/bad person (1A); **ser fiel** to be faithful (3A); **ser hora de + inf.** to be time to (*do something*); **ya sea** be it

serenata serenade

serie *s. f.* series

serio/a serious (1A); **¿en serio?** really? (1A); **¿hablas en serio?** are you serious? (2A)

serpiente *f.* snake, serpent

servir (i, i) to serve; to be useful

sesión *f.* session

sevillana *music and dance from Seville, Spain*

sexo sex

SIDA *m.* AIDS (5A)

siempre always; **para siempre** forever

sierra highlands (5B)

siglo century

significativo/a significant

significar (qu) to mean

siguiente following; next

sílaba syllable

silencio silence

silencioso/a silent

silla chair

sillón *m.* armchair

silvestre wild

símbolo symbol

simpático/a likeable, friendly

simplificar (qu) to simplify

sin without; **sin duda** without a doubt; **sin embargo** however; **sin fines de lucro** nonprofit (6B); **sin igual** unequalled; **sin parar** non-stop; **sin que** without (6A)

sinagoga synagogue

sincero/a sincere

sindicato (labor) union (3B)

sinfónico/a: orquesta sinfónica symphony orquestra

sinnúmero great number

sino (que) but, but rather; **no sólo... sino también** not only . . . but also

sinónimo/a synonymous

síntoma *m.* symptom

sirena siren

sistema *m.* system

sitio place; site

situación *f.* situation

situado/a situated, located

situarse (me sitúo) to be located

soberanía sovereignty (5B)

sobrar to be plentiful, more than enough

sobre above; over; on, upon; about; against; **sobre todo** above all

sobrellevar to endure

sobrepoblación *f.* overpopulation (6A)

sobresaliente outstanding, distinguishing

sobrevivir to survive (5B)

socialista *adj. m., f.* socialist

sociedad *f.* society

sofisticado/a sophisticated

sol *m.* sun

soldado *m., f.* soldier

soleado/a sunny (1B)

soler (ue) to tend to; to be in the habit of

solicitar to ask for

solidarizar (c) to support

solitario/a solitary

sólo only; **no sólo... sino también** not only . . . but also

solo/a alone

soltero/a single person

solución *f.* solution

solucionar to resolve

sombra shade

sombrero hat

sombrío/a gloomy, somber (1B); dark

someterse to go

sonar to ring, make itself heard

sonido sound

sonoro/a: banda sonora soundtrack; **contaminación sonora** noise pollution

sonreír (*like* **reír**) to smile (4A)

sonrisa smile

soñador(a) dreamer

soñar (ue) to dream; **¡ni soñarlo!** in your dreams! (2A); **soñar con** to dream about (3A)

sopa soup

soportar to stand, tolerate; **ya no puedo soportarlo/la más** I can't stand it/him/her anymore (2A)

soroche *m.* altitude sickness

sorprendente surprising (3B)

sorprender to surprise; **me sorprende que creas eso** I'm surprised you believe that (1B): **sorprenderse** to be/become surprised (3B)

sorprendido/a surprised

sorpresa surprise

sorpresivamente unexpectedly

sospechado/a suspected

sospechar to suspect

sostenible sustainable; **desarrollo sostenible** sustainable development (6B)

sótano basement

soviético/a Soviet; **Unión Soviética** Soviet Union

suavizar (c) to tone down

subcomandante *m.* sub-commander

subcontratación *f.* outsourcing

subdesarrollo underdevelopment (5A)

subestimar to underestimate (6B)

subida increase

subir to raise; to climb, go up

subjuntivo subjunctive (mood)

sublimar to sublimate

subrayado/a underlined

subrayar to underline

suceder to happen, take place; **escucha lo que le sucedió a...** listen to what happened to . . . (3A)

sucesor(a) successor

sucio/a dirty

Sudáfrica South Africa
Sudamérica South America
sudar to sweat
suegro/a father-in-law/mother-in-law
sueldo salary
suelto/a (*p.p. of* **soltar**): **trabajo suelto** odd job; freelance work; **hacer** (*irreg.*) **trabajos sueltos** to freelance
sueño dream
suerte *f.* luck; **con suerte** luckily; **¡qué suerte!** what (good) luck! (1A)
suéter *m.* sweater
suficiente enough, sufficient
sufrimiento suffering
sufrir to suffer (5B)
sugerencia suggestion; **hacer una sugerencia** to suggest
sugerir (ie, i) to suggest (2A)
suicidarse to commit suicide
sujeto subject
sumamente extremely
sumo/a utmost
sumiso/a submissive (2A)
súper super; **estoy súper contento/a de que...** I'm super-happy that . . . (2A)
superar to overcome
superficie *f.* surface
superlativo superlative
supervivencia survival (6B)
superviviente *m., f.* survivor
suponer (*like* **poner**) to suppose; **supongo que...** I suppose that . . . (1A)
supuesto: por supuesto of course
sur *m.* South; *adj.* south, southern
surgir (j) to arise; to come up
suroeste *m.* southwest
surrealismo surrealism
surrealista *n. m., f.* surrealist
sustantivo noun

T

tabla table; chart
tacaño/a stingy (1A)
tacón *m.* heel
tal such, such as; **con tal de que** provided that (6A); **tal vez** perhaps; **tal(es) como** such as
talento talent
talentoso/a talented
taller *m.* workshop
tamaño size
también also, too (3A); **yo (a mí) también** me, too (4A)
tambor *m.* drum
tampoco neither, (not) either; nor (3A); **yo (a mí) tampoco** me neither (4A)
tan *adv.* so; as; such; so much; **tan... como** as . . . as; **tan pronto como** as soon as (6A)
tango *ballroom dance of Argentine origin*
tanguero/a tango dancer
tanto *n.* certain amount; *adv.* so much; as much; **no es para tanto** it's not such a big deal (2A); **por lo tanto** therefore (3A)

tanto/a *pron., adj.* so much; as much; *pl.* so many; as many; **tanto/a/os/as... como** as much/many . . . as
tapa appetizer
taparse to cover
tapiz *f.* (*pl.* **tapices**) tapestry
tardar to take long; to take (*time*)
tarde *adv.* late
tarde *n. f.* afternoon; **de la tarde** in the afternoon
tarea homework
tarjeta card; **tarjeta postal** postcard
tatuaje *m.* tattoo (1A)
taza cup
té *m.* tea; **salón** (*m.*) **de té** teahouse (4B)
teatral *adj.* theatrical; theater
teatro theater; **ir** (*irreg.*) **al teatro** to go to the theater
techo ceiling
teclear to type
tecnológico/a technological
tejido fabric; **tejido multicultural** cultural composition
tela material, fabric
teleférico cable car
tele(visión) *f.* television (*programming*)
telefónico/a *adj.* telephone
teléfono telephone; **hablar por teléfono** to talk on the telephone
telenovela soap opera
telerrealidad *f.* reality TV
teletrabajo telecommuting (6A)
televisor *m.* television set
telón *m.* curtain
tema *m.* theme; topic
temblar (ie) to shake
temer to fear (5B); to be afraid; **(no) temer que** + *subj.* (not) to fear that . . .; **temo que estés equivocado/a** I'm afraid you're wrong (1A)
tempestuoso/a stormy (3A)
temporada season; time
temprano/a early
tender (ie) a + *inf.* to tend to + *inf.*
tenedor *m.* fork
tener *irreg.* to have; to receive; **hay que tener en cuenta que...** it's necessary to keep in mind that . . . (6A); **no tener pelos en la lengua** to speak one's mind (1A); **no tiene sentido** it doesn't make sense (2A); **tener buena/mala pinta** to have a good/bad appearance (1A); **tener derecho a** + *inf.* to have the right to + *inf.*; **tener en común** to have in common; **tener en cuenta** to take into account; **tener éxito** to be successful (4A); **tener ganas de** + *inf.* to feel like (*doing something*); **tener interés** to be interested; **tener lugar** to take place (1B); **tener miedo** to be afraid; **tener (mucha) cara** to have (a lot) of nerve (1A); **tener mucha marcha** to have a lively social scene (4A); **tener paciencia** to be patient; **tener que ver con** to have to do with; **tener... años** to be . . . years old; **teníamos... en común** we had . . . in common (3A); **tiene que...** he/she has to . . . (5A); **tienes razón** you are right (1A)

teñido dyed (hair) (1A)
teniente *m.* lieutenant
tenso/a tense (4A)
tentación *f.* temptation
teología theology
teoría theory
teórico/a theoretical
terapia therapy
terminar to finish; to end; to end up
término term
terrateniente *n. m., f.* landowner; *adj.* landowning (1B)
terremoto earthquake (6A)
terreno ground; terrain
terrestre *adj.* land
territorio territory
terrorista *n., adj. m., f.* terrorist
tertulia gathering
tesis *f. inv.* thesis
tesoro treasure
testarudo/a stubborn (1A)
testigo *m., f.* witness
testimonio testimony
texto text; **libro de texto** textbook; **mandar mensajes de texto** to text; **mandar un texto** to text; **mensaje** (*m.*) **de texto** text message
tibio/a mild; warm
tiburón *m.* shark
tiempo time; weather; (verb) tense; **al mismo tiempo** at the same time; **hace mucho tiempo** a long time ago; **pasar tiempo** to spend time; **todo el tiempo** all the time
tienda store, shop
tierra land; earth; ground
tieso/a stiff
tigre *m.* tiger
tijeretear to snip
tildar to brand
timidez *f.* shyness
tímido/a shy
tinto/a: vino tinto red wine
tío/a uncle/aunt; *m. pl.* aunts and uncles
típico/a typical
tipo type, (of the) kind
tiquismiquis *coll. m., f.* picky (1A)
tira cómica comic strip
tirantes suspenders
tirar to throw; **tirarse** to throw at each other; to jump
títere *m.* puppet
titulado/a entitled
titular *m.* headline
título title
tocar (qu) to touch; to play (*an instrument*); **tocarle a alguien** to be somebody's turn
todavía still; yet
todo/a all (of); (the) entire; completely; *pl.* every; **de todas maneras** at any rate, anyway; **de todas partes** from everywhere; **sobre todo** above all; **todo el tiempo** all the time; **todo lo contrario** quite the opposite (2A)
tolerancia tolerance (5A)
tolerar to tolerate

tomar to take; to drink; **tomar a pecho** to take seriously (6B); **tomar a sorbos** to sip; **tomar apuntes** to take notes; **tomar consciencia** to take notice (6B); **tomar el sol** to suntan; **tomar en serio** to take seriously; **tomar una decisión** to make a decision; **tomarle el pelo a alguien** to pull someone's leg (4A)

tomate *m.* tomato

Tomatina *celebration in Buñol, Spain*

tonelada ton

tono tone

tonto/a foolish, silly

torear to bullfight

toro bull; **corrida de toros** bullfight

torre *m.* tower

torta cake (4B)

tortuga turtle

torturar to torture (4B)

trabajador(a) *n.* worker, laborer; *adj.* hard-working

trabajar to work; **trabajar como una mula** to work like a dog (4A)

trabajo work; job; **trabajo suelto** odd job, freelance work; **hacer** (*irreg.*) **trabajos sueltos** to freelance

tradición *f.* tradition

tradicional traditional

traducir *irreg.* to translate

traductor(a) translator

traer *irreg.* (*p.p.* **traído**) to bring

tragedia tragedy

trágico/a tragic

traición *f.* betrayal

traicionar to betray (2B)

traidor(a) *n.* traitor

traje *m.* suit; **traje de baño** swimsuit

trama plot

tranquilidad *f.* tranquility

tranquilo/a peaceful (1B)

transcurrir to take place

transmitir to pass on

tras behind

trasfondo background

trasladar to move

trasnochar to stay up all night

traspasar to cross

tratamiento treatment (5A)

tratar to treat; to deal with; **tratar de** to be about; **tratar de** + *inf.* to try to (*do something*); **tratarse de** to be a question of; to be about

trato treatment (3A)

través: a través de through; via

travesura mischief, prank

travieso/a mischievous (2A)

trazar (c) to draw

tren *m.* train

trenza braid

tribu *f.* tribe (5B)

tribunal académico examination board

triplicar (qu) to triple

triste sad

tristeza sadness (2B)

triunfar to succeed, triumph

trompeta trumpet

tropas troops

trovador(a) troubadour

trozo piece, fragment

truco trick

tumba tomb

tumbar to knock down

tuno *member of a musical group made up of university students called "tuna"*

turco/a *n., adj.* Turkish

turnarse to take turns

U

ubicado/a located

ubicuo/a ubiquitous

Ucrania Ukraine

últimamente lately

último/a final, last; latest; **por último** lastly (3A)

un, uno/a one; a, an; *pl.* some, a few; **una vez** once

único/a only; unique (1B); **hijo/a único/a** only child (2A)

unidad *f.* unity (2A)

unido/a close-knit (2A); **Organización** *f.* **de Naciones Unidas (ONU)** United Nations (6B)

Unión *f.* **Soviética** Soviet Union

unir to unite

universidad *f.* university

universitario/a *adj.* university, pertaining to a university

urbe *f.* major city

usar to use; to wear

uso use

usuario/a user

útil useful

utilizar (c) to use, make use of

V

vacaciones *f. pl.* vacation

vacío/a empty

vago/a lazy (4A)

valenciano/a of or pertaining to Valencia

valer *irreg.* to be worth; **valer la pena** to be worth it (5A)

valiente brave

valioso/a valuable

valle *m.* valley

valores *m., pl.* values (2A)

vanguardia vanguard, avant-garde

vanidad *f.* vanity

vaquero cowboy

vara stick, pole

variado/a varied

variar (varío) to vary

variedad *f.* variety

varios/as several; various

vasco: País Vasco Basque Country

vaso glass

vecindario neighborhood

vecino/a neighbor

vejez *f.* old age

vela candle; sail

vencer (z): dejarse vencer to give in

vendedor(a) seller, vendor

vender to sell

venir *irreg.* to come; **ahora viene lo peor** now comes the worst part (3A); **el año que viene** next year

venta sale

ventaja advantage (2B)

ver *irreg.* (*p.p.* **visto**) to see; to look at, watch; to observe; **tener** (*irreg.*) **que ver con** to have to do with; **ver películas** to watch movies

veranear to spend one's summer vacation

verano summer

veras: ¿de veras? really? (1A)

verbo verb

verdad *f.* truth; **¿de verdad?** really?; **es verdad que...** it's true that . . . (1A) **¿verdad?** right?; isn't that so?

verdaderamente truly (5A)

verdadero/a real; true; genuine

verde green

verdura vegetable

vergonzoso/a shameful (3B); **es vergonzoso que...** it's embarrassing/shameful that . . . (6A)

vergüenza shame; **¡qué vergüenza!** how embarrassing! (1A)

versión *f.* version

vestido *n.* dress

vestido/a *adj.* dressed

vestir (i, i) to dress; **vestirse** to get dressed; to dress (oneself)

vestuario *n.* costumes

vez *f.* (*pl.* **veces**) time; **a veces** sometimes; **en vez de** instead of; **la primera vez** the first time; **la próxima vez** the next time; **muchas veces** often; **otra vez** again; **tal vez** perhaps; **una vez** once

vía: en la vía pública in public; **en vías de desarrollo** developing

viajar to travel

viaje *m.* trip

viajero/a traveler

vibración *f.* vibration

vida life; **ganarse la vida** to earn a living (6B); **pasarse la vida** to spend one's life

videojuego videogame

viejo/a old; elderly

viento wind

vino wine; **vino tinto** red wine

violento/a violent

virgen *f.* virgin

virtual: realidad (*f.*) **virtual** virtual reality (6A)

virtud *f.* virtue

visión *f.* vision

visita visit

visitante *m., f.* visitor

vista view; **a primera vista** at first sight; **desde mi punto de vista** from my point of view (1B)

visto/a (*p.p. of* **ver**) seen

visualizar (c) to visualize

vitrinear to window-shop

viudo/a widower/widow

vivienda living quarters; housing

vivir to live

vivo/a alive, living; brilliant; lively (1B); **en vivo** live

vocabulario vocabulary

vocal *f.* vowel

volar (ue) to fly (5B)
volcán *m.* volcano
volumen *m.* volume
voluntariado volunteering
voluntario/a volunteer; **hacer** (*irreg.*) **de voluntario** to volunteer (5A)
volver (ue) (*p.p.* **vuelto**) to return, go back; **volver a** + *inf.* to (*do something*) again; **volverse** to become; **volverse loco/a** to go crazy (3B)
voz *f.* (*pl.* **voces**) voice; opinion
vuelto (*p.p. of* **volver**) returned

W

Web: página Web Web page (6A)

Y

ya now; already; right now; at that point; **ya estoy harto/a (de que)...** I'm fed up already (that) . . . (2A); **ya no** no longer; **ya no puedo soportarlo/la más** I can't stand it/him/her anymore (2A); **ya que** since

yacer (yazco, yazgo, yago) to lie
York: Nueva York New York

Z

zapatería shoe store
zapatilla slipper
zapato shoe
zarista *m., f.* tsarist
zona zone; region
zoológico zoo

Index

Note: The first index deals with grammar and the second index treats cultural topics.

Credits

Capítulo 1

Capítulo 2

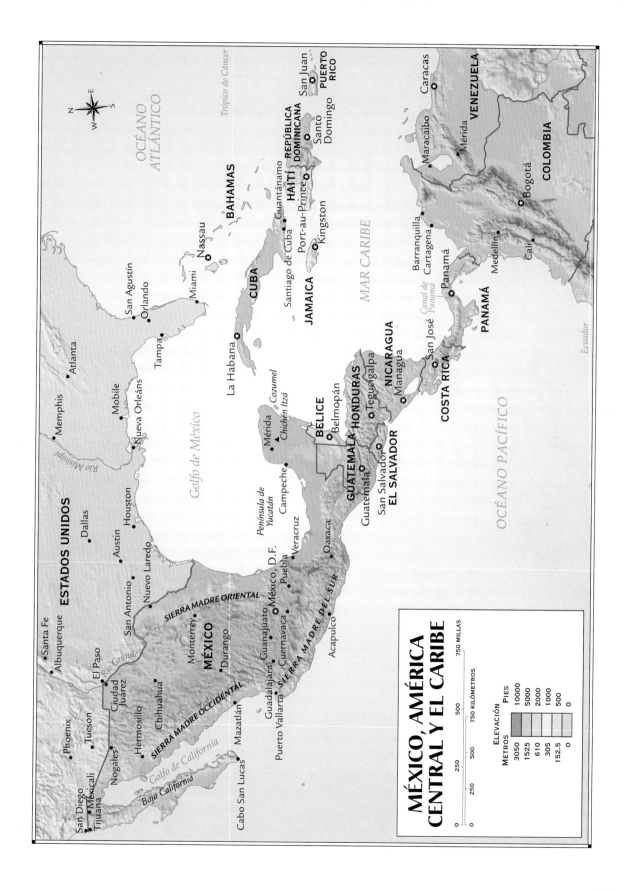

MÉXICO, AMÉRICA CENTRAL Y EL CARIBE

ELEVACIÓN

METROS	PIES
3050	10000
1525	5000
610	2000
305	1000
152.5	500
0	0

0 250 500 750 KILÓMETROS
0 250 500 750 MILLAS

ESTADOS UNIDOS

Phoenix
Tucson
Santa Fe
Albuquerque
El Paso
Nogales
Ciudad Juárez
Hermosillo
Chihuahua
San Diego
Mexicali
Tijuana
San Antonio
Nuevo Laredo
Dallas
Austin
Houston
Monterrey
Durango
Memphis
Atlanta
Mobile
Nueva Orleáns
Tampa
Orlando
San Agustín
Miami
Nassau

MÉXICO

Mazatlán
Puerto Vallarta
Guadalajara
Guanajuato
Cuernavaca
México, D.F.
Puebla
Acapulco
Oaxaca
Veracruz
Campeche
Mérida
Chichén Itzá
Cozumel
Cabo San Lucas

SIERRA MADRE ORIENTAL
SIERRA MADRE OCCIDENTAL
SIERRA MADRE DEL SUR

Río Grande
Río Misisipí
Golfo de California
Baja California
Golfo de México
Península de Yucatán
Trópico de Cáncer

OCÉANO ATLÁNTICO

BAHAMAS

CUBA
La Habana
Santiago de Cuba
Guantánamo

HAITÍ
Port-au-Prince

REPÚBLICA DOMINICANA
Santo Domingo

PUERTO RICO
San Juan

JAMAICA
Kingston

MAR CARIBE

BELICE
Belmopán

GUATEMALA
Guatemala

HONDURAS
Tegucigalpa

EL SALVADOR
San Salvador

NICARAGUA
Managua

COSTA RICA
San José

PANAMÁ
Panamá
Canal de Panamá

VENEZUELA
Caracas
Maracaibo
Mérida

COLOMBIA
Bogotá
Barranquilla
Cartagena
Medellín
Cali

OCÉANO PACÍFICO

Ecuador

AMÉRICA DEL SUR

NICARAGUA

COSTA
RICA

PANAMÁ

MAR CARIBE

Barranquilla

Maracaibo

Caracas

Río Orinoco

VENEZUELA

Medellín

⊕ Bogotá

Cali

COLOMBIA

GUYANA

Georgetown

Paramaribo
⊕ Cayenne

GUAYANA FRANCESA

SURINAME

OCÉANO
ATLÁNTICO

Quito ⊕

ECUADOR

Guayaquil

Manaus

Belém

Ecuador

Río Amazonas

CORDILLERA DE LOS ANDES

PERÚ

BRASIL

Recife

OCÉANO
PACÍFICO

Lima

▲ Machu Picchu
Cuzco

Lago Titicaca

BOLIVIA

La Paz

⊕ Sucre

Brasilia ⊕

OCÉANO PACÍFICO

Isla Pinta

Isla Marchena

Isla San Salvador

Isla Santa Cruz

Isla
Isabela

⊕ Isla San
Cristóbal

Puerto
Baquerizo
Moreno

LAS ISLAS
GALÁPAGOS
(ECUADOR)

0   100 MILLAS

0   100 KILÓMETROS

Arequipa

Antofagasta

PARAGUAY

Asunción ⊕

São Paulo

Puerto Iguazú

Río de Janeiro

Trópico de
Capricornio

CHILE

Río Paraná

0   8 MILLAS

0   8 KILÓMETROS

Cabo
Cummings

Hanga Roa

Mataveri

Cabo Sur

OCÉANO
PACÍFICO

ISLA DE PASCUA
(CHILE)

Córdoba

Valparaíso

Santiago ⊕

Rosario

ARGENTINA

URUGUAY

Buenos
Aires

Montevideo

Río de la Plata

OCÉANO
ATLÁNTICO

Concepción

Bahía Blanca

San Carlos de
Bariloche

OCÉANO
PACÍFICO

Punta Arenas

Estrecho de
Magallanes

Islas
Malvinas

Tierra del Fuego

Cabo de Hornos

AMÉRICA DEL SUR

0   250   500   750 MILLAS

0   250   500   750 KILÓMETROS

ELEVACIÓN

METROS	PIES
3050	10000
1525	5000
610	2000
305	1000
152.5	500
0	0

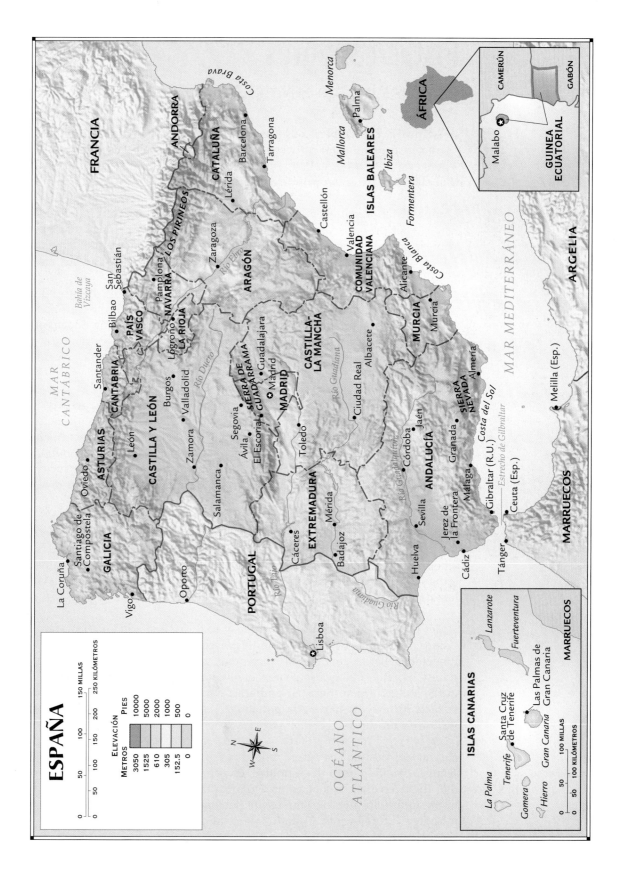

ESPAÑA

FRANCIA

ANDORRA

Costa Brava

CATALUÑA
Barcelona
Tarragona
Lérida

LOS PIRINEOS

Zaragoza
Río Ebro

ARAGÓN

NAVARRA
Pamplona

LA RIOJA
Logroño

PAÍS VASCO
San Sebastián
Bilbao

Bahía de Vizcaya

Santander

CANTABRIA

ASTURIAS
Oviedo

Santiago de Compostela

GALICIA
La Coruña
Vigo
Oporto

MAR CANTÁBRICO

Burgos
Valladolid
León
Zamora

CASTILLA Y LEÓN

Salamanca

Segovia
Ávila
SIERRA DE GUADARRAMA
El Escorial
MADRID
Madrid
Río Duero

Toledo

CASTILLA-LA MANCHA
Guadalajara
Ciudad Real
Albacete
Río Guadiana

COMUNIDAD VALENCIANA
Castellón
Valencia
Alicante

Costa Blanca

MURCIA
Murcia
Almería

SIERRA NEVADA

ISLAS BALEARES
Menorca
Mallorca
Palma
Ibiza
Formentera

MAR MEDITERRÁNEO

Melilla (Esp.)

ARGELIA

Córdoba
Jaén
Granada
ANDALUCÍA
Sevilla
Málaga
Costa del Sol
Gibraltar (R.U.)
Estrecho de Gibraltar
Ceuta (Esp.)
Jerez de la Frontera
Cádiz
Huelva
Tánger
Río Guadalquivir

MARRUECOS

EXTREMADURA
Cáceres
Mérida
Badajoz

PORTUGAL
Río Tajo
Río Guadiana
Lisboa

OCÉANO ATLÁNTICO

N
E
W
S

ELEVACIÓN

METROS	PIES
3050	10000
1525	5000
610	2000
305	1000
152.5	500
0	0

0 50 100 150 MILLAS
0 50 100 150 200 250 KILÓMETROS

ÁFRICA

CAMERÚN

GUINEA ECUATORIAL
Malabo
GABÓN

ISLAS CANARIAS

La Palma
Tenerife
Santa Cruz de Tenerife
Gomera
Hierro
Gran Canaria
Las Palmas de Gran Canaria
Lanzarote
Fuerteventura

MARRUECOS

0 50 100 MILLAS
0 50 100 KILÓMETROS

Pistas calientes

(Hot Tips on the Seven Communicative Functions)

 Descripción. Remember to use **ser** to describe physical and personality characteristics and **estar** to describe emotions. **Ser** is also used to talk about where events take place. Pay attention to agreement of nouns and adjectives: *Una* **clase aburrida**, *un* **problema delicado**.

 Comparación. Remember that **más/menos… que** is used to compare things that are not the same and **tan/tanto… como** are used for things that are the same. When comparing equal nouns, be careful to pay attention to agreement: **Tiene** *tantos problemas* **como su hijo. Bebe** *tanta cerveza* **como sus amigos.**

 Narración en el pasado. Remember that the preterite moves the story line forward in time and the imperfect fleshes out the story with descriptions and emotions: *Fuimos* **al campo el sábado.** *Hacía* **frío aquella noche, pero** *llevábamos* **mucha ropa y cuando** *empezamos* **a bailar, no** *sentíamos* **el frío.** When summarizing a past experience, use the preterite: **Fue una experiencia inolvidable.**

 Reacciones y recomendaciones. Remember that subjective, reactive, or value judgment statements such as **Es fantástico que…** and **Es terrible que…** are followed by the subjunctive. The subjunctive is also required when making recommendations and suggestions, since the result of a recommendation is not in our control: **Es bueno que** *tengan / hayan tenido / tuvieran* **suficiente dinero. Ahora recomiendo que** *empiecen* **a ahorrar dinero para su próximo viaje.**

 Hablar de los gustos. Remember that in sentences with **gustar**-type verbs, the thing liked is the grammatical subject, which therefore determines whether **gustar** is singular or plural. Don't forget that whoever likes the thing is the indirect object and must be preceded with **a**: *A* **Javi le gustan los museos.** *A* **los turistas les molesta el ruido.**

 Hacer hipótesis. The conditional is easy to form. Just add **-ía, -ías, -ía, -íamos, -íais,** and **-ían** to the infinitive: **escucharía, comería, escribiría.** Remember that there are twelve irregular verbs for the conditional. In a purely hypothetical *if, then* sentence, remember to use the past subjunctive in the *if clause* (**Si supiera, Si pudiera…**) and the conditional for the result (**estaría furioso, llamaría a la policía**): **Si** *estudiara* **en México, mi español** *mejoraría* **mucho.**

 Hablar del futuro. The future tense is easy to form. Just add **-é, -ás, -á, -emos, -éis,** and **-án** to the infinitive: **escucharé, comeré, escribiré.** Remember that the twelve verbs that are irregular in the conditional are also irregular in the future. Be aware of the use of subjunctive in many of the clauses that introduce future events: **Cuando** *vaya*, **irá al Prado. Tan pronto como** *salgamos*, **lo llamaremos.**